prometeo
libros

Las migraciones internas en la Argentina moderna.
Una mirada desde la Patagonia
(Neuquén, 1960-1991)

Joaquín Perren

Las migraciones internas en la Argentina moderna. Una mirada desde la Patagonia (Neuquén, 1960-1991)

Página de legales provista por la editorial

Colección de Estudios Patagónicos

Cuando la editorial Prometeo Libros nos propuso, a mediados del año 2005, coordinar una Colección de Estudios Patagónicos, la idea nos entusiasmó de inmediato. Para nosotros, provenientes de distintas ramas de la disciplina histórica, pero comprometidos todos con la historia de la Patagonia, significaba un desafío especial. Pero también era una excelente oportunidad para dar a conocer una cantidad importante de producciones, generalmente derivadas de la elaboración de tesis de posgrado, realizadas desde o sobre el espacio que nos ocupa, y dirigirlas a un público más amplio que el académico. Convocamos así a un número importante de autores que con un considerable esfuerzo transformaron sus trabajos de tesis en libros amenos y accesibles, despojados de la abundancia de referencias teórico-conceptuales y aparatos eruditos que abundan en las primeras. La colección comenzó a circular a mediados del año 2008 y, desde entonces, viene generando una serie de textos representativos de los múltiples problemas y dimensiones que aborda, tal como el volumen que en esta oportunidad presentamos. Agradecemos a Prometeo Libros y a los autores la confianza depositada.

Susana Bandieri, Enrique Mases, Leticia Prislei
Coordinadores

Índice general

Introducción. Problema, objeto, y recorrido   5

I   El escenario

1. El despegue económico. Algunas consideraciones sobre el modelo neuquino   27
1.1   Las coordenadas iniciales: desarrollismo, industria y planificación .. 29
1.2   Un desarrollismo genérico en la Patagonia....................... 35
1.3   De los discursos a la realidad. Estado, economía y debilidad estructural 54

2. El boom demográfico. Una mirada a la población neuquina en el siglo XX tardío   69
2.1   «Una población que no cesa de crecer»......................... 70
2.2   En la senda de la transición demográfica....................... 74
2.3   Una primera revolución demográfica. Las migraciones interprovinciales y su impacto en la población neuquina........... 79
2.4   Una segunda revolución demográfica: las migraciones intraprovinciales y la urbanización neuquina 83
2.5   Hacia una estructura social compleja 90

II   Las fotografías

3. Ganarse la vida. Migraciones y mercado laboral   97
3.1   Estructura ocupacional en los comienzos de una transición. La ciudad de Neuquén en los sesenta.............................. 102
3.2   Evolución de la estructura ocupacional y del mercado laboral en Neuquén (1970-1990).. 115
3.3   Los migrantes y sus competencias. Comparación entre diferentes grupos migratorios 123

4. Radicarse en la ciudad. Migración y patrones residenciales — 143

4.1 ¿Burgess en la Patagonia? De los modelos generales a los instrumentos de análisis — 147

4.2 Lo nuevo que nace y lo antiguo que se resiste a morir. Neuquén hacia mediados del siglo XX — 153

4.3 El asentamiento de los migrantes en una ciudad cambiante — 166

4.4 Patrones de asentamiento de los principales grupos migratorios — 176

4.5 Del «pueblo chico» a la «puerta de oro del sur». Neuquén en los setenta y los ochenta — 181

4.6 Los migrantes en el telescopio. Patrones habitacionales en «la puerta de oro de sur» — 193

4.7 Los migrantes en el microscopio. Patrones habitacionales de los diferentes grupos en «la puerta de oro del sur» — 207

5. Conseguir pareja. Migraciones y pautas matrimoniales — 217

5.1 Los matrimonios en perspectiva — 220

5.2 Los migrantes y sus opciones matrimoniales en los inicios de una transición (década de 1960) — 226

5.3 «Veinte años no es nada…». Origen migratorio y pautas matrimoniales en los ochenta — 237

5.4 ¿Homogamia ocupacional? Migrantes, mundo del trabajo y matrimonios — 244

III El movimiento

6. Conformar una familia. Límites y recursos de los itinerarios familiares — 269

6.1 Movilidad ocupacional y estructura familiar — 273

6.2 Movilidad ocupacional y edad de matrimonio — 283

6.3 Movilidad ocupacional y relaciones de parentela — 291

6.4 El papel de los mundos de referencia en los itinerarios de integración — 297

6.5 Centro y periferia: dos lecturas diferentes de la realidad — 304

6.6 Conclusiones — 310

Bibliografía — 321

Índice de autores — 333

Índice de cuadros

1.1 Producto Bruto Geográfico. Provincia del Neuquén, 1967 (a precios constantes de 1960). 40

1.2 Composición del Producto Bruto Geográfico. Provincia del Neuquén, 1970-1985. 57

1.3 El sector industrial neuquino. Tasa de crecimiento y composición por ramas. 1970-1982. 60

2.1 Tasa media anual de crecimiento de la población (1895-1991). Total país - Neuquén. 70

2.2 Tasa global de fecundidad (hijos por mujer) (1955-1991). Total país y provincia del Neuquén. 79

2.3 Porcentaje de migrantes argentinos (no neuquinos) a la provincia del Neuquén según provincia de origen. Períodos 1965-1970/1975-1980/1986-1991. 82

2.4 Distribución porcentual de la población por departamentos. Neuquén (1920-1991). 85

2.5 Tasa de urbanización y cantidad de ciudades con más de 2000 habitantes, según año censal. Provincia del Neuquén (1895-1991). 86

2.6 Población económicamente activa según clase social. Neuquén, 1960-1980. 91

3.1 Distribución ocupacional de los contrayentes. Ciudad de Neuquén, 1960-1969 (porcentajes). 103

3.2 Distribución ocupacional de los contrayentes en la ciudad de Neuquén, 1960-1990 (porcentajes). 118

3.3 Distribución ocupacional de nativos y migrantes en la ciudad de Neuquén, 1970-1990 (porcentajes). 126

3.4 Distribución ocupacional de los migrantes de otras provincias. Neuquén, 1960-1990 (porcentajes). 130

3.5   Distribución ocupacional de los migrantes de Capital Federal,
       Buenos Aires, Córdoba y Mendoza. Neuquén, 1970-1990 (por-
       centajes). 132
3.6   Distribución ocupacional de los migrantes chilenos. Neuquén,
       1960-1990 (porcentajes). 134
3.7   Distribución ocupacional de los migrantes del interior provin-
       cial. Neuquén, 1960-1990 (porcentajes). 139

4.1   Distribución de la población nativa y migrante por barrios y
       vecindarios. Neuquén, 1960-1969. 167
4.2   Distribución de la población de acuerdo a estratos superiores e
       inferiores. Neuquén, 1960-1969. 168
4.3   Participación de los estratos superiores e inferiores por barrios
       y vecindarios. Neuquén, 1960-1969. 170
4.4   Áreas de residencia de los trabajadores semicalificados y sin ca-
       lificación por grupo migratorio. Neuquén, 1960-1969. 175
4.5   Índice de concentración (Ic) de diferentes grupos migratorios
       por áreas de la ciudad. Neuquén, 1960-1969. 176
4.6   Evolución de la población de la ciudad de Neuquén (1950-1991). 182
4.7   Porcentaje de la población migrante en cada uno de los barrios
       y cociente de ubicación (LQ). Neuquén, 1970-1990. 195
4.8   Índice de diferencia para diferentes subpoblaciones. Neuquén
       (1960-1990). 198
4.9   Distribución de la población de acuerdo a estratos superiores e
       inferiores. Neuquén, 1970-1990. 201
4.10 Índice de concentración (Ic) de diferentes grupos migratorios
       por áreas de la ciudad. Neuquén, 1970-1990. 210
4.11 Índice de diferencia (Id) de distintos grupos migratorios por
       áreas de la ciudad. Neuquén, 1970-1990. 214

5.1   Pautas matrimoniales de nativos y migrantes. Neuquén, 1960-
       1990 (porcentajes). 222
5.2   Distribución de los contrayentes por origen. Neuquén, 1960-
       1990 (porcentajes). 224
5.3   Relación de masculinidad por origen. Neuquén, 1960-1990. . . 225
5.4   Comportamiento matrimonial de los migrantes interprovincia-
       les. Endogamia/exogamia a nivel provincial. Neuquén, décadas
       de 1960 y 1980. 230
5.5   Patrones matrimoniales por origen. Neuquén, 1960-1969 (por-
       centajes). 232
5.6   Patrones matrimoniales por origen. Neuquén, 1980-1989 (por-
       centajes). 239

5.7   Homogamia residencial por origen (migrantes del interior provincial y chilenos). Neuquén, 1980-1989 (porcentajes). 241

5.8   Homogamia ocupacional por grandes grupos de estratos. Neuquén, 1960-1989 (porcentajes). 247

5.9   Homogamia ocupacional entre novio y padre de la novia por estratos. Neuquén, 1960-1969 (porcentajes). 251

5.10 Homogamia ocupacional entre novio y padre de la novia por estratos y por origen. Neuquén, 1960-1969 (porcentajes). . . . 255

5.11 Homogamia ocupacional por grandes grupos de estratos. Neuquén, 1980-1989 (porcentajes). 258

5.12 Homogamia ocupacional entre contrayentes por estratos. Neuquén, 1980-1989 (porcentajes). 259

5.13 Homogamia ocupacional entre matrimonios exogámicos por estratos y por origen migratorio. Neuquén, 1980-1989 (porcentajes). 262

5.14 Homogamia ocupacional por estratos y por origen migratorio. Neuquén, 1980-1989 (porcentajes). 263

6.1   Relación entre movilidad ocupacional intrageneracional y tamaño de la familia. Neuquén, 1960-1987. 275

6.2   Relación entre movilidad ocupacional intrageneracional y edad de matrimonio. Neuquén, 1960-1987. 288

6.3   Ocupaciones desarrolladas por los habitantes de espacios periféricos en diferentes fases de su ciclo de vida (matrimonio-salida). 306

6.4   Ocupaciones desarrolladas por los habitantes de espacios híbridos o de un paso temporal por la periferia en diferentes fases de su ciclo de vida (matrimonio-salida). 308

Índice de figuras

2.1   Densidad de población. Provincia del Neuquén, 1991.   72

2.2   La transición demográfica neuquina (1915-1994).   75

2.3   Distribución porcentual de la población por departamentos. Neuquén, 1920 y 1991.   84

2.4   Porcentaje de población urbana por departamento. Neuquén, 1991.   88

2.5   Ciudades con más de 2000 habitantes. Provincia del Neuquén, 1947 y 1991.   89

4.1   Modelo de anillos concéntricos: crecimiento de la ciudad según Burgess (1925).   151

4.2   Evolución de la mancha urbana neuquina (1906-1974).   155

4.3   Porcentaje de la población en los estratos superiores (Profesional Alto, No Manual Alto y Profesional Bajo) por barrios y vecindarios. Neuquén, 1960-1969.   171

4.4   Porcentaje de la población en los estratos inferiores (Manual Semicalificado y Manual No Calificado). Neuquén, 1960-1969.   172

4.5   Índice de concentración (Ic) de los migrantes de otras provincias por área de la ciudad. Neuquén, 1960-1969.   177

4.6   Índice de concentración (Ic) de la población nativa (por área de la ecología urbana). Neuquén, 1960-1969.   178

4.7   Índice de concentración (Ic) de los migrantes chilenos (por área de la ecología urbana). Neuquén, 1960-1969.   179

4.8   Índice de concentración (Ic) de los migrantes del interior provincial (por área de la ecología urbana). Neuquén, 1960-1969.   180

4.9   Cociente de ubicación (LQ) para la población migrante. Neuquén, 1970-1990.   196

4.10 Participación de los estratos inferiores de la estructura ocupacional por barrios (%).   199

4.11 Participación de los estratos superiores de la estructura ocupacional por barrios (%).   200

4.12 Relación entre estratos inferiores y estratos superiores por barrios (Estr. Inf. /Estr. Sup.). 206

4.13 Índice de concentración (Ic) de los migrantes de otras provincias (por área de la ecología urbana). Neuquén, 1970-1990. . . 208

4.14 Índice de concentración (Ic) de la población nativa (por área de la ecología urbana). Neuquén, 1970-1990. 209

4.15 Índice de concentración (Ic) de los migrantes chilenos (por área de la ecología urbana). Neuquén, 1970-1990. 212

4.16 Índice de concentración (Ic) de los migrantes del interior neuquino (por área de la ecología urbana). Neuquén, 1970-1990. . 213

6.1 Distribución de la edad de matrimonio masculina. Neuquén, década de 1960. 287

6.2 Movilidad profesional en relación a la posición relativa de la familia del «ego». 294

6.3 Relación entre movilidad ocupacional intrageneracional e instalación. 302

Agradecimientos

Hace algunos años estaba disfrutando un recital de rock en el centro de la ciudad de Neuquén cuando, al terminar su rutina de *punk*, el líder de una de las bandas soporte esbozó un breve discurso. Las palabras que usó en esa ocasión aún hoy resuenan en mi memoria: el joven, ataviado con ropas negras y todo tipo de accesorios, agradeció a personas que no conocía −y que quizás nunca iba a conocer− pero que habían servido de inspiración en los acordes que acabábamos de escuchar.

Me gustaría tomar prestada esa idea para comenzar a escribir estas líneas de gratitud. En lugar de *Sid Vicoius*, *Johnny Ramone* o *The Clash*, como hizo el músico aquella vez, debo agradecer a cientistas sociales que, a la distancia y sin saberlo, han influido en la búsqueda de caminos para estudiar los procesos migratorios en la Patagonia. Fernando Devoto, José Moya, Susana Torrado, Franco Ramella, Eduardo Míguez, Jacques Revel, Giovanni Levi y Zacarías Motoukias son algunas de las personas que con sus ideas, sus herramientas teóricas, sus inquietudes intelectuales y sus consejos metodológicos han ayudado a escribir este trabajo.

Un segundo grupo de agradecimientos debe ir dirigido a quienes, como responsables de seminarios de postgrado, tanto en la Universidad Nacional del Centro de la Provincia de Buenos Aires (UNCPBA) como en otras casas de estudios, enriquecieron mi formación e hicieron menos ardua la tarea de construir un objeto de estudio que no había recibido demasiada atención en el pasado. En este casillero es preciso ubicar a Raúl Fradkin, Marcelino Iríani, Ricardo González Leandri, Ricardo Pérez Brignoli, Gerardo de Jong, Gabriel Rafart, Gustavo Buzai y Maurizio Gribaudi.

Los seminarios dictados en Tandil fueron una oportunidad −quizás única− de conocer colegas que estaban transitando el mismo camino y que, por esa sencilla razón, trataron de hacer más amena mi estadía en tierras serranas. Mi gratitud va a dirigida a esos compañeros –como Carlos Paz, Fabián Arias o Melina Yangilevich– que el programa de doctorado de la UNCPBA fue convirtiendo en amigos.

El Centro de Estudios de Historia Regional (CEHiR), nodo de la Unidad Ejecutora en Red «Investigaciones Socio-Históricas» (ISHIR- CONICET), fue el espacio donde pude hacer mis primeras armas en la investigación y donde desarrollé la pesquisa que dio origen a este libro. Mi agradecimiento, entonces, va dirigido a Graciela Blanco, secretaria del Centro, por sus retos oportunos, sus agudas lecturas y su predisposición a escuchar. También a Susana Bandieri que, como directora del CEHiR, siempre me brindó los consejos justos en los momentos adecuados (tanto a nivel personal como en términos académicos).

Este libro no hubiera llegado a un puerto seguro sin la colaboración de los amigos que la historia me dio. Algunos de ellos, como Juan Eymann, tomaron distancia del oficio del historiador. Otros, como Fernando Casullo y Lisandro Gallucci, colegas de la Facultad de Humanidades, compartieron la cocina misma de este libro y merecen por su paciencia mucho más que una simple línea de gratitud.

Mi vida profesional sería inimaginable sin mi trabajo como docente universitario. Las cátedras que me contuvieron en los últimos años fueron espacios de reflexión, donde aprendí las virtudes del trabajo en equipo y la importancia de la actualización permanente. Por ese motivo, la buena marcha de mi proyecto doctoral fue en gran medida responsabilidad de personas como Juan Quintar, Carolina Costanzo Caso y Glenda Miralles, todos integrantes de las cátedras de Historia Económica de la Facultad de Economía y Administración, quienes me obligaron a no flaquear en una empresa de tan largo aliento. En la misma línea debo reconocer la generosidad y el apoyo permanente de Demetrio Taranda, con quien comparto el dictado de la materia «Teorías políticas y económicas» en la Facultad de Humanidades.

Un agradecimiento al Consejo de Investigaciones Científicas y Técnicas (CONICET) no podría estar ausente. Su apoyo financiero, materializado primero en una beca doctoral y luego en una postdoctoral, hizo posible que pudiera dedicar todos mis esfuerzos a la apasionante aventura de bucear en el pasado. Tampoco puede faltar un reconocimiento a Ezequiel Gallo, Noemí Girbal y Fernando Devoto, integrantes del jurado del concurso de tesis doctorales organizado por el Centro de Estudios Históricos «Prof. Carlos S. A. Segreti», quienes otorgaron una mención especial al texto que dio origen al presente libro. Similar gratitud debo expresar hacia Enrique Mases, Leticia Prislei y Susana Bandieri, quienes me confiaron la responsabilidad de dar continuidad a la Colección de Estudios Patagónicos, editada bajo el sello de la editorial Prometeo.

Un párrafo aparte merece Hernán Otero en su carácter de director de beca. Más allá de su cargada agenda, propia de un intelectual de su talla, nunca dejó de leer cualquier escrito que le enviara, desde aquellos primeros borradores del proyecto hasta la versión final del trabajo. Sus comentarios, sugerencias y críticas fueron el combustible que echó a rodar este libro, mientras que su calidez y buen humor hicieron más llevadero ese proceso.

Unas últimas líneas de gratitud van dirigidas a mi familia. A mis padres, Miguel y Marta, quienes me enseñaron la importancia de la perseverancia y de la humildad. A mi hermana, que siempre estuvo a mi lado y, muchas veces, me proporcionó sus características dosis de realismo. Finalmente, a Gabriela, mi compañera, que iluminó mi vida y me dio la energía necesaria para escribir este libro.

A todos, simplemente gracias…

Introducción.
Problema, objeto, y recorrido

El problema

Durante la segunda mitad del siglo XX, más de siete millones de personas cambiaron su lugar de residencia en Argentina. Algunas lo hicieron dentro de una misma provincia, pero la mayoría traspuso sus límites. De acuerdo a las estadísticas oficiales, cuatro millones de argentinos abandonaron el distrito donde nacieron, iniciando trayectorias migratorias hacia una multitud de destinos.[1] El volumen de todas esas experiencias superó las cifras presentadas por muchos de los flujos que dieron forma a la Argentina aluvional. De hecho, los migrantes internos duplican a la totalidad de españoles que cruzaron el atlántico entre 1860 y 1930.[2] Tan importante ha sido su influencia que muchos de los rasgos que caracterizan el paisaje argentino serían difíciles de explicar sin su colaboración. La concentración de su población en los límites del área metropolitana bonaerense, el acelerado crecimiento de un archipiélago de ciudades intermedias o el poblamiento de los lejanos territorios del sur, son buenos ejemplos de la relevancia que han tenido en las últimas décadas.

Más allá de su importancia, los episodios de movilidad interna no han despertado mayor atención académica. A pesar que los estantes de las bibliotecas especializadas están repletos de libros que abordaron la inmigración europea, muy poco se ha escrito sobre la población argen-

---

[1] Fernando Devoto. *Historia de la inmigración en la Argentina*. Buenos Aires: Sudamericana, 2003, págs. 319-323.

[2] José Moya. *Primos y extranjeros. La inmigración española en Buenos Aires 1850-1930*. Buenos Aires: Emecé, 2003, pág. 13.

tina «en tránsito». Son varios los motivos que explican este descuido. Una primera justificación se relaciona con el escaso contenido mítico que ellas presentaron. A diferencia de las migraciones transoceánicas, las corrientes internas no contaron con largos viajes marítimos o pioneros dispuestos a «hacer la América». De igual forma, un país relativamente homogéneo, producto de un proceso de integración de largo aliento, dejaba poco espacio para el estudio de sujetos que no eran suficientemente «distintos». Si bien el ingreso de individuos de distintas nacionalidades europeas había servido para estudiar los alcances del concepto «pluralismo cultural», no podría decirse lo mismo de las migraciones internas. La pertenencia a una misma unidad política y la ausencia de diferencias lingüísticas de peso, restaron posibilidades a los migrantes internos para que abandonaran su larga invisibilidad.

Un recorrido por los índices de una de las más importantes revistas sobre cuestiones migratorias, ayudarnos a entender el lugar periférico ocupado por la movilidad inter e intraprovincial. *Estudios Migratorios Latinoamericanos* mostró, desde su propio nacimiento en 1985, una marcada orientación hacia el análisis de la inmigración europea, que convivió con la discusión de muchas herramientas teóricas que habían funcionado para explicar la movilidad en otras latitudes. Estableciendo una larga lista de problemas, muchos de ellos compartidos con otros campos académicos del continente, esta revista profundizó nuestro conocimiento sobre diferentes comunidades de extranjeros. Así, al cabo de unos pocos años cobraron vida los patrones residenciales y matrimoniales, el universo asociativo, las cadenas migratorias y la inserción laboral de italianos, españoles, franceses, daneses, alemanes y de grupos provenientes del centro-este europeo.[3] La gran atención que suscitaron estos temas queda a la vista tan sólo recordando que el 65 % del total de los artículos han circulado por esos carriles. El 35 % restante se distribuye en el estudio de procesos de movilidad dentro de América, cuestiones metodológicas,

---

[3]Un excelente estado del arte sobre el desarrollo de los estudios migratorios argentinos en: Fernando Devoto y Hernán Otero. «Veinte años después. Una lectura sobre el crisol de razas, el pluralismo cultural y la historia nacional en la historiografía argentina». En: *Estudios Migratorios Latinoamericanos*, n.º 50: (2003), págs. 181-227.

políticas públicas y, en menor medida, en balances sobre el estado del conocimiento.[4]

Dentro de ese mundo de producciones, los procesos migratorios internos ocuparon una parcela casi imperceptible. El pobre 3 % que presentan es una cristalina muestra de ello. Si bien la dimensión de los flujos intra e interprovinciales puede compararse, siempre en términos cuantitativos, con las corrientes nacidas en los países europeos, los estudios sobre los últimos superan a los que tratan sobre los primeros en una relación de 18 a 1. Estas cifras, aunque tomadas de una sola publicación, muestran a las claras la lejanía de los migrantes internos con relación a una *mainstream* nacida sobre mediados de los años ochenta. Mientras los estudios sobre migrantes transoceánicos se convirtieron en una puerta de entrada para problemas más generales de la historia argentina, entre los que destaca la conformación de una sociedad y política «moderna», la movilidad dentro del país fue generalmente un desprendimiento menor de temáticas de gran relevancia historiográfica.

Salvo el interés que despertó, en los tempranos años sesenta, como llave explicativa del peronismo, el estudio de estos episodios fue perdiendo relevancia con el tiempo. En aquellos años, y bajo la influencia de la sociología germaniana, los inmigrantes del interior asentados en los alrededores de Buenos Aires, inmersos en valores tradicionales y sin experiencia política, se convirtieron en un factor clave para comprender el éxito de la retórica peronista. Muchos estudiosos, deslumbrados por un fenómeno que rompía los moldes de análisis clásicos, iniciaron una búsqueda que los llevó a analizar las economías domésticas de los espacios expulsores, la dinámica que asumió la circulación de la información y los apoyos que permitieron el traslado hacia el nuevo escenario.[5] Al mismo tiempo, el estudio del desplazamiento fue acompañado de un novedoso interés por la adaptación de los recién llegados en un contexto a todas luces diferente. Alrededor de este problema, el análisis de la formación

---

[4]Para elaborar estas cifras hemos recurrido a los índices de los primeros cincuenta números de *Estudios Migratorios Latinoamericanos*, en un rastreo que abarca el período 1985-2003. Puede encontrarse un índice cronológico y de autores en: *Estudios Migratorios Latinoamericanos*, n.º 50, 2003, págs. 229-292.

[5]Gino Germani. *Política y sociedad en una época de transición*. Buenos Aires: Paidós, 1963; y Gino Germani. «Asimilación de inmigrantes en el medio urbano: notas metodológicas». En: *Revista Latinoamericana de Sociología*, vol. 1: (1965).

de «grupos marginales», entendidos como «conjuntos de individuos que ven restringida su participación en diversas esferas de la vida económica y social»,[6] acaparó todas las miradas, permitiendo profundizar nuestro conocimiento sobre la tensión psíquica de los migrantes, algunos de sus espacios de sociabilidad, así como los conflictos que nacieron del enfrentamiento de marcos normativos disímiles.

Aunque estas experiencias sirvieron para abordar de manera sofisticada un fenómeno que no había recibido una atención sistemática, no lograron instalarse dentro de la agenda de las ciencias sociales. Luego de esta explosión inicial siguieron años de menor desarrollo académico. En las décadas de los ochenta y noventa sólo contamos con algunas valiosas aproximaciones demográficas[7] y, ante todo, un buen grupo de estudios que centró su mirada en la movilidad estacional que proveyó mano de obra a diferentes economías regionales.[8] Si las primeras nos pusieron frente a una nueva distribución de la población que poco tenía que ver con la clásica macrocefalia estructural, con las segundas quedó claro que no todos los procesos migratorios eran permanentes ni tenían, mucho menos, un obligado destino urbano.

Hayan sido estudiados o no, los migrantes internos constituyen una escala obligada de la historia argentina contemporánea. Esto se agudiza aún más en el caso de las nuevas provincias del sur argentino. En todas ellas encontramos, a comienzos de la década de los sesenta, una débil ocupación del territorio que se traducía en enormes espacios deshabi-

---

[6]Mario Margulis. *Migración y marginalidad en la sociedad argentina*. Buenos Aires: Paidós, 1973, pág. 16.

[7]En este sentido, es preciso mencionar los siguientes trabajos: César Vapñarsky. «Primacía y macrocefalia en la Argentina: la transformación del sistema de asentamiento humano desde 1950». En: *Desarrollo Económico*, vol. 35, n.º 138: (1995), págs. 227-254; Nancy Pastor. *Migraciones internas hacia ciudades intermedias. El caso de Tandil entre 1945 y 1980*. Tandil: IEHS, 1995; Alfredo Lattes. «Esplendor y ocaso de las migraciones internas». En: *Población y bienestar en la Argentina del primero al segundo centenario. Una historia social del siglo XX*. Comp. por Susana Torrado. Vol. II. Buenos Aires: Edhasa, 2007, págs. 11-46.

[8]En este casillero debemos incluir, sin duda, el dossier sobre migraciones internas dirigido por Roberto Benencia, publicado en el número 47 de *Estudios Migratorios Latinoamericanos*. Allí encontramos un minucioso análisis de diferentes migraciones estacionales que nutrían de mano de obra a la zafra del azúcar en Tucumán y la cosecha de la manzana en el Alto Valle del río Negro, así como el efecto de los desplazamientos en las áreas de partida.

tados, interrumpidos ocasionalmente por alguna mancha de población. Aun cuando los primeros proyectos de colonización se remontan a los años que siguieron a la mal llamada «conquista del desierto», sus resultados fueron extremadamente pobres. Para mediados del siglo XX, la Patagonia todavía presentaba como actividades predominantes una ganadería extensiva, una agricultura intensiva de oasis y la extracción de hidrocarburos. Como es lógico suponer, esta orientación productiva colaboró muy poco en el fortalecimiento de un perfil urbano de la región. Antes bien, una mirada superficial nos permitía observar un puñado de ciudades que en ningún caso podían compararse con los tradicionales centros pampeanos.

La ciudad de Neuquén se ajustaba perfectamente a esta hoja de ruta. Aunque era la capital de la provincia del mismo nombre, su anatomía no se diferenciaba demasiado de la pequeña villa fundada en 1904. Alejada de las ciudades más pobladas de la Patagonia, constituía la cabecera de un espacio rural inmediato dedicado a la fruticultura y el asiento de un aparato burocrático cuyos brazos apenas se extendían sobre el territorio provincial. Ubicada en la periferia del Alto Valle del río Negro, su población se parecía mucho a la de otras ciudades de la región. Al igual que Cipolletti o General Roca –ambas ubicadas en la vecina provincia de Río Negro– una considerable población europea y sus descendientes conformaban el grueso de los propietarios de pequeñas parcelas dedicadas a la producción de fruta y el principal resorte del comercio local. Al mismo tiempo, una muy importante corriente originada en los valles de la novena región de Chile cumplía tareas de apoyo a la producción rural, pero también una variada gama de labores urbanas que requerían escasa calificación.

Pese a su considerable avance durante la primera mitad del siglo XX, la población neuquina presentaba tasas de crecimiento menores a las del cinturón industrial bonaerense. Apartada de los proyectos industrialistas que habían remodelado la arquitectura demográfica argentina, la ciudad de Neuquén crecía gracias a un crecimiento vegetativo apenas positivo y a consolidarse como destino de un creciente contingente de migrantes del interior del territorio. Lejos habían quedado los años en los que la población neuquina se distribuía de forma equilibrada entre cada uno de sus espacios productivos. Con el deterioro de la ganadería que alimentaba a los mercados transandinos, sujeta desde los años cuarenta a rigurosos controles fronterizos, el sector oriental de la población comenzó a ganar espacio frente a los departamentos recostados sobre los Andes.[9] De todos modos, este crecimiento, que llevó a la joven capital de los dos mil habitantes (1914) a los siete mil (1950), fue insignificante respecto al que experimentó en las décadas siguientes.

El «desarrollismo» dio aire fresco a los periféricos distritos del sur argentino. El intento de desmontar el modelo agro-exportador y de erigir en su lugar una maquinaria industrial diversificada, impulsó la búsqueda de fuentes energéticas acordes con esta nueva meta. Una economía que, hasta allí, había mirado «hacia fuera» mostró un creciente interés por crear «polos de crecimiento», que irradiarían su influencia al conjunto nacional. Esta nueva sintonía ideológica, que valorizaba el papel planificador del Estado, tuvo a Neuquén como un escenario privilegiado. En ese contexto, la construcción de grandes represas para la producción de energía, articulada con la expansión en la explotación de hidrocarburos, benefició especialmente a la capital neuquina. Esto gracias a que diferentes autoridades provinciales propiciaron la radicación en la ciudad de aquellas empresas a cargo del usufructo de esos recursos, pero también porque la prestación de servicios a las mismas se concentró en su planta urbana.[10] De esta forma, la edificación de una matriz estado-céntrica y la demanda de brazos que ella trajo aparejada fueron de vital importancia en la atracción de contingentes migratorios de diferentes procedencias, que constituyeron el nuevo motor de su desarrollo demográfico.

En unos pocos años, esa localidad, que no se diferenciaba de sus vecinas, se transformó en una de las ciudades argentinas de mayor crecimiento durante la segunda mitad del siglo XX. Entre 1960 y 1991, la población de la ciudad transitó de los veinticinco mil habitantes a una cifra próxima a los doscientos mil. Las viejas corrientes migratorias, todavía importantes, convivieron con un nuevo flujo que provenía de diferentes regiones argentinas como el conurbano bonaerense, Córdoba, Rosario y Mendoza. Bajo el efecto de una demanda laboral que avanzaba a un rit-

---

[9] Susana Bandieri. «La persistencia de los antiguos circuitos mercantiles en los Andes meridionales». En: *La frontera hispano-criolla del mundo indígena latinoamericano en los S. XVII y XIX*. Comp. por Raúl Mandrini y Carlos Paz. Tandil: IEHS-CEHIR, 2002, págs. 253-283.

[10] Elba Kloster. «Migración y trabajo femenino en una ciudad de crecimiento acelerado». En: *Boletín Geográfico*, n.º 8: (1991), pág. 12.

mo hasta entonces desconocido, Neuquén se consolidó como una área receptora y, como no podía ser de otra forma, su estructura demográfica experimentó un radical cambio: una población persistentemente joven y el creciente peso de los migrantes marcaron los ritmos de una ciudad que abandonaba su perfil parroquiano para convertirse en un centro de servicios, que atendía a una extensa zona metropolitana situada sobre las márgenes de los ríos Neuquén, Limay y Negro.

Para 1991, la población nativa de la ciudad apenas llegaba al 40 % del total. En el 60 % restante tenían participación los migrantes provenientes de Chile, pero especialmente los venidos de distintos puntos de la provincia y del país.[11] Aunque el objetivo central de la presente investigación es analizar la integración de estos últimos, sus experiencias se asemejaron o diferenciaron con las de otros recién llegados a Neuquén. Por este motivo, el estudio de los migrantes internos nos permitiría comprender la experiencia migratoria en general. Con ese propósito, intentaremos alejarnos de miradas impresionistas, asentadas en el atractivo del estudio de caso, para buscar pautas recurrentes de adaptación a un escenario urbano de creciente dimensión. Consideramos que es precisamente sobre la base estudios comparativos donde deben sostenerse las teorías inductivas más generales. De lo contrario, puede ocurrir que, sin saberlo, las características atribuidas a un determinado segmento de la población sean compartidas con otros grupos migratorios y hasta con la población local.

La necesidad de examinar los flujos que convergieron en Neuquén nos obliga a considerar dos problemas que por largo tiempo estuvieron divorciados. Existen trabajos académicos que se concentraron en los aspectos demográficos a gran escala que determinaron los movimientos de población. Otros han enfocado su atención en la inserción de los recién llegados al mercado laboral, en la disposición de estos en el tejido urbano, en sus comportamientos matrimoniales o bien en el universo relacional desplegado por los migrantes. El supuesto que atraviesa esta investigación es que no se puede entender una sin la otra: una prolija reconstrucción del proceso de poblamiento a partir de grandes agregados serviría de poco si no es acompañado por un estudio que tenga a

---

[11] Beatriz Toutoundjian y Susana Holubica. *Estudio de la inmigración externa e interna en la Provincia de Neuquén*. Buenos Aires: CFI, 1990, págs. 7-8.

la familia como unidad económica e interaccional. De allí que el marco analítico seleccionado pueda denominarse macro-micro, por cuanto intenta visualizar cómo las tendencias generales modelan una variada gama de comportamientos que, aunque diferentes, tienen como horizonte la integración a un nuevo escenario.

El objeto

Un tema tan amplio como «migraciones hacia Neuquén» requiere algunas precisiones y justificaciones. La primera de ellas se refiere al arco temporal elegido para estudiarla. Esta investigación trata de la historia de miles de migrantes que llegaron a la ciudad de Neuquén entre 1960 y 1991. Como todo recorte cronológico, éste no deja de ser arbitrario y, por ese motivo, podría retroceder en el tiempo o bien llegar hasta el presente. Hemos elegido hacerlo con estos límites porque son buenos puntos de partida y llegada para un proceso que, salvo modificaciones menores, contuvo una gran dosis de continuidad.

En realidad, puede alegarse que las primeras migraciones se remontan a la etapa territoriana, lo cual restaría impacto a la elección de un hito ubicado en la fase provincial. La pregunta que se impone es, entonces: ¿por qué no iniciar la pesquisa algunas décadas antes?

Ante todo, porque ellas son mucho menos relevantes que las desplegadas luego de 1960. Si en las décadas centrales del siglo XX observábamos los mayores índices de crecimiento del área metropolitana bonaerense, resultado de un proceso migratorio interno iniciado al calor de diferentes proyectos industriales, el despegue demográfico neuquino tuvo que esperar algún tiempo. Recién en los años sesenta cobró trazos definidos un nuevo patrón de asentamiento en la Argentina, que modificó la dirección principal de los flujos migratorios. Así, sin perder la apariencia de un sistema de altísima primacía, se edificó un modelo menos macrocefálico.[12]

Este proceso, que a primera vista puede parecer contradictorio, se explica a partir del acelerado crecimiento de las «nuevas ciudades intermedias». Las abanderadas de este nuevo fenómeno fueron las provincias

---

[12]César Vapñarsky. «La transformación del patrón de asentamiento humano en la Argentina». En: *Desarrollo Económico*, vol. 35, n.º 138: (1995). Ed. por IDES, pág. 236.

patagónicas. Para confirmar la tendencia sólo basta mencionar que de las ocho ciudades intermedias que presentaron un crecimiento más pronunciado entre 1950 y 1990, cuatro estaban asentadas en la Patagonia.[13] Cada una de ellas multiplicó por lo menos diez veces su población, en un proceso que cambió radicalmente la fisonomía de los territorios del «lejano sur». En ese grupo de ciudades, la capital neuquina destacó por su tamaño, pero especialmente por la velocidad de su despegue. A excepción de la década de los ochenta, que mostró una leve disminución de su ritmo de crecimiento, las décadas de los sesenta y setenta presentaron una *performance* que la ubicó al tope de las ciudades intermedias argentinas.

Con todo, existen otras razones, más relacionadas al campo de la economía, que ayudan a comprender la elección de los años sesenta como punto de partida de la investigación. Si bien desde los tiempos del territorio fue visible la explotación de las riquezas del subsuelo, ésta se destacaba por su escasa participación en el total nacional.[14] Al mismo tiempo, el carácter público de la empresa a cargo de los recursos servía para entender la fuga de la renta petrolera hacia otros escenarios de mayor relevancia demográfica y política. Sin esa importante fuente de ingresos, las autoridades locales contaban con lo percibido en concepto de impuestos menores para financiar sus esqueléticos presupuestos. La tenue presencia oficial dejaba a una industria insignificante, una próspera agricultura de oasis y a una ganadería en crisis como únicas actividades dinamizadoras de un espacio mayormente incomunicado. Todo esto contribuyó para que, en términos económicos y sociales, Neuquén mostrara síntomas de atraso respecto del conjunto del país.

La década de 1960, sin embargo, actuó como divisoria de aguas en el tratamiento de algunos de los problemas estructurales que afectaban a la provincia del Neuquén. Recordemos que su provincialización, en 1958, puso en marcha un proceso de construcción estatal que fortaleció la presencia oficial en diferentes áreas hasta entonces descuidadas, entre las que destacaban la salud y la educación. Los fondos que comenzaban a ingresar en concepto de regalías por la explotación de hidrocarburos hi-

---

[13]Ibíd., págs. 236-237.

[14]Orietta Favaro y María Vaccarisi. «Poder político y políticas sociales en Neuquén, 1983-2003». En: *Revista de Historia*, n.º 19: (2005). Ed. por Universidad Nacional del Comahue, págs. 124-125.

cieron que la «mano visible» del estado se extendiera sobre la superficie neuquina. Precisamente en un discurso sostenido en la oposición entre centralismo y federalismo, se apoyó el Movimiento Popular Neuquino (en adelante MPN) – un partido provincial basado en antiguas redes locales de lealtad – para convertirse en gobierno en 1963. Primero como fuerza *neoperonista* en el marco de una reñida competencia electoral y luego convertido en partido hegemónico, el MPN basó su legitimidad en un accionar público que venía a remediar – con dispar éxito – las deudas internas que afectaban a la nueva provincia. Podría afirmarse que estamos en presencia de un Estado que, al decir de Arias Bucciarelli, «planificó la distribución de ingresos, expandiendo e incorporando una sociedad en permanente cambio (…) que tenía al partido provincial como forma de articular sus intereses».[15]

Más allá de los avances y retrocesos que Argentina experimentó en materia de explotación de hidrocarburos, lo cierto es que, en el caso neuquino, divisamos un lento tránsito hacia la producción de petróleo que tuvo su génesis en la década del sesenta. Algunos acontecimientos particulares – entre ellos el descubrimiento de nuevos yacimientos o el incremento de las regalías durante el segundo peronismo –[16] acentuaron un perfil que alcanzó su forma más acabada hacia mediados de los ochenta. La instalación de diferentes complejos hidroeléctricos, por su parte, ayudó a fortalecer esa imagen que tenía a Neuquén como proveedora de energía. Pero en este caso, aunque la construcción de las represas insufló al mercado laboral un gran dinamismo, su influencia en las cuentas provinciales fue más bien reducida. A grandes rasgos, podríamos decir que con el nacimiento de la provincia se consolidó una modalidad de crecimiento basada en los beneficios derivados de la explotación de sus recursos naturales. Al mismo tiempo, y de algún modo tributario de esta orientación, se expandió una amplia gama de actividades, localizadas en el sector oriental de la provincia, entre las que se destacaban la construcción y la prestación de servicios.

---

[15]Mario Arias Bucciarelli. «El Estado neuquino: fortalezas y debilidades de una modalidad de intervención». En: *Neuquén: la construcción de un orden estatal*. Ed. por Orietta Favaro. Neuquén: CEPHYC, 1997, págs. 51-52.

[16]Favaro y Vaccarisi, «Poder político y políticas sociales en Neuquén, 1983-2003», pág. 126.

Las mismas razones que explican la elección de 1960 como punto de partida, contribuyen a despejar la importancia que los noventa tienen como límite de la investigación. Hacia comienzos de esta década se rompieron las reglas básicas que habían posibilitado la reproducción exitosa de este modelo de crecimiento. Con la nueva legislación sobre el destino de los fondos federales, nacida con el menemismo, creció la inestabilidad de los ingresos provinciales. Simultáneamente, y bajo los efectos de vaivenes en el mercado internacional del petróleo, los fondos en concepto de regalías disminuyeron de forma notoria. Esta situación adquirió ribetes dramáticos en el contexto de la aplicación del modelo neoliberal cuando, con la privatización de las empresas a cargo de los recursos naturales, se trazaron las líneas maestras de una nueva matriz económica. La desregulación de la actividad extractiva y una estrategia que privilegiaba la salida exportadora de los recursos, aunque multiplicaron la producción de petróleo y gas, no volcaron sus beneficios en la superficie provincial.[17] De ahí que la permanencia de un modelo asentado en la explotación de recursos energéticos no se haya traducido en un incremento de los ingresos fiscales. Esta situación, como no podía ser de otro modo, dejó su huella en materia de empleo: la reducida ocupación de mano de obra, que contrastaba con la elevada inversión en la producción, comenzó a convivir con una creciente pauperización del nivel de vida de amplios sectores de la población. Se trataba, en definitiva, de la quiebra de un estado interventor, planificador, distribucionista, que puso en discusión las bases sociales y económicas sobre las que se sostenía la provincia.

Para demarcar nuestro objeto de estudio, otras dos precisiones se imponen. Una, más breve, se refiere a la dimensión espacial. La otra, más conceptual, tiene relación con la noción de migrante más adecuada para abordar procesos de largo aliento como los planteados en los propósitos de la investigación.

Por mucho tiempo, los estudios migratorios se edificaron respetando los límites que establecían distintas unidades administrativas. Entre ellas, sin duda fue la nación aquella que logró resistir con mayor solvencia los embates de diferentes modas historiográficas. Muchas razones se conjugan a la hora de explicar una persistencia a prueba de las oscilacio-

---

[17] Ibíd., pág. 128.

nes propias del campo académico. Quizás la más importante sea que los repositorios documentales están estructurados en función de sus límites. En estudios menos abarcativos se distingue una situación similar. En estos casos, las aproximaciones a la movilidad territorial se han adherido a las fronteras provinciales. Si bien esta escala es ideal para aproximarse a los tradicionales factores *pull* y *push*, plantea ciertos problemas a la hora de estudiar el proceso concreto, en especial la integración al nuevo escenario. Después de todo, como ya señalamos, los flujos internos no tuvieron a Neuquén como único y masivo destino. Por el contrario, la creciente llegada de migrantes era parte de un proceso más amplio que condujo a millones de argentinos a lugares diferentes de donde nacieron. En el otro extremo, la inmigración a Neuquén no se dirigió a una provincia, sino a determinadas localidades, entre las cuales descollaba la capital. Por este motivo, las palabras de Moya nos siguen pareciendo válidas:

> A pesar de la sabiduría tradicional, el lugar ideal desde donde estudiar el proceso no se encuentra en el medio sino en los extremos o, más precisamente, en el encuentro entre los extremos; entre las fuerzas globales y las condiciones locales.[18]

En consecuencia, el marco espacial de la presente investigación es doble y dialéctico. Si, por un lado, intentaremos analizar el lugar que Neuquén ocupa dentro de una tendencia nacional que atraviesa la segunda mitad del siglo XX; por el otro, ubicaremos en el centro de la atención los mecanismos sociales que se desplegaron en un escenario urbano de creciente dimensión. Parece claro que el *adjustment* no se dio en el vacío ni, mucho menos, de acuerdo a modelos estáticos. La estructura urbana de Neuquén condicionó ciertos comportamientos que facilitaron o retrasaron la inserción en el mercado laboral y, por supuesto, las posibilidades de ascender socialmente. Todo esto hace que privilegiemos los porosos y móviles límites de Neuquén como *locus* de la pesquisa. De otra forma sólo podríamos acceder a fenómenos micro —asociados a unos pocos *egos*— o bien a tendencias generales que, como dijimos, uniformizan en extremo la variedad histórica y geográfica de la provincia.

---

[18]Moya, *Primos y extranjeros. La inmigración española en Buenos Aires 1850-1930*, págs. 16-17.

Una última precisión se refiere al concepto de migración y, como derivación de este, a la definición de migrante más conveniente para abordar procesos de integración. Diferentes características distinguen a las migraciones de otros acontecimientos demográficos, pero la más obvia se relaciona con su repetibilidad. Mientras la muerte constituye un hecho único, la movilidad está menos condicionada por las limitaciones impuestas por la naturaleza. De allí que exista una enorme variedad de formas de movilidad y que, lógicamente, una persona pueda contar con más de una experiencia migratoria a lo largo de su vida. Una segunda diferencia, más arbitraria, se sostiene en la necesidad de establecer una definición exacta sobre sus límites: un movimiento de población es considerado como un acontecimiento migratorio según cumpla con algunos requisitos ligados a la duración de la estadía y la distancia recorrida.[19] En parte resultado del estudio de los grandes flujos transoceánicos y en parte del análisis de los episodios de movilidad rural-urbano, el universo de movimientos territoriales se fue reduciendo hasta tomar su forma más conocida: la migración como un fenómeno de larga distancia que tiene una apariencia definitiva.

Para suavizar sus aristas más rígidas es que debemos reconocer las limitaciones que esta definición tiene para abordar el conjunto de la movilidad territorial. Si bien esta última incluye a las migraciones tradicionales, no sucedería lo mismo si invirtiéramos el razonamiento. En este sentido, Zielinsky nos advierte sobre la necesidad de «darse cuenta de que la migración sólo constituye una porción arbitraria de una entidad mucho más amplia denominada movilidad territorial».[20] Por esta razón, no podemos dejar de ajustar el lente para que nuestro objeto sea asible y no sea confundido con alguna de las muchas formas de desplazamiento. En otros términos, es necesario encontrar la base ontológica de la investigación y, para ello, debemos alinear su problema central con una forma de movilidad en particular.

Una primera forma de desplazamiento alejada de nuestro guión metodológico agrupa a los «migrantes permanentes o continuos»; es decir, individuos que no cuentan con una residencia fija, más allá que sigan

---

[19]Rodolfo Bertoncello. «La movilidad espacial de la población: notas para su reflexión». En: *2das Jornadas Argentinas de la Población*. Buenos Aires: AEPA, 1995, pág. 81.

[20]Alfredo Lattes. «Acerca de los patrones recientes de movilidad de la población en el mundo». En: *Cuadernos del CENEP*: (1983). Ed. por CENEP, pág. 8.

o no un ciclo estable. Existe una doble razón que explica esta elección. Ante todo, su permanente movilidad no permite examinar trayectorias de integración al tejido de la ciudad ni, mucho menos, la dinámica que asume su movilidad ocupacional. Además, su permanente movimiento alimenta una invisibilidad documental que dificulta seguimientos de largo aliento. Algo no muy diferente puede decirse de los «migrantes temporarios». Aunque importantes en el entramado productivo de la región, especialmente en la fruticultura, su breve estadía y el carácter individual del desplazamiento hacen difícil el estudio del universo familiar. En todo caso, el recurso de la movilidad es parte de una estrategia que se despliega en otro espacio y, por ese motivo, no es percibido como un *turn over* sino como una forma de continuidad.

Los *commutters*, individuos que se desplazan para realizar alguna actividad económica sin cambiar su residencia, constituyen una tercera variedad que no recibirá un tratamiento específico. En este rubro se incluyen fenómenos que podrían sumarse a la última categoría señalada, pero especialmente aquellos desplazamientos diarios entre el lugar de residencia y el trabajo. Si bien es un fenómeno de gran actualidad, al punto de generar interesantes fenómenos de especulación inmobiliaria en ciudades vecinas a Neuquén, para el período que estudiamos esta práctica no era tan relevante. Pensemos que entre las décadas de los sesenta y ochenta, las posibilidades de acceder a un lote en la planta urbana neuquina eran altas y eso restaba chances a centros vecinos de convertirse en satélites. Esto no quita que compartieran espacios de sociabilidad o que se establecieran redes sociales más allá de los límites de la ciudad e incluso de la provincia. Sin embargo, el concepto de *commuter* es en gran medida histórico y se refiere a una situación propia de las grandes áreas urbanas que, luego de desarrollar la infraestructura de comunicación, favorecieron la instalación de familias de clase media alta y clase alta en suburbios residenciales. Esta nueva configuración urbana implicaba, además, un proceso que nunca tuvo a Neuquén como escenario: más allá de albergar, desde muy temprano, el comercio y la actividad administrativa de la ciudad, el distrito central nunca abandonó su carácter residencial.

Este recorrido nos deja frente a episodios que tuvieron continuidad en la ciudad de Neuquén. Un recorte de esta naturaleza se justifica a partir de los objetivos de la presente investigación. Si nuestro propósito es identificar los mecanismos de integración a una sociedad crecientemente compleja, poco sentido tiene examinar actores que cuentan con un paso efímero por la ciudad. Precisamente con ese propósito hemos diseñado una muestra que intentará reconstruir un corpus representativo de familias, a partir de las huellas que dejaron en diferentes registros nominales (actas matrimoniales, actas de nacimiento y padrones electorales). Gracias a ellas podremos analizar sus carreras profesionales, los cambios de residencia y, en particular, las decisiones demográficas que tomaron para mejorar sus posibilidades.

El recorrido

Veamos ahora cómo este conjunto de decisiones se reflejan en el registro de escritura y, resultado de ello, en el itinerario que seguirá la presente obra. Podríamos empezar diciendo que la historia albergó, durante buena parte del siglo XX, dos formas de enfrentar el desafío de reconstruir el pasado. Una, analítica, inspirada en el paradigma estructural-funcionalista que aspiraba a modelizar la realidad siguiendo la premisa de buscar el orden debajo del caos de la empiria. La otra, narrativa y apegada a los sujetos, rescataba la experiencia individual y ponía a la comprensión de lo particular como principal criterio de demarcación. Si la primera intentaba, por medio de la enunciación de leyes generales, incorporar a la historia al olimpo de las ciencias físico-naturales; la segunda optaba por sumar a aquella al concierto de las ciencias ideográficas o del espíritu.[21] Sin ahondar en sus fundamentos epistemológicos, podríamos decir que ambas formas de dar curso al oficio del historiador presentan ventajas y desventajas. Cada una permite iluminar sobre aspectos que su contendiente desconoce o ubica en un lugar secundario. El esquematismo de una, muy útil para brindar un panorama general, carece de algo que es clave en la otra: la capacidad de descubrir matices. Sin embargo, la importancia dada al detalle, fundamental para hilvanar la trayectoria de los sujetos, se desvanece muchas veces ante la falta de un marco global de interpretación o bien por un denodado culto a la excepcionalidad. De esta manera, ninguno de los enfoques pudo cumplir sus objetivos por completo, pues «ni la historia científica

---

[21]Devoto, *Historia de la inmigración en la Argentina*, pág. 11.

cuantitativa produjo los resultados no sólo ciertos sino sobre todo indiscutibles que esperaban sus cultores, ni la historia tradicional carece de capacidad explicativa por el hecho de esconderse dentro de la antigua forma narrativa».[22]

Quizás por este motivo, en el presente texto combinaremos en dosis variables ambos registros de escritura, en un intento de aprovechar sus fortalezas y morigerar sus debilidades. Tomando distancia de las posturas partisanas, proponemos la utilización de diferentes estrategias discursivas a partir de las cuales podremos reconstruir un proceso migratorio de enorme complejidad. Así, la primera y la segunda parte del libro presentan un enfoque predominantemente «analítico», preocupado por las tendencias de largo plazo y centrado en grandes unidades espaciales. La tercera, sin dejar de lado la búsqueda de algún tipo de generalización, se detiene en los mecanismos que los migrantes pusieron en marcha para ajustarse a una sociedad que crecía a un ritmo explosivo.

En el primer capítulo, «El despegue», nos aproximaremos a las razones económicas que hicieron de Neuquén una provincia de migrantes. Comenzaremos describiendo un clima de ideas que, en las décadas centrales del siglo XX, viró a escala continental hacia un desarrollismo genérico, usando el sugestivo rótulo propuesto por Altamirano.[23] Resultado de ello, muchos intelectuales y políticos, cada vez más escépticos sobre las bondades del liberalismo, revalorizaron el rol del Estado dentro de la economía y del sector industrial como motor de un proceso que aliviaría los males del modelo agroexportador: macrocefalia y fragmentación social. Con una idea clara de lo sucedido a nivel general, el capítulo se propone recuperar las formas en que aquel discurso fue decodificado en un espacio periférico como Neuquén.

Tomando como materia prima una variada gama de documentos oficiales, desde discursos de los gobernadores hasta proyectos productivos, nos sumergiremos en la estrategia de desarrollo llevada adelante por las autoridades provinciales, tanto constitucionales como de facto. Advertiremos allí un programa que se basaba en la necesidad de asegurar un nivel mínimo de subsistencia a la población, de construir una infraestructura que integrara el territorio provincial y de edificar una economía

---

[22]Devoto, *Historia de la inmigración en la Argentina*, pág. 12.

[23]Carlos Altamirano. *Colección del Pensamiento Argentino*. Vol. IV: *Bajo el signo de las masas (1943-1973)*. Buenos Aires: Ariel, 2001, págs. 54-58.

sostenida en el sector secundario. La ausencia de recursos propios, un elemento que había caracterizado a Neuquén desde los tiempos del Territorio Nacional, volvió al Estado nacional un interlocutor obligado. Por ese motivo, la solidez programática, que atravesó las tres décadas que abarca la pesquisa, fue acompañada de un pragmatismo en relación con las autoridades federales —sean estas radicales, peronistas o militares— cuyo objetivo era lograr un flujo financiero constante que permitiera alcanzar las metas propuestas.

Los resultados de este programa de desarrollo serán abordados en la última sección del capítulo. A partir de información estadística provincial y federal, analizaremos el grado de cumplimiento de los objetivos propuestos por las autoridades provinciales. En ese renglón, notaremos un balance, por momentos, ambiguo: si, por un lado, la economía neuquina logró consolidar su posición en el concierto nacional convirtiéndose en proveedora de recursos energéticos; por el otro, el crecimiento de aquella, a tasas que en la actualidad no dudaríamos en calificar de «chinas», no pudo revertir la fuerte dependencia respecto del Estado nacional en materia financiera ni, menos aún, edificar una estructura productiva sostenida en la industria. El «polo de desarrollo», como gustaba llamarlo en la época, dio riendas sueltas a una economía de enclave, con enormes dificultades para trasladar los beneficios de la explotación de hidrocarburos al conjunto del territorio. Al mismo tiempo, en lugar de presenciar la emergencia de una economía diversificada, que inyectara valor agregado a las *commodities* locales, el «modelo neuquino» potenció, por medio de la expansión del Estado provincial, el papel desempeñado por el sector terciario.

Explorar la forma en que estas transformaciones económicas impactaron en la población neuquina es el objetivo del segundo capítulo de la obra. «El boom demográfico» estudia la lenta extinción de las tendencias poblacionales territorianas y el nacimiento de las líneas que caracterizan al Neuquén moderno. Si bien algunos rasgos que hacen a este último se remontan a las primeras décadas del siglo pasado (sobre todo la importancia de los migrantes en la estructura demográfica y la concentración poblacional en su capital), el período comprendido entre 1960 y 1991 fue en muchos sentidos original. Un *racconto* de las transformaciones sucedidas durante estas décadas no podría dejar de mencionar el explosivo crecimiento de la población, el arribo de una formidable cantidad de migrantes intra e interprovinciales, el inicio de la transición demográfica, una acelerada urbanización y el reforzamiento de importantes desequilibrios espaciales. El análisis de cada uno de estos fenómenos –reconstruibles gracias a la información editada en censos nacionales y anuarios estadísticos–, nos permitirá acceder a un aspecto más difícil de atrapar desde una óptica cuantitativa: un tejido social que, de la mano del reforzamiento de los sectores medios y populares urbanos, se volvió más complejo.

«Ganarse la vida», tercer capítulo del libro, inaugura la segunda parte de la obra, la cual estudia específicamente a los migrantes. Para cumplir con ese propósito, abandona unidades espaciales amplias para concentrarse en la capital neuquina, espacio donde se instaló el grueso de quienes llegaron a la joven provincia argentina. Un giro semejante se produce en materia heurística: la documentación estadística oficial es reemplazada por fuentes nominativas, sobre todo actas matrimoniales elaboradas por la Dirección Provincial de Registro Civil de Neuquén. «Ganarse la vida» hace un uso intensivo de este tipo de evidencia para explorar la estructura ocupacional de una ciudad que se sumaba con ímpetu al mapa demográfico nacional y las formas a partir de las cuales los diferentes grupos migratorios se insertaron en aquella. Gracias a este ejercicio veremos cómo los migrantes de otras provincias, los llegados del interior neuquino y quienes llegaron de Chile, se insertaron de forma diferenciada en una economía que –por medio del crecimiento del Estado, de la construcción y de la actividad comercial– reforzó las tendencias registradas a nivel provincial.

La siguiente escala del recorrido se detiene en los patrones residenciales de los migrantes en la ciudad de Neuquén. «La radicación», cuarto capítulo, comienza con la búsqueda de modelos teóricos que permitan comprender la estructura de una urbe que incrementó siete veces su población entre 1960 y 1991. En ese sentido, se partirá de los aportes de la sociología urbana desarrollada en la Universidad de Chicago para luego incorporar las críticas realizadas por parte de autores que atendieron a la experiencia latinoamericana. Este *background* nos permitirá establecer áreas sociales, ecológicas en palabras de Burgess, como también la disposición de los migrantes en cada una de ellas. Uno de los aspectos que emerge del estudio es que, a diferencia de la plantilla norteamericana, Neuquén plantea una serie de franjas que pierden brillo a medida que nos alejamos del centro de la ciudad; espacio que, lejos de ser una *inner city*, albergaba a los sectores más encumbrados de la sociedad neuquina. Además, en lugar de *ghettos*, áreas culturalmente homogéneas y habitadas mayoritariamente por migrantes, encontramos asentamientos, en esencia heterogéneos, donde algunos grupos migratorios se encontraron sobrerrepresentados, pero que no fueron de forma alguna exclusivos: si los nativos y los llegados de otras provincias tenían una fuerte presencia en el centro de la ciudad, los migrantes intraprovinciales y, sobre todo, los chilenos, ganaban terreno a medida que nos internamos en la periferia.

Estudiar las formas en las que esa cercanía espacial se reflejó en el matrimonio es el propósito del quinto capítulo. A partir del análisis de las actas matrimoniales del registro civil neuquino, «Conseguir pareja» demuestra cómo los grupos migratorios que compartieron espacios en la ciudad fueron los más unidos desde el punto de vista nupcial. Pero más fuerte que la coincidencia por origen migratorio, mucho menos relevante que en el caso de las migraciones europeas del entresiglo, fue la influencia del lugar de residencia y del mundo del trabajo. No estaría mal si dijéramos que en el cruce de origen migratorio, lugar ocupado en el tablero urbano y estrato social, encontramos algunos de los condicionantes que atravesaron la elección de una pareja. Así, detrás de comportamientos exogámicos, siempre de valor relativo en las migraciones internas, encontramos una importante homogamia residencial que, por momentos, funcionó como una homogamia ocupacional. De esta forma, lo que inicialmente se nos presentaba como un mercado nupcial homogéneo, ciego en términos sociales, comenzó a mostrar una apariencia heterogénea y surcada por la existencia de submercados.

La tercera parte del libro está compuesta de un único capítulo: «Conformar una familia». En esas páginas intentaremos aproximarnos al problema de la integración de los migrantes a una nueva sociedad. En nuestro caso, estudiar la adaptación de los recién llegados nos obliga a echar un vistazo a una movilidad que fue, al mismo tiempo, ocupacional y geográfica. Y es precisamente esta fuerte movilidad la que exige actuar con mucha cautela en el terreno metodológico. Los estudios de *stocks*, como los que ensayaremos en los capítulos 3, 4 y 5, nos brindarán fotografías pero no un seguimiento en el tiempo de una unidad específica, en nuestro caso familias. Para sortear ese obstáculo, el texto hace un uso intensivo de testimonios recogidos entre migrantes y de documentación conservada en el Registro Civil (actas de nacimiento) y en la Justicia Electoral (padrones electorales). Con esa base empírica prestaremos atención a los factores que influyeron en sus decisiones y diferenciaron sus oportunidades. En ese sentido, el capítulo analiza, por un lado, la función del núcleo familiar y de la parentela; mientras que, por el otro, evalúa la importancia que la implantación en el tejido urbano tuvo en el logro de diferentes niveles de movilidad ocupacional.

En pocas palabras, gracias a este recorrido de seis escalas intentaremos devolver complejidad al estudio de una sociedad magmática como la neuquina. Primero porque, en lugar de utilizar categorías definidas *a priori* o de hacer uso de evidencia previamente organizada, clasificaremos esta última desde sus propias particularidades o, utilizando los términos de Gribaudi, recorriendo un camino inductivo.[24] Segundo, porque la reconstrucción del universo familiar de un conjunto de migrantes, sin perder de vista el contexto, hará posible el ensayo de juegos de escala, usando la atractiva metáfora de Revel, a partir de los cuales será posible alternar perspectivas micro y macro analíticas.[25] Finalmente, porque, por medio de sucesivas aproximaciones a nuestro objeto de estudio, trataremos de hacer realidad el viejo anhelo de una «historia desde abajo» que recupere la experiencia, no de individuos excepcionales, sino de gente común, en este caso migrantes que llegaron a una ciudad que imaginaban llena de posibilidades.[26]

---

[24] Maurizio Gribaudi. « Echelle, pertinence, configuration ». En: *Jeux d'echelle. La micro-analyse a l'experience*. Comp. por Jacques Revel. París: Gallimard-Le Seuil, 1996, págs. 113-140.

[25] Jacques Revel. « Micro-analyse et construction du social ». En: *Jeux d'échelles. La micro-analyse à l'expérience*. París: Gallimard-Le Seuil, 1996.

[26] Franco Ramella. «Por un uso fuerte del concepto de red en los estudios migratorios». En: *Inmigración y redes sociales en la Argentina Moderna*. Ed. por Hernán Otero y María Bjerg. Tandil: CEMLA-IEHS, 1995, pág. 14.

I

El escenario

1. El despegue económico. Algunas consideraciones sobre el modelo neuquino

El periódico *Sur Argentino*, hacia finales de los setenta, publicaba un artículo que esbozaba una interpretación sobre las causas del crecimiento demográfico neuquino. Con una prosa cargada de detalles, el texto retrataba algunas de las transformaciones que habían hecho su aparición algunos años antes:

> Neuquén, una ciudad incipiente *hasta la explosión provocada por el «oro negro»* en la provincia, desde la década de los sesenta hacia delante *cambió profundamente su fisonomía*, sus calles polvorientas de antaño se transformaron en relucientes arterias por donde *el progreso comenzó a transitar aceleradamente.*[1]

Para explicar la nueva apariencia que la ciudad iba adquiriendo, el periodista acudía a causas que superaban holgadamente sus límites. La provincia era la escala adecuada para comprender el creciente número de personas que elegían a Neuquén como lugar de residencia. Casi sin saberlo, las líneas que trascribimos intentaron dar respuesta a una de las preguntas fundamentales de los estudios migratorios: ¿por qué miles de hombres y mujeres deciden abandonar su domicilio habitual para aventurarse en un nuevo escenario?

---

[1] «El crecimiento de la ciudad y su variada gama de prioridades». En: *Sur Argentino*: (12 de junio de 1978), pág. 3.

Los comentarios realizados por el *Sur Argentino* abordaban este problema poniendo énfasis en razones de índole económica. La lógica detrás de estas palabras destacaba por su claridad: «con el repunte económico de la provincia, comenzó a arribar a la capital una inusitada cantidad de habitantes, ya sea de otros lugares del país o del extranjero».[2] Pese a su ingenuidad, la mirada del cronista contenía muchas de pistas que los académicos siguieron durante la primera mitad del siglo XX. El sentido común de la época, inspirado en el modelo *pull/push*, señalaba factores que expulsaban a la población y otros que la impulsaban hacia nuevas áreas. De ese modo, concentrar la mirada en una provincia como Neuquén, era suficiente para explicar la explosiva conducta demográfica de su capital. Trabajo y buenos salarios parecían ser la llave que había permitido la llegada de un ejército de migrantes. Después de todo, una similar combinación de elementos había servido para explicar lo sucedido en los escenarios afectados por las migraciones transoceánicas de entresiglos o bien por los movimientos internos de mediados del siglo XX. Este enfoque, sin embargo, presenta un defecto de envergadura: estas condiciones de atracción coincidieron con diferentes momentos de la historia, inclusive durante la etapa territoriana, pero Neuquén sólo se convirtió en un destino migratorio masivo entre 1960 y 1990.

En este primer capítulo intentaremos atrapar la singularidad de este período a partir de un estudio que incorpore las diferentes capas que dieron forma al «Neuquén aluvional». Una exclusiva atención a lo sucedido dentro de la provincia no es siempre la mejor forma de abordar una experiencia migratoria en toda su dimensión. Por ese motivo, comenzaremos con un análisis del telón de fondo que sirvió de base a la expansión económica neuquina. Pasaremos allí revista de las profundas transformaciones que dieron vida a la economía mundial en la segunda posguerra y, siguiendo un esquema de círculos concéntricos, analizaremos el impacto que ellas tuvieron tanto a escala continental como en el contexto nacional. Con una clara imagen de lo sucedido a nivel macro, nos sumergiremos en la metamorfosis productiva que tuvo a la joven provincia como escenario. Para ello, nada mejor que reunir en un mismo enfoque el campo de las representaciones y algunos indicadores básicos de desempeño económico. No se trata de analizar ambos aspectos

---

[2] «El crecimiento de la ciudad y su variada gama de prioridades», pág. 3.

de forma aislada, sino de descubrir los vínculos existentes entre ellos. Así, el diálogo entre las dimensiones cuali y cuantitativas nos permitirá entender las causas que convirtieron a Neuquén en una provincia de migrantes.

1.1 Las coordenadas iniciales: desarrollismo, industria y planificación

El tremendo cimbronazo que la economía mundial sufrió en 1930 puso en evidencia la inconsistencia de algunos de los más sentidos principios neoclásicos. Las fuerzas productivas dejadas operar libremente habían mostrado su incapacidad para generar situaciones de pleno empleo y, sobre todo, para lograr tasas de ganancias razonables por largos períodos de tiempo. A partir de esta constatación, el mundo del pensamiento económico transitó por una profunda resignificación. Muchos contenidos, hasta entonces considerados tabúes, comenzaron a exhibir una enorme vitalidad. Entre ellos se destacaba la necesidad de contar con un estado activo que, librado ya de su lastre decimonónico, tuviera injerencia en materia de políticas fiscales, monetarias y sociales. Quedaban así trazadas las líneas más gruesas de lo que, una vez iniciada la guerra fría, se generalizó bajo el genérico rótulo de «estado de bienestar». Esas organizaciones estatales, en cierto sentido, sometieron a las fuerzas del capitalismo a una severa disciplina, estableciendo fuertes controles y reglamentaciones, al tiempo de incentivar el rol empresario del estado en determinadas áreas estratégicas de la economía.[3]

Los años de oro del capitalismo occidental reforzaron un paisaje que tenía en sus extremos a un puñado de economías industriales desarrolladas y a una constelación de países periféricos. Aun cuando esa imagen nos brinde cierta idea de polarización naturalizada, de roles inmóviles y estados permanentes, el creciente uso de la etiqueta «naciones subdesarrolladas» pareciera discutir esa presunción. Esta última suponía una situación superable siempre y cuando se aplicara un adecuado conjunto de políticas. En este ambiente de optimismo se enrolaron las todavía tibias arengas neoliberales de retracción del gasto público y, sobre todo,

---

[3]Luis Alberto Romero. *Sociedad democrática y política democrática en la Argentina del siglo XX*. Bernal: Universidad Nacional de Quilmes, 2004, págs. 150-151.

las que apuntaban a la modernización de los sectores tradicionales de la economía. El subdesarrollo, desde esta última mirada, aparecía como el resultado de estructuras sociales atrasadas que, ligadas al modelo agro-exportador, constituían un obstáculo en la edificación de modernas sociedades industriales. La posibilidad de modificar esa hoja de ruta obligaba a revisar el papel del estado en materia de planificación y, especialmente, en todo aquello relacionado con el montaje de una infraestructura para el crecimiento «hacia dentro».

Para el caso particular de Latinoamérica, la idea de planificación hizo su aparición pública en la década de 1940. En esos años, el esfuerzo de la Comisión Económica para América Latina (CEPAL) por delinear una agenda de tareas pendientes para los diferentes gobiernos de la región, tuvo como resultado una fecunda corriente de opinión orientada a derrumbar los últimos reductos del consenso liberal. Tal vez por ello, los estudios sobre la realidad de algunos de los países del continente despertaron el interés de diversos organismos nacionales, convirtiendo a la planificación en un instrumento ineludible para el diseño de políticas de estado. En ese remozado clima de ideas cobraron vida las primeras experiencias de análisis y aplicación de técnicas de proyección de largo plazo, que tuvieron como consecuencia más conocida el diseño de «planes de desarrollo».[4] Más allá de que la realidad latinoamericana difícilmente podía ser entendida a través del prisma de la homogeneidad, ese conjunto de producciones coincidía en señalar al sector externo como el responsable de su condición periférica. Resultaba evidente que la apertura económica en clave liberal había dinamizado a los sectores exportadores, generando al mismo tiempo una larga lista de problemas estructurales, entre los que se destacaban la existencia de enormes áreas sumergidas en situaciones de atraso y una crónica fuga de divisas que impedía la inversión productiva del excedente creado en suelo americano.

Ese núcleo de coincidencias no sólo se vinculaba al diagnóstico de problemas, sino que además extendía su influencia a las posibles soluciones de esa situación. Allí las recetas desarrollistas parecían acordar en la necesidad de explotar el potencial que brindaba la abundancia de recur-

---

[4]Graciela Blanco. *35 años del COPADE y la planificación en Neuquén.* Neuquén: COPADE-CEHIR, 1999, págs. 6-7.

1. El despegue económico. Algunas consideraciones sobre el modelo neuquino

sos naturales y humanos. Y para ello era fundamental dotar a las economías relegadas de una infraestructura en transporte, energía y comunicaciones, como también incrementar el flujo de ahorro e inversión a partir de una serie de políticas que protegieran a las economías nacionales. Se trataba, en última instancia, de que los estados subdesarrollados absorbieran una importante porción de los recursos del sector exportador para luego dirigirlos a otras áreas consideradas prioritarias en la industrialización de la economía. Frente a un modelo estrechamente ligado a la exportación de productos primarios, que ya para mediados del siglo XX mostraba una dudosa rentabilidad y numerosos problemas estructurales (macrocefalia, desocupación y marginalidad urbana), se planteaba la urgencia de iniciar un decidido proceso de expansión industrial con base en el aprovechamiento de los recursos naturales ociosos. Se consideraba que el esfuerzo debía concentrarse en determinados polos de desarrollo, donde se instalarían las principales actividades transformadoras y desde los cuales iban a partir ondas expansivas que dinamizarían al conjunto del país.[5] Bajo el benéfico influjo de una actividad económica uniformemente distribuida se sentarían las bases de un mercado interno de creciente dimensión, capaz de generar un círculo virtuoso despegado de los continuos vaivenes del mercado internacional.

Ahora bien, aun cuando el desarrollismo conformaba una *main stream* de alcance continental, deberíamos examinar las formas y ritmos que asumió la propuesta *cepalina* en el escenario argentino. Nada mejor para ello que estudiar los pulsos seguidos por el sector industrial en el marco de una economía que cada vez confiaba menos en las bondades del modelo agro-exportador. Si había algo que enlazaba a todas las tonalidades del espectro político de la época – desde el militarismo nacionalista hasta las versiones latinoamericanas del marxismo – , era la necesidad de transformar una estructura económica que había crecido al amparo de la producción primaria. El desarrollo industrial aparecía entonces como la solución ideal para una variada gama de problemas que iban, según el punto de vista ideológico, desde el reforzamiento de la soberanía nacional hasta la liberación de las tenazas del imperialismo. La industria argentina, mas allá del consenso generado alrededor de su importancia,

---

[5]Graciela Blanco, Juan Quintar y María Beatriz Gentile. *Neuquén: 40 años de vida institucional*. Neuquén: COPADE, 1998, pág. 23.

seguiría un sinuoso itinerario en el que distinguimos diferentes etapas, sectores líderes y, desde luego, roles desempeñados por el Estado.

La crisis de los años treinta había sido superada gracias a una industrialización que, sustituyendo importaciones y aumentando la producción de bienes manufacturados, dio aire fresco a una economía que mostraba evidentes síntomas de agotamiento.[6] Quedaba así inaugurada una etapa en la que el sector secundario funcionó como rueda de auxilio del modelo agro-exportador clásico. Una política cambiaria alejada de la libre flotación y la elevación de los aranceles de exportación fueron quizás las muestras más claras de un funcionamiento económico que parecía darle la espalda al comercio internacional. Este marco sirvió de base al despliegue de la primera fase de la industrialización por sustitución de importaciones. Apoyada en la estructura productiva previa, elemento que la diferenciaba del resto de Latinoamérica, Argentina avanzó rápidamente en los tramos fáciles de la producción manufacturera. Así, los establecimientos dedicados a la fabricación de electrodomésticos, maquinarias sencillas y las actividades relacionadas con el mundo de la construcción fueron la vanguardia de una economía que comenzaba a recostarse en el sector industrial.

La llegada del peronismo no hizo más que profundizar un camino que había sido demarcado una década antes. La intención de ganar autonomía respecto al mercado internacional, condensada en el slogan de la «independencia económica», permitió una acelerada expansión de las actividades existentes a partir de la utilización intensiva de la mano de obra y un ensanchamiento del mercado interno. Al mismo tiempo, un Estado que hasta allí sólo había establecido las reglas generales del nuevo esquema de crecimiento, desempeñaría un papel mucho más activo. A la producción de los insumos básicos para el desarrollo industrial sumó la aplicación de un abanico de instrumentos que oscilaban entre la administración de las cuotas de importación y el financiamiento directo a través del Banco de Crédito Industrial y las líneas de redescuento del Banco Central.[7] Esta nueva orientación económica, sin embargo, presentaba inconvenientes que llevaron a sistemáticas crisis de crecimiento.

---

[6]Mario Rapoport. *Historia económica, política y social de la argentina*. Buenos Aires: Macchi, 2000.

[7]Bernardo Kosacoff y Adrián Ramos. *Cambios contemporáneos en la estructura industrial argentina (1975-2000)*. Bernal: Universidad Nacional de Quilmes, 2001, pág. 15.

1. El despegue económico. Algunas consideraciones sobre el modelo neuquino

Encolumnada detrás de un mercado interno que no se destacaba por su dimensión, la producción industrial encontró serias dificultades para conservar su dinamismo. Con una tecnología cada vez más obsoleta e inmersa en un ambiente de permanentes restricciones en la balanza de pagos, la economía argentina encontraba serias dificultades para encarar procesos productivos más complejos.

Sólo a partir de 1958, con el avance de las políticas desarrollistas, se dieron los primeros pasos en la redefinición de la estructura productiva argentina. Con el estímulo a las industrias básicas, Argentina abrió sus puertas a las inversiones externas, convirtiendo al sector secundario en el motor del crecimiento económico. Estas nuevas coordenadas fueron fundamentales para la instalación de empresas multinacionales que, se suponía, iban a aliviar la debilidad de sectores claves de la economía. Un tejido productivo incompleto, con evidentes lagunas en la fabricación de bienes de capital e intermedios, limitaba extraordinariamente las chances de un crecimiento industrial sostenido. La aparición de «cuellos de botella», generados por un sector que enfrentaba elevados costos para aumentar su capacidad productiva, volvía imprescindible ocupar los casilleros vacíos de la matriz insumo-producto. De no hacerlo era inevitable que la economía ingresara en una zona de turbulencia que los especialistas bautizaron como *stop and go*.[8] A modo de síntesis, podríamos decir que Argentina era dueña de una configuración compuesta por dos sectores: el primero, agrario, de escaso crecimiento pero proveedor de divisas; y el segundo, industrial, que reunía de forma simultánea un rápido crecimiento y un elevado déficit en materia de comercio exterior. Como el sector más dinámico consumía las divisas generadas por un sector que mostraba una limitada productividad, la economía agotaba sus reservas en moneda extranjera y debía tomar medidas de ajuste que equilibraran las cuentas fiscales. La contracción del consumo y las inversiones resultantes reducían la demanda de divisas del sector industrial, alejando los fantasmas de una economía al borde del colapso. Al mismo tiempo, el deshielo de la política cambiaria favorecía a los sectores más ligados al comercio internacional, lo cual inauguraba —por medio de la llegada de divisas— un nuevo ciclo de crecimiento industrial.

---

[8]Ricardo Aroskind. «El país del desarrollo posible». En: *Violencia, proscripción y autoritarismo (1955-1976)*. Ed. por Daniel James. Vol. IX. Buenos Aires: Sudamericana, 2003, págs. 85-87.

La posibilidad de escapar de esta lógica perversa hacía necesario establecer un equilibrio entre dos sectores que pujaban por mantener una posición privilegiada en la distribución del ingreso. El desarrollismo, por lo menos en su variante primigenia, procuraba articular la economía agro-exportadora y la industrial en una suerte de síntesis ponderada: mientras que la primera, con la mira puesta en el aumento de la productividad, debía conjugar el abastecimiento del mercado interno con una inserción en los circuitos internacionales; la segunda, amparada por medidas proteccionistas, debía poner en marcha la segunda etapa de la industrialización por sustitución de importaciones. En este tenue equilibrio, el Estado cumpliría un papel fundamental. No sólo profundizaría su importancia como productor de bienes y servicios, sino que además tendría la difícil misión de asignar los recursos entre los distintos sectores de la sociedad. Las leyes de radicación de capitales extranjeros y de promoción industrial, ambas sancionadas en el punto más alto de la cruzada desarrollista, fueron la muestra más consistente del nuevo rumbo de la economía argentina. Por su intermedio fue posible a las empresas extranjeras instaladas en el país enviar sus ganancias a sus casas matrices y, en casos extremos, repatriar el capital invertido.[9] Al mismo tiempo, se estableció un régimen especial para las inversiones en sectores juzgados claves en el despegue económico argentino. El trato preferencial se tradujo en una serie de incentivos a la inversión que incluyó la protección arancelaria en el mercado local, regímenes impositivos y crediticios especiales, así como tarifas promocionales en lo relacionado al suministro de energía.

Los primeros ecos de estas políticas no se hicieron esperar. Las inversiones extranjeras, que en 1957 rondaban los 20 millones de dólares, alcanzaron los 248 en 1959 y superaron la barrera de los 300 sólo dos años después.[10] El impacto de la política frondizista en materia de hidrocarburos no fue menos importante: hacia 1962 el autoabastecimiento de petróleo había dejado de ser una promesa para convertirse en realidad, poniendo límites a la fuga de divisas que la adquisición de combustibles suponía. La creciente participación de las industrias elevadas a la categoría de prioritarias nos pone frente a una economía que funcionaba

---

[9]Noemí Girbal Blancha. *Estado, sociedad y economía en la Argentina (1930-1997)*. Bernal: Universidad Nacional de Quilmes, 2004, pág. 128.

[10]Ibíd.

1. El despegue económico. Algunas consideraciones sobre el modelo neuquino

según las expectativas del gobierno. El 84 % de las inversiones directas amparadas por la legislación promocional y cerca del 95 % del valor agregado del sector secundario fueron producidos por un heterogéneo grupo de actividades que incluía a las industrias automotriz, siderúrgica, petroquímica y química.[11]

La caída del gobierno de Frondizi, jaqueado por los «planteos» militares y un revitalizado peronismo, no impidió que las transformaciones impresas en la estructura productiva argentina siguieran su curso. Luego de los ajustes realizados por la corta gestión de Guido, que llevaron los índices de desocupación a niveles históricos, estuvieron dadas las condiciones para el inicio de un nuevo ciclo económico. La mejora sensible de la balanza comercial, resultado del sacrificio del mercado interno, permitió a la naciente administración de Illia apelar a instrumentos reactivadores que posibilitaron absorber los nuevos productos surgidos de la industrialización desarrollista.[12] Esto fue posible gracias al impulso del consumo a partir de una expansión del crédito, pero también por medio de una decidida política de mejoramiento salarial. La inflación, que había estallado en el último tramo del gobierno de Frondizi, retornó a niveles moderados y los buenos precios internacionales impulsaron el crecimiento de la economía a una tasa cercana al 9 % anual para 1964 y 1965. Esta vertiginosa expansión, más allá de la espiral de conflictos que atravesaba al escenario político, no tuvo incidencia en la balanza de pagos, logrando lo que hasta allí había sido un logro imposible: el crecimiento del PBI no supuso un agotamiento de las reservas, permitiendo en el corto plazo escapar a la lógica del *stop and go*.

1.2 Un desarrollismo genérico en la Patagonia

Cuando fueron visibles los primeros efectos de la industrialización, el antiguo clivaje entre Interior y Litoral regresó a los primeros planos. El contraste entre *dos Argentinas* —una dinámica y cosmopolita; la otra tradicional y criolla— fue uno de los pilares donde se sostuvo la retórica modernizadora. El Interior era nuevamente visitado por un discurso

---

[11]Jorge Katz. «Características estructurales del crecimiento industrial argentino (1946-1960)». En: *Desarrollo Económico*, vol. 7, n.º 26: (julio de 1967), págs. 59-76.

[12]Aroskind, «El país del desarrollo posible», págs. 100-101.

que no lo interpretaba de manera despectiva, sino como una reserva de potencialidad. Quedaba claro que ese salto cualitativo, que llevaría a la «Argentina potencia mundial», no podía contar con áreas rezagadas. Las regiones que hasta allí habían ocupado un lugar marginal aparecían, desde esta novedosa mirada, como espacios a conquistar y redimir. Con todo, la falta de matices de este diagnóstico no hacía fácil la tarea de comprender los cambios que el peronismo había introducido en aquellas, ni mucho menos la de captar la heterogeneidad que una categoría tan amplia llevaba consigo. Aunque el Noroeste encajaba —no sin dificultades— en una plantilla que lo tenía como colonial, rural y poco influido por el aluvión inmigratorio, otras regiones como Patagonia o Chaco estaban alejadas de ese *identikit* socio-cultural. De todos modos, este discurso dual, que apelaba a una nueva identidad forjada alrededor del futuro venturoso que aguardaba a la Argentina, tuvo un notable efecto simbólico que generó consenso alrededor de la urgencia de superar antiguas fracturas geográficas y sociales.

Las consignas que mejor retrataban esta preocupación fueron «integración» y «desarrollo». La posibilidad de dar un paso adelante respecto a la conflictividad que se había apoderado de la arena política, se sostenía en la urgencia de un crecimiento de largo aliento que alineara a diferentes actores detrás del proyecto desarrollista. Pero ese despegue, a diferencia de los anteriores, debía cumplir un papel homogeneizador desde el punto de vista espacial. En el fondo, el desarrollismo ponía al tope de sus prioridades la incorporación de todo el espacio nacional a una marea modernizadora que afectaría radicalmente su estructura productiva. Este proceso, como señala Healey, sería «impulsado, planificado y dirigido por el Estado y daría como resultado un país más consolidado hacia dentro y más fuerte hacia fuera».[13] Y como no podía ser de otra forma, la industrialización sería un instrumento de primer orden en el logro de una integración que parecía poner punto final a las asimetrías propias de la argentina agro-exportadora.

La provincialización del territorio de Neuquén, en los años cincuenta, fue un laboratorio ideal para probar el recetario desarrollista. La joven

---

[13]Mark Healey. «El interior en disputa: proyectos de desarrollo y movimientos de protesta en las regiones extrapampeanas». En: *Violencia, proscripción y autoritarismo (1955-1976)*. Ed. por Daniel James. Vol. IX. Buenos Aires: Sudamericana, 2003, pág. 176.

1. El despegue económico. Algunas consideraciones sobre el modelo neuquino

provincia, que se incorporaba al sistema político luego de ochenta años como Territorio Nacional, puso en marcha una serie de estrategias orientadas a generar un desarrollo en el sentido *cepalino*. No estaría mal que dijéramos que Neuquén fue en algún sentido «hija de esa concepción», por cuanto los planificadores nacionales pensaron a esta comarca como proveedora de la energía para una remozada maquinaria industrial.[14] Comenzaba, por entonces, a ganar espacio en la agenda del gobierno de Frondizi la necesidad de promocionar determinadas regiones estratégicas como medio para dinamizar al conjunto del país. La creación del Consejo Nacional de Desarrollo y el auge de las regiones como instrumentos de planificación fueron quizás los elementos más evidentes de este norte programático. La «región Comahue», como se conoció a la franja septentrional de la Patagonia, comenzó a ser objeto de numerosos estudios técnicos y, por su intermedio, de proyectos de cierta envergadura. La aprobación de un complejo hidroeléctrico sobre los ríos Neuquén y Limay, donde se erigiría lo que la prensa de la época dio a conocer como el *Assuan Argentino*, y el tendido de un gasoducto entre Challacó y Puerto Rosales son una clara muestra de las ansiedades que despertaba la provincia del Neuquén en el concierto nacional.

Pero no se trataba sólo de un proyecto diseñado en alguna oficina del gobierno nacional. Con la sanción de la constitución provincial de 1957, Neuquén se sumaba a un clima de ideas sintonizado en una frecuencia desarrollista. En su carta magna se trazaron las líneas más gruesas de un régimen económico que redimensionaba el accionar oficial. Así, esta joven provincia patagónica se incorporaba a la órbita nacional defendiendo una idea de estado activo que se imaginaba a sí mismo como «factor de desarrollo». Ese compromiso con el constitucionalismo social, tan propio de la segunda posguerra, fue acompañado de una postura federal que nutriría de recursos al accionar oficial de la nueva provincia. Del andamiaje de las reglamentaciones y la organización de los poderes públicos, se trasluce el propósito de fundar un estado que «asumiera la defensa de las riquezas esenciales de la provincia, impulsara su desarrollo global e interviniera en la creación de la infraestructura social básica».[15] Aunque

---

[14]Blanco, Quintar y Gentile, *Neuquén: 40 años de vida institucional*, pág. 25.

[15]Mario Arias Bucciarelli. «El Estado neuquino: fortalezas y debilidades de una modalidad de intervención». En: *Neuquén: la construcción de un orden estatal*. Ed. por Orietta Favaro. Neuquén: CEPHYC, 1997, pág. 39.

los primeros pasos en esa dirección fueron dados durante el peronismo, cuando el Estado nacional fortaleció su presencia en los lejanos distritos patagónicos, el nuevo perfil regional tuvo que aguardar por algún tiempo. Recién en la década de los sesenta ese territorio mayormente ganadero y rural inició su tránsito hacia una economía sostenida en la producción de energía.

En las décadas que siguieron a la provincialización, se definió en Neuquén un Estado moderno que contó como principal característica una importante centralización institucional y una temprana vocación planificadora. Se entendía que sin la presencia oficial era muy difícil que la nueva jurisdicción pudiera escapar a «una triste realidad de hambre, ignorancia y enfermedad a pesar de sus recursos extraordinarios».[16] Sólo era necesaria una «acción planificada que trastoque el cuadro de miseria, asegurando fuentes de trabajo y creando nuevas industrias».[17] Quedaba claro que las primeras experiencias de gobierno autónomo – primero encolumnadas con la UCRI y luego con el MPN – retomaban el vocabulario que el desarrollismo había llevado a los primeros planos. Esta postura, que se apropiaba de las propuestas *cepalinas* desde un espacio periférico, tendría como *think tank* al Consejo de Planificación y Acción para el Desarrollo (COPADE), organismo dependiente del poder ejecutivo provincial, que tuvo a su cargo el diseño e implementación de proyectos que posibilitarían el despegue de la economía neuquina.

Pero si la joven provincia debía ser objeto de la planificación, eso era debido a su lejanía de cada una de las ondas expansivas de la economía argentina. A la misma distancia del modelo agro-exportador como de la industrialización peronista, la economía neuquina cabía a la perfección en lo que el lenguaje de la época denominaba «subdesarrollo». Con una participación ínfima en el producto bruto nacional, su estructura productiva dependía de un puñado de actividades que poco podían hacer para transformar una posición a todas luces periférica.

Comencemos por el sector primario de la economía neuquina. La agricultura sólo adquiría relieve en la porción más oriental del territorio, donde los sistemas de irrigación implementados en las primeras décadas del siglo XX habían permitido prácticas intensivas. Las 8.000 hectáreas

---

[16]*Carta de Felipe Sapag a Arturo Illia*. Neuquén: Centro de Documentación Científica y Técnica, 1964 (cit. en adelante como CDCT. *Carta de Felipe Sapag a Arturo Illia*), pág. 3.

[17]CDCT. *Carta de Felipe Sapag a Arturo Illia*, pág. 3.

destinadas a la producción de frutales aportaban el 90 % del valor agregado del sector, mientras que el 10 % restante se repartía entre los otros quince departamentos.[18] De todos modos, y a pesar de su inserción en circuitos nacionales e internacionales de comercialización, la agricultura sólo representaba, a comienzos de los sesenta, el 8 % de la economía provincial (véase Cuadro 1.1).

La ganadería era, para los departamentos recostados sobre los Andes, la principal actividad productiva. Salvo algunas estancias que poblaban el sur de la provincia, área con mayor aptitud para la cría del vacuno, en el resto del territorio abundaban las pequeñas explotaciones que «no tenían los medios técnicos para llevar a cabo una racional utilización del ganado, ni los canales de comercialización necesarios para colocar la producción».[19] A este cuadro poco halagüeño se sumaba el cierre de la frontera con Chile, que había puesto punto final a un fecundo intercambio comercial que hundía sus raíces en el mundo indígena. No es extraño, entonces, que las áreas de predominio ganadero hayan ocupado las líneas más importantes del discurso inaugural de la primera gestión del MPN. Después de todo, esos lejanos valles cordilleranos servían de muestra de las consecuencias que deparaba el divorcio entre planificación y estado. A medida que nos internamos en ellos eran evidentes «una abrumadora deficiencia alimentaria», «la magnitud de las enfermedades», «ranchos infrahumanos», «un éxodo rural difícil de detener», así como una educación considerada en términos de «ficción».[20]

No muy diferente era el lugar que el sector secundario ocupaba en el entramado productivo neuquino. Marginada de la industrialización por sustitución de importaciones, proceso que había irradiado su dinamismo al Litoral, la provincia sólo contaba en 1964 con medio millar de establecimientos que no se destacaban precisamente por su tamaño. Salvo algunos galpones de empaque, que empleaban a una cantidad de trabajadores que se contaba por centenares, la mayor parte del sector

---

[18]*Situación general de la provincia de Neuquén.* Neuquén: Centro de Documentación Científica y Técnica, 1967 (cit. en adelante como CDCT. *Situación general de la provincia de Neuquén*), pág. 27.

[19]CDTC, *Área de frontera Chos Malal. Diagnóstico,* COPADE, 1976, pág. 31.

[20]Honorable Legislatura de la Provincia de Neuquén (en adelante HLPN). «Discurso del gobernador Felipe Sapag». En: *Diario de sesiones,* vol. I: (1963). *V período legislativo,* págs. 3-4.

Actividades	Total	Porcentaje
Agricultura	328	7,9
Ganadería	304	7,3
Minería	1383	33,1
Industria manufacturera	524	12,6
Comercio	326	7,8
Construcción	233	5,6
Otras	1074	25,7
Totales	4172	100

Cuadro 1.1 – Producto Bruto Geográfico. Provincia del Neuquén, 1967 (a precios constantes de 1960). Fuente: Elaboración propia a partir de CDCT, *Situación general de la provincia del Neuquén*, Neuquén, COPADE, 1967. Nota: El renglón de minería incluye la explotación de hidrocarburos.

presentaba la forma de pequeños emprendimientos. Muchos factores se conjugan a la hora de explicar tan escaso desarrollo. Sólo a título ilustrativo podríamos mencionar la «obsolescencia de sus instalaciones, las deficiencias en materia de transporte e infraestructura, los complicados y onerosos circuitos comerciales, la escasez de energía y la falta de disponibilidades crediticias».[21] Su distribución departamental reflejaba, por su parte, las asimetrías que atravesaban a la estructura demográfica provincial. Puede que un simple dato nos proporcione una imagen de la concentración de una actividad que representaba, en 1963, el 12 % de la economía neuquina (véase Cuadro 1.1): el departamento Confluencia concentraba el 80 % del producto total del sector y cerca de dos tercios del personal ocupado.[22]

Los únicos renglones de la economía que escapaban a las generales de la ley eran el comercio y, por supuesto, la explotación de hidrocarburos. En el primer caso, el crecimiento de las ciudades a costa de la campaña permitió una explosión del número de establecimientos. Una buena señal de este comportamiento es el incremento del 50 % de las firmas comerciales registradas entre 1954 y 1964.[23] Pero este crecimiento no afectó con igual intensidad al comercio minorista y mayorista: mientras el primero presentó una extraordinaria *performance* que iba a la par

---

[21]CDCT, *Síntesis de la situación…*, op. cit., pág. 13.

[22]CDCT, *Situación General…*, op. cit., pág. 30.

[23]Ibídem, pág. 40.

1. El despegue económico. Algunas consideraciones sobre el modelo neuquino

del desarrollo urbano provincial, el segundo no pudo escapar al eclipse de la economía rural. La elevada rentabilidad de la intermediación en la etapa territoriana era sólo un buen recuerdo. El declive experimentado por la ganadería del interior neuquino restaba posibilidades de acumular a un sector que se había dedicado a abastecer a los numerosos «boliches» rurales y ubicar los «frutos del país» en mercados extra-regionales. En el reverso, los comercios establecidos en las áreas urbanizadas, sobre todo el oriente provincial, mostraron un decidido despegue que los llevaría a concentrar dos tercios del personal ocupado a nivel provincial.[24]

En cuanto a la explotación de hidrocarburos, no podemos dejar de mencionar su importancia en el desenvolvimiento económico neuquino. A mucha distancia todavía del relieve que tomaría en las décadas siguientes, conformaba un sector que aportaba, en 1963, un tercio del producto bruto provincial (Cuadro 1.1). El temprano descubrimiento de petróleo en las cercanías de Plaza Huincul había cedido paso a una actividad que tuvo al Estado nacional como protagonista excluyente. Durante la etapa territoriana, este último no sólo exploraba, explotaba, industrializaba y comercializaba los recursos, sino que además se apropiaba de la renta petrolera. Esto era debido a que las regalías, un tributo establecido del aprovechamiento de los recursos, sólo correspondían a las provincias. Cuando Neuquén consiguió su autonomía comenzó una puja por el beneficio de la utilización de los recursos que, aunque localizados en su ámbito de competencia, estaban siendo explotados por empresas y organismos nacionales.[25] Mas allá del resultado de este conflicto, que analizaremos en detalle más adelante, lo cierto es que la importancia de la actividad hidrocarburífera provincial no se reflejaba en el concierto nacional. A la zaga de Chubut o Santa Cruz, Neuquén representaba el 10 % de la producción total del país y su refinería ocupaba el décimo lugar del *ranking* en cuanto a su capacidad.[26] Pero lo que preocupaba a las autoridades no eran precisamente estas cifras, sino el nivel estacionario que presentaba la explotación de los recursos del subsuelo. Nuevamente se cargaban tintas sobre una inconveniente política nacional en

---

[24]Ibíd, pág. 41.

[25]Orietta Favaro. «La formación de una provincia productora de energía. Neuquén, 1950-1980». En: *Neuquén: la construcción de un orden estatal*. Neuquén: CEPHYC, 1997, pág. 230.

[26]CDCT, *Síntesis de la situación...*, op. cit., pág. 11.

la materia que había desplazado las labores de exploración a otras provincias, «acentuando aún más la gravedad del panorama neuquino con sus secuelas de desocupación y consiguientes perturbaciones de carácter social».[27]

De este diagnóstico general, compartido por las autoridades y los cuadros técnicos, se desprendía la escasa vigencia de la estructura económica neuquina y la necesidad de dar un salto adelante en materia productiva. Y para que ello sucediera era fundamental la presencia del Estado provincial. Después de todo, los ochenta años de vida territoriana había demostrado un saldo muy poco alentador. Los dispares niveles de vida de la población, el escaso aprovechamiento de los recursos naturales y la dependencia financiera eran percibidos como una pesada herencia que podía ser achacada al gobierno nacional. Toda posibilidad de escapar a esta realidad se sostenía en la urgencia de establecer una alianza entre planificación y desarrollo regional. Sólo la mano visible del Estado provincial podía torcer un rumbo que, desde fines del siglo XIX, había estado ligado al sector primario y que mostraba pésimos indicadores en rubros como educación, vivienda y sanidad. Pero la larga lista de problemas a resolver obligaba a establecer una agenda que establecía prioridades y, sobre todo, diferentes momentos para atenderlas.

Tomando como referencia el esquema *rostowniano*, las primeras administraciones provinciales trazaron un programa que presentaba tres etapas claramente delimitadas. La primera de ellas apuntaba a la creación de las condiciones humanas y sociales básicas para el desarrollo. Aunque nadie dudaba que a largo plazo el desarrollo de la economía fuera a mejorar el nivel de vida de los neuquinos, existían ciertas necesidades que debían ser resueltas de forma inmediata. De no hacerlo, era probable que surgieran «tensiones y desencantos en la población que perjudicarían el logro de los objetivos económicos y distraería la atención del gobierno».[28] Quedaba claro que sin una *pax desarrollista*, que atendiera las necesidades básicas de los sectores de menores recursos y prestara las condiciones a un fenómeno de movilidad social, no se podría enfrentar las restantes tareas pendientes. En el fondo, los diferentes gobiernos neuquinos, constitucionales o no, compartían una visión que

---

[27] Ibíd, pág. 12.

[28] CDCT, *Estrategia para el desarrollo provincial*, Neuquén, COPADE, 1977, tomo II, pág. 7.

1. El despegue económico. Algunas consideraciones sobre el modelo neuquino

entendía al momento social como el primer paso hacia la modernización económica. El slogan «para crecer hay que comer y para crecer hay que estar vivo»,[29] utilizado por un gobernador para definir la política social del MPN, sintetiza a la perfección la primera fase de la estrategia provincial de desarrollo.

En una segunda etapa, el esfuerzo planificador del Estado provincial se localizaría en la construcción de la infraestructura necesaria para el despegue de la economía. Un territorio mayormente incomunicado era un obstáculo que debía ser necesariamente sorteado. La persistencia de esta situación explicaba la concentración de la población en los departamentos que habían despertado el temprano interés del Estado nacional. En el resto del territorio existía una red caminera cuya densidad estaba muy por debajo del promedio argentino. El resultado más visible de este escenario era que «vastas regiones del interior que −por sus recursos y bellezas naturales podrían ser promovidas a un nivel superior de desarrollo− se encontraran aisladas la mayor parte del año».[30] Lo mismo sucedía en materia de telecomunicaciones. Las líneas telefónicas existentes a principio de los sesenta no eran suficientes para cubrir las necesidades de un gran número de localidades. Esto era así hasta tal punto que las propias autoridades admitían que «en la era espacial de modernas comunicaciones, Neuquén no tiene un simple teléfono para que un productor de Centenario, por ejemplo, pueda comunicarse con la capital».[31] En lo referido a las viviendas, el cuadro no era mucho más alentador: la escasa disponibilidad, sumada a las deficientes construcciones y la falta de servicios sanitarios, era reconocida como un problema que requería una urgente solución. Con un déficit habitacional que rondaba las 2.700 unidades, Neuquén no estaba en mejores condiciones que las provincias que habían desvelado a los médicos higienistas de comienzos del siglo XX.[32]

Con una infraestructura acorde a sus posibilidades, Neuquén podría transitar, en un tercer momento, por la senda del crecimiento económico. Pero ese despegue, a diferencia de la primera mitad del siglo XX,

---

[29]HLPN, *Discurso del gobernador Pedro Salvatori*, Diario de sesiones, XVIII período legislativo, Tomo I, 1989, pág. 1720.

[30]CDCT, *Síntesis de la situación...*, op. cit., pág. 6.

[31]CDCT, *Síntesis de la situación...*, op. cit., pág. 7.

[32]CDCT, *Situación general...*, op. cit., pág. 7.

debía ser equilibrado en tres sentidos. El primero de ellos tenía que ver con la necesidad de un desarrollo que abarcara al conjunto de la población. Es interesante observar cómo desde los primeros gobiernos del MPN se planteaba la necesidad de «propender al incremento del PBI y de las fuentes de trabajo, propiciando una mejor distribución de la renta, como medios imprescindibles para erradicar la pobreza que hace estragos en las clases más humildes».[33] De este modo, la puesta en marcha de una «economía social», que lograra conciliar desarrollo productivo y bienestar de la población, estaba en la base de su programa de acción.

Esta sensibilidad social que fue, junto a extendidas prácticas clientelares, uno de los motores de la larga hegemonía del partido provincial, fue acompañada de un segundo punto de equilibrio. A mitad de camino entre un capitalismo liberal y una economía planificada, los programas de acción establecían una síntesis entre la responsabilidad individual y la colectiva.[34] La fuerte presencia del Estado aparecía como una condición que permitiría, en un futuro no demasiado lejano, una mayor afluencia de inversiones privadas. No estaría mal, entonces, si dijéramos que Neuquén –durante sus tres primeras décadas de vida institucional– se ajustó a la perfección a lo que algunos autores denominaron «desarrollismo genérico».[35] Alejada de las premisas más estatistas de la CEPAL, esta postura confiaba en la capacidad de los capitales particulares de poner en movimiento al conjunto de la economía, siempre y cuando fueran tutelados por diferentes organismos oficiales.

Pero si en esta etapa se dejarían atrás los contrastes sociales más extremos, algo similar ocurriría en cuanto a los espacios involucrados en la nueva oleada de crecimiento. La estrategia económica seguida por la provincia ponía al tope de sus prioridades la necesidad de conseguir un «desarrollo armónico entre el interior y la capital».[36] Para que ello sucediera se trasladaba la mirada desarrollista al territorio neuquino. En este caso, el área moderna se situaba en el vértice oriental de la provincia,

---

[33] HLPN, *Discurso del Gobernador Felipe Sapag*, Diario de sesiones, VII período legislativo, 1965, pág. 24.

[34] CDCT, *Objetivos y políticas para el plan de mediano plazo (1981-1984)*, Neuquén, COPADE, 1980, pág. 9.

[35] Romero, *Sociedad democrática y política democrática en la Argentina del siglo XX*, pág. 159.

[36] CDCT, *Objetivos y planes...*, op. cit., pág. 6.

mientras que los departamentos andinos eran pensados como espacios subdesarrollados. La integración de estos últimos a la órbita provincial –y por su intermedio a la nacional– dependía de polos que irradiaran su dinamismo a todo el territorio. Se partía del convencimiento de que la capital provincial ya contaba con un crecimiento «autosostenido» y, por esa razón, era ineludible «fortalecer el desarrollo de Cutral Co, Zapala, Chos Malal y San Martín de los Andes, para que asuman el rol de difusores zonales del desarrollo».[37] La multiplicación de áreas sometidas a los dictámenes de un plan maestro provincial, tendría como resultado uno de los efectos más buscados por los planificadores locales: la diversificación productiva. Sólo ampliando el menú de opciones económicas y los escenarios donde ellas se desplegarían, Neuquén podría escapar de los riesgos de una economía que comenzaba a recostarse en los recursos energéticos.

Las posibilidades de provocar un efecto dominó que dinamizara al conjunto provincial no sólo dependían de la consistencia de los planes económicos. La ausencia de una sólida base material, que brindara recursos para esa labor, volvía al Estado nacional un interlocutor obligado. Una ganadería en declive desde los cuarenta, una agricultura intensiva que sólo ocupaba el vértice oriental de la provincia y un floreciente comercio no eran suficientes para nutrir de recursos a un Estado que intentaba dar soluciones urgentes «para ofrecer trabajo, para promover la salud y la educación en primer término y para crear simultáneamente la infraestructura básica en caminos, puentes, electricidad, viviendas, comunicaciones, escuelas y hospitales».[38] De ahí que para la década del sesenta, aquella postura, que comprendía la importancia de utilizar recursos naturales ociosos en el marco de una economía industrial, fuera acompañada por un pedido de mayor compromiso del Estado nacional. El diagnostico sobre el accionar de este último, presente en los textos fundacionales del MPN, era claro: las agencias federales habían funcionado como representantes de un «régimen colonial dependiente de la Capital Federal» que llevaba a los neuquinos a sentirse «extranjeros en su propia patria».[39]

---

[37] Ibíd, pág. 10.

[38] Blanco, Quintar y Gentile, *Neuquén: 40 años de vida institucional*, pág. 27.

[39] HLPN, *Discurso del gobernador Felipe Sapag*, Diario de sesiones, V período legislativo, Tomo I, 1963, pág. 2.

La necesidad de saldar esta cuestión, planteada en términos de flagrante deuda interna, obligaba al Estado nacional a tomar cartas en el asunto. Este propósito general se reflejaba en pedidos constantes de recursos por medio de diferentes mecanismos compensadores – desde aumentos en la coparticipación hasta el incremento del porcentaje de las regalías generadas por la extracción de energía –, pero también en la necesidad de participar directamente en aquellas obras que, por su envergadura, no podían ser llevadas a cabo por la provincia. De no hacerlo, la administración nacional cometería una injusticia con una provincia que «había suministrado por largos años ahorro de divisas por abastecimiento de petróleo, gas y materias primas exportables como lana, cuero, frutas y minerales».[40]

El resultado más palpable de esta estrategia fue un federalismo militante que sirvió de carta de presentación a las diferentes gestiones del MPN. Este partido, nacido del riñón peronista, contaba como herramienta de legitimación una postura que le brindaba autonomía respecto de las grandes fuerzas políticas nacionales. Se partía del supuesto de que un crecimiento de la economía argentina no podía darse a expensas de las economías regionales. No es casual, entonces, que su propio fundador afirmara que en «un federalismo bien entendido no puede haber hijos y entenados» y que, por ese motivo, su principal cometido haya sido «lograr una justa y equitativa distribución de los deberes y derechos que corresponden a las relaciones entre la Nación y las provincias».[41] Este enfrentamiento con el centralismo encontraba una lista de antecedentes que hundían sus raíces en el siglo XIX. El federalismo era reconocido por el MPN como un «principio nacido en las entrañas de la historia con la lucha de nuestros caudillos» y su olvido, «heredado de la colonia, había acentuado los desequilibrios, impedido el desarrollo, creado disconformidades y fue, en definitiva, fuente de conflictos».[42] Esta bizantina fricción tomaba, para el caso neuquino, una novedosa vuelta de tuerca. No era una fuerza militar lo que aseguraba la hegemonía pampeana, sino la

---

[40]HLPN, *Discurso del gobernador Felipe Sapag...*, op. cit., pág. 3.

[41]HLPN, *Discurso del gobernador Felipe Sapag*, Diario de sesiones, VII período legislativo, Tomo I, 1965.

[42]CDCT, *Bases para el Desarrollo de la provincia del Neuquén. Lineamientos generales para el plan de desarrollo provincial*, Neuquén, COPADE, 1984.

presencia de «organismos nacionales que desde sus oficinas en Buenos Aires dictaminaban y resolvían sobre los recursos de las provincias».[43]

Ahora bien, el colonialismo interno, que venía de la mano de Yacimientos Petrolíferos Fiscales, Hidroeléctrica Norpatagónica o Parques Nacionales, convivía con una dependencia estructural en materia de recursos financieros. Este discurso esquizofrénico –que cuestionaba el accionar nacional, pero a su vez dependía de él– tuvo como solución de acuerdo un posicionamiento que buscaba un equilibrio entre los intereses nacionales y los de la joven provincia. Al mismo tiempo que defendía «su integridad territorial, rechazando absurdas pretensiones de segregar áreas de su jurisdicción»,[44] se lanzaban guiños que buscaban seducir a los gobiernos de turno. Después de todo, sin la llegada de recursos desde la órbita nacional era imposible poner en práctica cada uno de los pasos que conformaban la estrategia global de desarrollo. Así, una retórica belicosa, que servía para diferenciarse en un mercado político de creciente complejidad, era acompañada de advertencias que llamaban la atención sobre la importancia de Neuquén en el concierto nacional. Estas últimas, a diferencia de la primera, mostraron una gran variabilidad en función de las coyunturas políticas y de las corrientes de pensamiento dominantes.

En los años de apogeo del «desarrollismo genérico», Felipe Sapag –por entonces gobernador neuquino– advertía acerca de la importancia de instalar un polo de crecimiento en la joven provincia. En una carta enviada al presidente Illia notaba que «las proyecciones del desarrollo del Neuquén rebasarían por sus características intrínsecas los límites convencionales, propagándose a lo largo y a lo ancho del país, permitiendo su participación activa en el proceso de integración nacional».[45] Para que eso ocurriera sólo hacía falta un compromiso del gobierno nacional en la inmediata realización del complejo «Chocón-Cerros Colorados» y la autorización de un préstamo de 500 millones de pesos para la ejecución de un plan de obras que incluía caminos, viviendas, escuelas,

---

[43]CDCT, *Bases para el Desarrollo de la provincia del Neuquén*, op. cit, pág. 3.

[44]HLPN, *Mensaje del gobernador Felipe Sapag*, Diario de sesiones, X período, 1974, pág. 10.

[45]CDCT, *Síntesis...*, op. cit., pág. 1.

hospitales, canales de riego y el tendido de líneas eléctricas y telefónicas.[46]

Esa combinación entre solidez programática y pragmatismo avanzó sin obstáculos a la década del setenta. Un clima político que se deslizaba hacia la izquierda dejó su huella en la retórica del MPN. Un contexto menos receptivo al discurso desarrollista volvió necesario un viraje que la realineara con la realidad nacional: los llamados a la integración y al desarrollo perdieron fuerza conforme se consolidaban las arengas por la liberación nacional. Aunque por debajo sobrevivía esa idea del crecimiento por etapas, en la superficie existieron cambios de fuste. Las provincias patagónicas ya no eran reservas de potencial para el despegue de la economía, sino aquellas piezas que completarían un cuadro liberador. Después de todo, el «injusto colonialismo interno (...) consolida y fomenta las estructuras que sirven al sometimiento y dependencia económica y cultural de la patria, porque nuestra Nación, jamás podrá ser más fuerte, ni más rica, que la más débil y humilde de sus provincias».[47] Cualquier posibilidad de desmontar esta estructura obligaba al gobierno nacional a nutrir de recursos a una economía que era mirada a través del cristal de la dependencia.

El proceso de reorganización nacional tampoco detuvo esa política que tenía como propósito asegurar un flujo constante de recursos. Aun cuando el gobierno provincial no estaba en manos del MPN, sus cuadros técnicos −sobre todo quienes formaban parte del COPADE− seguían ocupando posiciones claves en la planificación neuquina. Un contexto nacional represivo y dispuesto a desregular el comercio exterior era menos receptivo a discursos encolumnados detrás de conceptos como «desarrollo» o «liberación nacional». Esto no clausuraba la posibilidad de incorporar nuevos argumentos a su repertorio. Lejos de eso, los fantasmas de una posible guerra con Chile, contingencia que ponía en riesgo la «seguridad nacional», comenzaron a poblar los discursos de las autoridades de turno. Así como en los años precedentes se aludían a factores económicos para justificar una mayor presencia financiera del Estado nacional, en tiempos de dictadura fueron más efectivas las razones geopolíticas. La urgencia de custodiar las fronteras de una posible

---

[46] Ibídem, págs. 15-22.

[47] HLPN, *Mensaje del gobernador Felipe Sapag*, Diario de sesiones, X período, 1974, pág. 6.

invasión trasandina, volvía imprescindible intensificar las acciones de radicación de población en toda la superficie provincial.[48] Esta situación obligaba a solicitar fondos a fin de reactivar esas economías regionales por medio de la utilización de los recursos naturales existentes y la creación de infraestructura adecuada. Ese era el camino para que, al decir del equipo técnico del gobierno, «pudiera revertirse esta situación, propendiendo a una mejor distribución interna de la población y asegurar la soberanía en esta parte del país».[49] Cualquier chance de producir cambios en esa dirección dependía del apoyo del gobierno nacional, tanto en materia de legislación diferencial de estímulo como en su financiamiento. La edificación de viviendas que «faciliten la radicación de la población», la construcción de grandes represas hidroeléctricas, el diseño de programas de forestación, la creación de radios que «logren la asimilación cultural de los extranjeros y afiancen los valores argentinos» eran proyectos que, por su envergadura, dependían de organismos nacionales.[50]

La llegada de la democracia aportó nuevas formas de asegurar un flujo constante de recursos financieros. En este caso, los discursos del MPN discutían uno de los puntos defendidos con más insistencia por la dictadura militar. Esta experiencia, al reducir al máximo la intervención en materia económica, había propiciado la transferencia de servicios a las administraciones provinciales. Una vez iniciado el deshielo político, las críticas lanzadas por las autoridades provinciales hicieron foco en esta situación. Sus efectos, cada vez más visibles conforme nos internamos en los ochenta, podían apreciarse en las crecientes dificultades económico-financieras que afrontaba la provincia del Neuquén. Esto obligaba al gobierno a ser extremadamente cauto en materia presupuestaria, pues «los recursos no alcanzaban para hacer frente al pago de los salarios de una administración que ha crecido desmesuradamente por la transferencia de servicios nacionales, sin haberse previsto por parte de la nación la contrapartida necesaria para la atención de esos nuevos servicios y su

---

[48]CDCT, *La provincia del Neuquén y la política demográfica*, Neuquén, COPADE, 1977, pág. 30.

[49]Ibídem, pág. 30.

[50]CDCT, *La provincia del Neuquén y la política demográfica…*, op. cit., págs. 34-35.

personal».[51] La difusión de las ideas neoliberales era percibida como un quiebre en el equilibrio de las relaciones entre la provincia y la nación. Un Estado nacional en retirada obligaba a la joven provincia a cumplir con tareas que recién podría desarrollar cuando concluyera el despegue de su economía. Ese desarrollo por etapas era hecho añicos por una política descentralizadora que pretendía sanear las cuentas a nivel nacional, aun a costa de la salud financiera de las provincias.

No es extraño, entonces, que la ausencia del Estado nacional haya sido decodificada como obstáculo para el crecimiento económico neuquino. La utilización de valiosos recursos en prestaciones como educación, obras sanitarias o agua y energía, impedía su aprovechamiento en la elevación del nivel de vida de la población y, sobre todo, en el montaje de la infraestructura necesaria para el despegue productivo. De este modo, la crisis financiera era interpretada como un punto muerto en la hoja de ruta trazada por las primeras administraciones provinciales, pero también como una prueba del descenso de Neuquén en el *ranking* de prioridades del Estado nacional. Desaparecido el fantasma de la guerra, los distritos fronterizos dejaron de ser espacios estratégicos en el ajedrez geopolítico y esta situación, como es lógico imaginar, tuvo su contrapartida en materia presupuestaria. En ocasión de inaugurar las sesiones legislativas de 1984, el gobernador Sapag no dudaba en condenar la actitud prescindente del Estado nacional, pues llevaba a «utilizar un recurso patrimonial como las regalías para el pago de sueldos, cuando esos fondos deberían destinarse a la generación de riquezas, desarrollo y creación de nuevas fuentes de trabajo».[52]

Las críticas formuladas por el gobierno neuquino sumaban un segundo condimento. A las dificultades que nacían de la multiplicación de los servicios se agregaba una sustancial merma de los recursos nacionales. Los aportes de la coparticipación federal, que aseguraba una porción de los impuestos nacionales recaudados en la provincia, eran una sombra de lo establecido por la ley. Que sólo el 20 % de la recaudación prevista y prometida fuera incorporado a las arcas provinciales era una buena señal de la magnitud del problema.[53] Y esta realidad generaba

---

[51] HLPN, *Mensaje del gobernador Felipe Sapag a la Honorable Legislatura*, XIII período ordinario de sesiones, Neuquén, 1984, pág. 4.

[52] HLPN, *Mensaje del gobernador...*, op. cit., pág. 5.

[53] Ibídem, pág. 5.

nuevos inconvenientes que condujeron a la desarticulación de la economía provincial: la «privación de legítimos recursos» corrió paralela a la negativa de financiar los incrementos salariales fijados unilateralmente por el gobierno nacional. Las dificultades financieras se tradujeron en trabas para afrontar las deudas con proveedores y contratistas, asegurar el funcionamiento normal del aparato estatal y, por ende, atender el pago de sueldos de la administración y de los municipios. Esa pregonada «isla de bienestar», sostenida en la armonía entre los sectores que modelaban la sociedad neuquina, era desafiada por una política de ajuste que inauguró una oleada de protestas salariales.

Este contexto sirvió de base a un nuevo giro discursivo del MPN. La larga historia de enfrentamientos con el poder central tomaba un rumbo que se ajustaba a una realidad nacional de crisis. En este caso, el dique impuesto a los recursos llegados de Nación iba a «retrasar forzosamente los planes de desarrollo y demorar lamentablemente el progreso neuquino». Al igual que en los sesenta, salió a la superficie un discurso que asumía a la consolidación de las economías provinciales como esa condición que aseguraría la «solución de los grandes problemas nacionales». La grave situación económica, entendida como una pesada herencia de los gobiernos militares, impedía que el país pusiera en marcha un «aparato productivo sano y en expansión, con posibilidades de satisfacer el mercado interno y exportar cada vez más».[54] Pero a diferencia de la retórica inicial del MPN, el «egoísmo» encarnado por el Estado nacional no estaba relacionado con un esquema de dependencia clásico. Esa división entre espacios productores de materias primas y regiones industrializadas era reemplazada por una mirada que privilegiaba los efectos nocivos de la «patria financiera».[55] Las palabras de Sapag nos avisan sobre una nueva etapa que se incorporaba a la narrativa del partido provincial:

> asistimos a una *novedad en la larga historia del despojo del colonialismo interno*: la *aparición masiva de sucursales de bancos y financieras privadas* con el solo, triste y condenable propósito de derivar la capacidad de ahorro local hacia circuitos metropolitanos.[56]

---

[54] HLPN, *Mensaje...*, op. cit., pág. 6.
[55] HLPN, *Mensaje...*, op. cit., pág. 5.
[56] Ibídem, pág. 5-6.

Las nuevas coordenadas de la economía argentina eran leídas por los voceros del MPN como una expoliación de dos caras. Si, por un lado, aparecía como una novedosa forma de «saqueo de la metrópolis a las provincias»; por el otro, significaba una fuga de divisas hacia la *city* bancaria.[57] Para evitar esta situación, que dificultaba el camino hacia la independencia económica, era necesario que el gobierno nacional hiciera *tabula rasa* respecto al pasado reciente. Los llamados de las autoridades provinciales iban precisamente en esa dirección. Después de todo, de persistir la crisis financiera nacional, Neuquén no podría transitar por las fases que la convertirían en una economía sustentable. No sólo debía «ponerse coto a la banca internacional que comprometió nuestro patrimonio en 45 mil millones de dólares»,[58] sino alentar —y, por supuesto, financiar— iniciativas bancarias que permitieran escapar a los principios de la «patria financiera». Los constantes pedidos de recursos para el Banco de la Provincia del Neuquén no podrían ser entendidos de otra forma. Conseguir fondos frescos significaba sortear una lógica que hacía «recaer el peso de la crisis en la destrucción de las economías regionales, restando a las provincias sus recursos y apropiándose de sus riquezas».[59] Así, la capitalización de la institución crediticia provincial serviría para afrontar el pago de los salarios de una redimensionada administración pública, pero también como una manera de reiniciar el plan de desarrollo provincial.

La estrategia de seducción de las autoridades neuquinas parecía, entonces, un *revival* de los principios desarrollistas defendidos en los sesenta. Frente a una economía que se deslizaba hacia el dominio del capital financiero, los discursos del MPN alertaban sobre la conveniencia de retornar el camino de la producción. Una banca provincial capitalizada podría fomentar «la actividad empresaria local, ayudar a los productores de nuestro interior y fomentar el consumo popular».[60] El giro discursivo parecía ir en dirección de (re)fundar el sistema financiero sobre la base de instituciones que promovieran el desarrollo económico de la provincia y una distribución equitativa de la riqueza. Esta nueva dualidad, que separaba a las «instituciones financieras foráneas» que se «llevaban el

---

[57] Ibídem, pág. 5-6.

[58] Ibídem, pág. 7.

[59] Ibídem, pág. 7.

[60] HLPN, *Mensaje...*, op. cit., pág. 7.

90 % de los depósitos» y una banca que con más de veinte sucursales «intentaba promover el desarrollo neuquino», era la llave que permitiría el ingreso de recursos a una economía diezmada por la crisis nacional.[61]

Asociado al énfasis puesto en opciones financieras «heterodoxas», se reflotaba un viejo anhelo de la planificación provincial: incorporar valor agregado a los recursos extraídos de la región. El intento de instalar un polo petroquímico en Neuquén, proyecto que necesariamente precisaba la asistencia nacional, aparecía como un remedio a una economía en la que, según la mirada de un gobernador del MPN, «parecía ser mejor especular que producir riquezas».[62] Nuevamente, como había ocurrido en las décadas precedentes, aquella justificación que permitiría engrosar el presupuesto provincial pasaba por generar un foco de crecimiento que industrializaría en origen los recursos naturales del interior. Sobre este particular, las críticas lanzadas al gobierno nacional no eran menores y nos avisan del retorno de un discurso confrontativo. Se juzgaba que «nadie se había preocupado por determinar los costos que tenía el país para transportar el gas, el petróleo, la energía eléctrica y tratar de desarrollar proyectos que los insuman en las zonas productoras».[63] Por el contrario, las autoridades nacionales sólo habían puesto piedras en el camino cuando se trataba de apoyar emprendimientos industriales de envergadura.

Este recorrido por la epidermis discursiva del MPN deja en evidencia el abanico de estrategias puesto en práctica por el gobierno neuquino durante la segunda mitad del siglo XX. A la alineación con la ideología desarrollista, siguieron las arengas a favor de la liberación nacional, los temores de una posible guerra con Chile o la necesidad de desmontar la patria financiera. Todas ellas tuvieron como propósito dotar de recursos a una economía que necesitaba de ellos para encarar una profunda reestructuración productiva. Al mismo tiempo, la necesidad del partido provincial de diferenciarse respecto de las fuerzas políticas tradicionales permitió una curiosa convivencia de dos discursos que, por momentos, parecían irreconciliables. Si, por un lado, se alertaba sobre la influencia

---

[61] Ibídem, pág. 7.

[62] HLPN, *Mensaje de Pedro Salvatori a la legislatura neuquina*, XVII período de sesiones, 1988, pág. 3.

[63] CDCT, *Proyectos y medidas para la Patagonia*, Reunión de Gobernadores, Rawson, COPADE, 1984, pág. 7

perniciosa del Estado nacional; por el otro se necesitaba de él para alcanzar las metas programáticas diseñadas en los tempranos sesentas. Este curioso *cocktail* sólo fue posible por la existencia de dos destinatarios claramente diferenciados. Así como la lucha contra un lacerante «colonialismo interno» funcionaba como un discurso de cabotaje orientado a un escenario electoral de creciente complejidad, el esfuerzo por mostrar la importancia de Neuquén en el concierto nacional estaba dirigido a las autoridades federales, más allá de su origen o color político.

1.3 De los discursos a la realidad. Estado, economía y debilidad estructural

En el período 1960-1990, la economía neuquina experimentó un crecimiento que la condujo de una posición marginal a convertirse en un modelo a seguir por provincias sumergidas en situaciones de crónica depresión. Si bien el proceso de privatizaciones a comienzos de los noventa puso en cuestionamiento esa imagen, en aquellos años no había incertidumbres sobre el futuro que aguardaba a esta joven provincia. Y los datos no ofrecen dudas al respecto: en los treinta años que siguieron a 1960, al mismo tiempo que su población se triplicaba, la economía neuquina multiplicó cuatro veces su volumen.[64] Algo no muy diferente ocurrió en materia de producto bruto per capita. Esa provincia que, todavía en pañales, alcanzaba apenas la mitad del promedio nacional, a finales de los ochenta no tendría inconvenientes para duplicarlo. Esto último constituye una referencia más que reveladora si tenemos en cuenta el enorme flujo migratorio que la tuvo como destino preferido. Todas estas cifras eran inusuales en una época cuyo rasgo distintivo fue una economía que crecía a un ritmo mucho más modesto que en la «edad dorada» del modelo agro-exportador.

Lo que en los tempranos sesenta se presentaba como una seductora posibilidad, en las dos décadas siguientes se convertiría en un laboratorio donde se ensayaron un conjunto de políticas con ciertas reminiscencias

---

[64]Guillermo Velázquez y Guillermo Morina. «Las migraciones interprovinciales y el proceso de diferenciación regional. El caso argentino (1960-1991)». En: *Estudios Migratorios Latinoamericanos*, n.º 34: (1996), pág. 551.

keynesianas.[65] Dos fueron los factores que impulsaron el montaje de una matriz estado-céntrica. El primero de ellos fue la construcción del complejo Chocón-Cerros Colorados; obra que, sobre finales de la década de 1960 y comienzos de la de 1970, cautivó la imaginación de los habitantes de la Patagonia. Mucho antes de que diera inicio, la opinión pública tanto regional como nacional comenzó a hablar de una «segunda conquista del desierto»,[66] que incorporaría definitivamente a la economía neuquina a la órbita nacional. Conseguida una línea de financiación del Banco Mundial y adjudicadas las obras a una asociación de capitales italianos y nacionales, comenzó un proyecto que por su envergadura actuó como una divisoria de aguas en la economía neuquina. Tan importante fue su efecto multiplicador sobre otros sectores productivos –sobre todo la construcción y la industria– que su impacto se tradujo en la creación de miles de nuevos empleos.[67]

Los efectos de esta obra civil se prolongaron más allá de su finalización. En cierta medida, funcionó como la primera entrega de una larga zaga de «fábricas de energía» construidas por el estado nacional que se extendió hasta mediados de los noventa. Después de todo, de no proseguir proyectos de ese tamaño, algo que finalmente ocurrió, era probable que se produjera «un éxodo de 6000 personas activas que con su familias representarán 20.000 y que además haya que enfrentar una alta desocupación».[68] Este temor a posibles situaciones de tensión, además de las obvias necesidades energéticas, hizo que al *Assuan argentino* siguiera una lista de complejos sobre el río Limay que incluía Alicurá (1983), Piedra del Águila (1991), Pichi Picún Leufú (1995) y un dique compensador en Arroyito (1983).

El segundo factor que delineó un cuadro de fuerte presencia estatal en la economía se relacionaba con la extracción de hidrocarburos. Ese lugar secundario en la cartografía energética argentina, tan propio de los sesenta, fue trastocado una década después. Conforme avanzaba la década del setenta, Neuquén se fue convirtiendo en una provincia

---

[65]Atilio Boron. «Prólogo». En: *Neuquén: la construcción de un orden estatal*. Ed. por Orietta Favaro. Neuquén: CEPHYC, 1997, pág. 11.

[66]*Clarín*, Buenos Aires, 2 de abril de 1969.

[67]CDCT, *Neuquén: Perspectiva de crecimiento de su población en función de la posible creación de nuevos puestos de trabajo*, Neuquén, COPADE, 1972, pág. 16.

[68]CDCT, *Neuquén: Perspectiva…*, op. cit., págs. 59-60.

proveedora de energía para mercados extra-regionales.[69] El incremento de sus reservas y el salto en materia de producción son claras muestras de la profundización de este perfil productivo. Con el descubrimiento de nuevos yacimientos, entre ellos el de Puesto Hernández en 1969, la provincia inició un recorrido que la llevó a concentrar en 1991 un tercio del *stock* nacional de petróleo y el 25 % de la producción total del país.[70] Lo sucedido con el gas es aún más ilustrativo del nuevo modelo de crecimiento. Hacia mediados de los ochenta, Neuquén no sólo reunía el 60 % de las reservas nacionales, sino que además generaba la mitad del gas argentino.[71]

Sobre la base de estas dos actividades, la economía provincial demostró una *performance* muy superior a la media nacional. Mientras que Argentina crecía a un ritmo casi imperceptible, Neuquén hacía alarde de un incremento cercano al 10 % anual.[72] Y esta evolución asimétrica modificó el peso relativo de la economía neuquina: entre 1970 y 1985 triplicó su participación en el producto bruto nacional.[73] Al mismo tiempo, estos cambios cuantitativos fueron acompañados de importantes variaciones en la composición del producto geográfico. Tomando estas dos últimas fechas como referencias, observamos algunas novedades que nos ponen frente a una transformación de envergadura, pero también al incumplimiento de muchos de los objetivos trazados por la planificación oficial.

Comencemos analizando el desempeño del sector primario. Aunque el COPADE había puesto a la industria en el centro de las preocupaciones, la agricultura no estaba ausente de la agenda de prioridades. Retomando esa vieja idea que asociaba el desarrollo económico con una política de colonización racional, las diferentes administraciones del MPN realizaron estudios orientados a poner en producción distintas áreas del territorio provincial. De todos modos, y más allá de su carta de intencio-

---

[69] CDCT, *Los hidrocarburos y la economía neuquina*, Neuquén, COPADE, 1988, pág. 3.

[70] Dirección Provincial de Estadística y Censo (en adelante DPEG), *Anuario Estadístico 1991*, Neuquén, 1991, Minería, cuadro 12.

[71] DPEG, *Anuario…*, op. cit., cuadro 10.

[72] Ernesto Bilder y Humberto Zambon. «La matriz productiva del Neuquén: evolución y perspectiva». En: *Opinión y conocimiento. Apuntes sobre la realidad neuquina*, vol. 1, n.º 1: (n/d), pág. 68.

[73] El PBI generado en suelo neuquino representaba, en 1953, el 0,4 % del total. Esa participación llegaría a 0,65 en 1970 y en 1985 paso a ser 2,17 %.

nes, los proyectos llevados a la práctica no lograron detener la caída de la participación de la agricultura en la economía neuquina. Por fuera de las 8.200 hectáreas irrigadas en el departamento Añelo y el surgimiento de una colonia agrícola aguas abajo del complejo Cerros Colorados, la producción de frutas tuvo un crecimiento apenas positivo. Junto a esta tendencia, que atraviesa al conjunto del Alto Valle del río Negro, fue evidente un fenómeno de concentración que cobró impulso hacia finales de los setenta. El dominio del capital fragmentado, en una suerte de modelo *farmer* patagónico, se convirtió sólo en un buen recuerdo. En su lugar, la llegada de los grupos mercantiles encargados de la distribución nacional provocó una transformación en la estrategia productiva. Durante buena parte del siglo XX, el excedente producido por la actividad se había distribuido de forma equilibrada entre una constelación de sujetos sociales. Cuando la aparición de nuevos competidores hemisféricos hizo menos rentable al negocio de la fruta, los grandes empresarios instalados en la región intentaron, por medio de un proceso de integración vertical, mantener su nivel de ganancia a expensas de los pequeños productores frutícolas. El resultado de este proceso fue la lenta transformación de los últimos en minifundistas, desprovistos de beneficios económicos a largo plazo y objetos de una aguda descapitalización.[74]

Actividades	1970	1985
Agricultura y ganadería	5,69	3,82
Minas y canteras (incluye petróleo y gas)	15,68	16,03
Industrias Manufactureras	5,53	4,85
Construcción	25,24	12,30
Comercio	12,38	30,02
Servicios comunales, sociales y personales	12,67	9,35
Otros	22,81	23,03
Totales	100	100

Cuadro 1.2 – Composición del Producto Bruto Geográfico. Provincia del Neuquén, 1970-1985. Fuente: Elaboración propia a partir de Consejo Federal de Inversiones, *Producto Bruto Geográfico (1970/1985)*. Neuquén, Serie Estructura Socioeconómica Argentina. Buenos Aires, 1989.

---

[74]Susana Bandieri. *Historia de la Patagonia*. Buenos Aires: Sudamericana, 2005, págs. 278-284.

La caída en desgracia de la ganadería fue aún más pronunciada. Los diversos proyectos de fomento, que alentaron la diversificación productiva de los valles cordilleranos, no pudieron frenar una tendencia recesiva inaugurada en la década de 1940. Aunque la idea era generar en estas áreas focos de desarrollo que dieran aire fresco a las pequeñas empresas pecuarias, los resultados no fueron precisamente en esa dirección. En un informe elevado a las autoridades provinciales, los técnicos del CO-PADE denunciaban en 1984 la «falta de fuentes de trabajo y el éxodo masivo de su población». En estas áreas de frontera era todavía evidente una estructura minifundista y «la falta de capacitación condenaba a los pequeños productores ganaderos a una economía de subsistencia».[75] La pérdida de importancia de la ganadería queda en evidencia observando el retroceso de las existencias de bovinos, ovinos y equinos registrado entre 1970 y 1991.[76] En conjunto, la agricultura y la ganadería perdieron esa importancia relativa que habían tenido durante la primera mitad del siglo XX: si a mediados de los sesenta ambas representaban un 15 % de la economía neuquina, en 1970 esa participación se redujo al 6 % y siguió su marcha descendente hasta ubicarse en el 4 % en 1985 (véase Cuadro 1.2).

El sector secundario siguió un itinerario completamente distinto. A diferencia de los escenarios urbanos más relevantes de la Argentina, la manufactura no cumplió en Neuquén un papel descollante. Esto no significa que las actividades trasformadoras no hayan colaborado en el despegue de la economía provincial. Lejos de ello, la construcción fue uno de los rubros que más participó en la generación del producto bruto geográfico. Puede que un simple dato nos ilumine sobre su importancia: a comienzos de los setenta, cuando en la provincia se estaba erigiendo *la obra del siglo*, la construcción llegó a representar un cuarto del producto bruto geográfico y, dentro de ella, la obra pública concentraba más del 75 % del sector. Esta activa presencia del Estado nacional permaneció sin grandes modificaciones hasta 1976, cuando las restricciones de la política nacional se reflejaron en un virtual congelamiento de la construcción oficial. La recuperación del ritmo de inversión se produjo a comienzos de los ochenta y alcanzó su máximo histórico en vísperas del retorno de

---

[75]CDCT, *Indicadores socioeconómicos: análisis y conclusiones*, Neuquén, COPADE, 1978, pág. 128.

[76]Bandieri, *Historia de la Patagonia*, pág. 261.

la democracia. Luego de este pico sobrevino una lenta retirada oficial que favoreció la emergencia de los primeros bolsones de desocupación. Ese esplendor de la construcción en los setenta fue reemplazado por una participación que –en 1985– apenas superaba el 12 % del volumen de la economía (véase Cuadro 1.2).

El despegue del sector manufacturero fue una de las grandes cuentas pendientes de los organismos planificadores. El guión diseñado por el COPADE contemplaba, en una tercera etapa, un salto cualitativo que llevaría a una economía industrial sustentable. Después de todo, el colonialismo interno pregonado por el MPN reposaba en una asimétrica relación entre provincias productoras de bienes primarios y provincias industrializadas. Para escapar a un destino que la condenaba a ser «proveedora de materias primas hacia otras regiones desarrolladas y en modo especial al gran Buenos Aires», eran necesarios nuevos establecimientos que permitieran «la diversificación productiva y el aumento de la participación del sector industrial en el valor agregado».[77] Pero las mayores esperanzas de las autoridades provinciales estaban cifradas en la puesta en marcha de grandes empresas industriales, como un polo petroquímico o una planta de fertilizantes, que permitirían «crear las bases del desarrollo».[78] Con la concreción de estos proyectos, la provincia procesaría el total de su producción hidrocarburífera, poniendo punto final a una «transferencia de riquezas de la periferia productora hasta los centros desarrollados».[79]

Estas aspiraciones tuvieron, sin embargo, un dispar grado de cumplimiento en los años analizados. Es cierto que el sector creció a un ritmo del 6 % anual entre 1970 y 1982.[80] Pero si observamos su comportamiento desde otro ángulo visualizamos una evolución contraria a lo esperado por los organismos planificadores: en ese período, el peso del sector industrial en la economía provincial cayó un 60 %.[81] Este hecho, que a primera vista puede parecer contradictorio, habla muy bien de un sector que creció a una tasa sensiblemente menor que las restan-

---

[77] CDCT, *El sector industrial de la provincia del Neuquén*, Neuquén, COPADE, 1984, pág. 3.

[78] Ibídem, pág. 6

[79] CDCT, *Los hidrocarburos…*, op. cit., pág. 4.

[80] CDCT, *El sector industrial…*, op. cit., pág. 8.

[81] Ibídem, pág. 9.

	A	B	
Ramas industriales	1970-1982	1970	1982
Alimenticia	8,28	19,2	23,21
Textil	3,31	0,73	0,50
Maderera	-10,22	22,35	2,84
Papel/imprentas	-7,13	1,36	0,26
Química	9,94	19,58	28,43
Min. no metalíferos	13,67	12,13	26,29
Maquinarias	4,35	23,79	18,47
Otras	s/d	0,86	s/d
Totales	-	100	100

Cuadro 1.3 – El sector industrial neuquino. Tasa de crecimiento y composición por ramas. 1970-1982. A= Tasa de crecimiento. B= Participación de las ramas industriales. Fuente: Elaboración propia a partir de CDCT, *El Sector Industrial de la provincia del Neuquén*. Neuquén, COPADE, 1984

tes actividades productivas. La participación de las diferentes ramas que componen al sector nos brinda evidencia en la misma dirección. Ese anhelo de industrializar los recursos forestales en origen se diluyó conforme la industria maderera entraba en una crisis terminal. Algo no muy diferente sucedió con las imprentas y las plantas productoras de papel. Con una tasa de crecimiento negativa, compartieron con las madereras el raro privilegio de ser las únicas actividades que experimentaron un retroceso absoluto en el período estudiado (véase Cuadro 1.3). La producción textil presentó, por su parte, un crecimiento apenas positivo que contrastaba con lo sucedido en otros escenarios patagónicos (por ejemplo, el parque industrial de Trelew). Las ventajas que concedía la ley 378/64 – que incluía exenciones impositivas, donación de tierras públicas, eliminación de posibles competidores y obras de infraestructura – no fueron suficientes para alentar la inversión en un área que nunca abandonó su lugar marginal (menor al 1 % del producto industrial en 1982).[82]

Las ramas industriales de mayor crecimiento fueron, como es lógico imaginar, las relacionadas con la extracción de hidrocarburos. El procesamiento del petróleo y sus derivados representaba en 1982 un tercio del

---

[82] HLPN, Ley 378/64, *Compilación promoción industrial*, tomo I, Neuquén, págs. 36-40.

1. El despegue económico. Algunas consideraciones sobre el modelo neuquino

producto industrial, mostrando una tasa de crecimiento en los setenta cercana al 10 % anual (véase Cuadro 1.3). Más allá de esta importancia relativa, el peso de estas actividades en el conjunto de la economía era francamente desalentador. El propósito de inyectar valor agregado a los recursos propios dentro del territorio nacional, elevado al nivel de política de Estado, volvía necesario una serie de inversiones que nunca fueron realizadas. La decisión del gobierno nacional de instalar plantas procesadoras en las cercanías de los centros de consumo masivo o bien en puertos marítimos puso límites ciertos a este objetivo. A finales de los ochenta, la caída de proyectos largamente esperados, entre ellos la creación del polo petroquímico en el departamento Confluencia y de una planta de fertilizantes en Cutral Co, complicó el andamiaje de una economía diversificada. Que sólo el 30 % de la producción neuquina de petróleo se industrializara en la refinería de Plaza Huincul es un buen síntoma de este severo problema estructural. Esta situación era percibida por los técnicos del COPADE como un problema de difícil solución. Aunque la extracción de las riquezas del subsuelo había sido importante en la generación de puestos de trabajo, había traído aparejado un «crecimiento dependiente de actividades que tarde o temprano se agotarían».[83] Con la privatización de las empresas públicas instaladas en la región, y en un contexto de caída del precio del crudo, emergieron los primeros llamados de alerta de una economía que no había desandado un sendero industrial ni, mucho menos, generado eslabonamientos en su estructura productiva. Las medidas de ajuste presupuestario y la aparición de los primeros movimientos piqueteros fueron quizás las manifestaciones más dramáticas de una nueva realidad que caracterizaría a los noventa.

El sector terciario experimentó un crecimiento sin antecedentes que lo llevaría a concentrar más de la mitad del PBG (véase Cuadro 1.2). Esa provincia, que se deshacía de su herencia territoriana, fue un escenario ideal para el despliegue de la actividad comercial. Una sociedad urbana, que incorporaba nuevos consumidores y gustos cada vez más refinados, permitió al comercio incrementar su participación en el producto provincial: el 12 % que mostraba a comienzos de los setenta, mudaría a un

---

[83]CDCT, *Los hidrocarburos...*, op. cit., pág. 4.

significativo 30 % sólo quince años después (véase Cuadro 1.2).[84] Esta evolución puede comprenderse a partir de la relevancia que fue tomando la ciudad de Neuquén para toda la región del Alto Valle de Río Negro y Neuquén. A diferencia de lo ocurrido en las primeras décadas del siglo XX, cuando las actividades de intermediación se distribuían entre una decena de localidades, para mediados de los ochenta Neuquén funcionaba como polo comercial para un área que poco entendía de límites provinciales. Este fuerte crecimiento del comercio, en compañía de la mayor relevancia de rubros como las finanzas, los seguros y las comunicaciones, es importante para entender el peso de los servicios en la estructura productiva provincial.

Un segundo factor que nos pone frente a una economía de servicios fue la creciente importancia del Estado. Los discursos de todos los partidos coincidían en señalar la importancia de la esfera oficial en la cobertura de las demandas de una población en crecimiento. Para el MPN era imperioso fortalecer su posición en el campo electoral y, con la mira puesta en ese objetivo, nada mejor que incorporar a diferentes sectores sociales al desarrollo económico.[85] Quedaba claro que no sólo debía asegurar la acumulación de algunas fracciones capitalistas – sobre todo comercial y contratista – , sino además cumplir funciones que se tradujeran en consenso y legitimidad política. Así, en el diálogo entre un Estado dispuesto a intervenir en la economía y una sociedad que incrementaba sus necesidades de servicios, se produjeron grandes inversiones en materia de salud, educación y vivienda. Examinar los avances en cada una de estas áreas es una tarea ardua y compleja por la enorme cantidad de obras, actores y variables a analizar. Por este motivo es que hemos optado por medir el avance del estado a través de dos indicadores fáciles de seguir en el período estudiado: el presupuesto destinado a cada una de estas áreas y el personal empleado en ellas.

En el caso de la salud, la evolución de ambos elementos muestra un crecimiento poco menos que explosivo. A diferencia de lo ocurrido en la etapa territoriana, donde la atención primaria de la salud estaba des-

---

[84]Biblioteca del Consejo Federal de Inversión (en adelante BCFI), *Producto Bruto Geográfico 1970-1985. Neuquén*, Serie Estructura Socioeconómica Argentina, Colección Producto Bruto Geográfico, Buenos Aires, 1989, pág. 45.

[85]Arias Bucciarelli, «El Estado neuquino: fortalezas y debilidades de una modalidad de intervención», pág. 49.

articulada y dependía de un pobre presupuesto nacional, entre 1970 y 1980 las partidas destinadas al sistema provincial de salud se multiplicaron diez veces.[86] En todo este período, el peso de los fondos girados a la Subsecretaría de Salud estuvo siempre por encima del 13 % del presupuesto oficial, mostrando la centralidad que esta área tenía en el diseño estratégico provincial.[87] En cuanto a la cantidad de agentes, tanto profesionales como de apoyo, el incremento no fue menos espectacular: el poco más de un millar de empleados en 1974 pasó a una cifra cercana a cuatro mil en 1991.[88] La dedicación exclusiva a la tarea hospitalaria, lograda a partir de la ley provincial 837/74, y la apertura de una residencia en medicina rural orientada a formar profesionales «mejor adaptados a la realidad sanitaria de la provincia», fueron dos factores que alentaron la radicación definitiva de médicos y auxiliares sanitarios.[89]

En el área educativa, los avances fueron igualmente significativos. Cuando la provincia daba sus primeros pasos, este sector era retratado por las autoridades en términos no demasiados alentadores. Las escasas escuelas existentes funcionaban en «ranchos ruinosos», donde se impartían clases «en forma precaria por la falta de organización y material didáctico».[90] Del mismo modo, «la desnutrición y carencia de medios de vida, que obligaba a los niños a asistir a clase cubiertos de harapos y calzados de ojotas», hicieron de Neuquén un escenario ideal para el analfabetismo y la deserción escolar.[91] Teniendo en cuenta este punto de partida, la política seguida por los gobiernos provinciales, tanto los elegidos por las urnas como los de facto, estuvo orientada a cubrir las necesidades educativas de una población que aceleraba su crecimiento, pero también a generar un insumo imprescindible para el despegue provincial. De no formar profesionales y técnicos en la región con un perfil adecuado a sus particularidades productivas, era probable que la provincia presentara estrangulamientos en materia de recursos humanos. Los

---

[86] Ibíd., pág. 50.

[87] Blanco, Quintar y Gentile, *Neuquén: 40 años de vida institucional*, pág. 120.

[88] Subsecretaria de Salud de la provincia de Neuquen, «Personal total, por agrupamientos, según lugar de dependencia», Ministerio de Desarrollo Social, 1992, tabla 1.

[89] HLPN, *Mensaje del gobernador de la provincia del Neuquén Felipe Sapag*, Diario de sesiones, XI período, 1975, pág. 456.

[90] CDCT, *Síntesis de la situación...*, op. cit., pág. 7.

[91] Ibídem, pág. 7.

intentos por cumplir con ambas metas quedan reflejados en la creciente proporción del presupuesto provincial destinada al sector educativo: mientras que a comienzos de los setenta su participación rondaba el 8 %, en 1985 esa proporción se ubicaba por encima del 20 %.[92] La creciente inversión en este rubro, además de permitir una caída vertical del analfabetismo, hizo posible una sostenida ampliación de la planta provincial de docentes. A pesar de que, a finales de los ochenta, contaba con más de diez mil agentes, la creación de nuevos establecimientos convertía a Neuquén en «la única provincia donde –usando las palabras de un importante funcionario de la época– a las 48 horas de arribar un docente de cualquier lugar del país, ya está trabajando».[93]

Aquel déficit de viviendas que desvelaba a las autoridades a comienzos de los sesenta, fue desplazado por una política activa que suplió la creciente demanda habitacional de una provincia que, como veremos más adelante, incrementó su población al mismo tiempo que se urbanizaba. Ésta fue siempre un área destacada para los gobiernos del MPN, pues en ella interceptaban las demandas ciudadanas y la capacidad de acumulación de empresas privadas de la construcción. No es extraño, entonces, que de esa combinación naciera un verdadero *boom* de la construcción. Sólo a modo de ilustración, podríamos decir que el Instituto Provincial de la Vivienda edificó, en los ochenta, cerca de 25 mil unidades habitacionales, dando respuesta a un déficit que se agravaba a diario con la llegada de migrantes. Y esta masa de viviendas afectó la composición de la población económicamente activa. Si bien no es posible medir el impacto exacto de la construcción oficial de viviendas en el empleo, existen algunas pistas indirectas de su relevancia. En caso de observar el peso de la construcción sobre el total de asalariados, nos daríamos cuenta de su importancia en la generación de empleo y, en consecuencia, en la atracción de contingentes migratorios. Los censos nacionales nos brindan una radiografía muy clara al respecto: en 1980, un cuarto de los trabajadores en relación de dependencia estaban empleados en el sector

---

[92] Blanco, Quintar y Gentile, *Neuquén: 40 años de vida institucional*, pág. 120.

[93] HLPN, *Mensaje del gobernador de la provincia del Neuquén Pedro Salvatori*, Diario de Sesiones, XVII Período ordinario, 1988, pág. 15.

1. El despegue económico. Algunas consideraciones sobre el modelo neuquino

y, para 1991, más allá de la retirada del estado, este rubro conservaba una participación cercana al 12 %.[94]

Luego de esta síntesis de los cambios económicos, que tuvieron a Neuquén como espacio privilegiado, una cuestión queda en claro. Cualquier posibilidad de transformar la estructura productiva provincial dependía de la capacidad de las autoridades locales de capturar la atención nacional. Mantenerse en el centro de las prioridades del Estado federal era indispensable para obtener recursos con los cuales sortear una realidad de «olvido y postergación».[95] Sin su auxilio era imposible que la economía neuquina pudiera transitar por cada una de las etapas trazadas por los planificadores del COPADE. Mejorar el *standard* de vida de la población, montar una infraestructura que comunicara su territorio y poner en marcha una economía diversificada eran metas que dependían de un presupuesto provincial que no detuviera su expansión. Nada hacía suponer que esta situación fuera permanente. La idea de fondo iba justamente en sentido inverso: la dependencia en materia financiera aparecía como un paso inexorable que conduciría a una economía cada vez menos subordinada a decisiones tomadas a miles de kilómetros de Neuquén.

Encontramos en este principio, uno de los defendidos con mayor insistencia por los planificadores provinciales, un problema de difícil solución. Desde los primeros momentos de vida institucional, la necesidad de incrementar la base de sustentación de la economía neuquina interesó a los exponentes de la política local. En la misma convención constituyente de 1957, los debates más encendidos giraron alrededor de la determinación de la propiedad de las riquezas necesarias para el despegue de la economía. Los recursos llegados de Nación durante la etapa territoriana eran considerados insuficientes y, por ese motivo, se reclamaba un aumento de las partidas asignadas a la provincia. De no hacerlo, era probable que Neuquén presentara situaciones de ahogo financiero y que su autonomía fuera sólo una expresión de deseos. Como resultado de esta fricción, la provincia aseguró la propiedad provincial de los yacimientos, fuentes de energía hidroeléctrica y recursos forestales, más allá de que su

---

[94]INDEC, *Censo Nacional de población y vivienda 1980*, Serie B, Características generales, pág. 56; y de la misma institución, *Censo Nacional de población y vivienda 1991*, resultados definitivos, serie C, parte 2, pág. 41.

[95]Blanco, Quintar y Gentile, *Neuquén: 40 años de vida institucional*, pág. 27.

explotación estuvo a cargo de empresas nacionales. La combinación de ambos factores concilió el funcionamiento de una economía de *enclave,* encarnada en grandes empresas públicas nacionales, y un Estado provincial que aumentó su capacidad de acción sobre la base de abundantes – pero ingobernables – recursos nacionales.

Un repaso de los presupuestos provinciales nos brinda evidencia adicional sobre las dificultades que tuvo la economía provincial para ganar autonomía respecto a los recursos nacionales. Ese itinerario que desembocaría en un crecimiento autocentrado parecía estrellarse con la cruda realidad. En el período que abarca la investigación, los fondos provenientes de la órbita federal siempre fueron superiores a los generados por la provincia, más allá de que los rubros que lo modelaban hayan variado su importancia. Los fondos llegados en concepto de coparticipación federal de impuestos, por ejemplo, disminuyeron su relevancia conforme la provincia acentuaba su perfil exportador de energía. En sentido inverso, las regalías percibidas por la explotación de petróleo, gas y electricidad mostraron un aumento sostenido que recién se detuvo a comienzos de los noventa. Un tercer rubro que alimentaba a las finanzas provinciales eran los «aportes no reintegrables». Estos subsidios que la Nación otorgaba a las provincias, usualmente criticados por la discrecionalidad y arbitrariedad con que eran manejados,[96] alcanzaron su máximo histórico a mediados de los setenta, cuando representaban el 65 % del presupuesto provincial, mostrando desde allí una clara tendencia a la baja.[97]

Esta configuración fue objeto de diversas críticas, que coincidieron en señalar la debilidad estructural del crecimiento neuquino. La dependencia respecto a los beneficios derivados de la explotación de recursos naturales puso a la economía neuquina a merced de los vaivenes de mercados extra-regionales. Como bien dice Favaro, «el localismo escondió, detrás de un estado interventor-distribucionista-planificador, la debilidad estructural de su economía que evolucionó sin contar con condicio-

---

[96]Arias Bucciarelli, «El Estado neuquino: fortalezas y debilidades de una modalidad de intervención», pág. 45.

[97]Blanco, Quintar y Gentile, *Neuquén: 40 años de vida institucional,* pág. 30.

1. El despegue económico. Algunas consideraciones sobre el modelo neuquino

nes de reproducción genuina y al permanente amparo de la nación».[98] En todo caso, fue sobre la base de recursos nacionales, especialmente regalías, que el Estado provincial pudo redistribuir la renta a través de la obra pública y la prestación de una amplia gama de servicios. Es cierto que la provincia mantuvo, durante los años estudiados, una política que apostó al *tandem* desarrollo y bienestar. Sin embargo, no menos evidente es que la opción por el bienestar, materializada en una activa política social, fue más intensa que la relacionada al desarrollo. Aunque la economía neuquina sufrió profundas transformaciones, tanto cuantitativas como cualitativas, que sirvieron de base a un proceso migratorio de gran dimensión, fueron visibles algunas fallas que aquella presentaba. Las palabras de Blanco, Gentile y Quintar son, por su claridad, ideales para cerrar este apartado:

> La provincia *no logró desprenderse de su dependencia de una matriz productiva basada en una única fuente de recursos* —las regalías petrolíferas y energéticas— y, por ende, *no pudo construir una autonomía efectiva del estado central*, a pesar del remarcado tinte federal que el discurso gobernante imprimió a las demandas y realizaciones políticas.[99]

Cada una de las trasformaciones económicas que detallamos a lo largo del capítulo dejó su huella en la estructura demográfica. Si bien el vertiginoso crecimiento de la población fue el síntoma más visible de este proceso, sus efectos no podrían reducirse a este fenómeno. Es por ello que en el próximo capítulo exploraremos un *bouquet* de episodios que dieron forma a lo que algunos autores han identificado como «modernización demográfica». Gracias a esta labor podremos ubicar a la ciudad de Neuquén, y sobre todo los fenómenos migratorios que la tuvieron como destino, dentro de tendencias de más largo aliento. Algunos de los interrogantes que responderemos en las próximas páginas son: ¿Cuáles fueron los *tempos* de la evolución de la población neuquina durante el siglo XX? ¿Cuáles fueron las particularidades de su transición demográfica y cómo podríamos ubicarla dentro del tránsito argentino hacia un nuevo «orden demográfico»? ¿Cómo estuvieron compuestos los flujos

---

[98] Orietta Favaro, Mario Arias Bucciarelli y María Carolin Scuri. «Límites estructurales de una estrategia de distribución (1958-1980)». En: *Realidad Económica*, n.º 107: (1993). Ed. por IADE, pág. 118.

[99] Blanco, Quintar y Gentile, *Neuquén: 40 años de vida institucional*, pág. 123.

migratorios que convergieron en la provincia del Neuquén y qué modificaciones sufrieron durante la segunda mitad del siglo XX? ¿Cuáles fueron las relaciones entre movilidad territorial y consolidación de una estructura urbana descompensada? Y, finalmente, ¿de qué forma estas transformaciones afectaron el tejido social neuquino?

2. El boom demográfico. Una mirada a la población neuquina en el siglo XX tardío

La segunda mitad del siglo XX albergó cambios decisivos en la población neuquina. En ese período encontramos la lenta extinción de las tendencias demográficas territorianas y el origen de las líneas que caracterizan al Neuquén moderno. Tanto por los ritmos de su economía como por las transformaciones sociales, es complicado establecer un límite que funcione como divisoria de aguas. De todos modos, un dato es *a priori* incontrastable: algunos rasgos que definen su fisonomía actual hunden sus raíces en las primeras décadas del siglo pasado. La importancia de los migrantes en la estructura demográfica y la concentración poblacional en su capital sean quizás los más persistentes. Sin embargo, el período comprendido entre 1960 y 1991 fue en muchos sentidos original y único en la historia de Neuquén. En esas décadas se produjeron fenómenos que transformaron en gran medida la estructura socio-demográfica provincial. Un listado de estas transformaciones no podría dejar de mencionar el explosivo crecimiento de la población, el arribo de una formidable cantidad de migrantes, el inicio de la transición demográfica, una acelerada urbanización y el no menos importante reforzamiento de desequilibrios espaciales.

2.1 «Una población que no cesa de crecer»

Desde la definición de Neuquén como Territorio Nacional, la población mostró un crecimiento sin interrupciones que contó con dos puntos de inflexión. El primero de ellos, a comienzos del siglo XX, cuando el número de habitantes se incrementó con la llegada de migrantes transandinos y otros provenientes de Europa. El segundo nos lleva a mediados de la década de 1960, justo en el momento en que iniciaba una oleada inmigratoria proveniente de otras provincias argentinas, sobre todo de las ubicadas en la región pampeana (véase Cuadro 2.1). En este largo período, el número de habitantes pasó de una cifra cercana a los 14.000, según el censo nacional de 1895, a los 380.000 en 1991.[1] Puede que un simple cálculo nos ilumine sobre la dimensión de este crecimiento: la población neuquina se multiplicó veintisiete veces en un lapso menor a los cien años.

Período intercensal	Total país	Provincia del Neuquén
1895-1914	3,57	3,67
1914-1947	2,14	3,39
1947-1960	1,74	1,77
1960-1970	1,56	3,47
1970-1980	1,81	4,66
1980-1991	1,47	4,52

Cuadro 2.1 – Tasa media anual de crecimiento de la población (1895-1991). Total país - Neuquén. Fuente: Elaboración propia a partir de INDEC, *Situación demográfica de la provincia del Neuquén*, Análisis demográfico, serie 12, Buenos Aires, 1998.

Una mirada atenta a las variaciones absolutas, sin embargo, nos dice muy poco sobre los ritmos de una evolución que no fue precisamente lineal. Quizás por eso convenga analizar los *tempos* de la progresión demográfica a través de un indicador más sensible: las tasas medias anuales de crecimiento. Una lectura superficial de las mismas nos pone frente a tres períodos claramente diferenciados. La primera etapa, comprendida entre 1895 y 1947, muestra tasas que, salvo en la primera posguerra,

---

[1] CDCT, *La población de la provincia del Neuquén. 1895-1980. Distribución territorial, origen y estructura etaria*, Neuquén, 1980, pág. 5.

se encuentran próximas al 4 % anual.[2] A estas décadas de crecimiento acelerado siguió un período de crecimiento moderado hacia mediados de siglo, cuando el cierre del ciclo inmigratorio europeo no supuso un relevo que compensara su aporte. En 1965 dio comienzo una nueva fase de crecimiento explosivo, con tasas que superaron holgadamente el 4 % anual, que tuvo como protagonistas a los migrantes argentinos de otras provincias (véase Cuadro 2.1).

Un examen de conjunto nos permitiría descubrir una curva que presentó en sus extremos tasas de crecimiento abultadas y, entre ellos, un «bache» con tasas que rondaban el 2 % anual (véase Cuadro 2.1). Como sucede a menudo, los ritmos de crecimiento demográfico reflejan en buena medida el estado general de la economía. Aunque la correspondencia entre ambas variables no sea absoluta, es interesante observar cómo el deterioro de la actividad ganadera fue simultáneo a la peor *performance* en materia de crecimiento. Con la puesta en marcha de medidas proteccionistas fueron interrumpidos los lazos mercantiles que los departamentos cordilleranos mantenían con las plazas comerciales chilenas, sumergiendo a esta área en una profunda depresión. El período de mayor crecimiento relativo, por su parte, se relaciona con el nuevo perfil productivo que daría vida a la economía neuquina: la explotación de recursos energéticos a través de grandes empresas públicas. Sin esta nueva dirección económica sería muy difícil explicar cómo en el tiempo que separa al primer censo provincial de 1965 del censo nacional de 1991 la población neuquina se triplicó.[3]

Este formidable despegue demográfico fue resultado de la acción conjunta de un importante crecimiento vegetativo y de un creciente aporte de los migrantes, aunque el primero siempre tuvo una contribución más relevante. Con todo, mientras que la diferencia entre nacidos y fallecidos presentó – entre 1960 y 1991 – una leve tendencia alcista, las tasas de crecimiento migratorio mostraron un decidido ascenso, acorde con el despegue que experimentaba la provincia en materia económica.

---

[2] En el período intercensal 1914-1920, la tasa de crecimiento media fue de 1,8 % en la performance más deslucida del siglo XX. Cfr. CDCT, *La población de la provincia del Neuquén…*, op. cit., pág. 5.

[3] PROVINCIA DE NEUQUEN, *Primer Censo General de la Provincia*, 31 de octubre de 1965, Cuadro «a»; e INDEC, *Situación demográfica de la provincia del Neuquén*, Análisis demográfico, serie 12, Buenos Aires, 1998, pág. 13.

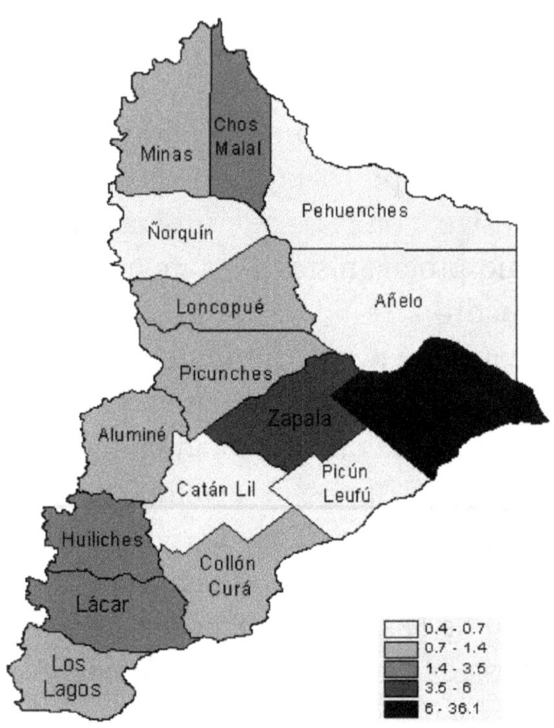

Figura 2.1 – Densidad de población. Provincia del Neuquén, 1991. Fuente: Elaboración propia en base a INDEC (1998).

Es por esta divergencia, entonces, que los picos de crecimiento estuvieron ligados a los momentos de mayor saldo migratorio favorable. La década de los setenta, con una tasa de crecimiento migratorio superior al 1 % anual, fue el período en que el aporte de los migrantes estuvo más próximo a la contribución porcentual del crecimiento vegetativo.[4] Y fue precisamente en esta década cuando la provincia del Neuquén experimentó su mayor incremento relativo con una tasa anual de crecimiento cercana al 5 % (véase Cuadro 2.1). Esta cifra cobraría aun mayor claridad si hiciéramos un ejercicio comparativo: la historia demográfica argentina tuvo en el quinquenio que siguió a la crisis financiera de 1890 y en el período 1905-1915 sus momentos de mayor expansión con tasas que, aunque impresionantes, nunca pasaron del 4 %.

Más allá del espectacular despegue demográfico, que tuvo escasas analogías a nivel nacional,[5] la densidad poblacional del Neuquén era

---

[4] CDCT, *La población de la provincia...*, op. cit., pág. 8.

[5] Entre 1960 y 1970, Neuquén fue la segunda provincia en cuanto a tasas anuales de crecimiento (3,6 %), sólo superada por Santa Cruz-Tierra del Fuego. En los períodos

hacia 1991 de sólo 4,1 habitantes por km^2.[6] Esta tenue ocupación del espacio refleja en buena medida las actividades que históricamente dinamizaron su economía. Salvo el caso de la agricultura de regadío que dio vida a los valles inferiores de los ríos Limay y Neuquén, la mayor parte del territorio albergó actividades pecuarias extensivas que volvieron a los 90.000 km^2 de superficie provincial un denominador muy difícil de saturar. Una mirada más concentrada, sin embargo, nos permitiría descubrir una distribución poco equilibrada a nivel departamental. Hacia comienzos de los noventa, sólo dos departamentos se encontraban por encima de la media provincial, mientras que los catorce restantes mostraban índices bastante menores. Estos dos islotes de poblamiento, ambos dueños de las más elevadas tasas de urbanización, nos muestran la importancia de la población previa al despegue (en el caso de Zapala, histórico nudo de caminos del interior neuquino) y, en mayor medida, el peso de la afluencia migratoria (véase Figura 2.1). Esto último es particularmente visible en el caso del departamento Confluencia, asiento de la capital provincial y espacio privilegiado de la explotación de recursos energéticos que, con una densidad de 36 habitantes por km^2, albergaba una población «no-neuquina» superior al 40 %. Aunque la densidad sea un indicador poco sutil para medir la distribución de la población, debido a que las unidades departamentales pueden contener distintas realidades, era evidente la existencia de enormes superficies débilmente pobladas. Precisamente sobre ellas se aplicó, a escala provincial, la plantilla conceptual forjada por el desarrollismo: las regiones menos habitadas se presentaban como «atrasadas» y fueron el blanco de políticas públicas que procuraron saldar una «deuda histórica».

---

intercensales siguientes (1970-1980 y 1980-1991), Neuquén lideró el *ranking* con tasas de 4,1 % y 4,3 respectivamente. Cfr. Alfredo Lattes. «Esplendor y ocaso de las migraciones internas». En: *Población y bienestar en la Argentina del primero al segundo centenario. Una historia social del siglo XX*. Comp. por Susana Torrado. Vol. II. Buenos Aires: Edhasa, 2007, págs. 21-22.

[6]INDEC, *Situación demográfica de la provincia del Neuquén*, Análisis demográfico, Serie 12, Buenos Aires, 1998, pág. 51.

2.2 En la senda de la transición demográfica

Otro de los rasgos distintivos de la segunda mitad del siglo XX fue
el inicio de la transición demográfica. Este fenómeno fundamental, que
puede sintetizarse groseramente como el descenso de los niveles de natalidad y mortalidad, tuvo en el caso neuquino interesantes variaciones
que se alejan de lo sucedido a escala nacional y, por supuesto, de la «or-
todoxia» alineada con la experiencia europea. Alejandra Pantelides fue
la primera en puntualizar las distancias que la transición argentina conservaba respecto a la tradicional imagen compuesta por tres etapas.[7] En
un trabajo ya clásico nos ponía frente a dos particularidades que delinea-
ban la *vía argentina* hacia el «nuevo orden demográfico». A diferencia de
lo ocurrido en el escenario europeo y en muchos países latinoamericanos, en Argentina el descenso de la mortalidad y la natalidad sucedió
en simultáneo, dejando poco lugar para la típica explosión demográfica.
Esta singularidad fue acompañada por una modernización a todas luces
incompleta: la rápida urbanización y el crecimiento económico de la Argentina de entresiglos no se tradujeron en un proyecto industrializador
como sí ocurrió en el caso europeo. En términos generales, podríamos
decir que este complejo proceso se desplegó, más allá de importantes
variaciones regionales, entre 1869 y 1914, mostrando una perfecta sincronía con el montaje del modelo agro-exportador

Ahora bien, esta grilla explicativa que sirve para retratar lo sucedido en las provincias de temprana vocación atlántica poco nos dice sobre
un territorio incorporado tardíamente a la órbita nacional. Los principales rasgos temporales de la transición demográfica neuquina pueden
ser precisados a partir de la evolución de la natalidad y la mortalidad.
En el segundo caso, aunque la escasa confiabilidad de los registros vitales nos impide señalar el punto de partida de la transición, las tasas de
mortalidad muestran un evidente proceso de descenso a partir del censo

---

[7]La primera etapa, pre-transicional, podría definirse como de bajo crecimiento, un
elevado potencial futuro de crecimiento y una estructura joven de la población. La
segunda etapa está marcada por un descenso de la mortalidad que no tiene como reflejo una caída de la natalidad. En ese marco se presentan las más elevadas tasas de
crecimiento y una estructura por edades intermedia o, lo que es igual, con una mayor
participación de la población adulta. Un nuevo equilibrio se lograría en la tercera etapa,
cuando la natalidad y las tasas de crecimiento descienden al tiempo que la población
sufre un paulatino proceso de envejecimiento.

nacional de 1947 (véase Figura 2.2). Hasta ese momento, la curva de la mortalidad había mostrado una traza irregular con una tendencia a la baja en el período 1914-1933, y una ascendente desde esta última fecha hasta mediados de siglo. Para explicar este extraño comportamiento parece más adecuado pensar en un refinamiento de los mecanismos de registro, antes que en el mejoramiento del sistema de salud territoriano. La multiplicación de las oficinas de Registro Civil y la lenta desaparición de la costumbre de inscribir los nacimientos y muertes del otro lado de los Andes, nos brindan algunas pistas al respecto.

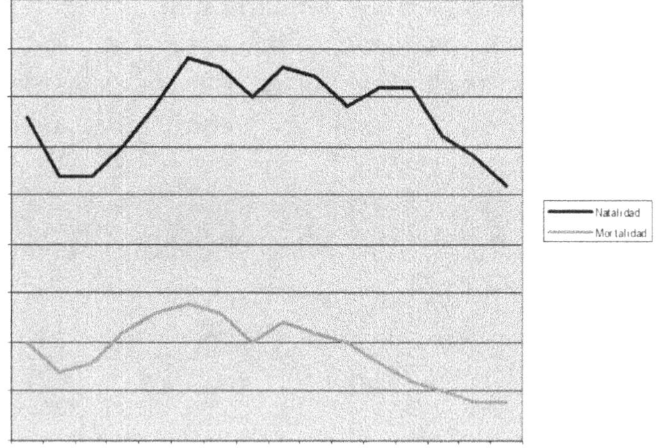

Figura 2.2 – La transición demográfica neuquina (1915-1994). Fuente: IN-DEC (1998).

Para hablar de descensos significativos debemos esperar hasta finales de la década de los sesenta cuando las tasas brutas de mortalidad perforaron la barrera de 10 %.[8] Esta realidad nos avisa sobre la fuerte asociación entre la baja permanente de la mortalidad y el despegue de la economía neuquina. El fortalecimiento de un perfil exportador de energía permitió el ingreso de recursos nacionales, haciendo posible la edificación de un sistema de salud que contrastaba con la realidad territoriana. Hasta ese momento, existían en el territorio siete hospitales públicos y una cifra similar de salas de primeros auxilios – todos dependientes del Ministerio de Asistencia Social y Salud Pública de la Nación–, que resultaban insuficientes para atender a una población que rondaba

---

[8]INDEC, *Situación demográfica...*, op. cit., pág. 18.

los 110.000 habitantes.[9] Algo no muy diferente podíamos decir de los recursos humanos destinados a la atención sanitaria: los médicos no sólo eran un elemento exótico concentrado en las pocas áreas urbanas, sino que además su escasez hacía que muchos puestos sanitarios del interior no tuvieran un profesional como responsable. En una carta enviada al presidente de la Nación, Arturo Illia, el gobernador Felipe Sapag mostraba los problemas de salud que asolaban a la población hacia mediados de siglo:

> La magnitud de las enfermedades es desoladora. Los medios rurales carecen totalmente de protección sanitaria y los servicios hospitalarios de los centros urbanos están totalmente desorganizados, pues la nación no integra la dotación de personal ni los elementos imprescindibles de los servicios a su cargo, para enfrentar las luchas contra las enfermedades.[10]

En las postrimerías de la década de 1960, con la creación de la Dirección Provincial de Salud Pública, Asistencia y Previsión Social, fueron dados los primeros pasos en materia de atracción de profesionales, así como en el montaje de una infraestructura acorde a las necesidades de una población en franco crecimiento. Como resultado de ello observamos una organización más eficiente de los recursos que, a través de la creación de zonas sanitarias, favoreció la implementación de servicios de prevención y control de la salud. Si bien esto tuvo alguna incidencia en los espacios urbanos que salpicaban la superficie provincial, en las áreas rurales apreciamos un impacto más profundo. Precisamente en estas últimas se llevó adelante una política de *shock* que tuvo como blanco principal enfermedades como la tuberculosis, bocio o la hidatidosis. Con la puesta en marcha de agresivas campañas de prevención por vacunación, el mejoramiento de los medios necesarios para el tratamiento de estos padecimientos y un programa que ponía en el centro de prioridad la salud de las mujeres embarazadas y de los recién nacidos, fue posible revertir indicadores de mortalidad infantil que se encontraban entre los más deslucidos de Argentina.

---

[9]Graciela Blanco, Juan Quintar y María Beatriz Gentile. *Neuquén: 40 años de vida institucional*. Neuquén: COPADE, 1998, pág. 69.

[10]CDCT, *Síntesis de la situación económico social...*, op. cit., pág. 7.

La segunda vertiente a partir de la cual podemos visualizar el proceso de transición demográfica es el irreversible descenso de la fecundidad. A diferencia de lo que ocurre con la mortalidad, los cambios en esta última materia resultan más difíciles de identificar debido a la multiplicidad de factores que se conjugan en este fenómeno demográfico y a la incidencia de las uniones de hecho. Tomando como posible puerta de entrada la tasa bruta de natalidad, siempre de relativo valor por las transformaciones que la inmigración imprime en la estructura por edad y sexo, podríamos decir que la transición actuó en simultáneo con el descenso de la mortalidad. Luego de un comportamiento errático, que atraviesa la primera mitad del siglo XX, los índices de natalidad describen una curva con pendiente negativa: un pico de 42 % en 1947 es seguido de una tendencia a la baja que traspasa el umbral de 30 % a comienzos de los ochenta y sigue su recorrido descendente en el transcurso de esa década (véase Figura 2.2).

El descenso de la tasa de fecundidad es, por lo general, el factor más importante a la hora de examinar el envejecimiento de la población. A diferencia de los indicadores de natalidad, esta última no sufre el efecto perturbador de la estructura de edades y, por esta razón, sus variaciones afectan directamente la base de la pirámide poblacional al disminuir o aumentar el número de nacimientos anuales. Para el caso neuquino notamos que la baja de la fecundidad se dio con un considerable retraso respecto a lo sucedido a escala nacional. Si los primeros indicios de la transición de la fecundidad en la Argentina los encontramos en algún momento del período intercensal 1869-1895, en esta lejana comarca patagónica este fenómeno debió esperar por décadas.[11] Recién en la década de los cincuenta comienza a apreciarse una sostenida baja de la cantidad de hijos por mujer. Para 1955, Neuquén −con una tasa de 6,2− duplicaba las cifras para el total del país, en una *performance* que la ponía a la par de provincias tradicionalmente expulsoras de población. Treinta y seis años más tarde, esos indicadores descendieron hasta ubicarse en 3,6, mostrando una tendencia que la aproximaba al promedio nacional de 2,9 (véase Cuadro 2.2).

---

[11]Susana Schkolnik. «El envejecimiento de la población de América Latina 1950-2025». En: *El proceso de envejecimiento de la población*. Ed. por Jean Chenais. Santiago de Chile: CELADE, 1990.

Mucha importancia tuvo allí el reforzamiento de la población urbana y, resultado de ello, el desplome de la rural. La caída en desgracia de la ganadería neuquina provocó desde muy temprano un flujo migratorio hacia las ciudades. A diferencia de lo sucedido en el ámbito rural, donde los hijos aportaban brazos a la economía familiar y valiosos recursos de su trabajo para otros, en los espacios urbanos la descendencia operaba en un sentido exactamente opuesto. De ahí que el descenso de la fecundidad haya corrido paralelo al crecimiento de la tasa de urbanización: entre 1947 y 1991 la población concentrada en las ciudades se desplazó del 22 % al 86 %.[12] Los diversos grupos migratorios que se instalaron en Neuquén también dejaron su huella en lo que a niveles reproductivos se refiere, sobre todo aquellos llegados de distritos urbanos como Capital Federal, Santa Fe o Córdoba. Tal como había ocurrido en el área pampeana en los años dorados de la inmigración europea, los llegados de espacios más avanzados en la transición demográfica dejaron su impronta en materia reproductiva a partir de dos mecanismos.[13] En primer lugar, transportaron a la sociedad receptora comportamientos propios de espacios en los que había descendido el tamaño de las familias. Por otro lado, transmitieron esas conductas a sus descendientes y, por medio de matrimonios «mixtos», a la población nativa y a otros grupos migratorios. No es extraño, entonces, que los mecanismos contraceptivos se hayan difundido con mayor énfasis en los escasos escenarios urbanos neuquinos, donde la inmigración fue más importante, mientras que en el resto de la provincia encontramos hasta épocas recientes comportamientos pre-transicionales, reflejados en pirámides demográficas con bases ensanchadas para la mayoría de los departamentos neuquinos.

Más allá de estas diferencias, lo cierto es que la tendencia de conjunto abona la idea de que la transición neuquina dio comienzo a mediados del siglo XX. La disminución de la población menor a quince años es una clara señal de esto. En el lapso de cuatro décadas su participación en la estructura por edades transitó de un 40 % al 37 %. Al mismo tiempo, la población comprendida entre los 15 y los 65 años evidenció una leve suba (de 58 a 59 %), al igual que la participación de los ancianos, que se duplicó en el mismo período (de 2 a 4 %). Del análisis de estas

---

[12]INDEC, *Situación demográfica...*, op. cit., pág. 39.

[13]Susana Torrado. *Procreación en la Argentina. Hechos e ideas.* Buenos Aires: Ediciones de la Flor, 1993, pág. 93.

Año	Total del país	Neuquén
1955	3,3	6,2
1960	3,1	5,6
1970	3,1	5,2
1980	3,3	4,3
1991	2,9	3,6

Cuadro 2.2 – Tasa global de fecundidad (hijos por mujer) (1955-1991). Total país y provincia del Neuquén. Fuente: Elaboración propia en base a INDEC, *Situación demográfica de la provincia del Neuquén*, Análisis demográfico, serie 12, Buenos Aires, 1998.

cifras no podríamos concluir que Neuquén haya albergado, al final de la observación, una población envejecida, tal como sucedía en los escenarios que se modernizaron tempranamente. Lejos de ello, estamos frente a una provincia que en el período analizado atravesó una etapa transicional caracterizada por una baja de la mortalidad y tasas de natalidad que, aunque en descenso desde los sesenta, seguían siendo elevadas en el contexto argentino. De ahí que el crecimiento vegetativo haya sido una constante en las tres décadas analizadas, mostrando un mayor potencial de crecimiento que la mayoría de las provincias argentinas.

2.3 Una primera revolución demográfica. Las migraciones interprovinciales y su impacto en la población neuquina

Sabido es que Argentina fue objeto de un temprano proceso de urbanización que la diferenció de sus vecinos de la región. Hacia fines de los sesenta, el grueso de su población estaba asentado en alguna de las muchas islas que daban forma al archipiélago urbano argentino. Para rastrear las causas de este fenómeno debemos dirigir nuestra mirada a los flujos migratorios internos. Sobre estos últimos, no estaría mal si dijéramos que constituyen uno de los nudos gordianos de la historia demográfica contemporánea. Algunas de las cifras suministradas por Lattes pueden ayudarnos a delinear la magnitud de este proceso: Buenos Aires recibió, sólo entre 1945 y 1960, un millón y medio de migrantes, la mayoría de los cuales provenía de las provincias del Noroeste y del Noreste.[14]

La fuerza de los números tuvo, en este caso, su reflejo en materia académica. Al mismo tiempo que millones de personas cambiaban su lugar de residencia, las ciencias sociales comenzaron a estudiar un fenómeno que, salvo alguna excepción puntual, fue analizado con las herramientas suministradas por la teoría de la modernización. Para esta última, el pasaje de una economía agro-exportadora hacia otra recostada en el sector secundario tuvo como consecuencia el traslado de personas desde las deprimidas provincias del interior hacia el dinámico cinturón industrial bonaerense. Los relatos de la época – desde la sociología germaniana hasta la literatura y el cine– retrataban con singular detalle la imagen del migrante del interior que, imbuido en una cultura tradicional, engrosaba el tamaño de las «villas emergencia» y del electorado peronista.

No conviene, sin embargo, pensar este proceso a través del lente de la homogeneidad. El esquema de movilidad radial que tuvo al área pampeana como destino predilecto tendió a suavizarse a medida que nos aproximamos a 1970. Las últimas décadas del siglo XX albergaron una dinámica que comenzó a tomar distancia con respecto al pasado. Siguiendo a Torrado, podríamos decir que la magnitud de los movimientos internos disminuyó sensiblemente respecto al período precedente (1930-1970) y, dentro de este universo, los desplazamientos rural-urbanos perdieron terreno frente a los urbano-urbano.[15] Además, un segmento sustancial de estos últimos se originó en las grandes ciudades del Litoral y se volcó hacia un grupo de ciudades intermedias que mostraron un fenomenal crecimiento. La implementación de regímenes de promoción industrial que dieron impulso a exhaustas economías regionales, mejoras en la infraestructura de transporte y la inflación de credenciales que sobrevoló a los centros tradicionales, son algunos de los procesos que ayudan a entender la metamorfosis en el sistema de asentamiento argentino: sin perder la altísima primacía (el área metropolitana bonaerense conservó en todo el período una participación cercana al 30 %), el grueso del crecimiento urbano se concentró en las aglomera-

---

[14]Lattes, «Esplendor y ocaso de las migraciones internas», pág. 28.

[15]Susana Torrado. *Historia de la familia en la Argentina moderna (1870-2000)*. Buenos Aires: Editorial de la Flor, 2003, págs. 542-543.

ciones de tamaño intermedio y, dentro de ellas, en las ubicadas fuera de la región pampeana.[16]

La provincia del Neuquén fue una de las mayores beneficiarias de este proceso de gigantescas proporciones. Aunque el peso de los migrantes de otras provincias resultó importante en la primera mitad del siglo XX, fue recién a partir de 1947 cuando mostró un mayor protagonismo en el modelado de las grandes tendencias demográficas. Esto fue así en virtud de su participación directa dentro del total de la población, pero también por su contribución indirecta, por medio de la natalidad, al crecimiento vegetativo de la población. Una comparación entre 1920 y 1991 puede que nos suministre algunas pistas sobre la creciente importancia de los flujos migratorios interprovinciales. En la primera fecha, los nacidos en el resto del país representaban sólo un 7 % de la población del territorio, ubicándose al mismo nivel de los migrantes transoceánicos y a una enorme distancia de quienes llegaban del otro lado de los Andes (36 %).[17] Siete décadas después, esa participación trepó hasta el 28 %, lo que le permitió triplicar el aporte de la población chilena y multiplicar por catorce a los inmigrantes europeos.[18]

En caso de explorar las principales características del flujo proveniente de otras provincias argentinas, emergen algunos elementos interesantes que, más allá de las similitudes con otros movimientos internos, permiten individualizar la experiencia neuquina. Una de las peculiaridades de esta forma de movilidad fue la elevada proporción de alfabetizados en comparación a la población nativa y a otros grupos migratorios. Para 1985, el 83 % de los nacidos en otras provincias que residían en la ciudad del Neuquén contaban con el nivel primario concluido, en una actuación que superaba ampliamente el 63 % presentado por los nacidos en Chile. Si calibráramos aún más nuestro objetivo, las diferencias con respecto a la población nativa se volverían evidentes. Aunque estos dos grupos presentaban similares proporciones de egresados del nivel primario, los contrastes se incrementan cuando analizamos la población que acreditaba un paso completo por el nivel secundario: los argentinos

---

[16]Norma Meichtry. «Emergencia y mutaciones del sistema urbano». En: *Población y bienestar en la Argentina del primero al segundo centenario. Una historia social del siglo XX*. Comp. por Susana Torrado. Buenos Aires: Edhasa, 2007, pág. 56.

[17]CDCT, *La población de la provincia del Neuquén…*, op. cit., pág. 37.

[18]CDCT, *La población de la provincia del Neuquén…*, op. cit., pág. 45.

de otras provincias duplicaban el porcentaje de nativos que reunían ese requisito.[19]

Provincia de Origen	1965-1970	1975-1980	1986-1991
Río Negro	23,3	30,3	26,9
Buenos Aires	19,4	20,5	27,9
Córdoba	12,0	4,7	5,3
Capital Federal	10,4	7,9	6,4
Mendoza	6,3	7,7	8,8
Otras	28,7	29,1	24,7

Cuadro 2.3 – Porcentaje de migrantes argentinos (no neuquinos) a la provincia del Neuquén según provincia de origen. Períodos 1965-1970/1975-1980/1986-1991. Fuente: INDEC, *Situación demográfica de la provincia del Neuquén*, Análisis demográfico, serie 12, Buenos Aires, 1998.

Un segundo aspecto a tener en cuenta es la mayor proporción de hombres que contuvo durante la segunda mitad del siglo XX. En 1991 el índice de masculinidad de la población provincial era de 107, lo cual nos muestra el evidente aporte selectivo de las migraciones. En este contexto general, los migrantes interprovinciales presentaron un índice superior a 100 hasta los setenta años, en especial entre los 50 y 60 años, donde es visible el peso de las tempranas migraciones individuales.[20] El predominio de los hombres que, aunque marcado, no es tan fuerte como el registrado en la población chilena, habla muy bien de una demanda laboral relacionada con la explotación de hidrocarburos y, para los momentos iniciales de la explosión demográfica, con la construcción de obras hidroeléctricas.

La composición del flujo migratorio según su origen provincial muestra una tercera particularidad que discute los alcances de las interpretaciones tradicionales sobre la movilidad interna argentina. A diferencia de lo ocurrido en los desplazamientos hacia el conurbano bonaerense – conformados por población llegada de las provincias de menor desarrollo relativo – , en el caso neuquino notamos un comportamiento exactamente inverso. Desde los tempranos sesenta, los migrantes internos que llegaban a la provincia provenían de escenarios con un elevado PBG

---

[19]Beatriz Toutoundjian y Susana Holubica. *Estudio de la inmigración externa e interna en la Provincia de Neuquén*. Buenos Aires: CFI, 1990, pág. 41.

[20]INDEC, *Situación demográfica...*, op. cit., pág. 32.

per capita. Por fuera de las provincias limítrofes que, por su cercanía geográfica, tuvieron una destacada participación en la población neuquina, sobresalieron aquellas que habían transitado exitosamente por una senda industrial. El grupo conformado por Buenos Aires, Córdoba y Capital Federal mostró, para el período 1965-1991, una participación siempre superior al 40 % (véase Cuadro 2.3). Esta situación nos avisa de la desconcentración de la población argentina y del simultáneo fortalecimiento de áreas que hasta allí habían ocupado un lugar periférico en la estructura demográfica y productiva del país. El poblamiento de la provincia del Neuquén, especialmente de su capital, no podría ser entendido por fuera de esta tendencia que tuvo a la década de los sesenta como punto de partida.

2.4 Una segunda revolución demográfica: las migraciones intraprovinciales y la urbanización neuquina

Al mismo tiempo que estallaba la migración proveniente de otras provincias, otro fenómeno delineaba el paisaje demográfico neuquino. Los flujos de nativos desplegados en todo su territorio constituyen uno de los aspectos más relevantes de la segunda mitad del siglo XX. A diferencia de los estudios sobre migraciones internacionales y – en menor medida – de las corrientes interprovinciales, la movilidad al interior de las provincias argentinas ha sido una duradera deuda de los medios académicos. Y en este vacío de conocimiento las categorías utilizadas en las prácticas censales desempeñaron un papel fundamental. La utilización de criterios de demarcación amplios (y, en el peor de los casos, duales), ayudó para que la movilidad dentro de los espacios provinciales haya pasado por mucho tiempo inadvertida.[21] De ahí que nuestras aproximaciones a este fenómeno tengan mucho de indirectas: la ausencia de

---

[21]Este es el caso del censo nacional de 1960 que sólo utilizó como criterio de análisis el contraste entre población nativa y extranjera. Esta metodología, orientada a demostrar el cierre del ciclo migratorio masivo, complicó el estudio de la movilidad entre diversas provincias y, desde luego, los flujos desarrollados al interior del espacio provincial. Cfr. INDEC, *Censo Nacional de Población 1960*, Tomo IX-Zona Patagónica, Primera Parte Chubut-Neuquén, *Buenos Aires, 1960*, págs. VI-LXXI.

saldos a nivel departamental que distingan por origen migratorio nos obliga a acceder a la movilidad intraprovincial a través de las tasas de crecimiento departamentales, de su participación relativa sobre el total provincial, de las tasas de crecimiento de la población urbana y, recién para la década de los ochenta, de la contribución de los migrantes del interior provincial en el poblamiento de la ciudad del Neuquén.

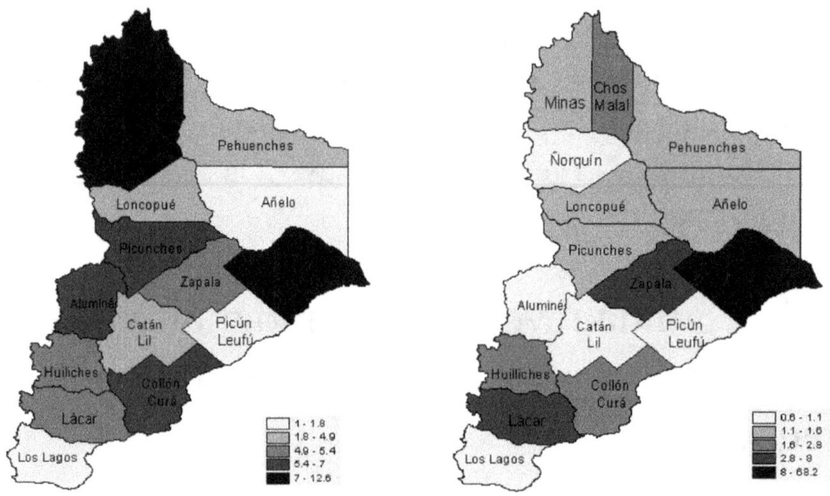

Figura 2.3 – Distribución porcentual de la población por departamentos. Neuquén, 1920 y 1991. Fuente: Elaboración propia en base a INDEC (1998).

Aunque nuestro propósito sea examinar las dinámicas que atravesaron al siglo XX tardío, es imposible no apuntar ciertas características del pasado territoriano, pues encontramos en ellas el génesis de tendencias que se amplificaron en las décadas siguientes. Un buen ejemplo de ello lo notamos en la distribución de la población. Cuando el siglo XIX agonizaba, el joven territorio nacional mostraba una población concentrada en los departamentos del noroeste cordillerano (véase Figura 2.3). Las causas de este fenómeno son fácilmente deducibles: esa área albergaba a la antigua capital (Chos Malal) y a su rudimentario aparato administrativo, pero también a la principal actividad económica del territorio. La ganadería, que tenía a los centros urbanos del Pacífico como mercado, dinamizaba un espacio que concentraba el 62 % de la población (véase Cuadro 2.4). En 1920, en ocasión del Primer Censo de Territorios Nacionales, la concentración conservaba su rumbo, más allá del traslado de la capital a la confluencia de los ríos Neuquén y Limay. Esta situación revela que este suceso, muchas veces señalado como divisoria de aguas en la historia neuquina, no tuvo efectos drásticos en la distribución de la población. De todos modos, la aparición del departamento Confluencia en el cuarto lugar del *ranking* de distritos más habitados nos brinda algunos indicios de una tendencia que se incrementó con el correr de las décadas (véase Cuadro 2.4). En esos años, el vértice oriental del territorio no sólo comenzó a ser la sede de las oficinas del gobierno nacional, sino que además funcionó como punta de rieles del Ferrocarril del Sud y epicentro de las primeras colonias agrícolas del territorio.

Departamentos	1920	1947	1960	1970	1980	1991
Aluminé	6,3	3,1	2,9	2,0	1,5	1,1
Añelo	1,0	0,7	0,7	0,5	0,8	1,2
Catán Lil	4,8	3,3	2,0	1,4	0,8	0,6
Collón Curá	6,4	2,2	1,3	1,0	0,8	2,0
Confluencia	10,8	29,4	46,3	58,2	64,0	68,2
Chos Malal	11,0	6,4	5,5	3,6	3,0	2,8
Huilliches	5,4	6,5	3,7	3,9	3,0	2,4
Lácar	5,2	6,7	6,6	5,6	5,8	4,3
Loncopué	4,9	4,0	3,0	2,1	1,6	1,3
Los Lagos	1,8	2,3	1,7	1,3	1,0	1,0
Minas	12,6	6,2	4,0	2,3	1,8	1,4
Ñorquín	11,0	5,6	3,0	1,7	1,4	1,1
Pehuenches	4,4	2,8	2,1	1,7	1,5	1,6
Picunches	7,0	6,8	4,4	3,0	2,0	1,4
Picún Leufú	1,7	1,9	1,6	1,0	0,8	0,8
Zapala	5,0	11,5	10,7	10,7	9,4	8,0

Cuadro 2.4 – Distribución porcentual de la población por departamentos. Neuquén (1920-1991). Fuente: Elaboración propia a partir de CDCT (1980) e INDEC (1998).

Para el censo nacional de 1947, y luego de un extenso período intercensal, se reforzaron esas tendencias que se insinuaban en las décadas previas. El departamento Confluencia, ahora a la vanguardia del poblamiento neuquino, albergaba cerca de un tercio de la población, mientras que la participación de los departamentos del norte neuquino decayó en promedio un 6 % (véase Cuadro 2.4). Con un crecimiento importante, pero no tan explosivo como en el oriente neuquino, el departamento Zapala duplicó su incidencia en un lapso cercano a los treinta años.

Para comprender la creciente importancia de este departamento, ubicado en el centro geográfico del territorio neuquino, debemos acudir a la extensión de los rieles hasta su localidad cabecera en 1913 y, por consiguiente, a la intensificación de su rol como centro del comercio (véase Figura 2.2). Con todo, en el conjunto del territorio no encontramos fenómenos de despoblación, como sí va a ocurrir en las décadas siguientes. Observamos, en todo caso, tasas de crecimiento que no superaban el 3 % anual para la mayoría de los departamentos cordilleranos, con excepción de los que reunían una mayor aptitud para el desarrollo ganadero (véase Cuadro 2.5), y en contraposición, actuaciones muy superiores en los departamentos ubicados en la vertiente oriental del territorio, que ya evidenciaban una lenta incorporación económica al mercado nacional.

Año Censal	Tasa de urbanización (%)	Ciudades de más de 2000 habitantes
1895	6,2	–
1914	15,4	–
1947	22,7	4
1960	48,0	5
1970	64,6	6
1980	83,9	10
1991	86,5	16

Cuadro 2.5 – Tasa de urbanización y cantidad de ciudades con más de 2000 habitantes, según año censal. Provincia del Neuquén (1895-1991). Fuente: INDEC (1998).

Si hasta mediados del siglo XX distinguíamos para gran parte del territorio sólo un débil crecimiento vegetativo, en las décadas siguientes comenzó a ser palpable un proceso de despoblación. Las tasas negativas de crecimiento de estos espacios, que habían funcionado como focos de atracción poblacional en los primeros años de vida territoriana, son una clara señal de esto. El norte neuquino – sobre todo los departamentos Minas, Ñorquín y Pehuenches – fue el principal damnificado del cierre de la frontera comercial con Chile (véase Figura 2.2). Los tiempos de un fecundo tráfico de ganado dirigido a importantes centros urbanos transandinos habían quedado en el pasado. En su lugar, una producción hacia el mercado atlántico, menos demandante de hacienda de escasa calidad, se presentaba como la única salida para pequeñas explotaciones muy cercanas al nivel de subsistencia. Tal como había ocurrido con el traslado de la capital a Neuquén, los efectos más perjudiciales para la economía andina fueron visibles algunos años después. La fuerza de las medidas proteccionistas, sumada al creciente control ejercido por la gendarmería nacional, tuvo un impacto diferido en la estructura demográfica de los departamentos afectados. Recién en la década del cincuenta dio comienzo a lo que algunos denominaron «éxodo desde el interior provincial».[22] En las mismas coordenadas, pero con consecuencias menos agudas, debemos ubicar a la franja de departamentos recostados sobre los Andes que se extiende hacia el sur neuquino. En este espacio –que reúne a los departamentos Loncopué, Picunches, Huilliches y Catán Lil– la clausura de mercados históricos reforzó su funcionamiento como polos expulsores de población.[23]

Los procesos migratorios intraprovinciales, junto a los interprovinciales, tuvieron como efecto un acelerado proceso de urbanización. Del estudio de la información ofrecida por los censos nacionales saltan a la vista algunos de sus rasgos básicos, esenciales para captar la mayor importancia de las ciudades en el contexto provincial. Ante todo, el ritmo de crecimiento de la población urbana fue sensiblemente mayor que el correspondiente a la rural. Como resultado de esto, la población que habitaba en las ciudades superó a la rural en algún momento situado entre 1960 y 1970, puesto que para esta última fecha más de la mitad de la población neuquina habitaba en áreas urbanas (65 %).[24] Con todo, y a pesar de disminuir su participación relativa, la población rural siguió creciendo en términos absolutos hasta la década de los ochenta, momento en el que comenzó a mostrar tasas de crecimiento negativas. El promedio provincial, sin embargo, no deja de ser el resultado ponderado de los niveles de urbanización registrado en los distintos departamentos. De ahí la importancia de distinguir los matices entre las diferentes jurisdicciones que daban forma a la provincia. Si no prestáramos atención a los mismos sería complicado distinguir áreas ganadoras y perdedoras

---

[22] CDCT, *La provincia del Neuquén y la política demográfica. Movimiento migratorio y crecimiento vegetativo*, Neuquén, COPADE, 1977, pág. 28.

[23] Susana Bandieri y María Angelini. «Bases estadísticas para el estudio histórico de la evolución y distribución de la población neuquina». En: *V Jornadas de Historia Económica*. Asociación Argentina de Historia Económica. San Juan, 1983, pág. 16.

[24] INDEC, *Situación demográfica...*, op. cit, pág. 39.

de población. Como ejemplo de las primeras podemos mencionar al departamento Confluencia que, hacia 1991, estaba completamente urbanizado. Y entre las segundas encontramos nuevamente a los espacios que suministraban insumos a los procesos de movilidad internos: los departamentos Catán Lil, Minas y Ñorquín no contaban para esa fecha con población urbana (véase Figura 2.4).[25]

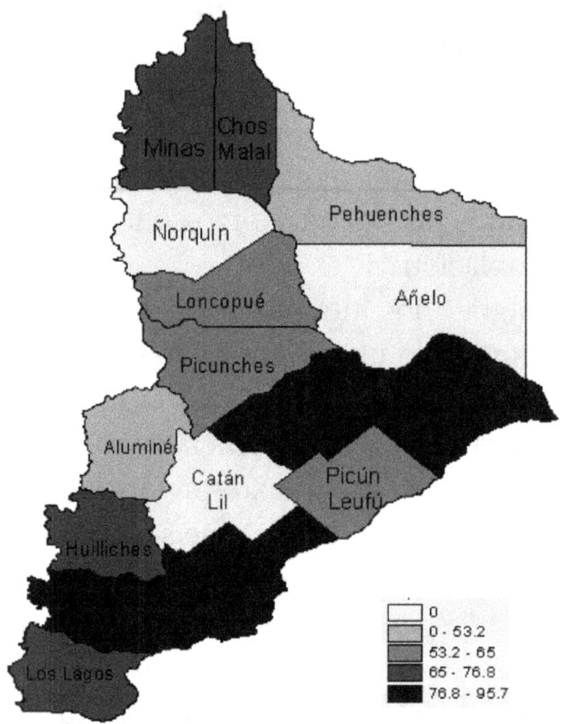

Figura 2.4 – Porcentaje de población urbana por departamento. Neuquén, 1991. Fuente: Elaboración propia en base a INDEC (1998).

Un segundo punto a tener en cuenta se refiere al sistema urbano neuquino. El crecimiento de la población asentada en las ciudades durante la segunda mitad del siglo XX se produjo tanto por el desarrollo de los centros urbanos históricos como por el ingreso de otros al *club* de los dos mil habitantes. Un repaso por la cantidad de aglomeraciones que lo conformaban puede traer luz sobre este proceso: de cuatro localidades que superaban los dos millares de habitantes en 1947, pasamos a seis en 1960, diez en 1980 y diecisiete en 1991 (véase Figura 2.5).[26] Como

---

[25]INDEC, *Situación demográfica...*, op. cit, pág. 41.

[26]INDEC, *Situación demográfica...*, op. cit, pág. 82.

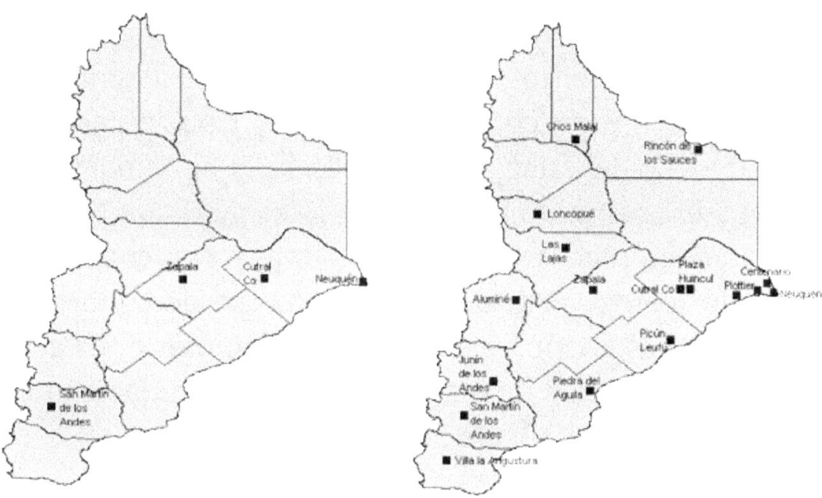

Figura 2.5 – Ciudades con más de 2000 habitantes. Provincia del Neuquén, 1947 y 1991. Fuente: Elaboración propia en base a INDEC (1998) y MASES et al (1998).

es lógico imaginar, el crecimiento de la población urbana de acuerdo al tamaño de la aglomeración no fue equilibrado. Al interior de esta rápida urbanización se destaca la concentración de población en los límites de la capital neuquina. Si cuando la provincia daba sus primeros pasos la población de esta última representaba el 15 % del total, treinta años después no tendría inconvenientes para aumentar su participación hasta el 43 %. Continuando una tendencia a la primacía, cuya génesis debemos ubicar en las primeras décadas del siglo XX, el sistema urbano neuquino tuvo como principal característica la enorme distancia entre la ciudad de Neuquén y los restantes centros urbanos. En 1991, la primera concentraba la mitad de la población urbana de la provincia, mientras que las dos ciudades que seguían en el listado sumaban combinadas sólo el 18 % (Cutral Co y Zapala).[27]

No es casual, entonces, que este rasgo haya sido señalado, desde muy temprano, como una cuestión a modificar por la acción oficial. Las ideas desarrollistas de la época, que asociaban despoblación con atraso económico, sumadas a razones de índole geopolítica (las áreas menos pobladas eran las limítrofes), pusieron al tope de sus prioridades una distribución más uniforme de la población en la superficie provincial. A pesar de esta

---

[27] Ibídem, pág. 42.

clase de declamaciones, el número de habitantes de la capital provincial no cesó de incrementarse: los 15.000 habitantes que albergaba en 1960 se multiplicaron diez veces en sólo treinta años. Estas espectaculares cifras, sin embargo, no deberían hacernos pasar por alto un fenómeno que incrementaba aun más la importancia de la capital neuquina. La fuerza de su crecimiento tendió a disolver sus límites con ciudades vecinas, favoreciendo un lento –pero decidido– proceso de conurbanización. Tal vez por eso, no estaría mal pensar, junto a Vapñarsky y Pantelides, a Neuquén como la cabecera de un área metropolitana que coincidía con el sector occidental del Alto Valle del río Negro.[28]

2.5 Hacia una estructura social compleja

Las transformaciones demográficas que hasta aquí hemos desarrollado no se limitaron a aspectos de índole cuantitativa. Detrás de indicadores generales, no siempre hábiles para retratar aspectos cualitativos, divisamos un tejido social que, con el correr de los años, ganó en complejidad. A grandes rasgos, podríamos decir que en este período se produjo el pasaje de una sociedad mayormente rural y, en buena medida, polarizada, hacia otra más abierta y llena de matices en su interior. Los factores que le dieron una nueva forma remiten a una economía que presentó un crecimiento sostenido en la exportación de energía y en la importancia de la inversión pública. Como ya hemos mencionado, el modelo económico provincial fue producto de un clima de época que favoreció el montaje de polos de crecimiento que romperían con la estructura macrocefálica argentina, pero también de un conjunto de políticas planificadoras –no siempre seguidas al pie de la letra– dirigidas por el Estado provincial.

Lo cierto es que más allá de su dependencia en materia de decisiones de inversión, este modelo desencadenó una complejización social que se destacó por su celeridad. El nuevo rumbo de la economía provincial y la afluencia migratoria que ésta generó son importantes a la hora de evaluar la emergencia de nuevos grupos sociales y la lenta extinción de otros que habían caracterizado a las primeras décadas del siglo XX. En este pro-

---

[28]César Vapñarsky y Edith Pantelides. *La formación de un área metropolitana en la Patagonia. Población y asentamiento en el Alto Valle.* Buenos Aires: CEUR, 1987.

Clase social	1960	1970	1980
Clase media asalariada	15,7	19.0	30
Clase obrera asalariada	51,8	50,7	38,7
Otros estratos sociales	32,5	30,7	31,3
Totales	100	100	100

Cuadro 2.6 – Población económicamente activa según clase social. Neuquén, 1960-1980. Fuente: Elaboración propia en base a TORRADO (1994).

ceso de ingeniería, los sectores medios urbanos merecen una mención aparte. Si en los años del Territorio Nacional su peso era reducido y sólo abarcaban a unos pocos funcionarios oficiales, algunos vendedores y una reducida cantidad de técnicos, en las décadas que siguieron sus filas se nutrieron de forma continua. Lo que en el censo de 1947 representaba un escaso 15 % de la población, traspasó el umbral del 30 % a comienzos de los noventa (véase Cuadro 2.6).

Al mismo tiempo que los sectores medios ganaban espacio en el edificio social, los asalariados urbanos conservaron importancia en todo el período (véase Cuadro 2.6). A diferencia de lo ocurrido en el Litoral, donde el crecimiento de estos últimos estuvo vinculado con el desarrollo de la industria, en estas latitudes la realidad circuló por otros carriles. Las particularidades productivas de la provincia volvieron a los trabajadores del sector terciario los animadores de una intensa vida asociativa. Luego de la sangría que representó la caída del gobierno de Perón, la actividad gremial cobró vigor de la mano de sindicatos de gran peso a nivel nacional. La Fraternidad ferroviaria y el sindicato petrolero (SUPE) fueron quizás las organizaciones que gozaron de una mayor cuota de poder en una economía que lentamente viraba hacia la explotación de hidrocarburos y los servicios. A varios cuerpos de distancia se ubicaron otros sindicatos que funcionaron como apéndices de organizaciones con una larga tradición, pero que carecían en la región de bases sustantivas. Entre ellos podríamos mencionar a la Unión Obrera Metalúrgica (UOM), el sindicato de mecánicos (SMATA), la Federación de Obreros de Correos y Telégrafos (FOECYT), los gastronómicos, la Asociación Bancaria o los madereros. Más allá de su importancia relativa, lo cierto es que esta red de instituciones favoreció la formación de lazos y dio consistencia a una sociedad a todas luces aluvional. La fuerza de estas relaciones ayuda a matizar esas miradas que reducen el universo relacional de los migrantes a los vínculos premigratorios. El vigor de este tipo de instituciones – al igual que otras como los clubes, sociedades vecinales o círculos culturales – nos pone frente a relaciones forjadas en los espacios de recepción que aligeraron los efectos del desarraigo y permitieron la construcción de nuevas identidades. Así, la «conciencia de clase», la residencia en áreas culturalmente densas como los barrios, las referencias premigratorias y la participación en asociaciones civiles convivieron en la emergencia de «identidades múltiples», dentro de las cuales lo antiguo y lo nuevo dialogaban sin mayores interferencias.

La velocidad de este proceso de modernización económica, sin embargo, trajo consigo bolsones de tensión. Es cierto que la retirada del Estado nacional en los noventa generó nuevas formas de protesta que tuvieron un enorme impacto a escala nacional. Con la primera pueblada en Cutral Co hicieron su aparición pública los cortes de ruta y un nuevo actor colectivo: los piqueteros.[29] Ambos fenómenos, que se encuentran por fuera del alcance del presente estudio, concentraron la atención académica en este nudo de la historia contemporánea, favoreciendo una imagen que tenía a este acontecimiento como génesis de la resistencia de los sectores subalternos. Con todo, es necesario señalar que la protesta social neuquina tiene raíces más profundas y que muchos de sus antecedentes debemos ubicarlos en el período estudiado. En las primeras décadas de vida provincial, la sociedad neuquina asistió a momentos de convulsión que adoptaron características completamente diferentes a las modernas puebladas y a los movimientos de desocupados. En ese lapso, los conflictos estuvieron más relacionados con demandas de mejoramiento salarial que con una inclusión en el mundo del trabajo. Se trataba de trabajadores, la mayoría de ellos migrantes, que anudaban sus experiencias a fin de mejorar sus condiciones de vida, y no de actores excluidos a raíz de la privatización de las grandes empresas que operaban en la provincia.

Más allá del profundo impacto de algunas protestas – la huelga petrolera de 1958 o el «Choconazo de 1969» quizás sean los casos más renombrados – las miradas pesimistas sobre la realidad neuquina no fue-

---

[29]José Luis Bonifacio, Enrique Mases y Demetrio Taranda. «Procesos de constitución de los movimientos piqueteros en la provincia de Neuquén». En: *Estudios Sociales*, n.º 25: (2003), pág. 171.

ron la norma. Por el contrario, la influencia de la inmigración en el fin de la «paz territoriana», no fue suficiente para agrietar un consenso que daba por sentado su importancia en el funcionamiento de la economía y, sobre todo, en la modernización de un espacio que vivía «bajo una triste realidad de hambre, ignorancia y enfermedad a pesar de sus recursos extraordinarios».[30] La radicación de población se pensaba como aquel insumo indispensable para provocar el despegue de la región. En esa dirección iban todas las propuestas planificadoras del novel estado provincial, pero también la de académicos de renombre nacional. Si las primeras postulaban la necesidad de «alcanzar una combinación óptima de los cambios sociales, económicos y mentales para la promoción de la población neuquina»,[31] los miembros de la Academia Nacional de Ciencias señalaban la importancia de «fomentar la radicación de maestros y profesores, como así también hombres de ciencias (. . .), para argentinizar la población».[32] En su carácter de proveedora de brazos o por su papel en una «cruzada patriótica», la inmigración siempre permaneció en los primeros planos de discursos que ponderaban sus bondades.

Hasta aquí hemos elegido a la provincia del Neuquén como unidad para el análisis del escenario donde se desarrollaron una multitud de episodios de movilidad. Queda, para la segunda parte, ver cómo esas grandes transformaciones impactaron en la capital provincial. A partir del uso intensivo de documentación nominal estudiaremos, en clave comparativa, la inserción laboral, los patrones residenciales y las pautas matrimoniales de los migrantes llegados del interior neuquino, de otras provincias y del otro lado de los Andes.

---

[30]CDCT, *Síntesis de la situación económico-social. . .*, op. cit., pág. 3.

[31]CDCT, *La provincial del Neuquén y la política demográfica. . .*, op. cit., pág. 28.

[32]CDCT, *Plan para el fomento de la Patagonia*, Buenos Aires, Academia Nacional de las Ciencias, 1966, pág. 7.

II

Las fotografías

3. Ganarse la vida.
Migraciones y mercado laboral

En una reciente entrevista, un testigo no dudaba en afirmar que la fiesta de carnaval se comportaba como un precipitado de la sociedad neuquina a mediados del siglo XX. En esas oportunidades, rezaba su relato, se reunían:

> tres grupos bien diferenciados: por un lado los puebleros, que eran los comerciantes, empleados y jornaleros de diversos oficios y gente de buen pasar; por el otro los chacareros, aquellos que trabajaban en el campo, ya fuera por cuenta propia en pequeñas chacras o arrendatarios, en su mayoría inmigrantes; y un tercer grupo lo formaban, en un nivel inferior, peones y changarines, en su mayoría de origen chileno.[1]

Si bien esa ciudad que transitaba por los últimos años del Territorio Nacional no se ajustaba a la clásica dicotomía entre clases «respetables» y la «plebe», más propia de la sociedad colonial, tampoco mostraba la complejidad del mercado laboral actual. En aquel tiempo, Neuquén todavía conservaba muchas de las características que la acompañaban desde su propia fundación. Las actividades que daban vida a su economía seguían siendo una agricultura de regadío que se aproximaba peligrosamente al centro de la ciudad, una amplia gama de servicios que abastecía a la población rural adyacente y las tareas desplegadas por un Estado

---

[1] Enrique Mases, Beatriz Gentile y Gabriel Rafart. *Neuquén: 100 años de Historia*. General Roca: Editorial Río Negro, 2004, pág. 59.

que apenas extendía sus brazos sobre la superficie del territorio. De no ser por este último aspecto, deberíamos hacer un enorme esfuerzo para diferenciarla del archipiélago de ciudades rionegrinas dedicado a la producción de fruta fresca para el mercado pampeano y, por su intermedio, para el exterior.

Aunque su población crecía a un ritmo que poco tenía que envidiarle a escenarios de larga tradición, no lo hacía a una velocidad extraordinaria. Lejos de ello, la capital neuquina se encontraba rezagada en el mapa demográfico argentino. Para 1950, con una población de dieciséis mil habitantes, permanecía por fuera de las cincuenta ciudades más importantes de Argentina. Sólo treinta años después, Neuquén no tendría problemas para ascender en ese listado hasta ubicarse entre las primeras quince.[2] En ese lapso, la joven provincia del Neuquén dio un vuelco en su economía que incidió en la estructura social de su capital. Los parsimoniosos ritmos de una ciudad tenuemente integrada a la órbita nacional fueron trastocados con la puesta en escena del proyecto desarrollista. El deseo de producir el pasaje hacia una «Argentina Industrial», como ya mencionamos en el primer capítulo, puso al tope de las prioridades el autoabastecimiento energético y, con ello, la necesidad de focalizar el esfuerzo en ciertos polos de crecimiento que irradiarían su influencia al resto del territorio. Precisamente con ese propósito, una decidida acción del Estado nacional comenzó a tener a Neuquén como escenario privilegiado. Por medio de una red de empresas públicas encargadas de explotar los recursos naturales, su economía mostró un impulso hasta ese momento desconocido. A estas nuevas coordenadas productivas se sumó la creciente presencia de un Estado provincial que, nutrido de abundantes recursos nacionales, inició un camino de políticas sociales, ayudando a delinear esa imagen de «isla de bienestar» que por largo tiempo habitó el imaginario argentino.[3]

Frente a una sociedad que cambiaba a gran velocidad, no es extraño que el relato con el que iniciamos el capítulo, tan útil para retratar la etapa territoriana, se alejara cada vez más de lo sucedido en las décadas

---

[2]César Vapñarsky. «Primacía y macrocefalia en la Argentina: la transformación del sistema de asentamiento humano desde 1950». En: *Desarrollo Económico*, vol. 35, n.º 138: (1995), pág. 231.

[3]Mario Arias Bucciarelli y Orienta Favaro. «Una experiencia neopopulista provincial. Neuquén 1960-1990». En: *Nueva sociedad*, n.º 172: (2001).

siguientes. Esa división elemental del paisaje social fue desafiada por la llegada de una multitud de migrantes que se insertaron en una economía que comenzaba a virar hacia la prestación de servicios y a mostrar un mayor caudal de acción oficial. Los tres grupos reseñados en el testimonio, aunque no se extinguieron, comenzaron a convivir con profesionales de diferente calificación, empleados que engrosaban las filas de las agencias estatales, oficios con larga historia en otras regiones que hacían su aparición en la ciudad, docentes que aprovechaban las ventajas comparativas de los salarios neuquinos, y una enorme cantidad de albañiles que dieron forma a la desordenada urbanización neuquina.

El mosaico de ocupaciones señalado hace imposible que podamos sumergirnos en la sociedad neuquina haciendo uso de una plantilla dual. De ahí que un modelo de dos clases, basado en la oposición entre adinerados y desposeídos, no sea capaz de describir con exactitud la estructura ocupacional de la ciudad ni, incluso menos, la de los migrantes de diferentes orígenes.[4] Otras clasificaciones menos reduccionistas ofrecen, en cambio, mayor capacidad para explorar matices y responder a los interrogantes que nos formulamos en este capítulo: ¿cuáles eran las características fundamentales del mercado laboral de Neuquén? ¿Cuál fue la situación de los migrantes en relación a los nacidos en la ciudad? ¿Cuál era la distribución ocupacional de los principales grupos migratorios? ¿Qué cambios se produjeron en ella con el despegue económico de la provincia? Y, ¿qué variables explican las diferencias ocupacionales y sociales existentes entre los migrantes?

Preguntas de esta naturaleza nos ponen frente al desafío de encontrar una clasificación ocupacional lo suficientemente sensible como para explorar las fuentes que utilizamos en este estudio (actas matrimoniales del registro civil). El reto reside, ante todo, en evadir con el mismo énfasis los agregados demasiado extensos tanto como un universo ocupacional desprovisto de filtros. En caso de obviar estos recaudos encontraríamos enormes escollos para sistematizar una base de datos que incluye más de cinco mil individuos y doscientos treinta y cuatro profesiones. La solución pareciera ubicarse en un punto intermedio, no siempre fácil de hallar, capaz de ordenar el caos ocupacional sin caer en la tiranía del sim-

---

[4]José Moya. *Primos y extranjeros. La inmigración española en Buenos Aires 1850-1930*. Buenos Aires: Emecé, 2003, pág. 218.

plismo.[5] Precisamente sintonizada en esa frecuencia se encuentra la propuesta de Moya. Haciendo propias las conclusiones de los principales estudios de la materia, sobre todo los pioneros trabajos de Therstrom,[6] este autor nos propone ocho categorías ocupacionales que, aunque utilizadas para abordar un escenario distante en tiempo y espacio, no dejan de ser útiles para comprender la estructura social de una ciudad joven y de crecimiento acelerado como Neuquén.[7]

---

[5]Para elaborar una clasificación ocupacional que organizara la información contenida por las actas matrimoniales debimos tomar algunas decisiones metodológicas. En principio, dejamos de lado la taxonomía utilizada por Jorrat para abordar la movilidad social en Buenos Aires durante la segunda mitad del siglo XX. Si bien las cuatro categorías propuestas por el autor (empleo no manual alto, no manual bajo, manual alto y manual bajo) son útiles para bucear en universos a gran escala, no ofrecen la misma ductilidad para estudiar un mundo de trabajo tan complejo y variable como el neuquino. Algo no muy diferente podría decirse de otras propuestas, más ricas en cuanto al número de categorías ocupacionales. Los casos de Da Orden o Marquiegui son una buena muestra de ello. Aunque en sus trabajos ambos autores utilizan una paleta muy rica en matices (nueve y seis categorías respectivamente), el problema se nos presenta cuando analizamos la naturaleza de sus objetos de estudio: Mar del Plata o Luján mostraban, a comienzos del siglo XX, una muy porosa frontera entre la ciudad y el campo. Precisamente por ese motivo, algunas categorías ocupacionales utilizadas −como trabajadores rurales calificados o no calificados o bien propietarios− son poco relevantes para escenarios urbanos con predominio del sector terciario. Cfr. Liliana Da Orden. *Inmigración española, familia y movilidad social en la Argentina moderna. Una mirada desde Mar del Plata*. Buenos Aires: Biblos, 2005; Jorge Jorrat. «Tras los pasos de los padres: movilidad ocupacional en el Buenos Aires de 1980». En: *Desarrollo Económico*, vol. 37, n.º 145: (1997), págs. 91-116; Norberto Marquiegui. «Migraciones en cadena, redes sociales y movilidad. Reflexiones a partir de los casos de los sorianos y albaneses de Luján (1889-1920)». En: *Inmigración y redes sociales en la Argentina moderna*. Ed. por María Bjerg y Hernán Otero. Tandil: CEMLA-IEHS, 1995, págs. 35-60.

[6]Stefan Therstrom. *The other Bostonian: Poverty and progress in american Metropolis, 1880-1970*. Cambridge: Harvard University Press, 1973.

[7]La propuesta de Moya, que se ajusta a la perfección a las fuentes que utilizamos en este estudio, presenta grandes similitudes con la clasificación por estratos de Susana Torrado. En un texto clásico, esta autora utilizaba doce categorías socio-ocupacionales. La principal virtud de la misma consiste en que discrimina entre trabajadores autónomos y aquellos que trabajan en relación de dependencia, algo que es imposible de conocer a partir de las escuetas declaraciones contenidas en las actas matrimoniales. De ahí que, si usáramos la grilla de la socióloga argentina, nos sería muy difícil diferenciar un profesional en función específica (PROF ER/CP) de un profesional asalariado (PROF AS) o bien un trabajador especializado autónomo (TEA) de un obrero calificado (OCAL). Fuera de estos solapamientos, los paralelismos son enormes: los directores de empresas (DIREC) se ajustan al estrato no manual alto, los propietarios de pequeñas empresas (PPE) y los

Puede objetarse, con razón, que las variantes ocupacionales de aquellos migrantes que contrajeron nupcias en la ciudad de Neuquén no constituyen fundamento suficiente como para deducir de ellas conclusiones generales aplicables a la totalidad de episodios de movilidad. Parece obvio decir, como lo hicimos en la introducción, que un estudio basado en registros matrimoniales sólo puede dirigir su atención a aquellos individuos más estables o, lo que es igual, a quienes decidieron establecerse de forma definitiva. Pero, ¿qué sucedió con quienes experimentaron una movilidad mucho más intensa, se casaron fuera de la capital neuquina o bien regresaron a su lugar de origen?

Es difícil saberlo; por lo menos con las fuentes con las que trabajamos y conforme al estado actual del conocimiento en la materia. Esta constatación nos pone frente al siempre temido problema de la representatividad de la materia prima utilizada, así como de la capacidad que ésta tiene para reflejar procesos más generales de los cuales forman parte. Sin embargo, se nos ocurre que, aunque válidas, estas objeciones no deberían ser un impedimento para aproximarnos a un tema tan virgen como lo ha sido el estudio de la inserción ocupacional de los migrantes en las ciudades intermedias durante la segunda mitad del siglo XX. En todo caso, es necesario redoblar las precauciones y ser consciente de las limitaciones: si bien a partir del análisis de nuestras fuentes es posible trazar una imagen bastante cercana de la realidad, puede que los resultados alcanzados sobrestimen la importancia de los empleos que habitan en la parte baja de la grilla profesional, compliquen la detección de algunas ocupaciones femeninas (el servicio domestico es quizás el ejemplo más claro al respecto) e invisibilicen los nichos ocupacionales en los cuales la población móvil estaba sobrerrepresentada (labores rurales estacionales por caso).

____

pequeños productores autónomos (PPA) al estrato no manual intermedio, los cuadros técnicos y asimilados (TECN) al estrato profesional bajo, los empleados administrativos y vendedores (EAV) al estrato no manual bajo, los obreros no calificados (ONCAL) al estrato manual semicalificado y servicios, y los peones autónomos (PEON) y empleados domésticos (EDOM) al estrato manual sin calificación y jornaleros. Cfr. Susana Torrado. *La estructura social de la Argentina*. Buenos Aires: Editorial de la Flor, 1994, págs. 36-40; una versión actualizada de la propuesta en: Susana Torrado. «Estrategias de desarrollo, estructura social y movilidad». En: *Población y bienestar en la Argentina del primero al segundo Centenario*. Ed. por Susana Torrado. Buenos Aires: Edhasa, 2007, págs. 31-68.

3.1 Estructura ocupacional en los comienzos de una transición. La ciudad de Neuquén en los sesenta

Con este esquema de estratificación vertical podemos divisar las principales características de la estructura ocupacional de la ciudad en la década de 1960 (véase Cuadro 3.1). Los trabajadores no calificados y temporarios, peldaño más bajo de la clasificación, sumaban una cifra cercana al 8 %. En esa columna encontramos, mayoritariamente, a quienes desempeñaban tareas de apoyo a la actividad frutícola. Se trataba de personas que arribaron a la ciudad cuando el reparto de las tierras irrigadas había concluido y que, por esa razón, tuvieron un acceso a la propiedad restringido. Su inserción en el tejido de la ciudad se produjo en los márgenes de las colonias agrícolas, donde todavía era posible llevar a cabo prácticas productivas de subsistencia, pero especialmente en algunos barrios espontáneos que carecían de los más básicos servicios públicos. Así, jornaleros y peones habitaban en zonas periféricas donde era habitual el funcionamiento de lazos de solidaridad que, poco tiempo después, dieron lugar a las primeras organizaciones vecinales. En principio, este universo de relaciones apuntaba a resolver problemas cotidianos de la población —entre los que se destacaba la construcción de las viviendas—, para luego interactuar con las autoridades con el propósito de obtener los títulos definitivos de las parcelas ocupadas y la extensión de las redes de electricidad, agua y gas.

Con todo, los empleos sin calificación no se redujeron a los bordes semi-rurales de la ciudad. Por el contrario, el centro neuquino albergó una buena cantidad de ocupaciones que requerían escasos conocimientos previos y un aprendizaje de corto plazo. Entre ellos, sobresalieron las tareas de maestranza y ordenanza en diferentes reparticiones públicas, así como en las empresas que prestaban los servicios vitales para el desarrollo de la vida urbana. En base a los fragmentos extraídos de los libros de personal del municipio neuquino, pudimos reconstruir el movimiento de trabajadores registrados en las diferentes dependencias que lo conformaban. De una mirada superficial emerge un dato cristalino: un tercio de los empleados contratados entre finales de la década de los cincuenta y principios de los sesenta tuvo un paso efímero por aquella institución.[8] La continua demanda de trabajadores para el desempeño de faenas menores, ligadas al mantenimiento de la estructura edilicia de la ciudad, hizo de la contratación provisoria jornalizada una práctica muy habitual.[9] Parece lógico suponer al empleo ocasional en alguna de las dependencias oficiales como un complemento para familias que aprovechaban a la perfección el carácter dual de la ciudad. Algo no muy diferente sucedía en el caso de las mujeres. Aunque no registramos trabajadoras desempeñándose como jornaleras en el Estado municipal, era habitual que las tareas hogareñas se complementaran con el servicio doméstico «para otros». De esta forma, el poroso límite entre el casco urbano y su entorno productivo permitía que alternaran tareas rurales con ocupaciones que se alojaban en la base de la estructura profesional.

Estratos socio-ocupacionales	60's
Profesional alto	2,7
No manual alto	0,9
Profesional bajo	11,5
No manual intermedio	10,9
No manual bajo	45,0
Manual calificado	12,0
Manual semicalificado y servicios	9,2
Manual sin calificación y jornaleros	7,8
Totales	100 (808)

Cuadro 3.1 – Distribución ocupacional de los contrayentes. Ciudad de Neuquén, 1960-1969 (porcentajes). Fuente: Elaboración propia a partir de las actas matrimoniales del Archivo de la Dirección Provincial de Registro Civil del Neuquén.

El despliegue de una cada vez más importante actividad comercial trajo consigo la necesidad de contar con personal encargado de llevar a cabo diligencias de distinta naturaleza. No es extraño que las principales casas comerciales hayan requerido cadetes que ingresaban en la actividad con el deseo de acceder a puestos de mayor responsabilidad dentro de la

---

[8]Los 48 legajos recuperados nos dan una interesante imagen del empleo estatal neuquino. Si bien es una muestra pequeña, y con algunas fallas en su representatividad, demuestra la relevancia que el Estado municipal tenía como empleador en los estratos inferiores de la estructura ocupacional. Archivo Histórico de la Municipalidad de Neuquén (en adelante AHMN), Caja 6, *Libro de legajos de personal*, fº 68-167.

[9]AHPN, *Gestión Municipal*, Caja 5, planilla 68, de sueldos y jornales.

empresa. La posibilidad de «hacer carrera» en un sector que se expandía al compás del crecimiento de la ciudad era demasiado atractiva para la población joven que todavía no disponía de un sistema educativo capaz de distribuir conocimientos específicos. Los pocos establecimientos secundarios, que hicieron su aparición en los albores de la década de los sesenta, eran una opción potable sólo para las pocas familias que podían enviar a sus hijos a los centros universitarios pampeanos. Para el resto de la población, a menos que lograran acceder a una de las cuatro becas financiadas por el gobierno municipal,[10] ingresar al mercado laboral a una temprana edad era una alternativa viable y hasta deseable. Quizás por ello era habitual encontrar, en los diarios de la región, avisos que solicitaban «cadetes con recomendaciones»,[11] «empleados competentes para toda tarea»[12] o bien otros en los cuales se ofrecía un «cadete de trece años».[13]

La construcción, una de las actividades de mayor crecimiento en la década, no podía estar ausente en lo que a trabajos poco calificados se refiere. Más allá de que este sector contaba con oficios que requerían una considerable experiencia, existían otros puestos que eran ideales para los recién llegados a la ciudad. Como analizaremos más adelante, algunos grupos migratorios mostraron una enorme inserción en esta actividad, al punto de convertirse en un nicho para quienes provenían de regiones de menor desarrollo económico. La posibilidad de ingresar en alguna red de paisanaje prestaba las bases para una rápida inserción laboral en un rubro que exhibía una demanda permanente de brazos y algunas chances de progresar. Pese a su importancia, las fuentes trabajadas ofrecen algunas dificultades para detectar los eslabones más débiles del mundo de la construcción. De todas formas, en declaraciones como «ayudante de albañil» encontramos a trabajadores que no estaban encargados de edificar, sino de desplegar tareas menores como el traslado de insumos o la mezcla de los materiales necesarios para producir concreto. Con todo, estas labores eran en gran medida provisorias y no dejaban de ser un trampolín hacia puestos de mayor calificación. De ahí que hayan sido llevadas a cabo por jóvenes que tenían como meta aprender el oficio pa-

---

[10]AHMN, *Gestión Municipal*, caja 4, nota 248, 21 de abril de 1965.

[11]Río Negro, 5 de enero de 1964, pág. 19.

[12]Río Negro, 5 de enero de 1964, pág. 19.

[13]Río Negro, 9 de enero de 1964, pág. 18.

ra convertirse en oficiales o bien adquirir las claves para ser un experto yesero, pintor, electricista o armador.

Los trabajos semicalificados y los servicios conformaban el 9 % de los contrayentes analizados (Cuadro 3.1). Esta categoría incluía gente que cumplía muy diversas funciones, aunque todas compartían su carácter urbano. Entre los servicios observamos un ejército de trabajadores, por lo general invisible a la mirada de las clases más acomodadas y hasta del propio Estado, que se ganaban la vida como jardineros, serenos, cocineros, mozos o choferes. Muchas veces, la frontera entre esta categoría y la anterior era muy tenue, aspecto que se intensificaba por las jerarquías internas de cada una de estas profesiones. Y en esta cuestión las fuentes ofrecen una dificultad adicional. Aunque los documentos nominales nos brindan información en «estado puro», alejada de las parcas clasificaciones censales, ellas contienen una declaración profesional escueta, no muy abundante en detalles.[14] Puede que un ejemplo colabore a despejar este punto. Un rotulo profesional *a priori* transparente como «mozo», albergaba en su interior una serie de grados que nos obliga a actuar con suma cautela: no era lo mismo ser el camarero de alguno de los pocos restaurantes distinguidos de la ciudad que trabajar en uno de los muchos comedores instalados en las cercanías de la estación de ferrocarril o de la terminal de ómnibus. Para un migrante, cualquiera fuera su origen, las distancias entre ambos empleos era sustancial, aunque para el oficial público que labraba el acta no siempre lo era.

Pese a su importancia, los trabajadores que prestaban una variada gama de servicios no eran la mayoría entre quienes se hallaban en esta categoría. Junto a ellos divisamos «oficiales» de diferentes rubros quienes, pese a presentar mayor calificación que los ayudantes, no estaban por fuera del sector informal de la economía. La construcción, con figuras muy repetidas como la de «albañil», proveía una significativa porción del total de los trabajadores semicalificados. No menos importantes eran quienes se empleaban en los numerosos talleres mecánicos de la ciudad o en las escasas plantas industriales que se colaban en el paisaje residencial neuquino. Para esta época, el sector secundario era un engranaje menor de la vida económica neuquina. Todavía carente de un régimen de pro-

---

[14]José Moya. «La Historia Social, el método nominativo, y el estudio de las migraciones». En: *Estudios Migratorios Latinoamericanos*, n.º 33: (1996), págs. 278-301.

Joaquín Perren

moción, que algún tiempo después facilitó la instalación de plantas de mayor dimensión, las industrias de la ciudad se reducían a unos pocos establecimientos metalúrgicos que no llegaban a desafiar la primacía del sector terciario.

La categoría de trabajadores calificados, a la cual pertenecía algo más del 12 % de la población escrutada, era el eslabón más fuerte de los empleos manuales (véase Cuadro 3.1). En aquellos años, integraban esta categoría oficios que tenían una larga historia en la ciudad, entre los que se destacaban los de carpintero, talabartero, herrero, ebanista, relojero, sastre, tapicero y tonelero. A todos ellos deberíamos sumar ocupaciones habituales entre las mujeres como costurera o modista, ambas de enorme importancia en una sociedad que todavía conservaba distancia de los consumos y las «modas» de las grandes ciudades argentinas. Aun cuando muchos de ellos evidenciaron una curva descendente en las décadas siguientes, en los sesenta todavía gozaban de una gran reputación. En su mayoría formaban parte del acervo de conocimientos previos de inmigrantes transoceánicos que, sobre comienzos de siglo, habían llegado a los minúsculos poblados patagónicos. Otra posibilidad, no menos importante, era que los hubieran incorporado en escenarios urbanos de mayor dimensión que sirvieron de escala para la instalación de su propio establecimiento en un espacio con menor competencia y, por ende, con mayores posibilidades de progresar económicamente. En cualquier caso, parece claro que tomaban la forma de negocios familiares que, luego de un largo proceso de aprendizaje, se transmitía entre diversas generaciones.[15]

Estos oficios tradicionales fueron acompañados de otros más novedosos que profundizaban la heterogeneidad ocupacional neuquina. En este renglón no podemos dejar de mencionar a mecánicos y chapistas, quienes comenzaban a ganar espacio conforme crecía el parque automotor de la ciudad.[16] Difícilmente esta clase de emprendimientos contaba

---

[15]Las fuentes trabajadas nos ofrecen, para la década de los sesenta, información muy útil para explorar la movilidad intergeneracional. El 28 % de trabajadores calificados cuyo padre desempeñaba estas labores, al momento del matrimonio de su hijo, pareciera confirmar una inercia ocupacional que se disiparía algunas décadas más tarde.

[16]En 1948, según la memoria de la gobernación, la ciudad de Neuquén contaba con un parque automotor compuesto por 461 vehículos. En 1982, esa cifra treparía hasta los 16.611 (AHMN, *Resumen de Gestión*, Municipalidad de Neuquén, 1981, pág. 69).

con más de una decena de empleados, de lo cual se desprende una estrecha relación entre asalariados y empleador. Al igual que los ayudantes albañiles, el trabajo en los talleres prestaba las bases para que, poco tiempo después, los trabajadores pudieran iniciar una vida laboral independiente. Una vez aprendido el oficio, y con una pequeña inversión, los oficiales podían inaugurar su propio negocio, ya que las herramientas no eran costosas y los valores de los alquileres estaban lejos de ser privativos.

El mundo de la construcción, tal como sucedía con las demás categorías analizadas, nutrió en buen número a las filas de los trabajadores calificados. En este caso se trataba de tareas especializadas que escapaban a la edificación de la estructura básica de las viviendas. Precisamente por ese motivo, se ubicaban en un escalón por encima de las tareas de albañilería, lo que se traducía en un nivel de ingreso más elevado y en una independencia inexistente en otros empleos del gremio. Así, pintores, electricistas, plomeros o gasistas alternaban labores en alguna de las obras que comenzaban a transformar el paisaje neuquino, con trabajos particulares que aportaban recursos a la economía doméstica y que permitían escapar de los vaivenes propios de una actividad esencialmente inestable.

La categoría de trabajos no manuales bajos, a la cual pertenecía cerca del 45 % de los contrayentes, incluía una enorme variedad de empleos en relación de dependencia (véase Cuadro 3.1). Una definición tan amplia como ésta queda reflejada en la larga lista de declaraciones que oscilaba entre «trapecista de circo» (con un solo registro) y la de «empleado» (con ciento sesenta y cuatro registros). Entre ambos encontramos una multitud de trabajadores que compartían una escasa calificación, pero también la seguridad de un empleo estable, alejado de las incertidumbres propias del «cuentapropismo». Esta clase de empleos no sólo estaba vinculada a lo específicamente económico. Implicaba, además, una dimensión social que resultaba crucial para muchos grupos migratorios llegados de áreas rurales sumidas en una crónica depresión.[17] Pertenecer a las filas de los asalariados no manuales significaba acceder a un estrato medio de la sociedad e ingresar a un circuito de consumo muy

---

[17] Moya, *Primos y extranjeros. La inmigración española en Buenos Aires 1850-1930*, pág. 221.

diferente del original. Quedaba claro que a medida que ganaban distancia respecto de las labores manuales, crecía su percepción de progreso social.

Cada vez más alejado de los tiempos del Territorio Nacional, el mercado laboral demandaba con insistencia a individuos que pudieran desempeñar tareas administrativas. Como no podía ser de otra forma, el crecimiento de la economía y la población provincial tuvo su correlato en el mundo de las empresas. Aquellas pequeñas firmas familiares trocaron muchas veces en emprendimientos que debieron recorrer un laberinto burocrático que escapaba al conocimiento de sus propietarios. Las competencias adquiridas por un perito comercial, única orientación disponible en los pocos establecimientos secundarios de la ciudad, se ajustaban a la perfección a estas tareas. No es casual, como veremos en el próximo apartado, que la población local se haya encontrado sobrerrepresentada en esta categoría, en desmedro de otros grupos migratorios que abundaron en categorías inferiores y superiores. Haber nacido en la ciudad presentaba, en este sentido, una ventaja fundamental, totalmente invisible a la mirada censal: un comerciante o empresario dispuesto a incorporar un empleado administrativo, no dudaría en emplear a alguien que –directa o indirectamente– perteneciera a su red de conocidos, más aún si éste contaba con las credenciales habilitantes.

Los distintos niveles de la administración estatal ofrecían otro nicho para quienes ingresaban al mercado laboral de la ciudad. A medida que el Estado provincial se edificaba sobre las bases de la antigua administración territoriana, se registró un sostenido crecimiento del empleo público. La mayor parte del mismo podría enrolarse sin problema dentro de la categoría analizada. La inauguración de ministerios y secretarías abrió posibilidades en un área bien remunerada que permitía ascensos programados. Una buena pista del impacto del estado provincial en la generación de empleo es la envergadura de su presupuesto. La llegada de recursos nacionales dio lugar a un despegue de considerable dimensión en esa materia. Si bien en los años sesenta la inversión pública fue bastante menor a la ejecutada en las décadas siguientes, es justo señalar que entre 1966 y 1970 su volumen se triplicó.[18] Un Estado que se

---

[18]Mario Arias Bucciarelli. «El Estado neuquino: fortalezas y debilidades de una modalidad de intervención». En: *Neuquén: la construcción de un orden estatal*. Ed. por Orietta Favaro. Neuquén: CEPHYC, 1997, pág. 51.

asumía como planificador no podía dejar de intervenir en las diferentes facetas de la vida provincial y eso se tradujo en un incremento de su planta de empleados. No deja de ser curioso que el deseo de saldar una *deuda histórica* al interior del espacio provincial haya promovido una creciente centralización del aparato administrativo. Aunque la intención de diferentes gobiernos haya sido sumar al desarrollo provincial a zonas rezagadas, cuyas economías no se recuperaban de la perdida de los mercados transandinos, los resultados fueron en la dirección opuesta: entre 1947 y 1970 la población neuquina se concentró en el departamento Confluencia, asiento de las principales empresas provinciales, entes autárquicos y de la mayoría de las oficinas administrativas.

La onda expansiva provocada por un Estado provincial que, según algunos autores, ingresaba en una etapa populista dejó también su huella en el empleo público municipal.[19] Luego de sancionarse a nivel provincial una carrera administrativa que establecía concursos de ingreso y reglamentaba una variada gama de derechos inspirados en el constitucionalismo social, los empleados municipales lograron un estatuto que privilegió la estabilidad laboral, reglas claras para los ingresos y un sistema provisional con fondos para cubrir las jubilaciones y préstamos a sus afiliados.[20] A esos beneficios, contenidos en la letra del convenio, debemos sumar otros tantos que modelaban una política social activa. La provisión de un servicio médico y farmacéutico gratuito, la existencia de precios subvencionados para artículos de primera necesidad y la creación de una biblioteca popular son claros síntomas del nuevo rol asumido por el Estado municipal.[21] Así, un mundo del trabajo que, durante los años del territorio, había confiado resignado en las fuerzas del mercado, fue enlazándose lentamente con el accionar oficial en un proceso que alcanzó su forma más acabada hacia la década de 1980.

Tan atractivo como acceder a un cargo en la planta permanente del Estado era sumarse a las filas de la policía provincial. Lejos quedaban los tiempos en que las autoridades territorianas mostraban grandes dificultades para reclutar efectivos. Una política social activa y atenta a las necesidades básicas de los empleados públicos, tuvo a las fuerzas de

---

[19]Vicente Palermo. *Neuquén: la creación de una sociedad*. Buenos Aires: CEAL, 1988, pág. 30.

[20]Mases, Gentile y Rafart, *Neuquén: 100 años de Historia*, pág. 118.

[21]AHMN, *Memoria al tercer año de gobierno (1958-1961)*, 1961, fº 5 y 6.

seguridad como un grupo, si no privilegiado, por lo menos en mejor situación respecto a un pasado no demasiado lejano. Las restantes fuerzas de seguridad también ofrecieron una interesante alternativa laboral para los jóvenes nativos y para los procedentes de otros distritos. Quienes se desempeñaban en ellas no sólo contaban con un salario mensual asegurado, sino además con viviendas en barrios diseñados para albergar a los efectivos. Pero no todas las ventajas se reducían a la esfera material. Aunque parezca secundario, quienes ingresaban a las filas del ejército, servicio penitenciario o gendarmería, rápidamente se sumaban a círculos de sociabilidad que suavizaban los efectos del desarraigo, proporcionando un amplio mercado matrimonial que contrastaba con una población todavía de frontera y predominantemente masculina.

Las reparticiones públicas nacionales, por su parte, no le perdieron el paso a un Estado provincial que no cesaba de crecer. En los sesenta, pertenecían a aquella órbita algunas empresas de mucho peso en el desenvolvimiento económico de la ciudad. Entre ellas, el correo ocupaba un papel de primer orden, empleando una gran cantidad de individuos como carteros, telegrafistas, teletipistas y empleados administrativos en general. Como ocurría en otras provincias del interior, las tareas correspondientes a una vasta zona de influencia estaban concentradas en la capital provincial. La jurisdicción de la capital neuquina abarcaba el Alto Valle del río Negro y la franja andina norpatagónica, desde Chos Malal hasta Esquel. No es extraño que sus instalaciones se hayan destacado en un paisaje llano, alejado del desarrollo vertical que ya mostraban muchos centros urbanos. Tan importante era la infraestructura de la empresa de correos y telégrafos que el edificio que albergaba sus oficinas fue –por largo tiempo– el más imponente de la ciudad.[22]

Algo no muy diferente podríamos decir de los ferrocarriles. Pese a que su importancia fue decreciendo a medida se fortalecía el sistema vial, para los sesenta todavía cumplía una función esencial en las comunicaciones de la región. No sólo constituía la principal vía de comunicación con Buenos Aires, tanto para el transporte de personas como de bienes, sino también ofrecía un eficiente servicio de proximidades que conectaba a las numerosas localidades ubicadas entre Villa Regina y Zapala. La

---

[22]César Vapñarsky y Edith Pantelides. *La formación de un área metropolitana en la Patagonia. Población y asentamiento en el Alto Valle*. Buenos Aires: CEUR, 1987, pág. 272.

importancia del ferrocarril en la ciudad de Neuquén se acrecentó aun más cuando se convirtió en la cabecera administrativa de la Línea Sur, reemplazando en esa función a General Roca.[23] De esta forma, a medida que fortalecía sus funciones burocráticas, la empresa del ferrocarril sumó complejidad a un espectro de ocupaciones que, pocos años atrás, se reducía a oficios manuales como maquinistas o foguistas.

Dentro de los trabajadores no manuales bajos también encontramos a los vendedores, cajeros y empleados de las firmas que desarrollaban sus actividades en las calles que rodeaban a la estación de ferrocarril. Aunque la ciudad había profundizado su vocación comercial en los primeros años de vida provincial, todavía conservaba una estructura dual que diferenciaba entre rubros y, sobre todo, entre distinta clase de clientes. Al mismo tiempo que las manzanas ubicadas al norte de las vías, en la zona alta de la ciudad, albergaban comercios de categoría y los bufetes de los pocos profesionales de la región; en aquellas localizadas al sur de los rieles se localizaban fondas, hoteles, bares y comercios de ramos generales que atendían a una población masculina y soltera, en gran medida recién llegada a la ciudad.[24] Más allá de los matices, muy difíciles de cuantificar, la actividad comercial se posicionaba como uno de los sectores de mayor crecimiento de la ciudad, generando una demanda permanente de trabajadores que, por momentos, rebasaba el *stock* de brazos disponibles. Si en los sesenta los nativos tuvieron una fuerte inserción en este tipo de actividades, en las décadas siguientes distintos grupos migratorios, inclusive aquellos que se habían mantenido más alejados del sector terciario, comenzaron a ganar espacio dentro del comercio.

El estrato no manual intermedio, que sumaba alrededor del 11 % de los contrayentes, se aproximaba mucho a una clase media local (véase Cuadro 3.1). Se trataba de un segmento que agrupaba a productores rurales intermedios, comerciantes y algunos empleados que acompañaban sus elevados salarios con un extendido prestigio social. Muchos de los grupos sociales involucrados en esta categoría hundían sus raíces en el pasado territoriano. Para los primeros años de la fase provincial, declaraciones como «chacarero», «agricultor» o «fruticultor» eran muy habituales, mostrando la prosperidad que todavía gozaban las colonias

---

[23]Mases, Gentile y Rafart, *Neuquén: 100 años de Historia*, págs. 34-36.
[24]Ibíd., pág. 46.

agrícolas que rodeaban al núcleo urbano neuquino. Aunque una de ellas —la colonia Bouquet Roldan— se había convertido en el asiento de la primera barriada espontánea de la ciudad, las restantes colaboraban para que el sector primario no perdiera posiciones dentro del producto bruto provincial. En las mismas coordenadas encontramos a una amplia franja de comerciantes. El despegue demográfico neuquino, como dijimos, prestó las bases para la instalación de una multitud de comercios que atendieron la demanda de una población que crecía a un ritmo vertiginoso. Algunos de ellos, como mayoristas, viajantes o los martilleros, mostraban un considerable caudal de operaciones, lo cual se traducía en una posición social privilegiada. Otros, de menor envergadura, se encargaban de satisfacer las necesidades diarias de las familias que a diario se instalaban en la ciudad. No es casual que el rubro de provisión de alimentos haya mostrado gran variedad de declaraciones profesionales, entre las cuales aparecen con insistencia los «panaderos», «lecheros» y «carniceros». Pero no todas las declaraciones ocupacionales hacían referencia a propietarios. Por su elevado estándar de vida algunos empleados podían filtrarse sin problemas en esta categoría. Este fue el caso de los empleados bancarios y los petroleros, quienes sobresalían por un alto nivel de organización y por espacios de sociabilidad que escapaban a lo estrictamente laboral.

Los profesionales bajos, por su parte, sólo representaban el 11 % de los contrayentes analizados (véase Cuadro 3.1). Esta categoría incluía a trabajadores que presentaban credenciales para el ejercicio de algunas de las actividades que animaban la vida económica de la ciudad. En el marco de las ideas desarrollistas, que modelaban el clima intelectual de la época, la educación desempeñaba un papel de indiscutible relevancia. Cualquier proyecto que tuviera como norte el desarrollo económico no podía descuidar la formación de recursos humanos que lo haría posible. En una entrevista realizada hace algunos años, Felipe Sapag, primer gobernador del MPN, reconocía —no sin preocupación— que en ocasión de iniciarse las obras del complejo Chocón-Cerros Colorados «... Neuquén sólo tenía para ofrecer alrededor de diez técnicos egresados de los establecimientos provinciales y una masa de población que no contaba con capacitación alguna...».[25] El problema parecía alojarse, entonces, en cómo cubrir una demanda de personal técnico, que el sistema provincial de educación sólo podría satisfacer en el mediano plazo. Aun cuando los presupuestos provinciales destinaron desde muy temprano una significativa masa de recursos para el montaje de los diferentes niveles educativos, desde el pre-escolar hasta el universitario, el crecimiento de la oferta de mano de obra no siempre corría a la misma velocidad. De ahí que para la década de 1960 encontremos una gran incidencia de los migrantes de otros distritos del país dentro de este universo de profesiones.

Cada una de las áreas consideradas estratégicas para el desarrollo provincial engrosaron las filas de los profesionales bajos. En materia económica, esta categoría incluía personal capacitado para desempeñarse en los diversos polos de desarrollo provincial. Allí encontramos técnicos en petróleo, minería, agricultura, energéticos y en obras viales. En un servicio de salud que, como vimos en los capítulos anteriores, fue revirtiendo la pésima *performance* exhibida en la etapa territoriana, se emplearon una significativa cantidad de enfermeros, radiólogos y laboratoristas que, por su formación específica, podían enrolarse dentro de esta categoría ocupacional. El área educativa no se encontraba a la zaga en lo que a empleo de profesionales se refiere. Con una planta de docentes que crecía a medida que se incorporaban nuevos establecimientos a la órbita provincial, Neuquén se convirtió en el destino elegido por maestros y profesores de diferentes provincias que no ofrecían las oportunidades de un sistema educativo en plena expansión. Y, en esta área, el peso de las mujeres (con declaraciones como «maestra», «educacionista» o «docente») era considerablemente mayor al de los hombres. Si bien el volumen de empleo disponible era risible en comparación a escenarios de mayor peso demográfico, estaba claro que su velocidad de crecimiento era tal que impedía que los cargos creados pudieran ser cubiertos por recursos formados en la provincia. Al crecimiento de la demanda de profesionales respondían algunos establecimientos formadores, entre los que se destacaba la joven Universidad de Neuquén, que muy poco podían hacer

---

[25] Graciela Blanco, Juan Quintar y María Beatriz Gentile. *Neuquén: 40 años de vida institucional*. Neuquén: COPADE, 1998, pág. 74.

para cubrir los puestos abiertos en un área que había multiplicado diez veces su presupuesto entre 1960 y 1970.[26]

Como sucedía en las restantes categorías ocupacionales, el mundo de la construcción aportaba un buen número de profesionales que hacían gala de una formación no universitaria. Alejados de las duras tareas de albañilería, algunos maestros mayores de obra desempeñaban tareas de supervisión en las numerosas construcciones que tenían a la ciudad como escenario. Pero al igual que en otros rubros, la demanda de profesionales superaba con creces a lo ofrecido por un mercado laboral que ingresaba en un proceso de paulatina especialización, provocando estrangulamientos habitualmente resueltos por profesionales de menor calificación. De ahí que no sea extraño encontrar a esta clase de trabajadores encabezando proyectos de menor envergadura, en los cuales cumplían con funciones muy similares a las de un arquitecto. Esta singularidad, que caracterizó a la década de los sesenta, convirtió a la ciudad en un atractivo destino para individuos que, con una formación superior elemental, tenían enormes dificultades para emplearse en zonas que mostraban un serio problema de «inflación de credenciales». Frente a mercados como el área metropolitana bonaerense o las antiguas ciudades intermedias, que perdían el impulso de décadas anteriores, localidades como Neuquén eran percibidas, no sin razón, como centros donde ganarse la vida era más fácil.[27] Más allá de que esta impresión pudiera coincidir con la realidad, encontramos en su persistencia una explicación para un flujo migratorio que hizo caso omiso de las fluctuaciones más violentas de la economía neuquina.

Las dos categorías restantes – trabajo no manual alto y profesional alto – involucraban a menos del 4 % de la muestra (véase Cuadro 3.1). Ambos grupos conformaban el estrato más alto de la sociedad neuquina, aunque mostraban algunas diferencias interesantes de señalar. El trabajo no manual alto incluía una heterogénea capa de empresarios cuya cartera de negocios abarcaba rubros tan diferentes como la administración de propiedades inmobiliarias, la comercialización a gran escala de frutas, la cría de hacienda o la provisión de insumos a la administración pública.

---

[26]Arias Bucciarelli, «El Estado neuquino: fortalezas y debilidades de una modalidad de intervención», pág. 50.

[27]Vapñarsky, «Primacía y macrocefalia en la Argentina: la transformación del sistema de asentamiento humano desde 1950», pág. 246.

Los profesionales altos, por su parte, sumaban a quienes ejercían las profesiones liberales tradicionales, pero también otras que prestaron las bases para el diseño y ejecución de la planificación neuquina.

3.2 Evolución de la estructura ocupacional y del mercado laboral en Neuquén (1970-1990)

En las siguientes décadas, la ciudad fue afectada por un acelerado proceso de urbanización que, en mayor o menor medida, caracterizó a otras aglomeraciones intermedias del interior argentino. Aunque una lógica distancia la separaban de ciudades de mayor dimensión como Buenos Aires, Córdoba o Rosario, Neuquén lentamente se trasformó en el asiento de un centro de servicios que atendía a un área metropolitana coincidente con el Gran Valle de la Norpatagonia. Aquel patrón de «ciudad dispersa», que repartía las funciones del sector terciario entre una decena de localidades, comenzaba a diluirse conforme aumentaba la concentración en favor de una ciudad que había duplicado su población entre 1970 y 1980.[28]

Así como veíamos, hacia 1960, una ciudad que tímidamente se desprendía del lastre territoriano, sólo veinte años después no dudaríamos en calificar a Neuquén como una urbe moderna que albergaba una población joven, en su gran mayoría de origen migratorio. El desarrollo de un Estado provincial que concentraba sus funciones administrativas en su capital, en compañía del avance de una explotación de hidrocarburos, dio lugar a una expansión urbana de considerable dimensión. Los barrios que en la década de los sesenta mostraban una insuficiente cobertura de los servicios básicos, lentamente se fueron sumando al núcleo urbano original. Al mismo tiempo, diferentes soluciones habitacionales que poblaron el árido paisaje de meseta, comenzaron a dar respuesta a un déficit de viviendas que alarmaba a las autoridades provinciales. Con todo, a la expansión de la oferta de viviendas correspondió el despliegue de nuevas «villas de emergencias» habitadas por una población, en gran medida recién llegada, que se encontraba por fuera de la cobertura de los planes nacionales y provinciales de viviendas. Barrio tras barrio, el

---

[28]Vapñarsky y Pantelides, *La formación de un área metropolitana en la Patagonia. Población y asentamiento en el Alto Valle*, pág. 18.

tejido de la ciudad se estiraba hacia el oeste en un proceso que rompió con la tradicional escisión entre un norte habitado por las autoridades y lo más granado de la sociedad, y un sur más cercano a los sectores populares.

Todas aquellas tendencias que se insinuaban en materia de empleo tomaron una forma más acabada en las décadas siguientes. Como ya advertimos en el primer capítulo, el comercio, los servicios y las finanzas fueron las actividades que ocuparon a la mayor parte de la población económicamente activa. El mayor peso del sector terciario se tradujo así en un aumento de la población aglomerada que volvió necesaria la construcción de viviendas particulares, pero también de una infraestructura acorde a las necesidades de una población en crecimiento. Un rápido repaso por las obras que cambiaron la fisonomía de la ciudad no podría dejar de mencionar la edificación de la estación terminal de micros, la construcción del palacio municipal, la pavimentación de las calles que formaban el casco original, el entubamiento de algunos de los arroyos que surcaban la ciudad, la apertura de nuevas calles en zonas antes rurales, el traslado de la antigua playa de maniobras del ferrocarril hacia la periferia, la inauguración del parque industrial y la edificación de complejos habitacionales de gran envergadura.[29] Pero tan importantes como las obras realizadas fueron las que no se llevaron a cabo. Estos proyectos fallidos −entre los que podríamos señalar el de un *Shopping Center*, puentes pretensados sobre los rieles, la remodelación del centro neuquino o la creación de una ciudad administrativa−[30] nos ilustran sobre las aspiraciones que diferentes actores sociales tenían sobre una ciudad que no dudaban que seguiría con su despegue demográfico. Más allá de que algunos de ellos eran inviables desde el punto de vista económico, y otros provocaron roces entre diferentes *lobbies*, se nos presentan como indicios de una sensibilidad que daba por sentado que la infraestructura existente debía adaptarse a una nueva condición urbana. Al mismo tiempo que se contemplaba de manera romántica un pasado que se asumía cada vez más lejano, las bases del futuro parecían sentarse en el desarrollo de una ciudad que «podía ser en el año 2000 la más importante al sur de Mar del Plata».[31]

---

[29] BCFI, *Neuquén. Parque Industrial*, Buenos Aires, Fiel, 1972.
[30] *Revista del Colegio de Arquitectos de Neuquén*, n° 8, Neuquén, págs. 13-15.
[31] AHPN, *Neuquén. 75 años de capitalidad*, Neuquén, 1979, pág. 109.

Este impulso, que llevó la participación del sector de la construcción a niveles históricos, no se agotó en la década de los ochenta. Aunque el crecimiento demográfico fue menor que en los períodos intercensales precedentes, los permisos de construcción y refacciones se mantuvieron a un nivel considerable, incluso más si tenemos en cuenta la finalización de las obras del complejo Chocón-Cerros Colorados.[32] Como en otras ciudades de rápido crecimiento, desde muy temprano el negocio inmobiliario dio paso a un fenómeno de especulación que animó el fraccionamiento de las chacras que rodeaban al trazado original. La urbanización efectiva, sin embargo, siguió un ritmo propio, mucho más lento, haciendo que los planos no siempre coincidieran con el paisaje de una ciudad todavía salpicada por enormes terrenos baldíos. Quizás por ese motivo nos topemos, en la década de los setenta, con avisos que ponían en venta solares ubicados en el corazón de la ciudad o que se elevaran quejas por el descuido de los terrenos desocupados. Quedaba claro que, aunque había avanzado sobre áreas que escapaban a las previsiones de quienes la habían diseñado originalmente, la ciudad conservaba muchos espacios vacíos que reforzaron la imagen de una urbanización desordenada y carente de planificación.

Luego de revisar las líneas maestras seguidas por la ciudad se impone una pregunta elemental: ¿qué impacto tuvieron en la distribución ocupacional? Ante todo, se desprende de la evolución de las distintas categorías una perdida de importancia del trabajo manual. Si en los sesenta y setenta esos empleos congregaban cerca de un tercio de la muestra, en la década siguiente descendieron hasta ubicarse en una cifra cercana al 20 % (véase Cuadro 3.2).

Dos razones ayudan a explicar este singular proceso. En principio, es necesario señalar la caída en desgracia de la actividad agrícola en los límites de la ciudad. Ese oasis de regadío, que había dado vida a la economía neuquina, comenzaba a agrietarse frente a un proceso de loteo que

---

[32]Entre 1985 y 1989 se extendieron un total de 1419 permisos de construcción para un total de 333.484 m². Los permisos de refacción, por su parte, sumaban 764, involucrando una superficie de 79.112 m². DPEC, *Anuario Estadístico*, 1989, Cuadro 3 y 4.

Estratos socio-ocupacionales	60's	70's	80's
Profesional alto	2,7	3,4	5,2
No manual alto	0,9	0,8	0,4
Profesional bajo	11,5	8,3	9,9
No manual intermedio	10,9	7,7	7,6
No manual bajo	45,0	51,5	58,3
Manual calificado	12,0	11,0	9,8
Manual semicalificado y servicios	9,2	12,8	8,0
Manual sin calificación y jornaleros	7,8	4,5	0,7
Totales	100	100	100
	(808)	(1869)	(2441)

Cuadro 3.2 – Distribución ocupacional de los contrayentes en la ciudad de Neuquén, 1960-1990 (porcentajes). Fuente: Elaboración propia a partir de las actas matrimoniales del Archivo de la Dirección Provincial de Registro Civil de Neuquén.

alimentó el crecimiento de la planta urbana neuquina.[33] Aunque desde muy temprano se alzaron voces en contra de un fenómeno que rompía el equilibrio entre el medio y la ciudad, fueron escasas las medidas oficiales en esta materia.[34] Es más, no estaríamos errados si dijéramos que el estado provincial, con la construcción de barrios de envergadura en áreas bajo riego, colaboró en la profundización de esa tendencia. Como resultado de este fenómeno divisamos un retroceso del número de individuos empleados en trabajos temporarios y sin calificación, que tuvo como principales damnificadas a declaraciones como «peón» o «jornalero».

Parece lógico suponer que, conforme la ciudad ofrecía nuevos empleos que precisaban una escasa calificación, se dio un pasaje desde el escalón más débil de la estructura ocupacional hacia trabajos no manuales bajos (véase Cuadro 3.2). Este fenómeno fue favorecido por la mayor conectividad que comenzaban a gozar los barrios con respecto al centro

---

[33]Christoph Albers. «¿Oasis en peligro? Avance urbano y medio ambiente en la ciudad de Neuquén». En: *Estado, espacio y sociedad en el Neuquén*. Ed. por Nicole Maurice. París: CREDAL-ARCI, 1995, págs. 89-97.

[34]En 1970 la revista *Neuquenia*, órgano que difundía la historia y cultura neuquina en Buenos Aires, decía que «la expansión de la ciudad debe realizarse hacia las bardas, continuando con el plan original del pionero y siguiendo el mandato de quitar la ilusiones al desierto dormito». *Neuquenia*, n° 2, 1970.

de la ciudad. Aunque parezca contradictorio, a medida que su planta urbana fue creciendo en tamaño, el tiempo necesario para unir sus extremos se fue reduciendo. Puede que un ejemplo nos ayude a despejar este punto. Para la década de 1960, el servicio público de pasajeros era deficiente en todo sentido, incrementando el aislamiento de los asentamientos que contaban con una población compuesta mayoritariamente por trabajadores agrícolas. El único servicio de pasajeros que llegaba a los márgenes rurales de la ciudad lo hacía sólo tres veces por día, en una empresa que un concejal capitalino calificaba de «molesta por la sobrecarga de pasajeros que luego se aglomeran en el pasillo y hasta en los estribos, proporcionando a los pasajeros poco cultos la oportunidad de propasarse asumiendo actitudes desagradables y temerarias».[35] Algunos años después, una vecina de la misma zona advertía que «… el transporte era bueno (y) el servicio de colectivo circulaba hasta la una de la madrugada…».[36] Aunque no deje de ser un juicio basado en evidencia cualitativa, asociado a impresiones muchas veces irrepetibles, nos indica de un espacio mayormente integrado que dejaba detrás algunos elementos muy distintivos de la etapa territoriana. Así, esa ciudad que mostraba una estructura dual, que alternaba zonas rurales y urbanas, paulatinamente fue perdiendo ese carácter al tiempo que fortaleció su perfil urbano.

El segundo fenómeno que ayuda a explicar la pérdida de importancia del trabajo manual lo encontramos en los vaivenes propios de la construcción. Al igual que el sector secundario en los escenarios más industrializados, esta actividad funcionaba como un termómetro que medía los ritmos de la economía neuquina. De ahí que, al calor de las grandes obras hidroeléctricas, la construcción haya incorporado una multitud de trabajadores que se desempeñaban como oficiales en una amplia gama de rubros. En la década de los ochenta, cuando la Argentina peronista agonizaba,[37] la presencia del Estado en materia de obras públicas se resintió notablemente..Esta abrupta caída permite entender la aparición de un fenómeno novedoso para la ciudad: la desocupación. Así pues, aquellas luchas por mejoras en el nivel salarial y las condiciones de tra-

---

[35] AHMN, *Gestión Municipal*, Caja 1, nota 300, 17 de junio de 1960.

[36] AHPN, *Caja Barrios*, Carpeta 33, f° 47.

[37] Tulio Halperin Donghi. *La larga agonía de la Argentina peronista*. Buenos Aires: Ariel, 1994.

bajo que tuvieron a los sindicatos de la construcción como protagonistas, se transformaron —a medida que nos aproximamos a los noventa— en coordinadoras de desocupados que sirvieron de base al posterior movimiento piquetero.[38]

A la deslucida *performance* de las labores manuales se correspondió un sostenido crecimiento del empleo no manual. Como anticipamos más arriba, en la explosión del comercio y el incremento de la planta de empleados públicos encontramos una explicación a una economía cada vez más recostada en el sector terciario. El despegue demográfico de la ciudad dio impulso a un comercio que abasteció la demanda creciente de bienes y dio respuestas a los consumos más sofisticados de la población. Los tiempos en que «para hacer las compras del día, pasaban en las jardineras los chacareros que venían a ofrecer su mercadería por las casas, al igual que los lecheros» sólo sobrevivieron en los recuerdos de los antiguos pobladores.[39] En su lugar, hicieron su presentación los primeros supermercados que, hasta la instalación de las grandes cadenas nacionales, surtieron a la población de bienes hasta allí desconocidos. De misma manera, a medida que la población se integraba a un circuito de consumo nacional, las vaquerías y las casas de moda reemplazaron a las antiguas tiendas y sederías. Los bares y fondas, que habitualmente albergaban bailes tradicionales, comenzaron a competir con discotecas que se esmeraban por parecerse a las más importantes del país. Al mismo tiempo que los primeros computadores hacían su aparición, en Neuquén ya era posible obtener uno por medio de largos planes de ahorro que ofrecían el consuelo de sorteos y licitaciones anticipadas.[40] Con la expansión del comercio, el sistema educativo y, fundamentalmente, de los medios de comunicación, la ciudad se modernizó culturalmente, perdiendo ese aroma a «sociedad de pioneros» que había funcionado como carta de presentación en el pasado.

Algo similar ocurrió en los estratos superiores del empleo no manual. Los elevados salarios y las posibilidades abiertas por una econo-

---

[38] José Luis Bonifacio. «La organización de los trabajadores desocupados en Neuquén Capital durante los años noventa. La experiencia de la Coordinadora de Desocupados». En: *II Jornadas de Historia Social de la Patagonia*. Universidad Nacional del Comahue. Neuquén, 2007.

[39] AHPN, *Caja Barrios*, carpeta 175.

[40] *Summa*, n° 237, Buenos Aires, mayo de 1987, pág. 6.

mía que crecía a mayor velocidad que la media nacional, colaboraron para que Neuquén se convirtiera en un destino ideal para profesionales de distintas especialidades y niveles de capacitación. No podríamos decir, sin embargo, que la demanda de servicios profesionales sólo fue atendida por migrantes. Lejos de ello, los recursos formados en los muchos institutos superiores de la región, pero especialmente por la joven Universidad Nacional del Comahue, fueron vitales en el creciente peso de las categorías profesionales dentro de la estructura ocupacional. Si en los sesenta los profesionales sumaban un 2,7 % de la población, sólo dos décadas después duplicaron su participación.

La única categoría que mostró una evolución negativa fue el «trabajo no manual intermedio». Aquí nuevamente dos fenómenos se conjugan para explicar un descenso que, aunque significativo, no fue dramático. En primer lugar, es necesario señalar la menor importancia de declaraciones relacionadas con el mundo rural, entre las que no podemos dejar de mencionar la de «chacarero». Tal como había ocurrido con los peones y jornaleros, subsumidos ahora en empleos no manuales bajos, en el caso de los pequeños propietarios puede que, luego de lotear sus terrenos, se hayan desplazado a empleos urbanos o bien que continuaran desempeñando las mismas tareas en los nuevos espacios disponibles para la producción de frutales. Así como veíamos, cuando doblaba el siglo, un conjunto de colonias que funcionaban en las proximidades de la ciudad, en la década de los ochenta gran parte de las actividades agrícolas de la provincia se había trasladado a nuevas áreas que ofrecían amplias superficies a bajos precios. No es casual que el departamento Añelo, distrito privilegiado en la planificación provincial, haya mostrado uno de los crecimientos demográficos más acelerados en ese período, despegándose de esa tendencia expulsiva tan característica del interior neuquino.[41]

Otro de los puntos que ayudan a explicar el descenso del empleo «no manual intermedio» lo encontramos en el funcionamiento del comercio de la ciudad. Pese a ser uno de los sectores que exhibió un mayor avance, también fue objeto de un creciente proceso de concentración. En los sesenta, era muy habitual encontrar pequeños comerciantes que ofrecían artículos de consumo cotidiano en los nuevos barrios. Esta clase de es-

---

[41]Entre 1960 y 1970, Añelo registró una tasa media de crecimiento anual de -2,12 %, mientras que entre 1970 y 1980 ese indicador trepó hasta 12,52 % (DPECN, *La población de la provincia del Neuquén...*, op. cit., pág. 8).

tablecimientos proliferaron cuando los límites de la ciudad se hallaban en plena expansión. Con un escaso capital y con la ventaja que se desprendía de la confianza del vecinazgo, era posible montar un negocio de cierta dimensión que servía de complemento de los ingresos familiares. Aquel antiguo ideal *jeffersoniano* de una sociedad de pequeños propietarios, en este caso urbanos, parecía cristalizarse en los primeros años de vida de la provincia. Sin embargo, el anhelo de ser el propio jefe no gozó de una larga vida. Pese a no desaparecer completamente, comenzó a matizarse a la luz de un escenario cada vez más competitivo. A esa oleada inicial, de ingresos fáciles y proveedores confiados, siguieron tiempos de sedimentación del sector. Mientras que algunos comercios tomaron la forma de modernas empresas, que inclusive soportaron la llegada de cadenas nacionales, otros no resistieron el peso de la competencia. Este proceso, que de ningún modo fue privativo de Neuquén, hizo posible una disminución en la participación de los comerciantes dentro de la población analizada, al mismo tiempo que aumentaba la cantidad de personas empleadas en el sector.

En definitiva, podríamos decir que la estructura ocupacional de la ciudad pareciera haber tomado un camino intermedio entre un capitalismo industrial y una economía agrícola. A diferencia del área metropolitana bonaerense, el peso del sector secundario neuquino nunca fue significativo. Más allá de ser unas de las metas que con insistencia se incluía en los planes provinciales de desarrollo, la realidad marcaba que la participación de la industria en la economía mostró una sostenida caída entre 1960 y 1990.[42] La consecuencia más obvia de este proceso fue la paulatina desaparición del trabajo manual. Lejos del modelo taylorista –que confiaba en una mano de obra poco calificada– o de una industrialización *alla* argentina, con una inversión menor y trabajadores calificados, Neuquén tan sólo contaba con algunas plantas que no pudieron torcer un rumbo más ligado al sector terciario. Tampoco fue la agricultura un engranaje gravitante en la economía de la ciudad. Al compás de la expansión de su planta urbana, Neuquén clausuró cualquier posibilidad de recorrer ese sendero como sí lo hicieron otras localidades de la región (General Roca por caso). En su lugar, se gestó un

---

[42]Elba Kloster. «El gran Neuquén: un aluvión de población». En: *Neuquén. Una geografía abierta*. Neuquén: Universidad Nacional del Comahue, 1995, pág. 218.

binomio compuesto por la administración pública y el comercio que hizo aumentar la importancia de los empleos no manuales. Con el aporte de las categorías profesionales, pero especialmente de los segmentos de menor calificación, la ciudad se consolidó como un centro de servicios que demandaba más mano de obra que la disponible, colocándose a la vanguardia del proceso de poblamiento patagónico.

Las oportunidades de trabajo eran muchas y muy diversas. A los puestos que ofrecía el crecimiento del aparato burocrático y un comercio más maduro, se sumaban los generados por la construcción, sector en gran medida dependiente de los restantes. Es probable que este camino intermedio, que daba la espalda a los sectores primario y secundario, haya brindado chances de llevar adelante una movilidad social que en otros espacios estaba cerrada. Las mayores oportunidades para quienes llegaban a la ciudad estaban dadas menos por la estructura del mercado laboral que por su nivel de competencia. Con una sociedad civil en formación y sindicatos que daban sus primeros pasos, los recién llegados no encontraban restringidas sus posibilidades de ingresar en oficios que demandaban una escasa calificación y proporcionaban chances de progresar en materia económica. Sin embargo, las competencias que mencionamos no eran similares ni afectaban por igual a todos los grupos migratorios. Mientras que algunos migrantes contaban con la ventaja de disponer de un denso entramado de vínculos que permitía una rápida inserción en determinadas actividades; otros, menos dotados de recursos relacionales, presentaban credenciales profesionales que hacían posible su desempeño en otras áreas de la economía. Cualquiera sea el caso, importa que abandonemos el telescopio para utilizar en su lugar un cristal de mayor aumento que nos permita observar los matices existentes en una sociedad cada vez más compleja.

3.3 Los migrantes y sus competencias. Comparación entre diferentes grupos migratorios

La formación de una estructura con varios estratos no impidió la consolidación de la posición económica y política de la clase alta local. El tardío proceso de modernización de la provincia trajo consigo profundos cambios sociales, que sacudieron a los sectores dominantes neuquinos. En el campo de lo político terminó por agruparlos en torno a un nuevo partido basado en redes de lealtad que tenían una larga historia en el territorio.[43] El MPN, apoyado en un discurso federalista que asociaba las posibilidades de progreso con el accionar del flamante Estado provincial, inauguró nuevas formas de hacer negocios: el comercio y la intermediación fueron articulándose con suculentos contratos firmados con diferentes organismos oficiales.[44] Las enormes ganancias generadas por un mayor caudal de acción oficial hicieron que esa burguesía algo parroquiana de mediados de siglo se convirtiera en un grupo que, como dijimos, imitaba los consumos y hábitos de las élites pampeanas. Resultado de una singular combinación entre comerciantes territorianos, funcionarios y profesionales llegados cuando la ciudad era apenas un pequeño centro urbano, la clase alta comenzó a mostrar un comportamiento cada vez más cerrado que se reflejó en pautas residenciales compactas y círculos de sociabilidad menos permeables que en otros tiempos.[45]

La creciente rigidez del estrato alto nativo no fue tan importante para los migrantes como el desarrollo de una clase media local compuesta por empleados administrativos, pequeños comerciantes y técnicos en diferentes áreas del quehacer económico. A diferencia de lo ocurrido a mediados del siglo XX, cuando el Estado provincial era mínimo y el sistema educativo insuficiente, la población local comenzó a participar de empleos que antes habían sido cubiertos por migrantes de escenarios urbanos de mayor peso y, en menor medida, por la población europea. Si bien no superaron en términos relativos a los «no-nativos» en algunas categorías ocupacionales, avanzaron a paso sostenido e, inclusive,

---

[43]Susana Bandieri. «Asuntos de familia... La construcción del poder en la Patagonia: el caso de Neuquén». En: *Boletín del Instituto de Historia Argentina y Americana Dr. Emilio Ravignani*, n.º 28: (julio de 2005), págs. 65-94.

[44]Mases, Gentile y Rafart, *Neuquén: 100 años de Historia*, pág. 86.

[45]Una clara muestra de ello es la construcción de barrios insulares que ofrecían para los sectores más pudientes de la sociedad un espacio multipropósito: si, por un lado, brindaban a sus habitantes un circuito de sociabilidad prácticamente impermeable; por el otro, proporcionaban una variada gama de actividades recreativas alejadas del «ruido de la ciudad». Hacia comienzos de la década de los noventa, un importante diario regional decía que «vivir en el Rincón es una señal en el reducido universo de políticos, profesionales y empresarios». AHPN, *Caja Barrios*, carpeta 136, folio 143-144.

comenzaron a dominar en otras antes reservadas a los llegados de otras latitudes.

Frente a un panorama que comenzaba a tomar distancia de la herencia territoriana, dos son las preguntas que debemos formular: ¿en qué actividades se ocuparon los migrantes que llegaron a la ciudad de Neuquén? y ¿qué diferencias encontramos en relación a la población nativa?

La respuesta a estos interrogantes nos pone frente a un problema metodológico que, pese a no ser insalvable, nos obliga a actuar con suma cautela. Podemos aproximar una respuesta, bastante cercana a la realidad, a partir del análisis de las ocupaciones al momento del matrimonio. Ello supone, en primer lugar, considerar a la población más estable, dejando de lado a quienes – por su reducido paso por la ciudad o bien por formar parejas *ad hoc* – son invisibles a la mirada estadística. De esta manera, permaneció fuera de la indagación una variada gama de formas de movilidad que oscilaban entre las migraciones temporarias y las de tipo *conmutter*. Supone, además, que un considerable tramo del itinerario laboral de los migrantes quedará sin un tratamiento específico, pues la edad promedio de contraer nupcias se encontraba próxima a los veintisiete años. Con esta decisión, el universo de análisis quedó reducido a individuos que promediaban su vida profesional, a la misma distancia de sus comienzos – muchas veces en empleos de baja calificación – que del punto más alto de la misma. Pero este escollo presenta a su vez una fuente de potencial, ya que nos ofrece una población representativa que recorre los diferentes estratos de la sociedad neuquina. A esa edad se delinean las tendencias profesionales más duraderas que, más allá de fluctuaciones violentas, van a acompañar a los individuos estudiados por el resto de su vida activa. No es disparatado pensar que la seguridad que brinda un empleo estable y cierta proyección profesional, es uno de los datos que precede a la opción matrimonial, aspecto que se refuerza aun más en el marco de sociedades urbanas en vías de complejización.

Hechas estas salvedades, comencemos por analizar la información del Cuadro 3.3. Si algo queda claro de su lectura es que los migrantes no escapaban a las generales de la ley. Al igual que el resto de la población, se desempeñaban en labores no manuales, aunque no era menor su importancia en los empleos manuales especializados y en aquellos que requerían una mediana calificación. Algo no muy distinto podríamos decir en la cúspide de la pirámide ocupacional: el peso de las declaraciones agrupadas alrededor de la categoría «trabajo no manual alto» era prácticamente imperceptible en comparación a las restantes. En otros estratos, de mayor importancia cuantitativa, los migrantes se encontraban en una situación de virtual empate respecto a los nacidos en la ciudad. Estos eran los casos de los «profesionales bajos» y los «trabajos no manuales intermedios».

Estratos socio-ocupacionales	Nativos	Migrantes
Profesional alto	2,2	5,2
No manual alto	0,3	0,7
Profesional bajo	9,1	9,2
No manual intermedio	6,6	8,0
No manual bajo	64,7	52,3
Manual calificado	8,9	10,8
Manual semicalificado y servicios	6,7	11,2
Manual sin calificación y jornaleros	1,5	2,6
Totales	100 (1058)	100 (3252)

Cuadro 3.3 – Distribución ocupacional de nativos y migrantes en la ciudad de Neuquén, 1970-1990 (porcentajes). Fuente: Elaboración propia a partir de las actas matrimoniales del Archivo de la Dirección Provincial de Registro Civil de Neuquén.

Sin embargo, las similitudes que se desprenden de una mirada superficial deben matizarse a la luz de algunas interesantes diferencias. Si bien el mercado de trabajo neuquino ofrecía oportunidades en distintos sectores de la economía, existieron algunas áreas que se destacaban sobre otras. La creciente importancia del Estado como empleador redujo la competencia de quienes no habían nacido en la ciudad para desempeñar tareas «no manuales bajas». Por este motivo, los migrantes participaron de los empleos «semicalificados y servicios» en una proporción bastante superior a los locales. Mientras que los primeros lo hicieron en un índice cercano al 11 %, los últimos apenas superaron el 7 % (véase Cuadro 3.3). Algo similar podríamos decir de aquellos empleos que no requerían de ninguna calificación. Aunque habían perdido el peso de la década de los sesenta, vemos allí a la población migrante claramente sobrerrepresentada. Puede que estas diferencias parezcan menores, pero nos muestra un rasgo esencial del mercado de trabajo local: la población nativa estuvo al resguardo de las ocupaciones menos calificadas y, en general, del trabajo manual. Portadores de un gran caudal de relaciones sociales, los nacidos en la ciudad estuvieron en mejores condiciones de adaptarse a una administración pública que demandaba cada vez más empleados o de sumarse al desarrollo de la actividad comercial. Su destacada participación en los trabajos «no manuales bajos», superior al 64 %, se nos presenta como un excelente reflejo de ello (Cuadro 3.3). Por más que la sociedad neuquina mostraba una gran movilidad, resultado de una estructura poco cristalizada «por debajo», estaba claro que las posibilidades abiertas por una economía en plena expansión no estaban distribuidas simétricamente al interior de la población.

La mayor participación de los nacidos en la ciudad en los escalones inferiores del empleo no manual, no se trasladaba a las restantes categorías de la clasificación. Por el contrario, entre los «profesionales altos» divisamos un panorama completamente diferente. Ese desierto de profesionales había sido en gran medida revertido, aunque no afectaba con la misma intensidad a la población local. Si bien el sistema universitario regional comenzaba a mostrar sus primeros y cada vez más relevantes resultados,[46] éstos todavía no eran suficientes para cubrir los puestos que ofrecía una ciudad que se aproximaba cada vez más a los grandes escenarios urbanos. Con una oferta que transitaba a menor velocidad que la demanda, no es extraño que los individuos nacidos fuera de la ciudad conservaran una posición de privilegio en ese terreno. Un simple razonamiento, basado en la información proporcionada por el Cuadro 3.3, puede iluminarnos sobre esta asimetría: las posibilidades de que un migrante contara con un título universitario eran de dos a uno con respecto a los neuquinos nacidos en la capital.

Luego de revisar la distribución ocupacional, conviene esbozar una primera conclusión: la población migrante, sin perder su presencia en los trabajos no manuales bajos, contó con una importante inserción en

---

[46]Para los primeros años de la Ganiversidad vide de Neuquén, la cantidad de alumnos egresados apenas superaba las dos decenas. Aunque con la fundación de la Universidad Nacional del Comahue se extendió la oferta académica, la cantidad de egresados del total de carreras habilitadas rara vez superaba el centenar. Cfr. Norma García y Silvio Winderbaum. «Los antecedentes de la Universidad del Comahue: entre proyectos y concreciones». En: *Universidad Nacional del Comahue. Una historia de veinticinco años (1972-1997)*. Ed. por Susana Bandieri. Neuquén: Universidad Nacional del Comahue, 1997, pág. 16.

los extremos de la clasificación, mientras que entre los nacidos en la ciudad era más habitual ubicarse en los estratos intermedios. Este enunciado, sin embargo, puede ser fácilmente puesto a prueba si disminuimos la escala de observación. Si bien el clivaje entre nativos y no nativos nos brinda una imagen panorámica de la distribución profesional, no nos permite ver dinámicas que suceden a menor escala. Así, lo que *a priori* se nos presenta como un todo uniforme, comenzaría a exhibir rugosidades que escapan a los agregados tradicionales. La información condensada en los censos, aunque organiza a la población por origen, no proporciona un adecuado cruce de variables en lo que a ocupación se refiere. Con su ayuda podemos conocer el peso de los no nativos en la estructura demográfica neuquina, pero difícilmente los principales rasgos de su inserción profesional. Frente a este obstáculo, difícil de sortear por el secreto estadístico que recae sobre las cédulas censales, las actas matrimoniales nos ofrecen la posibilidad de examinar las competencias de ciertos grupos migratorios y su evolución en el tiempo.

En la variedad de ocupaciones que contenía la población migrante encontramos una particularidad que necesita ser examinada en detalle. Precisamente este punto distanciaba a Neuquén de otras provincias que albergaron una importante población migrante. En distritos como Jujuy, Misiones o Formosa, los recién llegados sustituyeron a la mano de obra local que, ante la inestabilidad de la economía rural, partía hacia escenarios volcados al sector industrial.[47] De ahí que su inserción haya coincidido a grandes rasgos con las particularidades de la estructura productiva de esas provincias y que, luego de algún tiempo, se haya dirigido a los mismos destinos que la población nativa. En los distritos del sur argentino la situación pareciera haber circulado por otros carriles. El rápido desarrollo de actividades extractivas, acompañado por el despegue de la esfera oficial y la construcción, provocó una escasez de mano de obra que fue atendida por la población migrante. Por ese motivo, los recién llegados no «reemplazaron al nativo sino que ocuparon los espacios de trabajo que se abrían y no podían ser cubiertos por éstos debido a la falta de personal con capacitación y experiencia en el tipo de actividades que se emprendían en la región».[48] Así, lejos de distri-

---

[47]Susana Vitoria. «Perfil ocupacional de la migración en Neuquén». En: *CFI. Dirección de Desarrollo Económico y Estudios Básicos*: (1989), pág. 17.

[48]Ibíd., pág. 18.

buirse de manera armónica entre los diferentes estratos que modelaban la estructura ocupacional neuquina, mostraron pautas diferenciales que merecen un minucioso abordaje.

Si Neuquén ofrecía una abundante oferta de empleo y una baja competencia en ciertos nichos ocupacionales, ¿en qué medida lograron sacar ventaja de esto los migrantes provenientes de otras provincias argentinas?

A primera vista es claro que el grueso de quienes llegaban de otros puntos del país se empleó en trabajos «no manuales bajos», en un comportamiento muy similar al mostrado por la población local (véase Cuadro 3.4). A diferencia de los migrantes del interior de la provincia y los transandinos, entre ellos encontramos una elevada proporción de individuos con una larga experiencia en escenarios urbanos, especialmente en los de mayor tradición, que los puso en mejores condiciones de enfrentarse a un mercado laboral que iba precisamente en esa dirección. Es muy interesante observar cómo conforme avanzaban las décadas la proporción de trabajadores manuales poco calificados disminuyó de forma sensible, mostrando la creciente especialización del mercado laboral. Así como en los últimos años del Territorio Nacional y los primeros de la provincia se destacaban quienes carecían de cualquier calificación, aproximándonos a los noventa esa tendencia pareciera desdibujarse. En su lugar, fue cada vez más relevante el peso de los trabajos manuales de mayor calificación, los trabajos de oficina y, en menor medida, el ejercicio de las profesiones más reputadas.

Pese a ser un componente menor de la población de otras provincias, los empleos profesionales merecen un párrafo aparte. En este abanico de ocupaciones encontramos los mayores contrastes entre los diferentes grupos migratorios. Más allá que el sistema educativo fue cubriendo las necesidades de una población que avanzaba a ritmo sostenido, quedaba claro que ciertos sectores se encontraban menos representados. Un ejercicio bastante sencillo puede traer luz sobre las distintas competencias que albergaba una categoría tan amplia como «población migrante». Para la década de los ochenta, era seis veces más probable que un migrante de otra provincia ocupara un cargo «profesional alto» antes que lo hiciera alguien proveniente del interior neuquino. Sobre esta enorme distancia en la distribución relativa de los profesionales altos se construyó una imagen que asociaba a ambas variables de manera simbiótica. Tan fuerte ha sido este binomio que no es extraño encontrar frases, muy difíciles de probar empíricamente, como la que se refiere a «una población joven, básicamente compuesta por sectores medios/profesionales provenientes de otras áreas del país».[49] Como sucede con muchas representaciones sociales, aunque identifiquemos en ellas algunos ingredientes de la realidad, por lo general tienden a exagerar o prescindir de tantos rasgos como los que reflejan. Esta clase de mitos llevada al paroxismo nos devuelve una imagen distorsionada del perfil ocupacional de una población que, hacia 1991, representaba un tercio del total. Después de todo, no podemos perder de vista que sólo uno de cada doce migrantes instalados en la ciudad podía acreditar un título que lo habilitaba en el ejercicio de algunas de las profesiones más prestigiosas (véase Cuadro 3.4).

Estratos socio-ocupacionales	60's	70's	80's
Profesional alto	5,6	7,3	8,2
No manual alto	1,3	1,6	0,4
Profesional bajo	14,2	13,1	11,2
No manual intermedio	11,2	11,0	9,6
No manual bajo	47,2	59,2	55,7
Manual calificado	10,6	9,8	7,9
Manual semicalificado y servicios	5,9	8,4	6,6
Manual sin calificación y jornaleros	4,0	1,6	0,3
Totales	100	100	100
	(303)	(620)	(1070)

Cuadro 3.4 – Distribución ocupacional de los migrantes de otras provincias. Neuquén, 1960-1990 (porcentajes). Fuente: Elaboración propia a partir de las actas matrimoniales del Archivo de la Dirección Provincial de Registro Civil de Neuquén.

Otra pista nos brinda evidencia en la misma dirección. Contra lo que cierto sentido común pareciera indicar, para la década de 1980, cuando el trabajo manual perdía su batalla con las labores no manuales, el 14 % de la población de otras provincias se desempeñaba en empleos calificados o semicalificados, entre los cuales descollaban los relacionados con la construcción (véase Cuadro 3.4). Eso quiere decir que, más allá de la

---

[49]Orietta Favaro. «El modelo productivo de la provincia y la política neuquina». En: *Sujetos sociales y política. Historia reciente de la Norpatagonia argentina.* Buenos Aires: CEPHYC-La Colmena, 2005, pág. 278.

fuerza de las imágenes, las ocupaciones ubicadas en la cúspide de la pirámide ocupacional eran menos relevantes que las que requerían menor calificación: la enorme mayoría de quienes llegaban de diferentes provincias participaba anónimamente en algunos de los rubros *vedette* del período, especialmente los relacionados con la prestación de servicios y el comercio. Un rápido repaso por los principales indicadores ocupacionales nos brinda una instantánea que no deja demasiado lugar a la imaginación: para 1980, el 60 % de los migrantes de otras provincias se encontraba ocupado en aquellos sectores, ubicándose a una considerable distancia de la población neuquina (53 %) y más lejos aún de quienes llegaban de países limítrofes (31 %).[50]

Al igual que en otros centros urbanos del país, donde el empleo estatal comenzaba a cumplir un papel estelar, una de las figuras que sumaba mayores adhesiones era la del asalariado. Los migrantes de otras provincias, como es lógico imaginar, no podían permanecer al margen de esta tendencia general. Aunque no alcanzaron en todo el período una concentración tan elevada como los nativos, su avance fue más importante que el de otros grupos migratorios. Si para los sesenta su participación se encontraba cercana al 47 %, sólo dos décadas después esa participación treparía hasta ubicarse por encima del 55 % (véase Cuadro 3.4). Este progreso nos advierte de un fenómeno sumamente interesante que modeló al mundo del trabajo neuquino. A la mayor demanda de empleos «no manuales bajos» se correspondió, en primer lugar, una inserción preferencial de la población local. La temprana concentración de esta última en esa categoría así pareciera demostrarlo. Sin embargo, la aceleración que imprimió este grupo de ocupaciones fue tal que la población neuquina, tanto local como del resto de la provincia, no fue suficiente para cubrirla, abriendo el panorama a la proveniente de otros distritos y luego a los migrantes transandinos. Distinguimos allí un proceso de contagio que fue involucrando a los restantes grupos migratorios en las tres décadas estudiadas.

Pese a su utilidad en el abordaje de la población no nativa, las miradas centradas en grandes grupos migratorios pierden de vista la diversidad que cada uno de ellos puede contener a su interior. Esto es

---

[50]Estas cifras son válidas para el departamento Confluencia, distrito que alberga a la ciudad de Neuquén, e involucran a la totalidad de la población. Cfr. Vitoria, «Perfil ocupacional de la migración en Neuquén», anexo estadístico, cuadro 21.

particularmente visible en el caso de los migrantes argentinos. De ahí la importancia de usar un cristal más poderoso que nos permita sumar al origen provincial como variable de análisis. Puede ser que el estudio de la inserción profesional de los migrantes de cuatro distritos, gravitantes dentro de los de la población argentina no neuquina, nos brinde algunas pistas al respecto. Lo primero que advertimos entre quienes llegaron de Capital Federal, Buenos Aires, Córdoba y Mendoza es el enorme peso de las labores no manuales (92 %, 86 %, 85 % y 74 % del total de contrayentes respectivamente), replicando a grandes rasgos lo observado para el conjunto de la población. No menos evidente resulta, dentro de este grupo de ocupaciones, la fuerte participación del empleo no manual bajo: cerca de la mitad de los registros se encontraban en ese casillero profesional (véase Cuadro 3.5).

Estrato socio-ocupacional	A	B	C	D
Profesional alto	16,4	9,0	11,1	1,9
No Manual alto	1,1	1,1	0	1,3
Profesional bajo	15,3	13,3	20,2	7,1
No manual intermedio	10,9	9,8	8,1	10,4
No manual bajo	48,6	52,9	46,5	53,9
Manual calificado	4,9	9,8	9,1	8,4
Manual semicalificado	2,7	3,7	3,0	16,9
Manual no calificado	0	0,3	2,0	0
Totales	100	100	100	100
	(376)	(183)	(99)	(154)

Cuadro 3.5 – Distribución ocupacional de los migrantes de Capital Federal, Buenos Aires, Córdoba y Mendoza. Neuquén, 1970-1990 (porcentajes). A= Capital Federal; B= Buenos Aires; C= Córdoba; D= Mendoza. Fuente: Elaboración propia a partir de las actas matrimoniales del Archivo de la Dirección Provincial de Registro Civil de Neuquén.

Junto a estas similitudes, advertimos interesantes diferenciales que nos avisan sobre las ventajas de disminuir la escala de observación. En los extremos de la clasificación es donde notamos los mayores contrastes. Comencemos por la cúspide de grilla: el estrato profesional alto. Allí, los llegados de Capital Federal llevaban la delantera con un 16 % (véase Cuadro 3.5). Asiento de una de las universidades más importantes del continente y dueña de una temprana inflación de credenciales, la capital argentina pareciera ajustarse a la perfección a esa imagen que la tiene como un espacio expulsor de recursos humanos calificados.[51] Dos de las provincias de mayor desarrollo relativo, Buenos Aires y Córdoba, presentaban un virtual empate: los profesionales altos llegados de ambos distritos conformaban cerca del 10 % del total de contrayentes relevados (véase Cuadro 3.5). Bastante más atrás se ubicaba Mendoza que mostraba una proporción de titulados casi imperceptible (cerca del 2 %). En la cercanía geográfica y la importante población rural mendocina encontramos una posible explicación a la tenue presencia en el escalón superior de la clasificación ocupacional.

Las mismas razones nos permiten analizar lo sucedido en la parte baja de la grilla. Aunque ninguno de los distritos analizados presentaba declaraciones que pudieran situarse en el estrato manual sin calificación, son evidentes los contrastes entre los trabajadores manuales calificados y semicalificados. En caso de sumar ambas categorías veríamos a un cuarto de los migrantes mendocinos en esas coordenadas ocupacionales (véase Cuadro 3.5). En cambio, sólo un sexto de los migrantes bonaerenses y cordobeses se empleaba, al momento de contraer nupcias, en este tipo de labores. Los migrantes llegados de la Capital Federal, más habituados a la lógica de empleo urbano, lograron escapar al empleo manual en cualquiera de sus variantes. Que sólo el 7,5 % de los porteños pueda ser enrolado en aquellos estratos es una buena muestra de ello (véase Cuadro 3.5). Una vez más, el cruce entre distancia, desarrollo relativo y proporción de población rural nos brinda algunas pistas del perfil ocupacional de los migrantes de otras provincias argentinas.

Además del gran caudal de nativos procedentes de otras provincias, Neuquén se destacó por el importante aporte de la población chilena. Si bien su incidencia dentro de la población experimentó una caída vertical a lo largo del siglo, su participación dentro del grupo de los extranjeros siempre estuvo por encima del 80 %.[52] Esa importancia demográfica,

---

[51]Un conjunto de investigaciones recientes han señalado que en nuestro país, durante las últimas dos décadas, se ha confirmado un incremento en los años de educación de la población en general y de la fuerza de trabajo en particular que, en combinación con el deterioro económico, profundizó las tendencias hacia la devaluación de las credenciales educativas. Cfr. Fernando Groisman. «Devaluación educativa y segmentación en el mercado de trabajo del área metropolitana de Buenos Aires entre 1974 y 2000». En: *Estudios del Trabajo*, n.º 25: (2003), págs. 73-97.

[52]Roberto Benencia. «La migración limítrofe». En: *Historia de la inmigración en la Argentina*. Ed. por Fernando Devoto. Buenos Aires: Sudamericana, 2003, págs. 474-475.

sin embargo, no se tradujo en una minuciosa atención estadística. De ahí la necesidad de complementar las cifras oficiales con la información suministrada por fuentes nominales. Los censos publicados no registran las ocupaciones de las distintas nacionalidades, pero una muestra de 426 individuos extraída de las actas matrimoniales muestra a este grupo muy atrás respecto a los nativos y a los llegados de otras provincias (véase Cuadro 3.6). Es muy interesante observar cómo, a medida que descendemos en la estructura ocupacional, encontramos una mayor participación de la población trasandina. Tomando distancia de las tendencias que surcaban a la población migrante «en general», este grupo mostró desde muy temprano una fuerte inclinación por los trabajos manuales. En la década de 1960, por ejemplo, la población chilena se distribuía en partes prácticamente iguales en los tres niveles del empleo manual, sumando en conjunto alrededor del 65 % del total. En ese momento eran todavía fuertes los oficios desplegados en los bordes rurales de la ciudad – como «jornalero» o «peón» –, pero comenzaban a destacarse otros nacidos al calor del *boom* demográfico neuquino, cada vez más sintonizados con una ciudad que paulatinamente se incorporaba al concierto nacional.

Estratos socio-ocupacionales	60's	70's	80's
Profesional alto	0	0	2,3
No manual alto	0	0,5	0
Profesional bajo	3,0	1,6	5,1
No manual intermedio	9,0	6,6	8,0
No manual bajo	20,9	29,0	46,6
Manual calificado	20,9	20,8	20,5
Manual semicalificado y servicios	25,4	33,9	17,6
Manual sin calificación y jornaleros	20,9	7,1	0
Totales	100	100	100
	(67)	(183)	(176)

Cuadro 3.6 – Distribución ocupacional de los migrantes chilenos. Neuquén, 1960-1990 (porcentajes). Fuente: Elaboración propia a partir de las actas matrimoniales del Archivo de la Dirección Provincial de Registro Civil de Neuquén.

En las décadas siguientes, cuando la ciudad apuró los tiempos de su urbanización, las labores ligadas al sector primario perdieron terreno frente a los empleos citadinos. Una señal en ese sentido fue la lenta desaparición de los «trabajos temporarios o sin calificación» que, ante la amenaza de conflicto bélico hacia finales de los setenta, comenzaron a ser ocupados por «trabajadores golondrina» venidos de las provincias más postergadas del norte argentino.[53] En su reemplazo cobraron importancia declaraciones relacionadas con el mundo de la construcción, donde se desplegaron redes familiares y de paisanaje que hicieron posible una inserción preferencial.[54] Con una larga presencia en la región y un núcleo de causas estructurales que empujaban a la población a abandonar sus minifundios,[55] la población trasandina experimentó un viraje que la llevó a profundizar sus comportamientos urbanos, sacudiendo las formas de asentamiento hasta entonces vigentes: un patrón migratorio rural-rural, vinculado con actividades estacionales, lentamente fue eclipsado por un modelo de asentamiento familiar cuya inserción laboral se desarrollaba en empleos urbanos.

En compañía de los empleos asociados a la construcción distinguimos un sostenido avance de los «trabajos no manuales bajos». Aunque durante el período estudiado se mantuvieron a cierta distancia del conjunto de empleos manuales, no deja de ser interesante la explosiva evolución que experimentaron. Si en un primer momento presentaban una reducida participación en esas labores, para la década de los ochenta esta proporción aumentaría hasta llegar al 46 % (véase Cuadro 3.6).

Dos razones ayudan a explicar a este pasaje. En primer lugar, tal como sucedió con el mercado laboral en su conjunto, se registró un desplazamiento de la economía hacia el sector terciario que, con algún retraso, involucró a los migrantes transandinos. Una arquitectura ocupacional cada vez más apoyada en los empleos no manuales, no podía dejar de afectarlos, aunque lo hizo con menor énfasis que a la población local y que a quienes procedían de otras provincias argentinas. Un segundo elemento que colaboró en esta transformación lo encontramos

---

[53]Benencia, «La migración limítrofe», págs. 476-477.

[54]Jorge Muñoz Villagran. *Los «chilenos» en Neuquén-Argentina… idas y venidas.* Neuquén: Editorial de la Universidad Nacional del Comahue, 2005, págs. 101-105.

[55]«Estas provincias son predominantemente rurales y con zonas de minifundio y estructuras agrarias que han sido incapaces de generar empleos para su creciente población activa». A. Orsatti. «Las migraciones internacionales en Argentina». En: *Seminario Técnico sobre las Migraciones Laborales.* OEA. 1982.

en su mejor desempeño en materia educativa. Con su concurso, los migrantes chilenos parecieron haber equilibrado sus chances de ingresar en empleos alejados del mundo de la construcción. Este singular fenómeno podemos analizarlo a la luz de la multitud de establecimientos que se abrió paso en los nuevos barrios de la ciudad, pero también por medio de un aprendizaje de las dinámicas propias del empleo urbano. En una suerte de ciclo de integración, la población trasandina mostró una mayor predisposición hacia ciertos comportamientos, ausentes en las primeras observaciones, que permitieron una mayor adaptación a un escenario que ganaba en complejidad. Si la fuerza de los vínculos personales posibilitaba una rápida inserción laboral en un rubro que crecía a gran velocidad, también dificultaba enormemente la movilidad profesional. Con esto queremos señalar que la densidad de las redes sociales no siempre toma la forma de capital social, sino que, en determinadas circunstancias, puede operar como un techo a las expectativas de progreso, favoreciendo la emergencia de «cápsulas ocupacionales». La posibilidad de incorporar credenciales y sumarse a círculos de sociabilidad que no eran necesariamente «fuertes», fue la base donde se sostuvieron comportamientos multiprofesionales. El mejor desempeño en materia educativa no deja de ser un buen síntoma, aunque no el único, de una nueva actitud que abonó el terreno para el abandono de los empleos manuales y la incorporación en ocupaciones no manuales.

La década de 1980 es una excelente mirilla desde donde observar la elevada correlación existente entre los indicadores educativos y la diversificación profesional. En esos diez años, en simultáneo al despegue de los «trabajos no manuales bajos», la población chilena comenzó a experimentar un mayor nivel de instrucción. La proporción de chilenos en el peldaño inferior de la escala educativa descendió, entre 1983 y 1987, de un índice cercano al 40 % a otro que se aproximaba al 28 %.[56] Esto quiere decir que un 12 % de la población trasandina se alejó del casillero que agrupaba a quienes no reunían ningún tipo de formación o acreditaban un paso incompleto por el nivel primario. Esa caída, bastante más violenta que la registrada por la población local, tuvo como reflejo natural un alza de los migrantes alojados en los niveles medios y superior

---

[56]Beatriz Toutoundjian y Susana Holubica. *Estudio de la inmigración externa e interna en la Provincia de Neuquén.* Buenos Aires: CFI, 1990, pág. 41.

del sistema educativo. Si a comienzos de la década poco más de la mitad de la población había transitado con éxito el nivel primario, hacia 1987 esa proporción se incrementó hasta llegar al 76 %, afectando más intensamente a quienes habían logrado sortear el nivel secundario y podido incorporarse al sistema universitario.[57]

Una consecuencia lógica de este proceso fue la paulatina aparición de la población chilena en los estratos superiores de la estructura ocupacional. Aunque lo hizo en menor medida que otros grupos migratorios, fue considerable su peso entre los «profesionales bajos» y, en menor medida, entre los «profesionales altos» y el estrato «no manual alto». Así pues, conforme los chilenos aumentaban su nivel de instrucción, se abrieron posibilidades de insertarse en actividades de las cuales habían permanecido a cierta distancia. Pese a no ser la única variable que fortalecía la diversificación profesional, es justo señalar la estrecha relación existente entre ambos factores. Como veremos en los próximos capítulos, el paso por alguna instancia del sistema educativo era una parte importante de un *bouquet* de elementos que favorecía la movilidad ocupacional. Si la posesión de credenciales brindaba algunas ventajas en un mercado laboral que mostraba mayor especificidad, no menos importante era un calendario nupcial retrasado, una mínima cantidad de hijos y el lugar ocupado en el tejido urbano.

Una última escala de este recorrido obliga a prestar atención a un tercer grupo migratorio. A diferencia de los que llegaban de otras provincias argentinas, los migrantes del interior provincial provinieron, en gran medida, de espacios rurales sumergidos en una crónica situación de crisis. Lejos quedaban los tiempos en que los departamentos recostados sobre los Andes albergaban la mayor parte de la población neuquina. En las tres décadas estudiadas, como ya advertimos en el segundo capítulo, la mayoría de ellos exhibió un comportamiento expulsivo. Luego de multiplicarse los controles aduaneros, a raíz de las políticas proteccionistas que siguieron a la crisis de 1930, se derrumbaron los circuitos comerciales que unían a los pequeños productores rurales con los mercados transandinos. Sin su base de sustentación, estas economías domésticas encontraron muchas dificultades para reproducirse exitosamente. En este marco, no es extraño que la ciudad de Neuquén se haya convertido,

---

[57] Ibíd., pág. 46.

desde muy temprano, en el destino de una corriente migratoria originada en numerosos parajes cordilleranos. En sus límites, encontramos una población que privilegiaba a la movilidad territorial como parte de una estrategia familiar tendiente a lograr una óptima asignación de recursos. Los integrantes que partían no sólo aliviaban el funcionamiento de una economía doméstica sometida a rendimientos decrecientes, sino que además permitieron el ingreso, vía remesas, de importantes recursos monetarios.

Esta situación de vulnerabilidad, en compañía de proximidad geográfica, hizo que este grupo cumpliera un papel fundamental en el crecimiento de la ciudad. Su importancia numérica, sin embargo, no es sencilla de evaluar debido a la escasa atención que los censos prestaron a los movimientos intraprovinciales. Las actas matrimoniales, en cambio, brindan abundante información que nos ayuda a comprender su relevancia en los primeros momentos de la provincia. Durante la década de 1960, cuando los restantes flujos migratorios eran todavía tenues, los contrayentes de este origen representaban un cuarto del total, superando inclusive a quienes habían nacido en la ciudad. Dos décadas después, aunque opacados por el crecimiento de los migrantes de otros distritos, su participación permaneció por encima del 20 %.

A esa vigencia entre la población económicamente activa se correspondieron importantes transformaciones en su inserción ocupacional. Al igual que los migrantes transandinos, encontramos en este grupo un considerable peso de los eslabones más débiles de la estructura ocupacional. Describiendo una parábola similar a la del empleo manual en general, los llegados del interior neuquino incrementaron su participación de un 25 % en los sesenta a una proporción cercana al 36 % en la década siguiente, para luego descender al 22 % (véase Cuadro 3.7). Los ritmos seguidos por las profesiones relacionadas a la construcción son de vital importancia para comprender el pulso de esta evolución. Al calor de las grandes obras públicas que tuvieron a Neuquén como escenario, no es extraño que nos topemos con una rápida expansión de ese abanico de oficios. Se trataba de empleos que, por lo general, no requerían un largo entrenamiento y ofrecían los beneficios de un rubro que demandaba más trabajadores que los disponibles en la ciudad. En la cobertura de estas vacantes fue mucho más importante el reclutamiento interpersonal, nacido de la combinación entre patrones habitacionales homogéneos y redes de paisanaje, que las modalidades impersonales más características de las sociedades modernas. Aun en un clima de bonanza, producto del fortalecimiento de su perfil energético, la fuerza de las relaciones sociales mostró muy pocos indicios de retroceder. Así, esa antigua idea funcionalista que hacía coincidir la llegada de la modernidad con la despersonalización de las relaciones humanas, pareciera estrellarse con la evidencia histórica.

Estratos socio-ocupacionales	60's	70's	80's
Profesional alto	1,2	2,1	2,0
No manual alto	1,2	0,8	0,2
Profesional bajo	10,7	4,7	9,6
No manual intermedio	6,5	3,7	5,4
No manual bajo	55,6	52,2	60,8
Manual calificado	8,9	11,6	10,3
Manual semicalificado y servicios	7,1	14,5	10,0
Manual sin calificación y jornaleros	8,9	10,3	1,7
Totales	100	100	100
	(169)	(379)	(408)

Cuadro 3.7 – Distribución ocupacional de los migrantes del interior provincial. Neuquén, 1960-1990 (porcentajes). Fuente: Elaboración propia a partir de las actas matrimoniales del Archivo de la Dirección Provincial de Registro Civil de Neuquén.

Lo que indica la composición social del flujo es la inexistencia de aduanas en su interior. A diferencia de lo sucedido con escenarios más alejados y con menor tradición migratoria, quienes llegaban del interior provincial tenían el extraño privilegio de contar con una red de paisanaje en la ciudad que la terminó convirtiendo en un destino migratorio casi exclusivo. En cierto sentido, la falta de conocimientos, de familiaridad y de facilidades en las zonas de inmigración incipiente funcionó como un filtro a través del cual sólo lograban pasar los que estaban en mejores condiciones de progresar en la sociedad de acogida.[58] Aunque parezca contradictorio, podríamos decir que las posibilidades de encontrar un buen trabajo aumentaban a medida que disminuía la cantidad de paisanos en la ciudad. Este no pareciera ser el caso de los migrantes

---

[58]Moya, *Primos y extranjeros. La inmigración española en Buenos Aires 1850-1930*, pág. 243.

neuquinos: la combinación de una persistente depresión y el efecto de arrastre que generalmente ejercía la capital provincial, nos ayuda a entender el deslucido lugar que ocuparon en la estructura profesional. En la década de los sesenta, cuando los saldos migratorios comenzaban a crecer, era cinco veces más probable que un migrante de otras provincias desempeñara un cargo «profesional alto» a que lo hiciera alguien llegado del interior neuquino. Dos décadas después, cuando la ciudad había sorteado el punto más alto de la oleada migratoria, esa tendencia continuaba: las posibilidades de encontrar un profesional alto entre los llegados de otras provincias era de 4 a 1 con respecto a los migrantes neuquinos. Si algo queda claro es que algunas de las tendencias forjadas en los momentos iniciales del *boom* inmigratorio, aunque matizadas, permanecieron inalterables por mucho tiempo.

Acompañando su considerable participación en los empleos manuales, los migrantes del interior neuquino mostraron una temprana inserción en los trabajos «no manuales bajos». Esta particularidad los ubicó a cierta distancia de la población chilena y los puso en pie de igualdad con los nativos. Durante los treinta años que abarca la pesquisa, la proporción de migrantes de este origen empleados en trabajos «no manuales bajos» se mantuvo por encima del 50 %, alcanzando en la década de los ochenta un 60 % (véase Cuadro 3.7). Como sucede a menudo en las ciencias sociales, descubrir un fenómeno es por lo general menos complicado que explicarlo. Este caso no pareciera ser la excepción. Para comprender la sobrerrepresentacion de los llegados del interior provincial en esta clase de empleo, debemos dar cuenta de algunos aspectos íntimamente relacionados que involucran a los restantes grupos migratorios. Ante todo, no podemos dejar de señalar la ventaja que nacía de su temprano arribo a la ciudad, la cual los puso en mejores condiciones que los llegados de otras provincias de insertarse en una economía que comenzaba a girar alrededor del sector terciario. Aunque estos últimos mostraron una mayor participación en empleos que necesitaban de credenciales, éstas no fueron tan importantes en los empleos no manuales de menor calificación. De ahí que la fuerte presencia de los migrantes neuquinos en la ciudad se convirtiera en un recurso que facilitaba la inserción en el mercado laboral, aunque no dejaba de generar dificultades para iniciar procesos de movilidad ocupacional. La menor cantidad de recursos relacionales fue suplida, en el caso de los migrantes de otras provincias, con competencias que garantizaban un acceso a los peldaños más altos de la estructura ocupacional o, eventualmente, con conocimientos específicos que los habilitaba a ocupar en el estrato superior del empleo manual.

Con todo, esta argumentación, que funciona muy bien para explicar la inserción diferencial de los distintos grupos migratorios argentinos, no tiene la misma eficacia para analizar la brecha abierta entre migrantes del interior neuquino y quienes provenían de Chile. Después de todo, en ambos casos nos enfrentamos a una población rural, sin mayor experiencia en espacios urbanos, que tuvo a la movilidad como parte de una estrategia de reproducción familiar y que, a diferencia de los migrantes de otras provincias, presentaba una larga historia en la región. Pero la fuerza de las similitudes pareciera matizarse si concentramos nuestra atención sobre los «empleos no manuales bajos». Aunque distinguimos, conforme nos alejamos de 1960, una mayor participación de los migrantes transandinos en ese estrato, para el final de la observación todavía estaban algo retrasados con respecto a los restantes grupos migratorios, en especial en relación a los neuquinos. En este singular fenómeno conviene señalar la importancia de un aparato administrativo que extendía sus funciones y multiplicaba su personal a un ritmo sostenido. Así, la creciente importancia del Estado como empleador hizo imprescindible una competencia, invisible a la mirada censal, cuya distribución no era precisamente simétrica. En vista de la baja tasa de naturalización y de la consiguiente falta de contacto de la población chilena con las maquinarias políticas provinciales, la burocracia fue una fuente prolífica de oportunidades para los migrantes del interior neuquino.[59] En algunos casos, el crecimiento del empleo público podía inclusive desmontar algunos nichos ocupacionales que habían sido ocupados por los extranjeros durante la etapa territoriana. El desarrollo de una fuerza policial local, más profesional y selectiva, quitó a los chilenos una opción laboral

---

[59]La actividad política, siempre pensada en términos formales, se encuentra jurídicamente restringida para los extranjeros en Argentina. En el caso de Neuquén, los migrantes chilenos sólo pueden participar en la arena municipal, aunque con ciertas limitaciones: lo pueden hacer aquellos que cuenten con residencia legal definitiva y no pueden aspirar a encabezar una lista de concejales. En caso de acceder a una banca, los extranjeros no pueden presidir el poder legislativo, pues de esa manera tienen la posibilidad de acceder al poder ejecutivo. Una muy buena aproximación al tema en: Muñoz Villagran, *Los «chilenos» en Neuquén-Argentina… idas y venidas*, págs. 106-109.

que habían ocupado durante mucho tiempo, no sin el insistente reclamo de las autoridades. Sin embargo, al proporcionar una fuente alternativa de empleo a los migrantes argentinos – tanto neuquinos como de otros distritos –, la burocracia en todas sus variedades abrió el camino a los migrantes transandinos en el sector privado y, particularmente, en el mundo de la construcción.

Hasta aquí hemos analizado la inserción socio-ocupacional de los migrantes, pero ¿qué podríamos decir de sus formas de asentamiento en una ciudad de rápido crecimiento? ¿Podemos distinguir diferencias entre las pautas residenciales de los migrantes y las de la población nacida en la ciudad? ¿Cuál es la principal variable que permite comprender la disposición de los migrantes en el tablero urbano? En las siguientes páginas recorreremos ese camino.

4. Radicarse en la ciudad. Migración y patrones residenciales

En los años sesenta, mientras Argentina aceleraba los tiempos de su vida política, una transformación menos visible afectaba a la ciudad de Neuquén. Miles de personas llegaban a ella delineando un proceso que registraba pocas analogías a escala nacional. Este ejército de migrantes superaba con creces la suma de todas las expediciones militares que habían llegado a estas tierras. A una distancia similar se encontraba el total de funcionarios que, en un intento por fortalecer la autoridad del Estado nacional, habían poblado este lejano distrito patagónico. Para hallar un despegue demográfico de similar magnitud deberíamos remontarnos a la «Chicago argentina», justo cuando se trazaban las líneas más gruesas del modelo agro-exportador. En su momento de mayor crecimiento, Rosario logró duplicar su población en diez años, luego de haber alcanzado los 50.000 habitantes. Sin embargo, esa extraordinaria explosión, producto de convertirse en la salida de enormes *stocks* de cereales, fue un hecho único e irrepetible. Neuquén, en cambio, conservó por mucho tiempo una tasa de crecimiento que le permitió duplicar su población en tres décadas sucesivas: si en 1960 contaba con una población cercana a los 17.000, diez años después llegó a los 45.000, para alcanzar una cifra superior a los 90.000 en 1980 y una cercana a los 170.000 en 1991.[1]

---

[1] César Vapñarsky. «La transformación del patrón de asentamiento humano en la Argentina». En: *Desarrollo Económico*, vol. 35, n.º 138: (1995). Ed. por IDES, pág. 238.

Entre quienes residían en la ciudad se encontraban Bernardino Cotro, Antolín Cifuentes y Oscar Campagna, tres jóvenes que compartían su carácter de migrantes.[2] Pero tenían en común algo más que esa vaga denominación: eran de la misma edad y habían contraído nupcias en el registro civil neuquino durante 1963. Hasta allí llegaban las similitudes y comenzaba una extensa lista de diferencias. Bernardino había nacido en una pequeña localidad del norte neuquino, donde su familia desplegaba prácticas rurales de subsistencia. Una vez en la ciudad, posiblemente con la ayuda de paisanos y familiares, consiguió emplearse como jornalero en la Municipalidad. La vida de Antolín circuló por otros carriles. Cuando llegaron tiempos de mayoría de edad, abandonó su país para aventurarse en un escenario donde contaba con un capital invisible: su «chilenidad». Sus primeros días en la ciudad sirvieron para que ingresara en una actividad que lo acompañaría por largo tiempo. Primero como ayudante y luego como oficial, no tendría inconvenientes para ingresar al mundo de la construcción. En coordenadas completamente diferentes encontramos la trayectoria de Oscar. Con un título a cuestas, encontró pocos obstáculos para conseguir un cargo de médico en un sistema de salud que daba sus primeros pasos y concentraba sus esfuerzos en retener a los profesionales que se animaban a radicarse en suelo patagónico.

Al llegar a la ciudad, cada uno de ellos se insertó de modos muy diferentes al tejido urbano. Bernardino, probablemente después de alternar en alguna casa de alquiler, consiguió ubicarse en un barrio que conservaba esa apariencia de espacio ganado a las chacras. Algo no muy diferente sucedió con Antolín. Al igual que muchos compatriotas, se asentó en una nueva barriada que carecía de los más básicos servicios, ganándose el mote de «intruso» por ocupar terrenos fiscales en los confines occidentales de la ciudad. Los primeros pasos de Oscar en Neuquén fueron menos convulsionados. Su domicilio, al momento de contraer nupcias, se encontraba a unas pocas cuadras de la avenida principal, en una manzana que formaba parte del trazado original de la ciudad. Aunque no podamos conferirle una carga explicativa absoluta, es interesante

---

[2]Las trayectorias de estos tres migrantes fue parcialmente reconstruida a partir de las actas matrimoniales del libro de registro correspondiente a 1963 (Archivo de la Dirección de Registro Civil de Neuquén, Sección Primera, Libro 1963, actas 198, 229 y 235).

advertir la influencia de la inserción ocupacional en los patrones residenciales, pero también de estos últimos con el logro de diferentes grados de movilidad social. Parece lógico imaginar que el asentamiento en un barrio con un bagaje relacional era una poderosa palanca para acceder a un trabajo y aminorar los riesgos que nacían de las fluctuaciones del mercado laboral. Por el contrario, un barrio que albergaba entramados menos densos era inconveniente en los valles del ciclo económico, pero podía convertirse en la plataforma para comportamientos multiprofesionales. De este contraste nace la necesidad de explorar un tópico que nunca abandonó su carácter de *terra incógnita* en la historiografía regional: la radicación de los migrantes en una ciudad que no cesaba de expandirse.

En este capítulo intentaremos abordar lo que constituye el primer paso de un largo tránsito que desembocaría en lo que Gribaudi denominó integración urbana de los migrantes.[3] Es cierto que el punto de llegada de este recorrido se conectaba con la movilidad ocupacional intra e intergeneracional, con la posibilidad de acceder a la propiedad o de acentuar comportamientos demográficos de nuevo cuño. Sin embargo, todos estos fenómenos no se produjeron en el vacío ni, mucho menos, por fuera de las relaciones que daban forma al mercado laboral neuquino. Por el contrario, los migrantes dialogaban con un espacio que ofrecía oportunidades y limitaciones, aunque ambas no estaban uniformemente distribuidas en toda su extensión. Cualquier relación lineal entre formas de asentamiento y posibilidades de hilvanar una trayectoria exitosa sería, desde luego, caprichosa, pero también lo sería una postulación que hiciera oídos sordos a los condicionamientos espaciales. En este sentido, no estaría mal si afirmáramos, junto a Otero y Pellegrino, que el «espacio geográfico es siempre un espacio socialmente articulado y no un espacio euclidiano isomórfico».[4]

Dicho de otro modo, abordaremos el problema de la integración de los migrantes desde un ángulo diferente, aunque no separado de la distribución ocupacional que consideramos en el capítulo anterior. Encon-

---

[3]Maurizio Gribaudi. *Itineraires ouvriers. Espaces et grupes sociaux à Turin au debut du XX siecle*. París: EHESS, 1987, pág. 20.

[4]Hernán Otero y Adela Pellegrino. «Compartir la ciudad. Patrones de residencia e integración de inmigrantes en Buenos Aires y Montevideo durante la inmigración masiva». En: *El mosaico argentino. Modelos y representaciones del espacio y de la población, siglos XIX y XX*. Ed. por Hernán Otero. Buenos Aires: Siglo XXI, 2004, pág. 45.

trar trabajo y un lugar donde vivir fueron aquellas preocupaciones que desvelaron a los migrantes, inclusive antes que llegaran a la ciudad. No podríamos decir que la segunda problemática constituya una novedad dentro de la amplia literatura sobre migraciones. En los años sesenta, antes de la formación de un campo académico dedicado a estos temas, Germani había posado su mirada en los patrones residenciales como una clave para explicar la rápida asimilación de los inmigrantes a la sociedad anfitriona. Esa Argentina integrada, a salvo del mosaico étnico norteamericano, era el lente utilizado para explorar en un pasado que se analizaba retrospectivamente.[5] Pese a actuar como catalizador para el desarrollo de una frondosa literatura, esta valiosa inquietud pocas veces avanzó más allá de la pampa húmeda y no cruzó el límite impuesto por la clausura del ciclo inmigratorio masivo.[6] El período abierto por la crisis de 1930 actuó, en cierto sentido, como una frontera blindada que no ha permitido el estudio de las pautas de residencia para épocas más recientes.

Neuquén es, por este motivo, una interesante plataforma desde donde observar los patrones habitacionales desplegados en ciudades que tuvieron su hora de mayor crecimiento con la difusión del recetario desarrollista. Pero no se trata de examinar esa problemática de forma aislada, sin contemplar las relaciones que necesariamente mantenía con otros factores de gran valor explicativo. En el diálogo entre lugar de nacimiento, ocupación y la ecología urbana neuquina encontramos un medio para indagar las relaciones entre lo macro y lo micro desde un novedoso lugar. Apartados del tentador impulso de generalizar a partir del estudio de una

---

[5] Fernando Devoto. *Historia de la inmigración en la Argentina*. Buenos Aires: Sudamericana, 2003, pág. 321.

[6] Un listado de la literatura sobre patrones residenciales de los migrantes en suelo argentino no debería excluir: José Moya. *Primos y extranjeros. La inmigración española en Buenos Aires 1850-1930*. Buenos Aires: Emecé, 2003, págs. 139-216; Liliana Da Orden. *Inmigración española, familia y movilidad social en la Argentina moderna. Una mirada desde Mar del Plata*. Buenos Aires: Biblos, 2005, págs. 112-125; Sam Baily. «Patrones de residencia de los italianos en Buenos Aires y Nueva York, 1880-1914». En: *Estudios Migratorios Latinoamericanos*, n.º 1: (1985). Ed. por CEMLA, págs. 8-47; Marcelo Borges. «Características residenciales de los inmigrantes portugueses en Buenos Aires en la segunda mitad del siglo XIX». En: *Estudios Migratorios Latinoamericanos*, n.º 18: (1991). Ed. por CEMLA, págs. 223-247; Carina Frid. «Inmigración y selección matrimonial: el caso de los italianos en Rosario». En: *Estudios Migratorios Latinoamericanos*, n.º 18: (1991). Ed. por CEMLA, págs. 161-190.

red social, intentaremos individualizar las condiciones que sirvieron de base para la acción de los individuos que las integraban. Aunque pueda parecer una apostasía, creemos que la ubicación en el tejido urbano no puede derivarse de un complejo y variado conjunto de microrredes no siempre conectadas entre sí.[7] Conviene, en todo caso, realizar el movimiento inverso: a partir del cruce de grandes variables deduciremos el registro de posibilidades a disposición de los migrantes.

Para realizar este capítulo utilizaremos un corpus de tres mil actas matrimoniales extraídas del Archivo del Registro Civil de Neuquén. Esta clase de documentación nos ofrece un enorme caudal de información que, alejada del «orden de los tabulados», permite realizar agrupamientos *ad hoc*, muy útiles para examinar la residencia y las competencias de ciertos grupos migratorios. A esto debemos sumar un *plus*, muy tentador como para ser abandonado: la muestra diseñada nos ilustra sobre una población que recorre los diferentes estratos de la sociedad neuquina.[8] Al mismo tiempo, con el propósito de reflejar en el espacio muchos de los fenómenos que las fuentes ponen en evidencia hemos elaborado cartografías temáticas a partir de la utilización de Sistemas de Información Geográfica (en particular, ArcView GIS 3.3)

4.1 ¿Burgess en la Patagonia? De los modelos generales a los instrumentos de análisis

Los procesos migratorios han despertado, en los últimos veinte años, el interés de una enorme cantidad de especialistas que siguieron la senda inaugurada por Germani. Gracias a sus aportes fueron abiertas fronteras que permitieron profundizar nuestro conocimiento sobre la inmigra-

---

[7]Otero y Pellegrino, «Compartir la ciudad. Patrones de residencia e integración de inmigrantes en Buenos Aires y Montevideo durante la inmigración masiva», pág. 46.

[8]La muestra está compuesta por todas las actas matrimoniales cuyo contrayente masculino tenga a las letras C, G o M como inicial de su apellido. Del total de actas relevadas, 3052 fueron aptas para el análisis de los patrones residenciales de la población. Cerca de un millar de actas fueron descartadas por diferentes motivos (residencia fuera de la ciudad, ausencia de un domicilio exacto o bien por estar anuladas). La imprecisión de la información contenida en las declaraciones ocupacionales de las mujeres, sobre todo por la inexactitud del rótulo «quehaceres domésticos» nos obligó a realizar el presente capítulo a partir de la ocupación del novio, tomando a éste como indicador de la situación socio-económica de la unidad familiar.

ción europea de masas y, consecuencia de ello, sobre las sociedades que sirvieron de anfitrionas. Así, algunos fenómenos como la integración matrimonial, la movilidad social, la fuerza de las redes premigratorias o las tramas institucionales que los migrantes creaban, se convirtieron en escalas obligadas de un itinerario que puso en cuestión la validez del concepto de *Melting Pot*.[9] Esta explosión temática tuvo como contrapartida algunas áreas de vacancia que recibieron una menor atención. Entre ellas, es justo mencionar la segregación espacial de los inmigrantes, tanto en las grandes ciudades como en las de menor tamaño, que inauguró una larga incomunicación entre la historia y la sociología urbana. De ese autismo emergió un campo académico que, en su afán de alistarse en las filas del *network analysis,* se desarrolló a espaldas del espacio. No es extraño que éste tuviera dificultades para desprenderse de esa imagen que lo tenía como un escenario inmóvil, sólo válido para retratar el contexto donde se desplegaban los procesos «verdaderamente» importantes. Cada vez menos atados a miradas panorámicas, ancladas en el contraste *pull/push*, los estudios migratorios apostaron al trasplante de las pautas premigratorias, en un intento por abonar la idea del pluralismo cultural. Con esa postura partisana, como Devoto y Otero la denominaron,[10] quedaba poco margen para que el espacio urbano se posicionara como un factor explicativo de importancia a la hora de evaluar procesos de integración.

Avanzar en este terreno virgen nos obliga a encontrar herramientas que permitan explorar los patrones de asentamiento seguidos por los migrantes en una ciudad joven, que experimentó su máximo crecimiento cuando Argentina perdía el impulso de comienzos del siglo XX. Con ese objetivo, conviene dirigir nuestra atención a los aportes de la escuela de Chicago, especialmente los realizados luego de la Primera Guerra Mundial. Si bien las particulares formas que siguió el poblamiento en ciudades afectadas por la inmigración fue objeto de diferentes reflexiones −tanto de testigos casuales como de políticos horrorizados−, una mirada sistemática sobre ellas tuvo que esperar a los años veinte. De la mano de sociólogos como Thomas, Park o Burgess, los efectos «no

---

[9] Fernando Devoto y Hernán Otero. «Veinte años después. Una lectura sobre el crisol de razas, el pluralismo cultural y la historia nacional en la historiografía argentina». En: *Estudios Migratorios Latinoamericanos*, n.º 50: (2003), págs. 181-228.

[10] Ibíd., págs. 190-201.

deseados» de la apresurada urbanización norteamericana dejaron de ser un problema policial, para convertirse en la piedra de toque de una profunda ruptura epistemológica. Al mismo tiempo que se abandonaba el estudio del funcionamiento «normal» de la sociedad, se abría una variada agenda que incluía a grupos étnicos minoritarios, la salud mental, la drogadicción, la delincuencia juvenil y, desde luego, el análisis de la estructura urbana como aquel laboratorio que permitía el desarrollo de estas «excentricidades». El tratamiento de estos temas produjo un salto adelante respecto a la idea de «conductas desviadas», de uso habitual en la época y con una innegable carga valorativa detrás. Quedaba claro que estos asuntos no podían ser abordados como un agregado heterogéneo, sino como manifestaciones de un proceso que había sacudido los cimientos de las sociedades modernas.

En lo referido al análisis de la ciudad es necesario destacar dos conceptos que dialogaron en el armado de su propuesta teórica. El primero de ellos es el *ghetto*, nombre con el que habitualmente se conocía los enclaves de diferentes grupos migratorios. En su dimensión espacial, tal como nos dice Moya, el *ghetto* representaba «un área segregada, compacta y relativamente cerrada de primer asentamiento en los distritos centrales, con alquileres bajos y una apariencia decadente».[11] Desde un punto de vista social, estos espacios eran la residencia de una población «tradicional», en gran medida recién llegada, que intentaba reproducir su cultura en un escenario completamente diferente al original. De esta colisión entre expectativas y realidad nacería una marginalidad que no sólo se relacionaba con el lugar ocupado en el mercado laboral, sino también con el desajuste psicológico que provocaba una creciente desmoralización. Este punto sería reforzado por la utilización de «descripciones densas» que se esmeraban por reflejar cada faceta de la vida en los márgenes. Biografías de jóvenes delincuentes,[12] de jóvenes inmigrantes

---

[11]Moya, *Primos y extranjeros. La inmigración española en Buenos Aires 1850-1930*, pág. 140.

[12]Clifford Shaw. *Jack Roller. A delinquent boy story*. Chicago: University of Chicago Press, 1930; Clifford Shaw. *The natural history of a delinquent career*. Chicago: University of Chicago Press, 1931.

polacos[13] o de organizaciones del crimen organizado[14] fueron los medios utilizados para brindar un efecto dramático a una mirada novedosa que hizo *tabula rasa* con los estudios de la época.

El segundo concepto que andamiaba la propuesta de la escuela de Chicago era la descentralización o movimiento hacia fuera. La idea detrás de este principio era bastante sencilla: a medida que se adaptaban a los ritmos de la vida urbana, los migrantes comenzarían a ubicarse en áreas periféricas nuevas, a salvo de la decadencia de los distritos centrales. Pero ese movimiento, que Burgess llamó de invasión-sucesión,[15] no ocurría de una vez y para siempre. Como el caudal de llegados no mostraba señales de agotamiento, los nuevos migrantes se asentaban en las áreas desocupadas por los de mayor experiencia en la ciudad, en un proceso de recambio permanente. Así pues, quedaba establecida una sucesión de zonas que ganaban en «habitabilidad» conforme nos alejamos de los distritos centrales de la ciudad (véase Figura 4.1). Si en estos se concentraban las funciones políticas, comerciales y administrativas, a su lado se desarrollaba una zona de transición que albergaba opciones habitacionales económicas, negocios poco competitivos y emprendimientos relacionados con la «mala vida». A continuación seguían barrios de trabajadores y, sobre todo, de inmigrantes que escapaban al deterioro de los *ghettos* de primer asentamiento. Un tercer anillo era el sitio elegido por familias acomodadas, tanto nativas como de segunda generación de migrantes, para desarrollar una vida que conservaba pocos lazos con los restantes espacios. Con servicios comerciales, financieros y entretenimientos a su disposición se comportaba como un «ghetto a la inversa», albergando casi con exclusividad a los estratos superiores de la sociedad.

El montaje de un modelo de franjas ecológicas, inspirado en las ciencias biológicas, llevaba consigo un supuesto teórico de peso. Si bien la estructura de la ciudad no parecía mostrar cambios sustanciales, las personas que habitaban esos espacios presentaban una naturaleza inestable. El movimiento desde los distritos deteriorados a los barrios más alejados

---

[13]William Thomas y Florian Znaniecki. *The polish peasant in Europe and America.* Nueva York: Knopf Press, 1927.

[14]Frederick Thrasher. *The Gang: a study of 1313 gangs in Chicago.* Chicago: University of Chicago Press, 1928.

[15]Una excelente síntesis de la propuesta de Chicago en: Gustavo Buzai. *Mapas sociales urbanos.* Buenos Aires: Del Lugar Editorial, 2003, págs. 63-67.

del centro, era el reflejo de una transformación cultural de largo alcance temporal: el universo tradicional de los migrantes era reemplazado, en primer lugar, por una cultura obrera general y, finalmente, por las pautas que definían a una clase media urbana. En cierto sentido, ese tránsito, que involucraba dos generaciones, contenía las coordenadas de la asimilación de los migrantes a la sociedad anfitriona o, lo que es igual, la apropiación de una cultura que exaltaba al individuo por sobre la comunidad tradicional.[16] Es interesante observar cómo, desde esta perspectiva, el abanico de posibilidades de quienes llegaban a la ciudad se reducía a dos opciones: apropiarse de valores culturales homogéneos e invariables, o bien resignarse a sobrevivir en los márgenes de la sociedad sufriendo los desestabilizadores efectos del desarraigo.

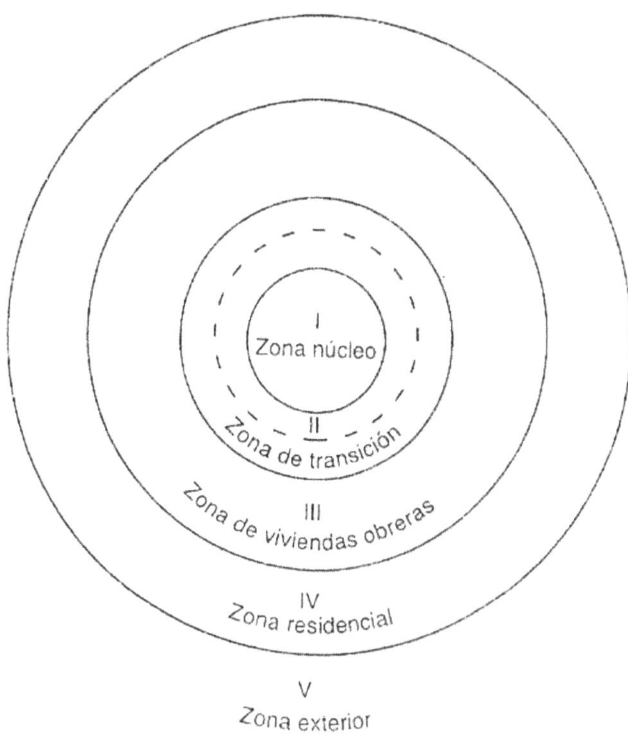

Figura 4.1 – Modelo de anillos concéntricos: crecimiento de la ciudad según Burgess (1925). Fuente: BUZAI (2003)

Aunque superó con éxito la prueba del tiempo, el modelo propuesto por la escuela de Chicago recibió cuestionamientos que obligaron a ma-

---

[16]Yves Grafmeyer e Isaac Joseph. *L'école de Chicago : Naissance de l'écologie urbaine.* París: Aubier, 1984, pág. 12.

tizar algunos de sus principios básicos. Los interrogantes lanzados sobre el mismo no afectaron con la misma intensidad a los supuestos que abonaban su mirada sobre la ciudad. Así como la dimensión espacial permaneció al resguardo de las críticas y sólo fue complejizada a partir de estudios que exploraron las particularidades de las ciudades latinoamericanas,[17] el componente social fue contrastado a la luz de nuevas formas de entender a los sujetos. Esa idea algo rígida que tenía a los migrantes como marionetas de un escenario que brindaba escasas oportunidades, perdió impulso conforme avanzaba una mirada que valoraba la agencia de los mismos. Si los migrantes comenzaban a ser vistos como sujetos racionales que utilizaban diferentes clases de recursos para cumplir con sus objetivos, era complicado seguir identificando a los barrios segregados como focos de anomia. En todo caso, parecía lógico entenderlos como «sitios donde los recién llegados, apelando a su cultura y habilidades premigratorias, respondieron con inteligencia y con bastante éxito a nuevos desafíos».[18] De esa mayor apertura teórica nacería la idea de «asentamiento», que venía a reemplazar una de las imágenes más repetidas de la sociología norteamericana: el enclave étnico.

Puede que a primera vista este viraje no sea más que un juego de palabras, sin mayor influencia en el estudio de la estructura urbana. Una mirada más atenta, sin embargo, nos permitiría observar un profundo cambio en el abordaje de los espacios que formaban a las ciudades de rápido crecimiento. A cierta distancia de esa naturaleza insular que encerraba la idea de *ghetto*, los asentamientos mostraban una mayor comunicación con el resto de la sociedad y, por supuesto, eran el lugar de residencia de diferentes grupos migratorios. En el fondo, se trataba de otra forma de imaginar a la sociedad que abandonaba a la homogeneidad como horizonte y consideraba a la heterogeneidad como un rasgo inevitable. Los *ghettos*, aunque guardaban distancia respecto de la cultura dominante, aparecían como abanderados de aquella manera de pensar la ciudad. Después de todo, en su interior se reproducía, a una escala

---

[17]Un recuento de la literatura sobre esta temática debería incluir: Griffin, Ernest; Ford, Larry, «A model of Latin-American city structure», *Geographical Review*, n° 70, 1980; Ford, Larry, «A new and improved modelo of Latinamerican city structure», *Geographical Review*, n° 86, 1996.

[18]Moya, *Primos y extranjeros. La inmigración española en Buenos Aires 1850-1930*, pág. 142.

menor, una anatomía desprovista de rugosidades. La idea de asentamiento, en cambio, tomaba un punto de partida opuesto. Entendía que las sociedades eran en esencia heterogéneas y, por ese motivo, convivían en su interior grupos, familias e individuos que interactuaban desde esa diversidad.[19] El secreto para mantener la unidad de este «todo fragmentado» se aloja en la fuerza de los mediadores. Esa geografía llana que cubría con su manto a los diferentes espacios de la ciudad, era relevada por otra más interesada en las diferencias, pero también en los puentes que enlazaban a los sectores que la conformaban.

4.2 Lo nuevo que nace y lo antiguo que se resiste a morir. Neuquén hacia mediados del siglo xx

En la superficie, el Neuquén que encontraron los migrantes que inauguraron el capítulo no era muy diferente a la aldea de comienzos del siglo xx. Una visita por las manzanas del trazado original nos devolvería una imagen sin demasiado brillo. El insuficiente servicio de recolección de residuos multiplicaba los focos infecciosos dando a la ciudad una apariencia de abandono.[20] A los reclamos por el incumplimiento de los recorridos pautados, debemos sumar el mal estado del vehículo asignado a esas tareas cuya «carrocería, improvisada y baja, además de deteriorada, permitía la caída de residuos a la calzada».[21] Los abundantes terrenos baldíos eran los lugares elegidos para depositar distinto tipo de desperdicios que «luego aparecían dispersos en la vía pública».[22] La reducida extensión de los desagües cloacales volvía a los pozos negros una solución que no dejaba de plantear nuevos problemas. En la medida que su limpieza debía ser solventada por los vecinos, era habitual encontrar pozos saturados de donde fluían aguas servidas. Esta situación, que alarmaba a las autoridades de turno, parecía atravesar al conjunto de la población. Las actas labradas por los inspectores municipales no sólo involucraban a los habitantes más humildes, con obvias dificultades para volucraban a los habitantes más humildes, con obvias dificultades para

---

[19]Devoto, *Historia de la inmigración en la Argentina*, pág. 346.

[20]AHMN, *Gestión de Gobierno*, Caja 1, 1960, nota 409.

[21]AHMN, *Libro copiador 41*, 1960, fº 492.

[22]AHMN, *Gestión de Gobierno*, Caja 6, 1966, nota 344.

sufragar ese gasto, sino también a comerciantes de renombre, artesanos especializados, clínicas y hasta a las propias Fuerzas Armadas.[23]

Los animales fuera de control reforzaban la preocupación de las autoridades en materia de higiene. A diferencia de otras capitales provinciales que contaban con un claro límite entre el casco urbano y su cinturón de quintas, Neuquén presentaba, como mencionamos en el capítulo anterior, una frontera muy porosa entre ambos espacios. Por esta razón, los criaderos de animales, desde cerdos hasta conejos, abundaban en el centro de la ciudad aumentando el riesgo de brotes infecciosos. Si a ello agregamos los peligros que llevaba consigo la circulación de productos de factura casera, quedaba establecido un cuadro bromatológico no demasiado alentador. Los temores de las autoridades fueron confirmados en ocasión de un brote de triquinosis en 1966 que obligó a redoblar los esfuerzos por «salvaguardar la salud pública».[24] Pero los animales que abastecían el mercado local o las necesidades de sus propietarios no eran la única fuente de problemas: los «perros vagabundos deambulaban continuamente por la ciudad ofreciendo en muchos casos espectáculos desagradables a la vez que constituían un peligro para la salud».[25] Pese a la gravedad de la situación y las constantes quejas de la Intendencia, los dos inspectores municipales poco podían hacer para controlar los complejos y variados problemas que a diario se presentaban. La precariedad del Estado municipal era la norma y, por ello, era habitual encontrar a sus empleados cumpliendo tareas que, en palabras de una importante autoridad de la época, «insumían buena parte del tiempo libre de los mismos en una dedicación extraordinaria y patriótica».[26]

Los espacios públicos eran otro de los blancos elegidos por los vecinos para lanzar sus críticas. El proyecto urbanístico original, empapado en las ideas positivistas de comienzos del siglo XX, contemplaba la instalación de plazas como un remedio para combatir el desierto. La Avenida Argentina, eje de circulación norte-sur, había sido pensada como un *boulevard* que reservaba, para cada una de sus cuadras, un considerable espacio para la instalación de jardines y especies arbóreas. A una distancia similar de esta avenida, se ubicaban dos plazas tradicionales

---

[23]AHMN, *Libro Copiador 41*, 1960, fº 317 y 450; *Libro Copiador 43*, 1963, fº 307.

[24]AHMN, *Gestión de Gobierno*, Caja 6, 1966, nota 469.

[25]AHMN, *Gestión de Gobierno*, Caja 3, 1964.

[26]AHNM, *Gestión de Gobierno*, Caja 1, 1960, proyecto de resolución, s/n.

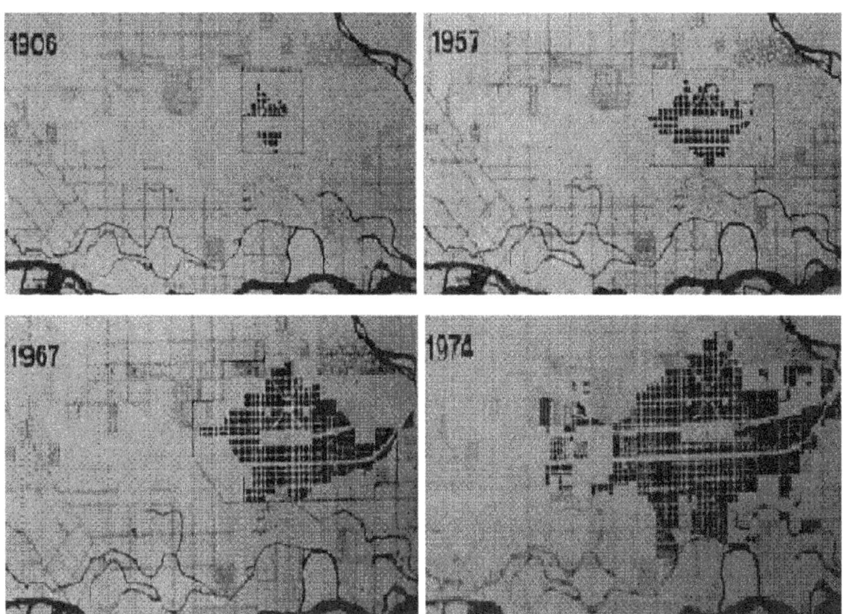

Figura 4.2 – Evolución de la mancha urbana neuquina (1906-1974). Fuente: CRESPO y otros (1975).

que funcionaban como reservorios naturales en un trazado que tenía a la grilla como sinónimo de civilización. Hacia mediados de siglo, sin embargo, esa intención estaba muy lejos de verse cristalizada. Aquella idea que tenía a los parques como «escuelas de igualdad», capaces de alejar a los niños de las malas influencias y lugar elegido para el desarrollo de las actividades comunitarias, parecía desvanecerse sin remedio.[27] En su lugar aparecían plazas cercadas que obstaculizaban el tránsito peatonal, obligando a los vecinos a realizar enormes rodeos. Al mismo tiempo, el estado de abandono que presentaban, con baños «que dejaban mucho de desear»[28] y una iluminación insuficiente, sólo servía «de abrigo a parejas de noche y de día prácticamente pasaba desapercibido para el público».[29] Por más que esa ciudad que daba sus primeros pasos en 1904 aparecía como la perla del reformismo liberal, una suerte de «La Plata patagónica», pocos puntos de esa agenda original habían sido alcanzados.

---

[27]Adrián Gorelik. *La grilla y el parque. Espacio público y cultura urbana en Buenos Aires, 1887-1936*. Bernal: Universidad Nacional de Quilmes, 2004, pág. 294.

[28]AHMN, *Gestión de Gobierno*, caja 2, 1962, nota 390.

[29]AHMN, *Gestión de Gobierno*, caja 2, 1962, nota 390.

En el momento en que los recién llegados pisaban la estación del ferrocarril, el chato paisaje urbano ofrecía otra prueba de que la capital neuquina seguía siendo una gran aldea. Con excepción del edificio de la empresa de Correos y Telégrafos, inaugurado en 1960, la mayoría de las construcciones eran de una sola planta, dando a la ciudad una apariencia horizontal que no ayudaba a mejorar su imagen en el concierto nacional. Aunque su población se había incrementado con el arribo de migrantes del interior provincial, desde las ciudades tradicionales Neuquén no dejaba de ser «un espacio al que enviaban a los empleados castigados porque lo consideraban inhóspito».[30] Es cierto que esta declaración era resultado de una mirada nacida en escenarios que mostraban una estructura más consolidada. Es más, no estaría mal si dijéramos que, detrás de ella, se ocultaban prejuicios de quienes se esforzaban por mostrar la lejanía de Neuquén respecto de un proceso de urbanización nacido sobre fines del siglo XIX. De todos modos, como a menudo sucede con las representaciones, ellas se sostienen en una realidad que, aunque exagerada, difícilmente puede ser desechada.

Las imágenes que tenían a Neuquén como un destino deslucido, a muchos cuerpos de distancia de los centros pampeanos, encontraban eco en algunas particularidades de su paisaje urbano. Los médanos todavía eran actores de importancia en su paisaje urbano y por su ubicuidad complicaban tanto el tránsito vehicular como el peatonal. Esta clase de contratiempos se reforzaban durante la temporada de lluvias. La particular ubicación de la ciudad, en el borde de un valle fluvial, hacía que el agua, acompañada de abundante material suelto, se desplazara sin problemas por las arterias de la ciudad hasta toparse con las vías del ferrocarril. El resultado de estas «avenidas de agua»[31] no podía ser otro que obstrucciones en algunas de las bocacalles más transitadas de la ciudad. Tan importante era este problema que, en determinadas circunstancias, el equipamiento y personal del municipio resultaban insuficientes para normalizar el tránsito, debiendo recurrir a empresas dispuestas a colaborar en las obras de reparación de las calles afectadas.[32]

---

[30] Testimonio de Adriano Bacci extractado de: *Revista Calf*, Neuquén, febrero de 1983.

[31] AHMN, *Memoria al tercer año del gobierno (1958-1961)*, Municipalidad de la Capital, fº 7.

[32] AHMN, *Gestión de Gobierno*, caja 5, 1966, nota 353.

Pese a su innegable relevancia, los inconvenientes ocasionados por los fenómenos naturales no eran los únicos que perturbaban al centro neuquino. Existían otros, más vinculados con la cobertura de los servicios públicos, que servían de disparador a los reclamos de los vecinos. Mientras que los primeros eran asumidos como fatalidades que escapaban a la acción de las autoridades y, con el tiempo, como ingredientes románticos de una sociedad de frontera; los segundos eran un material siempre disponible para la discusión. Aun cuando se trataba del espacio más consolidado de la ciudad, a enorme distancia de los vecindarios suburbanos, Neuquén no estaba ajena a problemas básicos de infraestructura. A medida que nos alejamos de las manzanas ocupadas desde la fundación de la ciudad, se hacían palpables inconvenientes de distinta naturaleza. La falta de iluminación de algunas esquinas,[33] los pedidos de la ampliación de la red de agua corriente,[34] la solicitud de teléfonos públicos frente a los principales edificios públicos,[35] nos ponen en aviso de dos cuestiones que hacen a la esencia de Neuquén en la década del sesenta. En principio, la distribución de los servicios no cubría con la misma intensidad al centro neuquino. El casco más antiguo contaba con todos los servicios y, para este momento, sus habitantes discutían sobre la conveniencia de incorporar sistemas de iluminación más poderosos, embellecer las calles más representativas[36] o bien reparar prestaciones puntuales. Algunos vecindarios, ubicados en el noroeste y noreste del Monumento a San Martín, estaban todavía desconectados del tejido urbano y eso obligaba a focalizar sus esfuerzos en la cobertura de los servicios esenciales.

Detrás del telón de continuidades que con detalle hemos retratado, asomaban cambios que llamarían la atención de los vecinos más antiguos y hasta de las propias autoridades. Los más evidentes estaban relacionados con la explosión de los antiguos límites de la ciudad. Con la incorporación de los terrenos cedidos por el «Automóvil Club Neuquino», en las cercanías del puente carretero sobre el río Neuquén, y las compradas a la «Sociedad Nueva España», al norte de la ciudad, el ejido urbano adquirió su forma definitiva, estableciendo las coordenadas

---

[33]AHMN, *Gestión de Gobierno*, caja 5, 1966, nota 353.

[34]AHMN, *Gestión de Gobierno*, caja 2, 1961, nota 499.

[35]AHMN, *Gestión de Gobierno*, caja 2, 1961, nota 422.

[36]AHMN, *Gestión de Gobierno*, caja 2, 1961, nota s/n.

de un proyecto desarrollado a espaldas del pasado territoriano. En las tierras ganadas a las bardas, el municipio propuso realizar «un estudio integral y planificado de urbanización y posible expansión de la ciudad, cuya población requiere incesantemente tierras para sus viviendas».[37] Un primer paso en esa dirección fue dado cuando sus autoridades, en colaboración con diferentes organismos públicos, pusieron en marcha un plan de forestación que sirvió de remedio a uno de los problemas que con insistencia había afectado a la ciudad: los aludes. Gracias a dos perforaciones realizadas por YPF en la parte alta de la barda y al asesoramiento técnico de la Dirección Nacional de Bosques, fue inaugurado un sistema de irrigación que rompió con la aridez del área,[38] posibilitando la plantación de diferentes especies arbóreas. La superficie forestada funcionó como un dique de contención corrigiendo los efectos de esas «avenidas de agua que provenían de las lomas», pero además como una condición indispensable para colonizar y edificar la superficie restante.[39]

Con un sólido sistema de defensa, la ciudad avanzó lentamente sobre este nuevo espacio. Se abrieron las calles que unieron al casco antiguo con los faldeos de las bardas en un intento de «acrecentar el adelanto edilicio de la capital».[40] Aquellos terrenos que habían servido para pastura, especialmente de cabríos,[41] eran puestos al servicio de una nueva forma de pensar la ciudad. El quiebre respecto al pasado lo advertimos en los mecanismos activados para la adjudicación de los solares incorporados. Sus condiciones de compra no estaban reguladas por el mercado, sino se pensaba que un «loteo social» iba a liberar a la ciudad de «grandes propietarios que se veían beneficiados con la valorización de sus tierras con las obras que era menester realizar por la comuna».[42] El fraccionamiento inicial estaba compuesto por más de seiscientas parcelas que, por medio de extensos planes de pago, eran ofrecidas a particulares y cooperativas creadas con el propósito de acceder a la vivienda. En el fondo, se trataba de vender los terrenos de una manera racional y ordenada que nutriera de recursos a la Municipalidad, asegurando a los

---

[37] AHMN, «Sobre ampliación de planta urbana», Expediente 10, «L», 1961.

[38] AHMN, *Gestión de Gobierno*, caja 2, 1961, nota s/n.

[39] AHMN, *Memoria de Gestión (1958-1961)*, Municipalidad de la Capital, 1961, fº 7.

[40] AHMN, *Gestión de Gobierno*, caja 1, 1960, nota s/n.

[41] AHMN, *Libro Copiador 41*, 1961, fº 124.

[42] AHMN, *Memoria de Gestión (1958-1961)*, Municipalidad de la Capital, 1961, fº 7.

nuevos propietarios una inversión que se valorizaría con la llegada de diferentes servicios públicos.

Pese a la enorme publicidad que recibió la expansión del ejido, la urbanización real de las nuevas áreas debió esperar algún tiempo. Los conflictos entre los Estados municipal y provincial por el destino de los solares incorporados, sumados a diferentes operaciones especulativas, atentaron para que ello no sucediera. Eso no fue obstáculo para que litros de tinta se utilizaran para trazar un plan que reflotaba aquella vieja idea de transformar la naturaleza patagónica. En este caso, el dominio de la accidentada geografía neuquina era acompañado por una idea que venía a romper con la perfecta geometría del trazado original. Esa grilla regular atravesada por cuatro diagonales, era remplazada por un «barrio parque» que poco entendía de simetrías. El reformismo de la época se esforzaba en demostrar la capacidad que tenían estos espacios, de irregular trazado y múltiples instituciones públicas, para fortalecer la trama asociativa y apartar a la ciudad del peligro de la despersonalización. Las tierras incorporadas a la ciudad, desde esta novedosa pero inconclusa mirada, funcionarían como un banco de pruebas para un discurso que pretendía eliminar el carácter provisorio de aquella y reforzar la idea de comunidad por sobre la homogenización modernizadora.[43]

Pero, más allá de las discusiones sobre la ciudad imaginada, ¿qué sucedía en la ciudad real? Alejada del campo de las abstracciones, comenzó a mostrar novedades que rompieron con la calma territoriana. Una de ellas fue el problema del tránsito. La creciente población neuquina se tradujo en el desarrollo del parque automotor, generando trastornos que no eran habituales en el pasado. Los accidentes viales ganaron terreno hasta convertirse en una de las cuestiones que desvelaba a las autoridades. Con el propósito de disminuir su impacto, el municipio puso en marcha una decidida política de persecución de aquellos propietarios que «no reúnan las condiciones exigidas por la reglamentación respectiva, tales como silenciador de ruidos, luces y frenos».[44] Junto a las tareas de vigilancia fueron habituales campañas radiales que avisaban de la conveniencia de cumplir con la normativa de tránsito vigente. Pero las medidas adaptadas hubieran sido inútiles de no adecuarse la infraes-

---

[43]Gorelik, *La grilla y el parque. Espacio público y cultura urbana en Buenos Aires, 1887-1936*, pág. 323.

[44]AHMN, *Gestión de Gobierno*, caja 2, 1961, nota 21.

tructura de la ciudad al mayor tránsito en sus calles céntricas. Con ese propósito, se iniciaron gestiones ante la empresa estatal de ferrocarriles a fin de instalar barreras y campanillas en los más importantes pasos a nivel de la ciudad.[45] Al mismo tiempo, los numerosos accidentes, convertidos ahora en una preocupación de todos los poderes municipales, obligaron a instalar los primeros semáforos eléctricos, llevando a la extinción a las últimas garitas del centro neuquino.

La mayor circulación vehicular trajo consigo otros inconvenientes que necesitaron una rápida solución. Entre ellos, el estacionamiento se destacó por su importancia y por las numerosas ordenanzas que dio a luz. El reconocimiento de «los múltiples inconvenientes que ocasiona el tráfico, tránsito de peatones y desenvolvimiento general del lugar»[46] llevó a afinar los reglamentos de estacionamiento, estableciendo áreas permitidas y otras en que estaba expresamente prohibido hacerlo. Así como en las décadas anteriores los vehículos que desfilaban por el centro capitalino no estaban sujetos a restricciones, hacia mediados de la década la normativa establecía que «estaba completamente prohibido el estacionamiento en los frentes de los edificios públicos, Catedral y salas de espectáculos».[47] El mayor tráfico en el radio céntrico obligó a inaugurar nuevas áreas de estacionamiento, así como ampliar las existentes, en especial las situadas en las proximidades de la estación del ferrocarril y de ómnibus.[48] Resulta evidente, entonces, que esa *ciudad peatonal*, tan propia de la etapa territoriana, se diluía conforme ganaba notoriedad el transporte automotor.

El crecimiento de la ciudad también se reflejó en el desarrollo de un incipiente sistema de transporte público. En 1960, los veinticinco taxis que circulaban por la ciudad eran insuficientes para cubrir la creciente demanda del servicio, ocasionando inconvenientes en los horarios pico, fundamentalmente cuando arribaban los trenes provenientes de Buenos Aires.[49] La escasa disponibilidad de vehículos facilitaba el cobro de tarifas indebidas que «redundaban en el desprestigio del gremio, sus auto-

---

[45] AHMN, *Gestión de Gobierno*, caja 1, 1960, nota 363 y *Gestión de Gobierno*, caja 2, 1961, nota 393.

[46] AHMN, *Gestión de Gobierno*, caja 2, 1964, nota 267.

[47] AHMN, *Libro Copiador 41*, 1961, fº 555.

[48] AHMN, *Libro Copiador 41*, 1961, fº 555.

[49] AHMN, *Gestión de Gobierno*, caja 1, 1960, nota s/n.

ridades y la comuna, a la par que para el turista resulta un motivo desagradable y por ende negativo para la ciudad».[50] Sólo seis años después la cantidad de vehículos habilitados se había incrementado en diez y los cuadros tarifarios estaban bajo la supervisión de una secretaría creada a tal fin.[51] Pero éste no fue el único rubro donde se distinguieron cambios de peso. El transporte colectivo de pasajeros, aunque todavía lejos de la dimensión lograda en los años ochenta, se deshizo de ese velo de provisionalidad que lo revestía. Las abundantes denuncias que avisaban a las autoridades de la existencia de vehículos al margen de la normativa, sin licencia y con serios problemas técnicos, fueron cada vez más esporádicas. Al mismo tiempo, los permisos oficiales para explotar líneas, que conectaban el centro de la ciudad con los vecindarios más alejados,[52] comenzaron a ser un lugar común de la administración municipal.

En esos años, el centro neuquino transitó por un camino que lo fue acercando al de las localidades más tradicionales del país. Una ciudad que imprimía velocidad a su crecimiento, multiplicaba las oportunidades para actividades lucrativas, muchas veces reñidas con la normativa. Aunque se multiplicaron las licencias otorgadas por el municipio, no todos los negocios estaban legalmente constituidos. Tal como sucedía en escenarios urbanos de mayor peso, comenzaron a pulular «vendedores de billeteras, cadenas, fantasías, llaveros, peines y hojas de afeitar, que realizan sus actividades en veredas, paseos y avenidas, valiéndose de un animal domesticado como propaganda».[53] El mayor movimiento de la ciudad también dio a las familias carenciadas una nueva fuente de ingresos. Al mismo tiempo que los integrantes adultos se desempeñaban en tareas urbanas de escasa calificación, era habitual «la concurrencia de menores en el hall de entrada del cine mendigando la ayuda pecuniaria de los concurrentes».[54] La aparición de los «chicos de la calle» era una novedad que rompía con esa imagen que tenía a Neuquén como un centro sin contrastes extremos. El comportamiento de las autoridades nos muestra una resistencia a aceptar la desaparición de un espacio que perdía la apariencia de antaño. En una nota dirigida al jefe de la policía

---

[50]AHMN, *Gestión de Gobierno*, caja 2, 1961, nota 110.

[51]AHMN, *Gestión de Gobierno*, caja 5, 1966, nota 369

[52]AHMN, *Libro Copiador 42*, 1961, fº 58.

[53]AHMN, *Gestión de Gobierno*, caja 2, 1962, nota 148.

[54]AHMN, *Gestión de Gobierno*, caja 3, 1964, nota 41.

provincial, el intendente Della Valentina entendía que se trataba de un «espectáculo desagradable y aun molesto» y que era necesario «desalojar a dichos elementos víctimas quizás, más que de su pobreza, del vicio propio o de quienes los obligan a una actividad riesgosa para su futuro»[55]. De estas palabras se desprende un aspecto que no podemos dejar de mencionar: el crecimiento neuquino no fue equilibrado y favoreció situaciones que no se encuadraban fácilmente en los límites de la ciudad tradicional.

De este recorrido por las manzanas centrales emerge una pregunta obvia cuya respuesta nos permitiría completar el retrato de la ciudad: ¿qué sucedía en los vecindarios más alejados? Igual que en las primeras décadas del siglo, el campo proseguía su invasión a la ciudad. A menos de veinte cuadras del monumento a San Martín, en el centro neuquino, se podían hallar campos dedicados a la cría de ganado, corrales y quintas que convivían con numerosas chacras que se aproximaban a las áreas dedicadas al comercio y a la administración. La fuerza de las continuidades no debería ocultar un elemento a todas luces novedoso: una nueva ciudad se estaba construyendo detrás de los bordes de la ciudad tradicional. Este nuevo espacio se encontraba, en gran medida, desconectado de la grilla trazada al momento de la fundación. Con calles laberínticas y la falta de los más básicos servicios públicos, se comportaba como una zona de frontera al interior de una ciudad que complejizaba su estructura. En parte resultado del fraccionamiento de chacras no demasiado productivas y en parte de la ocupación de terrenos fiscales, los vecindarios más retirados funcionaban, al decir de Gorelik, como avanzadas domésticas de un campamento provisorio.[56] Los testimonios de la época no dejan lugar a dudas. En las cercanías del matadero, en el sureste del trazado urbano, nos topamos con «cuadros para tener ganado, con pasto y arroyitos (a su disposición)».[57] Era habitual que allí la hacienda ingresada a la comuna hiciera su último engorde antes de la faena. Los servicios en esa zona se reducían a una canilla comunitaria y a la electricidad que proveía la Cooperativa de Agua, Luz y Fuerza. La falta de gas, por su parte, era compensada con leña extraída de los bosques que

---

[55]AHMN, *Gestión de Gobierno*, caja 3, 1964, nota 41

[56]Gorelik, *La grilla y el parque. Espacio público y cultura urbana en Buenos Aires, 1887-1936*, pág. 259.

[57]AHPN, Caja Barrios, *Belgrano. La memoria de su gente*, Neuquén, 1989, pág. 9.

seguían el curso del río Limay, y los desagües a cielo abierto volvían al aire irrespirable.[58] Los campamentos de gitanos, con sus carpas comunitarias, amén de ser una preocupación para las autoridades,[59] alternaban con viviendas rudimentarias en un paisaje típicamente suburbano.

Este tipo de imágenes se repetían en otros sectores de la ciudad. En los terrenos que sirvieron de asiento al barrio El Progreso, hacia comienzos de la década de los sesenta, «no había luz, la calefacción era a leña y el agua se bombeaba desde un canal, también usado para que beban los animales o para el riego de las quintas que algunos vecinos tenían».[60] El aspecto semi-rural del área era realzado por la existencia de un tambo y de periódicos arreos de ganado que complicaban el tránsito por las mal delimitadas calles. En las tierras linderas con el puente carretero-ferroviario, donde poco tiempo después se edificaría el barrio *Sapere*, la situación no era más halagüeña. Habitado por los damnificados de las inundaciones de 1958, recién contó con un servicio de agua corriente en las postrimerías de la década de los sesenta. Si bien las autoridades municipales iniciaron las gestiones para atender una población compuesta por más de quinientas familias, la respuesta de Obras Sanitarias de la Nación no se destacó por su celeridad.[61] A la falta de agua corriente debemos sumar la ausencia de electricidad y gas, delineando un sector que para 1967 todavía se encontraba en el casillero de «sin servicios».[62]

Ahora bien, señalar los problemas de infraestructura que caracterizaban a las áreas más alejadas del centro no equivale a pensarlas desde el prisma de la uniformidad. La mirada de los contemporáneos nos brinda suficiente evidencia para cuestionar ese punto de vista. En un informe realizado sobre finales de la década de los setenta, un periodista señalaba cómo, en los tempranos sesenta, la ciudad «se había distendido desde el pueblerino centro hacia los cuatro puntos cardinales».[63] En un intento por trazar una cartografía de sus servicios, nos ponía frente a doce áreas que, aunque compartían una menor consistencia que el centro, tenían importantes diferencias entre sí. Al tope de su clasificación colocaba a

---

[58] AHPN, Caja Barrios, *Belgrano. La memoria de su gente*, Neuquén, 1989, pág. 21.

[59] AHMN, *Gestión de Gobierno*, Caja 1, nota 384.

[60] AHMN, *Caja Barrio «El Progreso»*, f. 1.

[61] *Diario Tribuna del Sud*, Neuquén, 16 de agosto, 1961, pág. 4.

[62] AHPN, *Neuquén, 75 años de capitalidad*, 1979, pág. 127.

[63] Ibídem, pág. 127.

barrios que habían abandonado ese carácter de *puzzle* de vecindarios. Con comisiones vecinales funcionando desde muy temprano, contaban –en mayor o menor medida– con los principales servicios públicos. Si bien no encontramos allí desagües cloacales, sistemas de alumbrado potentes o calles asfaltadas, conformaban un cinturón de barrios que no estaban sumergidos en una situación crítica. En esa columna encontramos áreas de antiguo poblamiento que sólo algunas décadas antes estaban totalmente desconectadas del tejido urbano neuquino. En los barrios Mariano Moreno, Villa Florencia, Villa Farrell, Nuevo y Belgrano nos topamos con «casas de material con agua y luz» que albergaban a una población formada por «obreros y empleados de empresas estatales, privadas y comercio».[64]

Un panorama completamente distinto se observaba en otros vecindarios suburbanos. Nacidos cuando la ciudad había iniciado su despegue demográfico, estos espacios mostraban una estructura menos consolidada. En los albores de los sesenta, estas zonas se habían ganado el mote de «villas precarias» o «cordón de emergencia» debido al retraso que evidenciaban en materia de servicios. A bastante distancia de los barrios más antiguos, estos sectores presentaban viviendas muy precarias construidas con materiales como adobe, chapas, cantoneras y, en casos extremos, hasta cartón. La falta de edificaciones consolidadas se complementaba con una población compuesta de «changarines, peones, obreros y jornaleros».[65] Esta descripción, aunque panorámica, funcionaba para retratar a las áreas conocidas como Bouquet Roldan, Villa María, La Sirena, Sapere y los vecindarios que poco tiempo después formarían el barrio Progreso (Villa Tiro Federal y Vitale). A todas ellas debemos sumar los vecindarios que sobrevivían en los márgenes de las colonias agrícolas Confluencia y Valentina, donde sus habitantes alternaban el «trabajo para otros» con prácticas de subsistencia.

En este paisaje suburbano, todavía a una enorme distancia de las manzanas céntricas, advertimos una transformación fundamental. A comienzos de la década del sesenta emergió una unidad que daría forma a la periferia neuquina: «el barrio». No creemos que esta idea pueda ser asociada con una delimitación en un sentido jurisdiccional. Es más

---

[64]Ibídem, pág. 127.
[65]AHPN, *Neuquén, 75 años de capitalidad*, op. cit., pág. 127.

adecuado pensarla como el punto de llegada de un proceso de interacción que fortalecería un sentido de identidad de los sectores populares. Se trataba del pasaje de una multitud de vecindarios dispersos, todos ellos desconectados del tejido urbano original, a un espacio reconocible desde un punto de vista social y cultural.[66] En esos espacios se generaron relaciones «cara a cara», resultado de la necesidad y del aislamiento, que dieron lugar a diferentes formas de mediación. Se trataba de redes de resolución de problemas que, luego de iniciar gestiones ante las autoridades, ganaron en organicidad hasta convertirse en instituciones reconocidas. De ahí que el pasaje de un momento al otro haya estado dado por la formación de comisiones de fomento que incorporaron definitivamente a los suburbios al espacio público local. La provisionalidad de los vecindarios era así anulada por un salto cualitativo que acompañaba a la explosión demográfica: un espacio fragmentado era relevado por un territorio identitario compacto del cual participaron una multitud de actores sociales.

En este punto, los barrios convergen con la idea de *asentamiento*, devolviendo complejidad a un proceso que, por lo general, se analizó desde la uniformidad. La historiografía regional, más preocupada en examinar fenómenos económicos a escala provincial, daba por sentado que la ciudad había experimentado una explosión demográfica que estiraría sus límites. La forma en que ello sucedió y los patrones residenciales que siguieron quienes colaboraron en ese proceso quedaron sumidos en un profundo interrogante. Inaugurar ese sendero de indagación nos pone frente a la necesidad de responder algunas preguntas: ¿podemos analizar a Neuquén a la luz del modelo de Burgess? ¿Dónde se asentaron los migrantes que llegaban a la ciudad? ¿Existió mezcla habitacional entre migrantes y nativos? ¿Cómo interactuaron el origen migratorio y la posición socio-ocupacional en el modelado de distintos patrones migratorios?

---

[66]Gorelik, *La grilla y el parque. Espacio público y cultura urbana en Buenos Aires, 1887-1936*, pág. 273.

4.3 El asentamiento de los migrantes en una ciudad cambiante

Los lentos ritmos de la economía territoriana, como vimos en el primer capítulo, no hicieron de Neuquén un destino migratorio masivo. Por el contrario, hasta bien avanzado el siglo XX, la capital provincial ocupó un lugar insignificante en el mapa demográfico argentino. Eso no impidió que, debido al vacío de población que siguió a la ocupación militar de la Patagonia, los migrantes siempre hayan mostrado una importante participación dentro del total. No es de extrañar que esa situación haya conectado a Neuquén con otras regiones y, por su cercanía geográfica, con países limítrofes como Chile. Ese universo de relaciones tendría su influencia en la experiencia migratoria neuquina. Cuando su economía produjo el despegue, producto de incorporarse a la órbita nacional como proveedora de energía, se activaron las cadenas adormecidas y comenzaron a transportar un mayor caudal de información, ayuda y personas.[67] Estas nuevas coordenadas productivas permitieron un sostenido incremento de la población no nativa, que se reflejó en la elevada desproporción entre contrayentes nativos y llegados de otras regiones: dos terceras partes de quienes decidieron contraer nupcias, durante los años sesenta, habían nacido fuera de Neuquén.

La revitalización de lazos que habían permanecido entumecidos por largo tiempo nos dice mucho sobre las pautas de asentamiento. Las cadenas activadas tendieron a llevar a los recién llegados a un sector de la ciudad que había concentrado a la mayoría de la población en las décadas previas. Quienes llegaron a la ciudad en las primeras décadas del siglo XX, atraídos por las actividades que animaban su vida económica, se instalaron en el centro administrativo y comercial de la misma. Cerca de un quinto de los migrantes relevados residía en alguna de las

---

[67] Muñoz Villagrán advierte, en el caso de los migrantes chilenos, aunque podríamos ampliar esta practica a otros grupos migratorios, la figura del allegado. Al respecto nos dice: «Los allegados nunca faltan, siempre hay un recién llegado al que hay que recibir y cobijar por un tiempo (...) si bien su cantidad es significativa no es relevante por su transitoriedad de esa condición. En general encuentran salidas en algunas de las oportunidades que ofrece Neuquén y su condición de allegado suele ser de corto tiempo». Cfr. Jorge Muñoz Villagran. *Los «chilenos» en Neuquén-Argentina... idas y venidas*. Neuquén: Editorial de la Universidad Nacional del Comahue, 2005, pág. 79.

manzanas que modelaban el centro neuquino (véase Cuadro 4.1). Una proporción similar de los nativos habitaba en el mismo sector, mostrando a las claras que no se trataba de un espacio segregado. En todo caso, conviene pensarlo como un área donde convergieron – en diferentes cantidades, por supuesto – los patrones residenciales de estos dos grandes agregados sociales. No obstante, a cierta distancia de lo ocurrido en el pasado territoriano, los migrantes presentaban una composición totalmente diferente: los llegados del otro lado del Atlántico perdieron su importancia, al mismo tiempo que los migrantes argentinos comenzaban a ganar terreno.

Barrios y Vecindarios	Nativos	Migrantes	(N-M)
Centro	27,4	27,0	0,4
Belgrano	9,7	6,2	3,5
Villa María	6,2	15,9	9,7
Villa Florencia	4,5	8,0	3,5
Colonia Valentina	6,2	3,1	3,1
Bouquet Roldan	12,4	12,1	0,3
Progreso	1,8	3,8	2,0
Colonia Confluencia	8,0	4,9	3,1
Nuevo	8,8	6,2	2,6
La Sirena	1,8	1,0	0,7
Mariano Moreno	8,0	5,2	2,8
Sapere	0,9	2,4	1,5
Villa Farrell	5,3	4,1	1,2
Totales	100	100	–
Id por barrios	–	–	17,7

Cuadro 4.1 – Distribución de la población nativa y migrante por barrios y vecindarios. Neuquén, 1960-1969. Fuente: Elaboración propia a partir de las actas matrimoniales del Archivo de la Dirección Provincial de Registro Civil de Neuquén.

Quienes integraban las nuevas corrientes, que tenían poca o nula relación con los habitantes más antiguos, tendieron a ubicarse en los barrios nacidos con la expansión de la ciudad. Villa María, acorralada por los brazos del río Limay, fue una de estas zonas. Hacia mediados del siglo XX, un migrante que llegaba a estas tierras no tuvo problemas para definirla como «varios ranchitos de adobe (...) que quedaban limpios

cuando llegaban las crecientes».[68] Las periódicas inundaciones reforzaban el carácter provisorio de este vecindario, obligando a sus habitantes
a instalar defensas precarias que poco podían hacer para detener «calles
que parecían ríos».[69] La distancia respecto al centro de la ciudad no
sólo estaba relacionada con el aspecto edilicio. La particular situación
geográfica de este sector era otro ingrediente que la acentuaba: se trataba de una isla que, rodeada de arroyos, tenía «su único acceso en una
pasarela precaria de hierro»[70] y en lugar de calles, contaba con huellas
en muy mal estado. En total, el 16 % de los migrantes vivía en Villa María en comparación con el 6 % de la población nativa (véase Cuadro 4.1).
Su perfil como sector habitado por migrantes se refuerza si agregamos
un segundo dato: el 86 % de los residentes adultos registrados en las
actas matrimoniales había nacido fuera de la ciudad.

Barrios y Vecindarios	A	B	(ES-EI)
Centro	83,3	7,1	76,2
Belgrano	2,8	8,5	5,7
Villa María	0	16,3	16,3
Villa Florencia	5,6	6,4	0,8
Colonia Valentina	0	7,8	7,8
Bouquet Roldan	0	20,6	20,6
Progreso	0	6,4	6,4
Colonia Confluencia	0	10,6	10,6
Nuevo	2,8	6,4	3,6
La Sirena	0	2,1	2,1
Mariano Moreno	2,8	2,8	0
Sapere	0	4,3	4,3
Villa Farrell	2,8	0,7	2,1
Totales	100	100	–
Id por barrios	–	–	78,3

Cuadro 4.2 – Distribución de la población de acuerdo a estratos superiores
e inferiores. Neuquén, 1960-1969. A= Estratos Superiores; B= Estratos
Inferiores. Fuente: Elaboración propia a partir de las actas matrimoniales
del Archivo de la Dirección Provincial de Registro Civil de Neuquén.

---

[68]AHPN, Caja Barrios, *Villa María. La memoria de su gente*, Neuquén, 1989, pág. 1.

[69]AHPN, Caja Barrios, *Villa María. La memoria de su gente*, Neuquén, 1989, pág. 12.

[70]AHPN, Caja Barrios, *Villa María. La memoria de su gente*, Neuquén, 1989, pág. 4.

La tercera zona que albergaba una importante cantidad de recién llegados, el asentamiento ubicado en las tierras de la colonia Bouquet Roldan, en el borde occidental de la ciudad, era menos relevante. El 12 % de los migrantes que residía en Neuquén y un similar porcentaje de la población nativa relevada vivía allí (véase Cuadro 4.1). Lo que durante largos años había funcionado como un espacio destinado a la agricultura intensiva, sobre mediados del siglo XX albergó una población con enormes dificultades para encontrar una residencia en el centro de la ciudad. La escasa oferta habitacional fomentó la instalación de recién llegados en un área que, por mucho tiempo, fue conocida como «barrio de intrusos».[71] Que 70 % de los contrayentes haya nacido fuera de la ciudad, aunque a la zaga de otros vecindarios de similares características, constituye una prueba que refuerza esa caracterización.

En términos generales, podríamos decir que existe una importante mezcla habitacional entre nativos y migrantes. El índice de diferencia (Id) entre ambos confirma la solidez de este enunciado. Este indicador, que determina qué porcentaje de un grupo determinado debería mudarse para lograr la desagregación total con respecto a otro, oscila en un rango que va desde 0 (integración total) y 100 (segregación total).[72] Los valores ubicados por debajo del umbral de 30 indican una segregación baja que discute los alcances del concepto de enclave. Para el caso de Neuquén, un Id cercano a 17 contradice el concepto de *ghetto* con tanta fuerza como el revisionismo norteamericano (véase Cuadro 4.1). Los asentamientos de migrantes, tanto argentinos como extranjeros, no eran de ninguna manera homogéneos ni, menos aún, impermeables a la influencia venida del exterior.

A primera vista, la diversidad habitacional por estrato en Neuquén parece más pronunciada que su mezcla por origen migratorio. Las opiniones de la época se esforzaban en mostrar un espacio donde los lazos de solidaridad modelaban una sociedad sin contrastes extremos. No era difícil encontrar habitantes humildes que se enorgullecían del fluido diálogo que mantenían con algunos de los vecinos más encumbrados de la ciudad. Esta convivencia se hacía todavía más fuerte en ocasión

---

[71] Diario *La Capital*, n° 23, 6 de octubre de 1956, pág. 4.

[72] Una discusión metodológica sobre este indicador en: Otis Dudley Duncan y Beverly Duncan. "Methodological analysis of segregation index". En: *American Sociological Review*, n.º 20: (1955), págs. 210-217.

de alguna circunstancia adversa. Las crónicas de las inundaciones, que afectaron a los barrios recostados sobre el río Limay, son una buena señal de eso. Las sensaciones de los afectados indicaban la destacada participación de la «gente bien» en las tarea de rescate de los residentes más perjudicados, así como en la recolección de víveres y fondos para reconstruir las zonas anegadas. Estas actitudes nos podrían conducir a una conclusión que no deja de estar alineada con un postulado básico de la sociología urbana norteamericana: las «ciudades peatonales», tan propias del mundo preindustrial, estaban a salvo de los profundos clivajes que atravesaban a las sociedades modernas. Sin embargo, en caso de abandonar el impresionismo de testimonios aislados, que no dejan de ser la punta de un enorme *iceberg*, puede que divisemos un panorama completamente diferente. Detrás de la cercanía de algunos integrantes de las clases acomodadas y quienes ocupaban la base de la estructura ocupacional, se ocultaba una realidad de segregación social.

Barrios y Vecindarios	A	B
Centro	20,8	6,9
Belgrano	2,3	27,3
Villa María	0	38,3
Villa Florencia	7,1	32,1
Colonia Valentina	0	37,9
Bouquet Roldan	0	44,6
Progreso	0	52,9
Colonia Confluencia	0	40,5
Nuevo	2,9	25,7
La Sirena	0	60
Mariano Moreno	3,8	15,4
Sapere	0	46,2
Villa Farrell	3,8	3,8

Cuadro 4.3 – Participación de los estratos superiores e inferiores por barrios y vecindarios. Neuquén, 1960-1969. A= Estratos Superiores; B= Estratos Inferiores. Fuente: Elaboración propia a partir de las actas matrimoniales del Archivo de la Dirección Provincial de Registro Civil de Neuquén.

Con el propósito de medir este fenómeno, calculamos el índice de diferencia entre los habitantes que se alojaban en los extremos de la clasificación profesional. Mientras que en una primera columna colocamos a los miembros de los estratos superiores (trabajadores «no manuales altos» y «profesionales bajos» y «altos»); en una segunda ubicamos a quienes se desempeñaban en trabajos manuales semicalificados y en otros que no requerían conocimientos específicos. Un Id próximo a 80 no deja lugar a la imaginación ni, menos aún, a conclusiones nacidas de acopiar testimonios inconexos (véase Cuadro 4.2). Parece claro que la segregación social era significativamente mayor que la basada en el lugar de nacimiento. Y en esa conclusión las fuentes nominales empleadas ofrecen una ventaja operativa: una metodología basada en las actas matrimoniales consigue capturar una población justo cuando se establecen las tendencias laborales de más largo plazo. De haber incluido a menores de edad –solteros, por supuesto– estos resultados hubieran aparecido seguramente deformados, pues los primeros tramos de la trayectoria laboral suelen estar ligados a empleos poco calificados que, por estar distribuidos de forma uniforme en la ciudad, subestiman la segregación por clase.

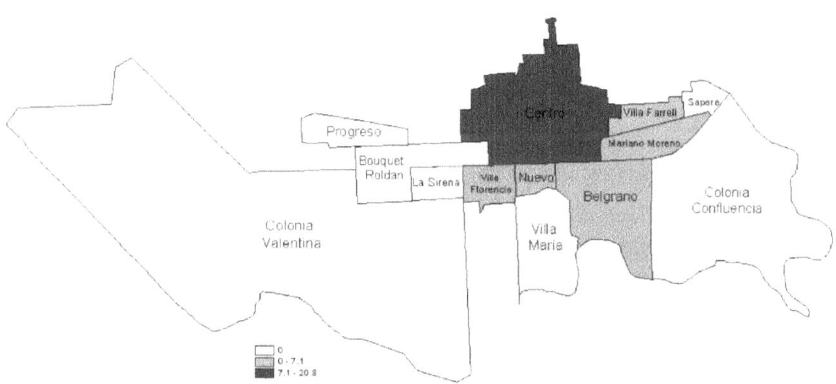

Figura 4.3 – Porcentaje de la población en los estratos superiores (Profesional Alto, No Manual Alto y Profesional Bajo) por barrios y vecindarios. Neuquén, 1960-1969. Fuente: Elaboración propia con ArcView GIS 3.3.

De un análisis del nivel ocupacional para los diferentes barrios neuquinos se desprende no sólo una significativa segregación sino también un esquema análogo al modelo de zonas concéntricas de Burgess, aunque en una dirección exactamente opuesta. La propuesta de la escuela de Chicago, como analizamos anteriormente, se esforzaba en demostrar que el nivel social de los habitantes aumentaba conforme uno se alejaba del centro de la ciudad. En Neuquén, hacia mediados del siglo XX, ese nivel disminuía a medida que realizamos el mismo movimiento. En su área central encontramos los más altos niveles de empleo en los peldaños superiores de la estructura ocupacional y, al mismo tiempo, una proporción bastante menor de trabajadores semicalificados o sin calificación (véase Cuadro 4.3). A continuación se levanta un primer anillo que involucraba una menor cantidad de profesionales y «trabajadores no manuales altos», nunca superior al 10 %, y a una importante cantidad de vecinos empleados en rubros menos prestigiosos (véase Figuras 4.3 y 4.4). Allí encontramos algunos de los barrios más antiguos de la ciudad, muchos de los cuales habían servido de albergue a los sectores populares en las primeras décadas del siglo pasado. Mientras que en ese período habían albergado actividades relacionadas con la «mala vida», siendo por ello una escala habitual de los discursos higienistas, en los primeros años de la provincia muy poco de esa caracterización quedaba en pie. Aunque no se trataba de los tradicionales barrios residenciales de clase media, tampoco eran «villas de emergencia» que carecían de los más básicos servicios públicos.

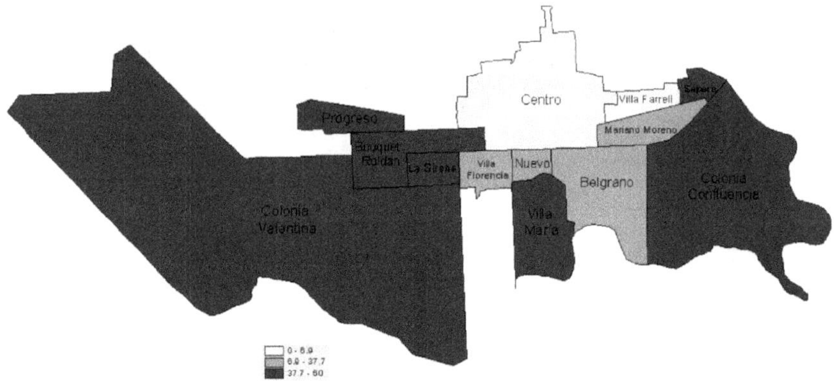

Figura 4.4 – Porcentaje de la población en los estratos inferiores (Manual Semicalificado y Manual No Calificado). Neuquén, 1960-1969. Fuente: Elaboración propia con ArcView GIS 3.3.

Con una ausencia total de personas empleadas en el vértice superior de la pirámide profesional, los vecindarios nacidos a mediados del siglo XX constituían un segundo anillo de la estructura urbana neuquina (véase Figura 4.3). A cierta distancia de lo sucedido en el área de más antiguo asentamiento, en esta zona encontramos un significativo peso de los trabajadores menos calificados que oscilaba, según el barrio, entre 35 % y 60 % de la población relevada (véase Cuadro 4.3 y 4.4). Esa particular composición social era en parte consecuencia de su reciente incorporación a la órbita de la ciudad y era en parte resultado de una política de vivienda insuficiente. A diferencia de los restantes anillos, mucho más consolidados desde el punto de vista urbanístico, las áreas periféricas conservaron por mucho tiempo ese aroma a tierra ganada al campo. En su gran mayoría fueron, como ya señalamos, el resultado de loteos de chacras que mostraban un rendimiento menor al esperado, aunque no era menor la importancia de un fenómeno que ganaría peso en las décadas siguientes: la ocupación de terrenos fiscales. Con la llegada de una incontrolable cantidad de migrantes, no es de extrañar que la oferta habitacional haya estado rezagada con respecto a la explosiva demanda. En ese marco, diferentes formas de tenencia provisoria se convirtieron en una moneda corriente, marcando el ritmo de una expansión urbana desordenada que sólo tuvo un reconocimiento como problema en los años ochenta.

Más allá que el modelo de zonas concéntricas de Burgess se haya dedicado originalmente a examinar a la ciudad en conjunto, algunos de sus discípulos usaron su capacidad explicativa para abordar grupos migratorios particulares. Como es lógico imaginar, los nuevos usos de esta herramienta de análisis sirvieron para reforzar las hipótesis originales. Tal cual sucedía con la población en general, a medida que nos alejamos del centro era visible una mayor participación de los sectores más encumbrados que escapaban del deterioro del *downtown*. El caso neuquino pareciera nuevamente desafiar la solidez de este enunciado. Al interior de cada grupo migratorio, la participación de trabajadores ubicados en el fondo de la estructura ocupacional aumentaba de forma proporcional a la distancia recorrida desde el centro. El caso de los migrantes chilenos y de quienes llegaban del interior neuquino grafica a la perfección esta progresión. Así como en el casco original no encontramos trabajadores manuales de baja calificación, los siguientes anillos albergaban a la totalidad de este tipo de asalariados. Pero no podríamos decir que ellos se distribuían armónicamente entre ambas áreas: mientras que los barrios más cercanos al centro capturaban sólo una cuarta parte de los mismos, en el segundo anillo residía el restante 75 % (véase Cuadro 4.4). Además, al igual que los franceses o ingleses en el Buenos Aires aluvional,[73] los grupos migratorios de mejor *performance* ocupacional presentaban una mayor tasa de centralización: el 80 % de los migrantes de otras provincias, el 60 % de los del interior provincial y el 25 % de quienes llegaban de Chile se ocupaba en empleos no manuales de diferente calificación, que oscilaban entre un humilde empleado de comercio y un profesional reputado. Siguiendo el mismo orden, observamos que cerca de la mitad de los migrantes de otras provincias, poco más del 17 % de los neuquinos que no eran nativos de la ciudad y menos del 10 % de la población chilena, vivía en las 170 manzanas que daban vida al centro neuquino.

La coincidencia en ambos *ranking* no es casual y nos pone en aviso de la fuerte correlación existente entre la radicación en la ciudad y el lugar ocupado en la estructura ocupacional. Un mejor empleo en los tramos iniciales de la experiencia migratoria se traducía casi con seguridad en una opción por las áreas más consolidadas, donde estaban a su disposición una gama de servicios que difícilmente conseguirían en los restantes anillos. En los años sesenta, los loteos realizados a cierta distancia del centro no eran demasiado atractivos para estos sectores debido a la poca conectividad de la ciudad y, especialmente, porque no ofrecían las ventajas de la «vida moderna». Por ese motivo, no es casual que, ante la disyuntiva de ocupar parcelas cuya propiedad estuviera en disputa o de alquilar una vivienda en las calles céntricas, los migrantes de mejor posición se hayan inclinando por la segunda opción. En las décadas siguientes, con la multiplicación de la oferta habitacional, tanto pública como privada, fue posible conciliar dos objetivos que hasta ese momento habían permanecido divorciados: acceder a la propiedad y contar con diferentes servicios, antes concentrados en una pequeña porción de la ciudad.

Lo mismo ocurría con los migrantes que lograban insertarse en los escalones inferiores de la estructura ocupacional. El centro de la ciudad era para ellos una opción que complicaba el andamiaje de una trayectoria laboral ascendente. El periódico pago de un alquiler, las obligaciones que nacían del suministro de los servicios y las enormes dificultades que aquellos tenían para convertirse en propietarios, significaban que una

---

[73]Moya, *Primos y extranjeros. La inmigración española en Buenos Aires 1850-1930*, pág. 155.

Áreas	Nativos	Chilenos	Interior Prov.	Otras Prov.
Centro	4,1	0	0	31,2
Primer Anillo	41,7	25,0	25,0	25,0
Segundo Anillo	54,2	75,0	75,0	43,8
Total	100 (24)	100 (24)	100 (24)	100 (16)

Cuadro 4.4 – Áreas de residencia de los trabajadores semicalificados y sin calificación por grupo migratorio. Neuquén, 1960-1969. Fuente: Elaboración propia a partir de las actas matrimoniales del Archivo de la Dirección Provincial de Registro Civil de Neuquén.

considerable masa de recursos debía ser canalizada hacia áreas que no eran precisamente las de subsistencia. En ese contexto, no dejaba de ser seductora la posibilidad de ocupar un terreno periférico a la espera de una situación propicia para acceder a la propiedad en las áreas más consolidadas o, como finalmente sucedió, forjar allí redes que facilitaran la incorporación de estas barriadas al tejido de la ciudad. La fuerte actividad vecinal, enmarcada dentro de la ordenanza 2/58,[74] sumada a un enorme caudal de pedidos informales – que incluían temas tan variados como la reparación de calles y puentes, la atención del servicio municipal de recolección de residuos o el transporte público –, son claras muestras de una estrategia que quitaba de su horizonte la posibilidad de convertirse en propietario en el centro de la ciudad. Se trataba, en todo caso, de concentrar los esfuerzos en una alternativa que no restase recursos a la economía familiar y, al mismo tiempo, permitiera en un lapso no muy prolongado acceder a la propiedad en un área que paulatinamente perdería su provisionalidad. Las manzanas céntricas, con sus hoteles, inquilinatos o pensiones, ofrecían a los trabajadores de menor calificación una opción temporal que, si se convertía en permanente, restaba chances de transitar el camino de la integración social.

---

[74]La actividad de las comisiones vecinales se enmarcaba en la ordenanza n° 2/58. Cfr. Honorable Consejo Deliberante de la Ciudad de Neuquén (en adelante HCDN), Ordenanza n° 2/58.

4.4 Patrones de asentamiento de los principales grupos migratorios

Tal como sucede con otros aspectos de la experiencia migratoria, en el diálogo entre el origen regional y posición socio-económica encontramos una segunda puerta de ingreso a los patrones habitacionales.[75] A diferencia del contraste entre nativos y migrantes, muy útil para pronosticar elementos panorámicos, clasificaciones más acotadas nos proporcionan una base empírica adecuada para ensayar miradas más concentradas de la realidad.

Áreas	Nativos	Chilenos	Interior Prov.	Otras Prov.
Centro	1,01	0,25	0,51	1,74
Primer Anillo	1,18	0,69	1,08	0,85
Segundo Anillo	0,85	1,68	1,22	0,66

Cuadro 4.5 – Índice de concentración (Ic) de diferentes grupos migratorios por áreas de la ciudad. Neuquén, 1960-1969. Fuente: Elaboración propia a partir de las actas matrimoniales del Archivo de la Dirección Provincial de Registro Civil de Neuquén.

Pero la utilización de un lente más potente hace necesario formular nuevas preguntas y, desde luego, echar mano de nuevos instrumentos de medición. Cuando nos interrogarnos acerca de la distribución de la población nativa y migrante, el índice de diferencia nos ofrecía una herramienta capaz de visualizar la existencia —o no— de cierta mezcla habitacional entre estos agregados. Llegamos así a la conclusión de que no podían distinguirse grandes diferencias en su asentamiento sobre el tablero urbano. Esa utilidad, sin embargo, se desvanece cuando queremos abordar la concentración de los principales grupos migratorios en los diferentes anillos de la ciudad. De ahí la importancia de hallar un indicador que nos permita relacionar la presencia efectiva de un grupo migratorio con la distribución que éste tendría suponiendo una disposición totalmente aleatoria.[76] El índice de concentración satisface este

---

[75]Moya, *Primos y extranjeros. La inmigración española en Buenos Aires 1850-1930*, pág. 156.

[76]Otero y Pellegrino, «Compartir la ciudad. Patrones de residencia e integración de inmigrantes en Buenos Aires y Montevideo durante la inmigración masiva», pág. 24.

requisito y permite comparaciones entre grupos de diferentes tamaños, siempre y cuando los individuos observados no sean extremadamente pocos.

El análisis de la población migrante en la ciudad de Neuquén muestra que los tres principales grupos presentaban, en la década de 1960, una distribución espacial caracterizada por una mayor concentración en ciertas secciones de la ciudad. A pesar de las posibles variaciones artificiales, nacidas de unos límites que todavía no tomaban su forma definitiva, los tres grupos se distribuyeron de una manera estable a lo largo del período estudiado.

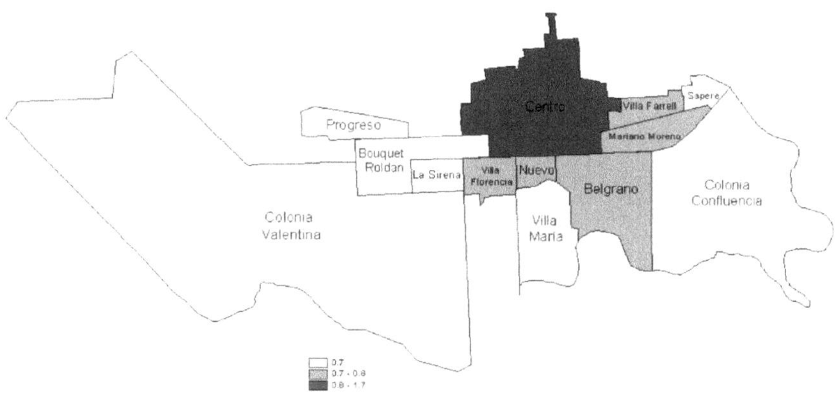

Figura 4.5 – Índice de concentración (Ic) de los migrantes de otras provincias por área de la ciudad. Neuquén, 1960-1969. Fuente: Elaboración propia con ArcView GIS 3.3.

Los migrantes de otras provincias se agruparon sobre todo en las manzanas que daban forma al centro neuquino. A esa sobrerrepresentación se correspondía una menor concentración en los barrios que conformaban el primer y el segundo anillo. Es interesante observar cómo la presencia de los migrantes de otras provincias se diluía a medida que nos alejamos de las secciones más consolidadas de la ciudad, donde la población contaba con una menor cantidad de servicios públicos y predominaban las ocupaciones escasamente calificadas. Así pues quedaba establecido un *degradee* que mostraba dos tonalidades de grises: si en el primer anillo el Ic se aproximaba a 0,85, en las barriadas que conformaban el segundo anillo disminuía hasta ubicarse en un deslucido 0,66 (véase Cuadro 4.5 y Figura 4.5). Al interior de los «migrantes de otras provincias» no advertimos variaciones demasiado relevantes. Para sostener este punto, basta con analizar los migrantes de los cuatro distritos que escogimos en el capítulo anterior. Los migrantes llegados de la ciudad de Buenos Aires, Capital Federal y Mendoza presentaron un comportamiento centralizado. Que el 41 %, 55 % y 60 % de los contrayentes haya declarado su domicilio en las manzanas céntricas de la ciudad es una buena muestra de ello. Los migrantes arribados desde Córdoba, empleados en gran proporción en las ocupaciones no manuales, reforzaron este comportamiento: sólo uno de cada tres cordobeses residía, al momento de casarse, en los anillos exteriores de la ecología urbana neuquina.

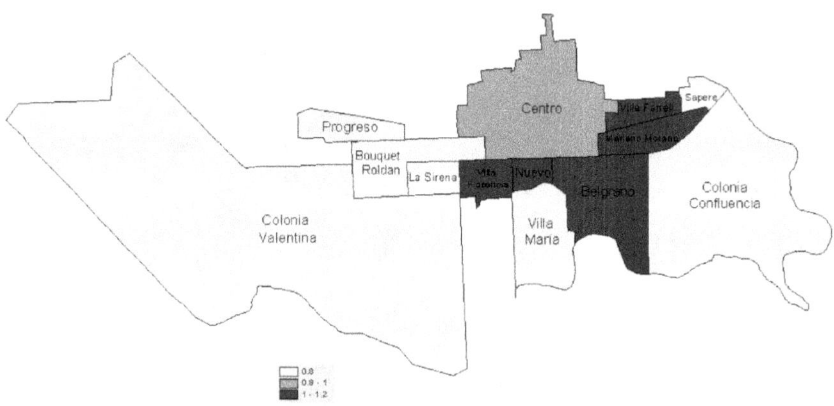

Figura 4.6 – Índice de concentración (Ic) de la población nativa (por área de la ecología urbana). Neuquén, 1960-1969. Fuente: Elaboración propia con ArcView GIS 3.3.

Una mirada sobre los patrones de asentamiento de la población nativa nos permite observar algunas similitudes con los migrantes de otras provincias. Como es lógico imaginar en una ciudad de repentino crecimiento, los neuquinos estaban concentrados en los sectores más antiguos, en particular en los barrios que conformaban el primer anillo de la ciudad. Con un Ic de 1,17 estamos en presencia de distritos que albergaron desde muy temprano a los sectores populares nativos o bien que sirvieron de residencia a neuquinos de primera generación, hijos de migrantes llegados en los albores de la etapa territoriana (véase Figura 4.6). En el segundo anillo su concentración caía hasta llegar a 0,86, mostrando que los nativos no fueron los protagonistas excluyentes del proceso de expansión de la ciudad. El centro de la ciudad muestra, por su parte, una concentración muy cercana a 1. Eso quiere decir que presentaban una distribución similar a la del total de la población en ese sector de la ciudad. Con todo, la fuerte presencia de los nacidos en la ciudad en la cuadrícula original, superior al 20 %, los ubicaba a la altura de los migrantes de otras provincias. A este contexto, aunque carente de una identidad andamiada en la idea de *barrio*, no podríamos definirlo como un desierto asociativo. Por el contrario, distinguimos allí algunos mecanismos que pudieron favorecer las relaciones entre los recién llegados y la población nativa, más allá de que no se hayan traducido en lazos fuertes como los familiares o de paisanaje. Si tenemos en cuenta que el centro de la ciudad concentraba al empleo no manual, especialmente el relacionado con la actividad comercial y administrativa, el lugar de trabajo debió haber servido de base para relaciones que no se limitaban al círculo más cercano de los migrantes. La escuela debió cumplir seguramente un papel similar. Un tenue sistema educativo volvía a los establecimientos céntricos los únicos disponibles para iniciar sociabilidades que, desde luego, trascendían la transmisión de conocimientos. Parece claro que en estos ámbitos funcionaron espacios que estimularon una fluida comunicación, que tenía a los estratos superiores como protagonistas sin importar demasiado su origen migratorio.

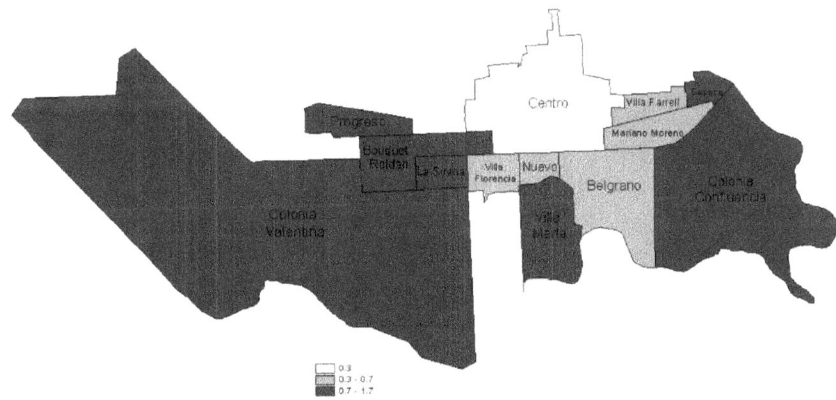

Figura 4.7 – Índice de concentración (Ic) de los migrantes chilenos (por área de la ecología urbana). Neuquén, 1960-1969. Fuente: Elaboración propia con ArcView GIS 3.3.

En los migrantes que llegaban del otro lado de los Andes divisamos un comportamiento exactamente opuesto. Su concentración en el espacio de más antiguo poblamiento era extremadamente baja (0,25). En los barrios más consolidados de la ciudad, que por comodidad incluimos en el primer anillo, la situación no era muy diferente: un Ic de 0,69 nos indica que los chilenos afincados en la ciudad durante la etapa territoriana no eran mayoritarios dentro de ese colectivo (véase Figura 4.7). En aquellos años era muy habitual un asentamiento temporal que seguía el calendario de la producción agrícola de la región y, por ese motivo, no acarreaba una instalación definitiva en la ciudad. Nada de eso ocurriría en los barrios nacidos al calor de la expansión urbana neuquina, muchos de cuales eran considerados «villas de emergencia» por las autoridades. Notamos allí una fuerte presencia chilena que nos pone frente a una reorientación del perfil ocupacional hacia empleos urbanos o, en todo caso, una mezcla de estos con labores rurales eventuales. En esas áreas, donde eran comunes las casas de adobe y las ingobernables inundaciones, su Ic se disparaba a niveles extraordinarios (1,64), sólo comparables con los registrados por los migrantes de otras provincias en el centro de la ciudad (véase Cuadro 4.5).

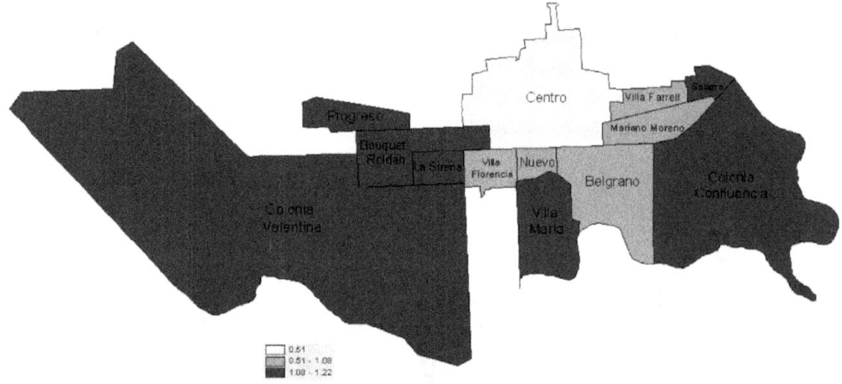

Figura 4.8 – Índice de concentración (Ic) de los migrantes del interior provincial (por área de la ecología urbana). Neuquén, 1960-1969. Fuente: Elaboración propia con ArcView GIS 3.3.

La fuerza de los indicadores pareciera en este caso coincidir con una percepción general, muy extendida por cierto, que no dudaba en calificarlos como «barrios de chilenos». Que el 70 % de los migrantes de ese origen residiera en el segundo anillo pareciera confirmar la validez de este enunciado. No deberíamos, sin embargo, confundir la concentración de este grupo migratorio con su dominio en los vecindarios que se abrían paso en la periferia neuquina. Más allá de su impresionante participación, los migrantes limítrofes se encontraban a la zaga de la población local y de los restantes grupos migratorios debido a su menor peso sobre el total de la población. De ahí que, antes que un *ghetto*, impermeable a la influencia externa, sea preferible pensar en *asentamientos* que albergaban a diferentes grupos migratorios.

Una última escala de este recorrido nos conduce a los migrantes del interior provincial. No tan concentrados como los restantes grupos, mostraron una distribución más uniforme que entendía poco de barrios étnicos. Mientras en el casco original de la ciudad encontramos una proporción menor a la esperable, en los barrios comprendidos en el segundo anillo su concentración fue relativamente fuerte, aunque no tanto como la de los migrantes transandinos. El primer anillo, por su parte, nos ofrece un Ic muy cercano a 1, probando que la proporción de migrantes de ese origen era igual al porcentaje de la población radicado en este sector. De todos modos, no podríamos decir que quienes llegaban de diferentes puntos de la provincia estaban equidistribuidos en las diversas áreas de la ciudad. No estaría mal si dijéramos que siguieron el patrón de asentamiento de los migrantes chilenos, aunque de forma bastante más atenuada. Si en los primeros su concentración oscilaba en un rango próximo a 1,7, en los segundos esa brecha se achica hasta llegar a 0,7. De tal suerte, los Ic para cada una de las áreas de la ciudad dibujan un juego de tonalidades en dirección opuesta al mostrado por los migrantes de otras provincias: el Ic se incrementa conforme nos alejamos del centro de la ciudad (véase Cuadro 4.5 y Figura 4.8).

4.5 Del «pueblo chico» a la «puerta de oro del sur». Neuquén en los setenta y los ochenta

El diario *Río Negro* iniciaba un suplemento dedicado al aniversario neuquino con una poesía que mezclaba el clima ideológico de la época y la percepción sobre el vertiginoso crecimiento de la ciudad. Debajo de una fotografía que mostraba un camino internándose en el horizonte, el texto intentaba enlazar pasado, presente y futuro:

> *Alzarse desde un antiguo desierto…*
> *Alzarse asumiendo la historia*
> *Comenzada hace siempre.*

> *Crecer desde ella: industria, cultura, Pueblo, empresa, educa-*
> *ción. . .*
> *Caminar desde la capitalidad de Neuquén,*
> *Hace 72 años, incansablemente hacia el progreso*
> Caminar hacia el cielo.[77]

Los versos transmitían muchas de las ideas que, hacia mediados de
los setenta, daban forma al discurso dominante. Neuquén había nacido de un supuesto desierto; de una «tierra maldita», según la expresión
inmortalizada por Darwin. Siguiendo una misión naturalizada, que entendía poco de referencias temporales, la ciudad transitaba por un camino que sólo podía ser detenido por el «cielo». Aunque puedan parecer pomposas y con un incontrastable aroma conservador, estas palabras
ponían al descubierto un dato de la realidad: la capital neuquina se incorporaba al escenario urbano argentino con un enorme vigor y a una
impresionante velocidad.

Censo	Población	A	B
1950	16.000	2	45
1960	25.170	2	35
1970	45.140	2	21
1980	92.047	1	17
1991	169.199	1	15

Cuadro 4.6 – Evolución de la población de la ciudad de Neuquén (1950-
1991). A= Ubicación dentro de la Patagonia; B= Ubicación dentro de la
Argentina. Fuente: Vapñarsky (1995). Nota: la cantidad de habitantes de
1950 es una extrapolación realizada a partir del censo nacional de 1947
(Vapñarky y Pantelides, 1987).

En la década de 1950, la población de Neuquén estaba a la par de
otras ciudades del Alto Valle de Río Negro y todavía a una enorme distancia de Comodoro Rivadavia, la metrópolis del sur.[78] A comienzos de
los noventa, Neuquén tenía más habitantes que cualquier otra ciudad
patagónica. A mediados del siglo XX, no menos de cuarenta ciudades ar-

---

[77] «Neuquén: caminar hacia el cielo». En: *Río Negro*: (12 de septiembre de 1976),
pág. 1.

[78] César Vapñarsky y Edith Pantelides. *La formación de un área metropolitana en la
Patagonia. Población y asentamiento en el Alto Valle*. Buenos Aires: CEUR, 1987, pág. 30.

gentinas, desde Jujuy hasta Santa Rosa y desde Posadas hasta San Rafael, superaban su número de habitantes (véase Cuadro 4.6). En 1991, se ubicaba, con un ritmo de crecimiento sólo superado por Ushuaia, entre los quince núcleos urbanos más importantes del país. Este despegue demográfico fue acompañado por una expansión geográfica constante. Al igual que en los sesenta, esta expansión fue posible gracias al avance de la ciudad sobre las áreas productivas y – sobre todo – las áridas tierras del oeste. Para esa fecha, la ciudad tenía aproximadamente 18 km^2 y contaba con más de 1100 manzanas urbanizadas. Estas cifras contrastaban con los humildes 9 km^2 y las 500 manzanas de 1960. Por más que el ejido municipal se mostraba inmutable desde esta última fecha, sus casilleros vacíos fueron completándose de forma continua pero desordenada. Una activa política de viviendas del Estado provincial, que hacía oídos sordos a las pautas planificadoras del Municipio, hizo que la explosión de la superficie edificada conviviera con enormes espacios desconectados del tejido urbano. Así, entre los numerosos complejos habitacionales inaugurados quedaron atrapadas amplias franjas de tierra desocupada. Los «descampados» o «baldíos», como los inmortalizó la prensa de la época, fueron quizás la marca más distintiva de una urbanización caótica que barrió a su paso con la herencia territoriana.

El desarrollo de la infraestructura corrió paralelo a la expansión de la planta urbana neuquina. Todas aquellas tendencias que comenzaban a dibujarse en los sesenta cobraron una mayor nitidez. El incremento del tránsito vehicular es un buen termómetro para medir la complejización de la dinámica urbana neuquina. Un primer dato es en sí mismo esclarecedor: el pintoresco ritual de desembarco de animales en la estación de ferrocarril y el tránsito de hacienda por las calles céntricas de la ciudad se transformaron en un lejano recuerdo.[79] A comienzos de los ochenta, las autoridades municipales declaraban, no sin asombro, que «todas las previsiones (en materia de tránsito) que pudieron haber tenido las autoridades comunales diez, quince o veinte años atrás, habían sido superadas por el vertiginoso crecimiento de la ciudad».[80] Las primeras medidas, tomadas a comienzos de los sesenta, resultaban a todas luces

---

[79]AHMN, *Resumen de Gestión de Gobierno (1958-1961)*, Municipalidad de la Capital, pág. 25.

[80]AHMN, *Resumen anual de gestión. Período 1981*, Municipalidad de Neuquén, pág. 19.

insuficientes. Después de todo, «la enorme cantidad de automóviles que circulaban permanentemente por la ciudad marcaban, con su presencia física, el desplazamiento de miles de personas por día, junto a incontables toneladas de productos de toda especie».[81] Al mismo tiempo, la prensa se hacía eco de lo peligroso que se había convertido transitar por las calles de la ciudad. Uno de los principales diarios de la región advertía sobre «el recrudecimiento de los accidentes de tránsito en las arterias de Neuquén», culpando de esta situación a la insuficiente infraestructura y a «conductores que se suben a los vehículos pensando que son los dueños del mundo».[82] Frente a esta situación, el equipamiento urbano no pudo resistirse a la llegada de una batería de transformaciones. Las primeras señales de tránsito que advertíamos en los apartados anteriores se convirtieron en centenares.[83] Del mismo modo, los semáforos dejaron de ser *rara avis* para transformarse en un condimento característico del paisaje capitalino. La aparición en escena de dispositivos antes desconocidos −como rotondas, dársenas, arterias exclusivas para tránsito pesado y calles de sentido único−, fueron otras de las soluciones que dieron forma a un sistema de circulación bastante más sofisticado que el territoriano.[84]

A medida que la población neuquina fue creciendo, los organismos públicos comenzaron a sacar provecho de un recurso abundante.[85] Aunque parezca curioso, el agua había sido un producto de uso restringido en la confluencia de dos de los ríos más importantes de la Argentina. Los neuquinos de mediados de siglo consideraban al agua potable como un líquido precioso cuyo uso debía ser dosificado en extremo. Para quienes podían pagarlo, la Municipalidad había puesto en marcha un servicio de transporte de agua que llevaba este recurso vital a los diferentes vecindarios que se abrían paso en la periferia de la ciudad. En

---

[81] Ibídem, pág. 19.

[82] «Neuquén y sus tradicionales accidentes de tránsito». En: *Sur Argentino*: (11 de junio de 1978), pág. 2.

[83] AHMN, *Resumen anual de gestión de gobierno municipal. Período 1980*, Publicación de la Municipalidad de Neuquén, págs. 10-11.

[84] AHMN, *Resumen anual...*, op. cit., pág. 49.

[85] Bernard De Gouvello. «Agua potable y saneamiento en el Neuquén. Modalidades de articulación entre acción provincial y cooperativas». En: *Estado, espacio y sociedad en el Neuquén*. Ed. por Nicole Maurice y Collin Delavaud. París: CREDAL-ARCI, 1995, pág. 141.

otros lugares, más integrados a la malla urbana, el servicio de agua se reducía a canillas comunitarias que obligaban a la población a realizar enormes rodeos para cubrir las necesidades básicas de consumo. Los problemas de abastecimiento eran tales que un periodista insistía, en su columna de noticias regionales, sobre «la angustiante falta de agua en los barrios neuquinos», acusando de ello a los «muchos proyectos que dormían en los burocráticos archivos de la administración».[86] Con el correr de los años, los problemas de abastecimiento fueron parcialmente revertidos. La extensión de las cañerías y la instalación de bombas más potentes permitieron multiplicar el consumo *per capita* del otrora cotizado recurso. Para comienzos de los ochenta, la raquítica red de agua potable de los primeros años de la provincia se había convertido en un sistema que, con una longitud superior a los 200 kilómetros, llegaba a los vecindarios más alejados de la ciudad.[87]

A medida que fue cobrando vigor la extensión del tendido de cañerías, otro tanto ocurrió con la red de desagües. A mediados del siglo XX eran habituales las quejas de los vecinos sobre la falta de drenajes adecuados. Cuando las periódicas lluvias azotaban a la ciudad, la ausencia de aquellos hacía imposible el tránsito por la mayoría de las calles neuquinas. Sólo veinte años después, el acondicionamiento de los desagües existentes, la construcción de nuevas vías de escurrimiento y la puesta en marcha de diferentes obras de saneamiento, volvieron cada vez más esporádicas a las «avenidas de agua y barro». En lo referido a las cloacas, los avances fueron igualmente significativos. Ese paisaje surcado por innumerables hilos de agua servida fue desplazado por una red cloacal con una extensión aproximada de 65 kilómetros.[88] Con todo, este crecimiento fue a la zaga del desarrollo de la red de agua corriente y, por ese motivo, los inconvenientes no desaparecieron por completo. En las áreas periféricas, los vecinos todavía sufrían «las consecuencias de una red de poco diámetro que se obstruía fácilmente, ocasionando serios problemas sanitarios en la población».[89]

---

[86] «El crecimiento de la ciudad y una variada gama de prioridades». En: *Sur Argentino*: (12 de junio de 1978), pág. 3.

[87] AHMN, *Resumen de Gestión*, 1981, pág. 70.

[88] Ibídem, pág. 70.

[89] Diario *Sur Argentino*, Neuquén, 12 de junio de 1978, pág. 3.

El agua corriente y el progresivo avance del sistema de desagüe no fueron los únicos elementos que mejoraron el cuadro sanitario de la ciudad. Las ordenanzas que prohibieron la circulación de animales de tiro por el microcentro neuquino facilitaron la tarea de los barrenderos municipales y lo mismo ocurrió con el progresivo reemplazo de las calles de tierra por las asfaltadas. La mayor presencia oficial en materia de control bromatológico puede ser ubicada en las mismas coordenadas. Los lamentos de las autoridades municipales sobre la falta de funcionarios capaces de realizar esta clase de labores se transformaron en un difuso espejismo del pasado. A modo de ejemplo podríamos decir que el municipio labró, sólo en 1981, una cantidad de actas que se contaba por miles, en una *performance* que arrojaba la nada despreciable cifra de 17 intervenciones diarias por inspector.[90] La recolección de residuos se extendió sin cesar desde finales de los setenta, poniendo coto a la difundida práctica de arrojar basura en los terrenos baldíos. Apuntando a mejorar la estética de la ciudad y eliminar posibles focos infecciosos, el Concejo Deliberante dispuso un servicio de recolección de residuos que brindaba cobertura a todas las propiedades edificadas de la planta urbana neuquina. Con un recorrido diario que incluía a las manzanas céntricas, pero también a los barrios del primer y segundo anillo, la ciudad perdió, en buena medida, esa apariencia de abandono característica de las décadas anteriores.

Las profundas transformaciones que irrumpían en el paisaje neuquino dejaron su huella en el sistema público de pasajeros. A medida que el crecimiento de la ciudad sumaba nuevos territorios, la necesidad de contar con un servicio de transporte fue ganando espacio en la agenda de prioridades. Los primeros pasos en esa dirección fueron dados en los tempranos sesenta. Por aquellos años habían sido autorizadas dos líneas que conectaban el centro de la ciudad con algunos de los vecindarios más retirados.[91] A menos de una década de la habilitación de estos servicios, la red de transportes neuquina se encontraba al borde del colapso.

---

[90] AHMN, *Resumen de Gestión*, 1980, pág. 4.

[91] Una de ellas llegaba al sector de chacras de Valentina, en el confín occidental de la ciudad; mientras que la otra tenía su cabecera en el Balneario Municipal, al sudeste de la planta urbana. Para la primera línea de colectivos: HCDN, Ordenanza 33/58 y Ordenanza 40/59. En el caso del recorrido que unía al centro neuquino con el Balneario Municipal: HCDN, *Digesto Municipal*, Ordenanza 144/61.

En 1973, los concejales llamaban la atención sobre el «grave problema que constituye el traslado de vecinos de esta capital» y sobre la urgencia de «realizar modificaciones de fondo en las estructuras imperantes».[92] Precisamente con ese propósito, fueron anuladas las antiguas concesiones y fue puesto en marcha un nuevo sistema de transporte colectivo que hizo gala de una amplia variedad de recorridos. Las dos líneas originales fueron reemplazadas, primero, por seis itinerarios y, un año después, por los ocho ramales definitivos.[93]

A medida que avanzaba el transporte masivo, otro tanto ocurría con los medios individuales de transporte. Esa ciudad pedestre, tan característica de la etapa territoriana, era desafiada por un ejército de vehículos que desfilaban por las arterias neuquinas. Aquel puñado de automóviles registrados por el Municipio en los años finales del Territorio Nacional mudó a 10.000 en menos a treinta años. Compartían las calles neuquinas con más de cinco mil utilitarios, motocicletas, un centenar de ómnibus, un novedoso servicio de «autos al instante» y, por supuesto, una creciente cantidad de taxímetros.[94] Sobre estos últimos, sólo hace falta decir que la gran demanda de traslados alentó el otorgamiento de nuevas licencias y la apertura de nuevas paradas: los treinta y cinco vehículos que, hacia mediados de los sesenta, circulaban por las calles neuquinas se transformaron en más de un centenar y el número de paradas se quintuplicó entre 1958 y 1991.[95]

La expansión radial y el desarrollo de la infraestructura de la ciudad permitió a Neuquén adquirir uno de los rasgos decisivos de la modernización urbana: la especialización espacial.[96] Un sistema de transporte que extendía sus brazos permitió poner distancia entre el hogar y el trabajo. La combinación entre la extensión de las redes de aguas, cloacas y recolección de residuos, creó las condiciones para el traslado de muchos hacia áreas poco tentadoras algún tiempo atrás. Los barrios cercanos al

---

[92] HCDN, Ordenanza 883/73, págs. 2-3.

[93] Puede que un simple dato nos brinde algunos indicios sobre el calibre de esta expansión: si a mediados del siglo XX la red de transporte colectivo apenas alcanzaba los 27 kilómetros, para principios de los ochenta su extensión se había multiplicado cinco veces. HCDN, Ordenanza 963/74. págs. 17-23.

[94] AHMN, *Resumen de Gestión 1981*, pág. 70. HCDN, Ordenanza 684/73, pág. 1.

[95] HCDN, ordenanzas: 885, 905, 2170, 2232, 2298, 2686, 2847, 3065, 3224, 3766.

[96] Moya, *Primos y extranjeros. La inmigración española en Buenos Aires 1850-1930*, pág. 170.

centro, ahora atendidos por una amplia gama de servicios, se consolidaron desde el punto de vista urbanístico, perdiendo en ese tránsito su característico aroma a campamento provisorio. El Barrio Nuevo, Villa Farell, Villa Florencia o Belgrano, pero especialmente los nuevos barrios contiguos al Centro (Santa Genoveva, Alta Barda y Cumelén), se habían sumado al tejido urbano contando con muchas de las características que, durante los sesenta, habían sido exclusiva propiedad del damero original de la ciudad.

El propio barrio Bouquet Roldan, punto de encuentro para quienes se lamentaban del vertiginoso crecimiento de la ciudad, comenzó a mostrar una fisonomía diferente. Un importante dirigente vecinal de la época señalaba que este sector había «progresado muchísimo desde su fundación».[97] Lejos del casillero «sin servicios», que lo tuvo como referencia obligada en los tempranos sesenta, la villa de mediados de siglo fue reemplazada por viviendas de material, que contaban con los servicios esenciales de agua, electricidad y gas. No se trataba de un espacio completamente consolidado, dado que aún carecía de cloacas o de un teléfono público, pero aventajaba en muchos sentidos a las nuevas barriadas que se internaban en el oeste de la ciudad. Mucha importancia tuvo allí el peso que fueron adquiriendo las organizaciones vecinales. En el caso del *Buque*, como fue bautizado por los vecinos, su trama asociativa transitó desde una comisión de fomento, que en los sesenta daba sus primeros tímidos pasos, a una sólida organización que elevaba con eficacia los reclamos barriales a la órbita política. Ese carácter de aduana entre los recursos públicos y las necesidades de los vecinos le permitió convertirse en un resorte de importancia en la maquinaria política local. Después de todo, la singular superposición entre redes de supervivencia y redes políticas que daba forma a los barrios neuquinos, necesitaba de intermediarios que, en palabras de Wolf, «hicieran guardia sobre las articulaciones críticas que conectan al sistema local con el todo social más abarcador».[98] De la capacidad de estos *brokers* dependía, en gran medida, la posibilidad de integrar a los barrios al tejido urbano.[99]

---

[97] AHPN, *Caja Barrios*, folio 69.

[98] Javier Auyero. *La política de los pobres. Las prácticas clientelares del peronismo.* Buenos Aires: Manantial, 1997, pág. 104.

[99] Las expresiones de un líder vecinal nos avisan sobre la estrecha relación entre la centralidad posicional de los intermediarios y el logro de beneficios para quienes ocupa-

Además de la sustancial mejoría de los barrios del primer y del segundo anillo, otras áreas de la ciudad fueron delimitando sus funciones. Un distrito financiero, bautizado *microcentro* en un intento por acortar las distancias con los grandes centros urbanos, se extendía a lo largo de las tres primeras cuadras de la avenida más importante de la ciudad. La fiebre financiera de finales de los setenta actuó como verdadero *big bang* en la instalación de nuevas sucursales y de incentivo a la remodelación de las primeras entidades bancarias de la ciudad. A pesar de las críticas lanzadas por las instituciones «guardianas de la memoria», que alertaban sobre la conveniencia de preservar los edificios más representativos, la *city* neuquina avanzó sin problemas sobre la arquitectura territoriana. Dos de sus víctimas fueron el antiguo Hotel Confluencia, donde se instaló la casa matriz del Banco de la Provincia del Neuquén, y la primera sede del Banco de la Nación, reemplazada por un edificio que combinaba metal y piedra en un moderno diseño. También allí se edificaron las primeras torres que llevaron a algunos periodistas a sostener −con cierta exageración− que Neuquén se estaba transformando en «la ciudad de los rascacielos».[100] Al sur de esta zona, en el corazón del bajo, las calles Sarmiento y Alcorta se consolidaron como el principal paseo de compras de la ciudad. Sus ocho manzanas concentraban los primeros supermercados, hoteles de cierto relieve, y muchas de las firmas nacionales que desembarcaban en la región. La llegada de empresas de renombre en rubros como los electrodomésticos, la vestimenta de alta gama y el amoblamiento, fue quizás el principal síntoma de un proceso que se profundizaría en los noventa: la sofisticación de los gustos de la población había expulsado la venta de artículos de consumo diario hacia las áreas residenciales que rodeaban a los distritos comercial y financiero.[101]

A pesar de que la parte alta de la ciudad, al norte de las manzanas pobladas por las instituciones bancarias, todavía conservaba una buena

---

ban el lugar de representados: «nosotros *buscamos ser dignos representantes* de Bouquet Roldan, encarando los problemas con objetividad, con criterio, sin ir al choque, lo cual no significa que estemos calladitos. *Nosotros vamos con los reclamos y soluciones a todas partes, proponemos y ofrecemos porque creemos que ese es el camino* para ir superando las dificultades» (AHPN, *Caja Barrios*, fº 69).

[100] Diario *Ecos Neuquinos*, Neuquén, 12 de septiembre de 1969, pág. 4.

[101] «Recuperar el orden». En: *Río Negro*: (12 de septiembre de 1981), pág. 6.

cantidad de comercios, estaba claro que su destino –o, por lo menos, el asignado por el código de planeamiento de 1981– estaba ligado al funcionamiento administrativo.[102] De todos modos, este nuevo perfil no impidió que siguiera albergando el grueso de las opciones de entretenimiento. Con un variado menú, desde funciones en el elegante Cine Teatro Español hasta espectáculos callejeros de dudosa factura, Neuquén se incorporó a un circuito nacional que comenzaba a tenerla como escala habitual. Las peñas folklóricas y las muestras de arte, ambas desarrolladas en lugares especialmente acondicionados, completaban un panorama cultural caracterizado por el activo papel de la sociedad civil.

La búsqueda de tierras a un menor costo y la normativa municipal empujaron a la industria hacia la periferia de la ciudad. Luego de la sanción del nuevo código de planeamiento urbano, tres fueron las áreas destinadas al sector secundario. Las dos primeras, que albergaban al nuevo parque industrial neuquino, concentraban los emprendimientos de mayor dimensión, muchos de los cuales se instalaron en la ciudad por las ventajas que otorgaba la ley provincial de promoción industrial. La tercera, emplazada en el oeste de la ciudad, estaba reservada a la pequeña industria, las manufacturas no industriales y los depósitos.[103] Así, aserraderos, hornos de ladrillos, herrerías y talleres mecánicos se concentraron en las cercanías de vecindarios que se incorporaban, en los ochenta, a la marea urbana neuquina.

La especialización funcional de ciertas zonas de la ciudad tuvo su correlato en materia habitacional. Conforme esa élite parroquiana de mediados de siglo proyectaba su mirada más allá de los límites provinciales, se fue conformando un vecindario exclusivo al noroeste del área céntrica. Aunque no se trataba de una zona residencial de élite, tal como el modelo de Burgess sugería, lo más encumbrado de la sociedad neuquina se encontraba allí sobrerrepresentado. Para encontrar un fenómeno de las características insinuadas por el sociólogo norteamericano debemos internarnos en la década de los noventa, cuando los primeros «barrios cerrados» trajeron consigo pautas habitacionales –y por supuesto culturales– mucho más compactas.

---

[102] «Recuperar el orden», págs. 6-7.

[103] Ibíd.

Lo mismo podríamos decir de los sectores populares neuquinos. Siguiendo un tópico recurrente de los estudios urbanos, la segregación social siguió siendo el rasgo distintivo de la estructura de la ciudad. Un minucioso reporte, elaborado por la Secretaría de Obras Públicas, nos brinda un retrato de las condiciones de vida en las nuevas áreas periféricas de la ciudad:

> La *falta de comunicación* directa a los sectores de asentamiento, la *carencia de servicios* de infraestructura, la *precariedad de la mayoría de las viviendas* y la *falta de ordenamiento*, acarrea serios trastornos de convivencia en el medio y como consecuencia un *aislamiento social, cultural y económico* de los centros urbanos desarrollados.[104]

Estos espacios albergaron a la parte más baja de la pirámide social y, en especial, a trabajadores manuales que habían llegado a la ciudad atraídos por las opciones que ofrecía el mundo de la construcción. Siguiendo un patrón que ya tenía una larga tradición en la ciudad, se instalaron en terrenos fiscales reforzando una urbanización contrapuesta a la grilla. Sus calles estrechas e irregulares, que serpenteaban las ondulaciones del terreno, formaban manzanas de diversos tamaños y en su seno abundaban las viviendas atrapadas por la falta de planificación. En estas condiciones, no es extraño que estas «villas de emergencia», como fueron llamadas por las autoridades municipales, presentaran un complejo cuadro de «hacinamiento y falta de salubridad».[105]

El pasaje de la pequeña ciudad de los sesenta a la naciente metrópolis de fines de los ochenta ocultaba algunas continuidades. «La puerta de oro del sur», al igual que el «pueblo chico», dependía en gran medida del sector terciario. Aunque la industria creció de manera sostenida, lo hizo a un ritmo bastante menor al resto de la economía y, por ese motivo, nunca dejó de ser un engranaje secundario de la estructura productiva. Por fuera de algunas plantas de envergadura, todas ubicadas en el nuevo parque industrial, el paisaje estaba dominado por pequeños talleres que conservaban la forma de negocios familiares. Esta particularidad impidió que Neuquén pudiera replicar las grandes concentraciones de obreros de centros industrializados como Córdoba, Rosario o el Gran Buenos Aires.

---

[104] AHMN, *Asesoría técnica de normalización de asentamientos ilegales*, Secretaría de Obras Públicas, Municipalidad de Neuquén, 1983, fº 6.

[105] AHMN, *Asesoría técnica...*, op. cit., fº 6.

A pesar de que ése fue el propósito de la ciudad satélite, creada en el corazón del área industrial neuquina, las buenas intenciones chocaron con la realidad. Hacia mediados de los noventa, con una importante población desocupada, ese barrio era conocido por medio de apelativos que poco tenían que ver con el mundo del trabajo. El «*Bronx* neuquino», «tierras de patotas», «barrio peligroso» eran expresiones que hablaban mejor de marginalidad y exclusión que de una economía recostada sobre la gran industria.[106]

Un segundo elemento que supone una continuidad se relaciona con la composición de la inmigración. Tal como había sucedido en los sesenta, y siguiendo la misma tendencia registrada a nivel provincial, los migrantes de otras provincias, del interior provincial y de Chile representaban la mayoría entre quienes se instalaban en la ciudad. Al igual que el resto del país, Neuquén contenía una población europea envejecida y en franco retroceso. Pero, a diferencia de lo sucedido en otros escenarios, especialmente los metropolitanos, la ciudad presentaba un porcentaje insignificante de migrantes llegados de países limítrofes que no fueran Chile. De ese modo, la falta de una clara división entre nuevos y antiguos flujos migratorios, piedra angular de los estudios migratorios norteamericanos, permitió que muchas de las tendencias descubiertas en los apartados anteriores siguieran su curso. Lo mismo ocurrió con la sucesión de franjas que descubrimos en los años sesenta. A pesar de que la ciudad incorporó nuevos espacios, muchos de ellos difíciles de encasillar dentro de las tres áreas que analizamos para los sesenta, su estructura socio-geográfica permaneció sin grandes cambios. Aún lejos de la idea de un «centro incandescente» que, por sus condiciones de habitabilidad, empujaba a la población hacia áreas más alejadas de la ciudad, Neuquén se mostraba como una sucesión de franjas que perdían brillo conforme nos alejamos de las manzanas céntricas. Por ese motivo, mudarse a la periferia de la ciudad todavía era sinónimo de retroceso social y no precisamente el punto de llegada de una exitosa trayectoria laboral.

---

[106]AHPN, *Caja Barrios*, fº 12-19.

4.6 Los migrantes en el telescopio. Patrones habitacionales en «la puerta de oro de sur»

La población migrante creció a un ritmo bastante superior que la ciudad en su conjunto. El puñado de migrantes que, en los sesenta, daba color a la estructura demográfica neuquina se convirtió hacia 1987 en más de cincuenta mil.[107] Lo mismo ocurrió con su participación sobre el total de la ciudad: el porcentaje de habitantes nacido fuera de sus límites pasó de 28 a cerca del 40 %. Los flujos que habían traído a Bernardino Cotro, Antolín Cifuentes y Oscar Campagna, aunque no experimentaron grandes transformaciones, cambiaron levemente su composición. Los llegados de otras provincias argentinas alcanzaron, luego de dos décadas de crecimiento continuo, su máximo histórico: antes que finalizaran los años ochenta, conformaban más de la mitad de la población migrante.[108] La otra mitad se repartía entre quienes arribaban de Chile y quienes lo hicieron del interior neuquino: mientras los primeros mantuvieron un comportamiento estable, asociado a un cúmulo de factores que permanecían en los espacios expulsores, los segundos perdieron importancia conforme la economía cordillerana fue recibiendo apoyo oficial. A pesar de que la ganadería no volvió a ser un resorte productivo de importancia, el avance del Estado provincial abrió posibilidades para una población que, hasta allí, había tenido al éxodo como primera –y prácticamente única– opción.

El notable incremento del número de migrantes en Neuquén trajo consigo algunos cambios en su distribución espacial. Como es lógico imaginar, su peso en cada uno de los espacios que conformaba la ciudad tuvo un explosivo crecimiento luego de 1970. Un recorrido por los diversos barrios y vecindarios nos ofrece evidencia en esa dirección: en todos ellos, la participación de los migrantes en edades activas se encontraba por encima del 70 %. La contundencia de esta cifra oculta, sin embargo, una paleta muy rica en matices, sólo visible a través de los cocientes de ubicación. Gracias a éstos es posible conocer la relación entre

---

[107]Beatriz Toutoundjian y Susana Holubica. *Estudio de la inmigración externa e interna en la Provincia de Neuquén*. Buenos Aires: CFI, 1990, pág. 64.

[108]Ibíd.

la proporción de los migrantes residentes en un distrito y el porcentaje del resto de la población que habita en el mismo espacio.[109]

El Cuadro 4.7 indica que, entre 1970 y 1990, las nuevas áreas que se incorporaban a la órbita de la ciudad exhibían una mayor concentración de migrantes. Las zonas periféricas, a diferencia del consolidado centro neuquino, se presentaban como una seductora posibilidad para los recién llegados y, sobre todo, para quienes sobrevivían en los escalones inferiores de la estructura ocupacional (véase Figura 4.11). Una vez ocupados y regularizados los antiguos vecindarios, no quedaba para ellos otra opción que asentarse en los bordes de la ciudad. Residir en las manzanas céntricas complicaba las chances de andamiar una trayectoria ascendente y, en el peor de los casos, significaba caer en el abismo social. Ocupar una parcela en las nuevas áreas, aunque se tradujera en condiciones de vida deplorables, permitía no restar recursos a la economía familiar. Al mismo tiempo, las relaciones «cara a cara» desarrolladas en esos espacios forjaban intrincadas redes de resolución de problemas que facilitaban su paulatina integración al tejido urbano neuquino. No es casual, entonces, que asentamientos como Don Bosco, Villa Ceferino o Islas Malvinas presentaran una mayor concentración de recién llegados. Con índices de 1,9; 2,3 y 3,7 respectivamente, eran áreas todavía menores en la estructura demográfica de la ciudad, pero con una población migrante claramente sobrerrepresentada (véase Cuadro 4.7).

El peso de los migrantes no sólo se restringía a lo que autoridades denominaban «villas de emergencia». Los complejos habitacionales creados por el Estado provincial son un segundo lugar donde divisamos una fuerte concentración de migrantes. La «ciudad satélite» de Alta Barda es un caso testigo de esta situación. Ubicada al norte del damero original, esta urbanización fue ideada como un área residencial que, con una amplia gama de servicios a su disposición, funcionaría de espaldas al resto de la ciudad. Su trazado «racional», con calles que escapaban a la grilla y una densa trama de vías peatonales, albergaba una población ocupada, mayoritariamente, en empleos no manuales. Con un elevado porcentaje de profesionales, pero también un nutrido grupo de trabajadores no manuales bajos, replicaba el perfil ocupacional del área céntrica. Algo

---

[109]Moya, *Primos y extranjeros. La inmigración española en Buenos Aires 1850-1930*, pág. 173.

Barrios y Vecindarios	%	LQ
Islas Malvinas	3,0	3,7
Alta Barda	1,6	3,3
Villa Ceferino	2,9	2,3
Don Bosco II y III	3,6	1,9
San Lorenzo	1,9	1,7
Santa Genoveva	0,9	1,4
Colonia Confluencia	6,1	1,4
Sapere	1,9	1,2
Parque Industrial	0,7	1,1
Belgrano	10,5	1,1
Cumelen	1,2	1,1
Limay	1,8	1,1
Progreso	6,6	1,0
Mariano Moreno	4,8	1,0
Nuevo	5,4	1,0
Centro	24,0	0,9
Villa María	3,2	0,8
Bouquet Roldan	5,5	0,7
La Sirena	3,5	0,7
Villa Florencia	3,7	0,7
Valentina	3,2	0,6
Villa Farell	2,3	0,6
Canal V	0,7	0,0
Total	100	–

Cuadro 4.7 – Porcentaje de la población migrante en cada uno de los barrios y cociente de ubicación (LQ). Neuquén, 1970-1990. Fuente: Elaboración propia a partir de las actas matrimoniales del Archivo de la Dirección Provincial de Registro Civil de Neuquén.

diferente eran las características de las viviendas construidas, sobre mediados de los ochenta, en la zona del San Lorenzo. A gran distancia del casco urbano antiguo, este complejo se comportaba como una isla que albergaba en porciones iguales a trabajadores manuales de diferente calificación y al peldaño más bajo del empleo no manual. En parte fruto de un asentamiento espontáneo y en parte resultado de la política de viviendas oficial, el «San Lorenzo» era retratado por la prensa en términos no demasiado halagüeños. Se trataba de un barrio construido sobre «tres o cuatro hectáreas, aisladas en alguna medida de hospitales y cuarteles de bomberos, (donde) intentaban sobrevivir 2.500 neuquinos

(. . .) sin líneas telefónicas y con una única línea de colectivos, el barrio San Lorenzo sobrevivía, nada más».[110] Pese a sus notorias diferencias, evidentes a simple vista, ambos espacios compartían la elevada concentración de población migrante: mientras el primero lideraba el *ranking* con un cociente de ubicación superior a 4, el segundo se aproximaba a 2 (véase Cuadro 4.7).

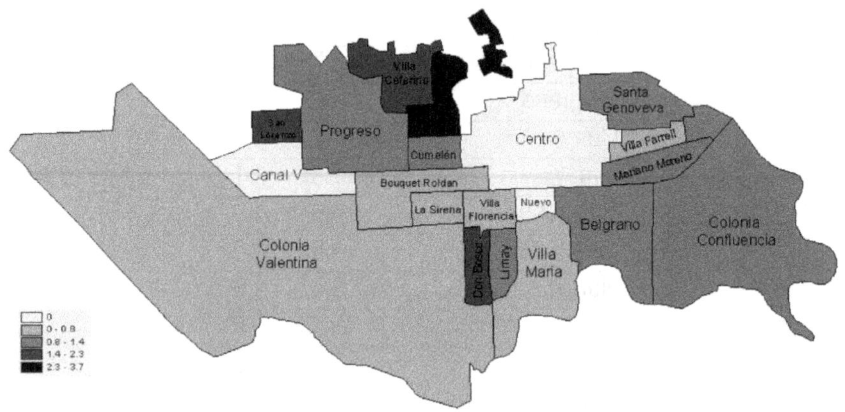

Figura 4.9 – Cociente de ubicación (LQ) para la población migrante. Neuquén, 1970-1990. Fuente: Elaboración propia con ArcView GIS 3.3 a partir de planos del DPEC.

Un párrafo aparte merecen, en este relato, las manzanas que dieron vida al centro neuquino. Aunque su concentración de migrantes no era elevada – de hecho se encontraba muy próxima a 1 –, su enorme peso demográfico hacía de ellas tierra de migrantes. El que uno de cada cuatro migrantes decidiera instalarse en sus límites es una buena muestra de esto y nos pone frente a un comportamiento aun más centralizado que durante los sesenta (recordemos que, en esos años, un quinto de los no nativos residía en el damero original). Y al igual que en los primeros años de la provincia, el grueso de quienes estaban empleados en los eslabones más fuertes de la estructura ocupacional, sin importar su origen migratorio, vivían a menos de quince cuadras del centro geográfico de la ciudad.

Otros barrios de la ciudad albergaron también una importante cantidad de migrantes. Pero a diferencia de los nuevos vecindarios periféricos, donde la concentración de migrantes era más relevante que su canti-

---

[110]AHPN, *La revista CALF*, Neuquén, 1983, pág. 30.

dad, en estos espacios la realidad pareciera circular por el carril inverso. Se trataba de áreas de antiguo asentamiento que vieron crecer su población en el momento más álgido del *boom* demográfico neuquino. En todos ellos, convivían áreas que sobrevivían desde los sesenta, en gran medida consolidadas, y otras ocupadas más recientemente en las cuales la precariedad era la norma. Gracias a este avance sobre nuevas tierras, imposible en otros sectores arrinconados por accidentes geográficos u obras de infraestructura, estos barrios lograron mejorar su participación en la población de la ciudad.

El caso de Belgrano puede que nos ilumine al respecto. Aunque se trataba de un espacio cercano al centro de la ciudad, con gama de servicios que incluía asfalto, agua corriente y gas, su expansión sobre las quintas de la zona trajo consigo algunas novedades en materia ocupacional. En estas tierras nuevas se hicieron loteos económicos que facilitaron el asentamiento de una población ocupada en los empleos menos prestigiosos del trabajo no manual, tanto nativos como quienes arribaban a la ciudad. No es extraño, en consecuencia, que Belgrano haya albergado al 10 % de los migrantes relevados (véase Cuadro 4.7). Esta acelerada urbanización, sin embargo, ocasionó algunos inconvenientes derivados de la falta de planificación. Las quejas de los vecinos advertían sobre «la suciedad de los innumerables baldíos que hay en el barrio», el aumento de los delitos cometidos por la falta de una adecuada vigilancia y la pobre capacidad de escurrimiento en algunos sectores del barrio, donde «el agua confluye desde los cuatro puntos cardinales».[111]

No muy diferente era la situación del barrio Progreso. Cerca de sus humildes inicios – con calles que «parecían arenales», una tenencia provisoria de los terrenos ocupados y falencias en materia de servicios –[112] este barrio contenía cerca del 7 % de la población migrante registrada en las actas matrimoniales (véase Cuadro 4.7). Al igual que en los sesenta, albergaba una población que se desempeñaba básicamente en empleos manuales, aunque el peso de los no manuales fue ganando terreno conforme nos acercamos en los noventa. Aun cuando compartía con las nuevas áreas periféricas un idéntico perfil ocupacional, estaba claro que

---

[111]*Revista de CALF*, «Barrio Belgrano: Sólo pedimos que nos escuchen», Neuquén, 1983, págs. 24-25.

[112]*Revista de CALF*, «Nuestros barrios: El Progreso», Neuquén, 1983, pág. 44.

su mayor antigüedad se traducía en una mayor cantidad de nativos, muchos de los cuales eran descendientes de sus primeros ocupantes.

Luego de repasar la concentración de los migrantes en los diferentes espacios que conformaban a la ciudad, algo queda claro: los migrantes mostraban una mayor concentración en algunas de ellas, especialmente en aquellas que se incorporaban en la marea urbanizadora neuquina (véase Figura 4.9). Si tenemos en cuenta que tres de cada cuatro contrayentes habían nacido fuera de la ciudad, es muy complicado ver esa «piel de jaguar» que servía a Ganfolfo para explicar la disposición de los italianos meridionales en un barrio del Buenos Aires del 1900.[113] En todo caso, y llevando esta imagen a su extremo, podríamos decir que, en Neuquén, las «manchas de migrantes» cubrían la mayor parte del cuerpo del felino, dejando a la población nativa una superficie insignificante y para nada segregada.

Ahora bien, esta afirmación, inobjetable desde el punto de vista empírico, nos obliga a formular una nueva pregunta, cuya respuesta nos permitía poner en perspectiva a la segunda mitad del siglo XX: ¿cómo se comportó la mezcla residencial entre nativos y migrantes en las décadas que siguieron a 1970?

Id por barrios y vecindarios	1960-1969	1970-1990
Población nativa y migrantes	17,7	11,9
Estratos superiores e inferiores	78,3	74,1

Cuadro 4.8 – Índice de diferencia para diferentes subpoblaciones. Neuquén (1960-1990). Fuente: Elaboración propia a partir de actas matrimoniales de la Dirección Provincial de Registro Civil del Neuquén.

Para responder a este interrogante nuevamente debemos recurrir al Id. Cuando nos propusimos esa tarea para los sesenta, los resultados mostraban una realidad cristalina: un índice de 18 avisaba de una fuerte mezcla habitacional entre nativos y migrantes, pero fundamentalmente de la escasa utilidad del concepto de *ghetto* para interpretar la realidad neuquina (véase Cuadro 4.9). Lo sucedido para el período siguiente pareciera reforzar, con ligeras variantes, el cuadro delineado en los pri-

---

[113]Rómulo Ganfolfo. «Un barrio de italianos meridionales en el Buenos Aires de fines del siglo XIX». En: *Historia de la vida privada en la Argentina*. Ed. por Fernando Devoto y Marta Madero. Buenos Aires: Taurus-Santillana, 2000, págs. 71-93.

meros momentos de la etapa provincial. Pese a la fuerte concentración de los migrantes en los nuevos vecindarios periféricos de la ciudad, la diferencia habitacional entre estos dos grandes agregados disminuyó hasta orillar los 12 (véase Cuadro 4.9). Mucha importancia tuvo allí el peso de los migrantes dentro de la población y, resultado de ello, su fuerte presencia en cada uno de los espacios que conformaban a la ciudad. A mucha distancia del umbral de 30, límite a partir del cual podríamos señalar una realidad de segregación, el resultado de este ejercicio demuestra que el origen migratorio general no es la principal variable a la hora de examinar la distribución espacial de la población.

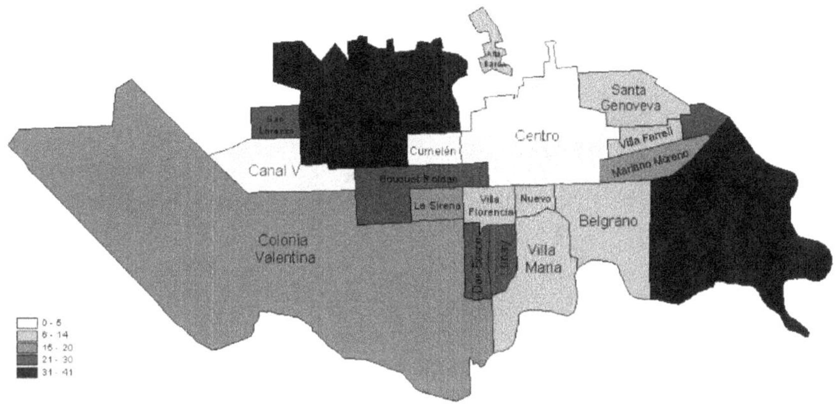

Figura 4.10 – Participación de los estratos inferiores de la estructura ocupacional por barrios (%). Fuente: Elaboración propia con ArcView GIS 3.3 a partir de planos del DPEC.

Pero si el clivaje entre nativos y migrantes nos dice poco sobre la ubicación de la población en el tejido urbano, ¿qué podríamos señalar sobre la pertenencia a un determinado estrato social?

Según vimos en los apartados anteriores, detrás de una apariencia de convivencia, se ocultaba una realidad de segregación social. Para medir esta situación habíamos calculado el Id entre quienes ocupaban los eslabones más fuertes del empleo no manual y quienes sobrevivían en el fondo de la clasificación ocupacional. Un índice cercano a 80 nos ponía frente a una ciudad que, aunque conservaba muchos de sus rasgos territorianos, no estaba a salvo de las profundas fracturas que caracterizaban a las sociedades modernas (véase Cuadro 4.9). Los resultados obtenidos para el período 1970-1990 parecieran ir en la misma dirección. Por más que Neuquén había actualizado su infraestructura de servicios, acercan-

do los vecindarios periféricos al centro de la ciudad, la distancia entre
sectores acomodados y populares seguía siendo más importante que la
que separaba a nativos y migrantes. Una segregación alta, cercana a 75,
habla muy bien de una tendencia de largo plazo que atraviesa a la segunda mitad del siglo XX (véase Cuadro 4.9). Aun cuando la ciudad
aceleró los tiempos de su urbanización, sumando a una marea de recién
llegados, los criterios que utilizábamos para comprender su distribución
durante los sesenta no perdieron actualidad: al igual que en los primeros años de la provincia, el cruce entre rango ocupacional y lugar de
residencia permitía predecir, en gran medida, la disposición de la población sobre el tablero urbano.

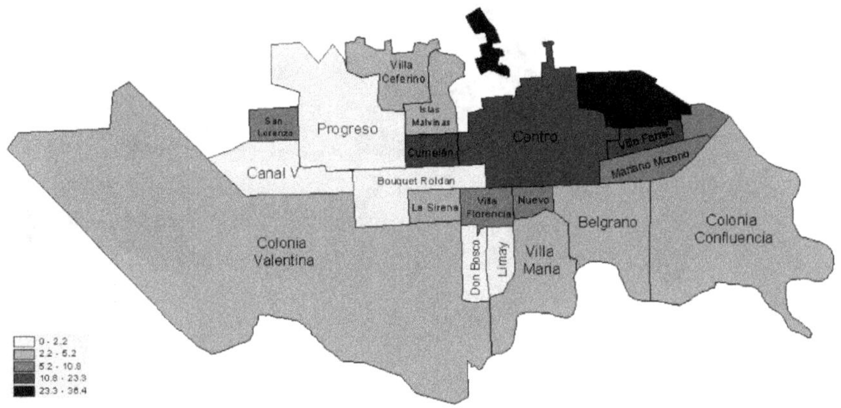

Figura 4.11 – Participación de los estratos superiores de la estructura ocupacional por barrios (%). Fuente: Elaboración propia con ArcView GIS 3.3 a
partir de planos del DPEC.

Esta continuidad, que pareciera hacer oídos sordos a la complejización de la ciudad, nos obliga a hacer una nueva pregunta: ¿acaso las
consecuencias derivadas de la distancia entre ricos y pobres había cambiado con el paso del tiempo?

Como analizamos en la primera parte del capítulo, la centralización
habitacional en el «pueblo chico» de mediados de siglo se relacionaba
con un nivel social superior. La «puerta de oro del sur», en cambio, presentaba algunos de los rasgos advertidos por los sociólogos de Chicago:
la población neuquina era heterogénea en términos sociales y culturales;
la ciudad contaba con una periferia en rápida expansión; la diferenciación espacial había avanzado decididamente y los servicios públicos habían acortado la distancia entre el casco antiguo y los barrios tradiciona-

les. Todas estas características convivían con discursos que se esmeraban en mostrar los efectos no deseados de la rápida urbanización neuquina. Algunas imágenes transmitidas por los medios de comunicación daban cuenta de una atmósfera de «decadencia» que tenía al damero original de la ciudad como objeto privilegiado. Después de todo, la decisión de establecer allí el grueso del comercio capitalino, así como todas las oficinas de la administración pública, había vuelto habitual ciertas prácticas que desafiaban su «habitabilidad».

Barrios y Vecindarios	A	B	EI-ES
Cumelén	3,1	23,3	0,1
Centro	5,1	21,3	0,2
Alta Barda	9,1	30,3	0,3
Santa Genoveva	13,6	36,4	0,4
Villa Farrell	9,3	15,0	0,6
Nuevo	12,2	10,8	1,1
Villa Florencia	14,0	6,5	2,2
Belgrano	12,8	5,0	2,6
Mariano Moreno	20,0	7,5	2,7
Sapere	23,7	7,9	3,0
La Sirena	18,6	5,2	3,6
San Lorenzo	24,4	6,7	3,6
Villa María	12,9	3,5	3,7
Colonia Valentina	19,3	3,5	4,3
Colonia Confluencia	41,1	4,5	8,2
Villa Ceferino	38,7	3,2	12,1
Islas Malvinas	40,6	3,1	13,1
Don Bosco	30,0	2,2	13,6
Limay	30,4	2,2	13,8
Bouquet Roldan	25,8	1,3	19,9
Progreso	34,3	1,2	28,6

Cuadro 4.9 – Distribución de la población de acuerdo a estratos superiores e inferiores. Neuquén, 1970-1990. A= Estratos inferiores; B= Estratos superiores. Fuente: Elaboración propia a partir de las actas matrimoniales del Archivo de la Dirección Provincial de Registro Civil de Neuquén.

La proliferación de la mendicidad infantil era una de ellas. Haciendo uso de un impresionismo descarnado, los testigos alertaban sobre estos «hijos de nadie» que «vagaban sin razón (...), metidos en bares y sucios bodegones, pidiendo una (moneda) que a veces no les dan» y «conocen por escuela la calle y saben que son hijos del rigor».[114] El incremento de las actividades delictivas, detalladas con paciencia en las columnas policiales de los diarios, fue otro elemento que dibujaba un panorama que, en el mejor de los casos, había perdido el pacífico aspecto de antaño. Una mirada superficial de esta realidad podría llevarnos a una conclusión alineada con los supuestos de Burgess. Al mismo tiempo que los testigos contemplaban maravillados el crecimiento de Neuquén, la aparición de nuevas situaciones ponía límites a ese clima de optimismo generalizado. Las implicancias de esta percepción son, a esta altura del relato, bien conocidas: el deterioro del centro de la ciudad pudo servir de base a un desplazamiento de los sectores más acomodados hacia espacios recientemente urbanizados, en un proceso que reconocía antecedentes en numerosas ciudades de rápido crecimiento como Neuquén.

No obstante, un estudio de la información contenida en las actas matrimoniales nos indica una importante continuidad de la estructura socio-ocupacional de la ciudad. Más allá del innegable impacto generado por estas postales del paisaje urbano, lo cierto es que la participación de los estratos superiores seguía disminuyendo conforme tomamos distancia del centro (véase Figura 4.11). Y, al igual que en los años sesenta, el grupo migratorio más alfabetizado (los llegados de otras provincias argentinas) estaba más centralizado que los restantes. En caso de disminuir la escala de observación, las implicancias del modelo de asentamiento permanecían inmutables: al interior de cada uno de los grandes flujos migratorios, las personas ocupadas en los empleos más prestigiosos se concentraban en las manzanas céntricas en mayor medida que otros migrantes del mismo origen. El caso de los chilenos en Neuquén puede que nos brinde algunas pistas sobre este particular. Su escaso nivel de instrucción, relacionado con el origen rural de esta corriente, se reflejaba en una bajísima tasa de centralización: entre 1970 y 1990, sólo el 6 % de quienes contrajeron nupcias anotó como domicilio a algunas de las manzanas del damero original. No muy diferente era la situación de quienes llegaban del interior neuquino. Con un 11 % de la población habitando en ese cuadrante de la ciudad, estaban muy lejos del 24 % presentado por los nativos y, más alejado aún, del 30 % de los provenientes de otras provincias argentinas.

---

[114]AHPN, *Ecos Neuquinos*, Neuquén, 12 de septiembre de 1969, pág. 4.

De un análisis del nivel ocupacional para los diferentes barrios neuquinos salta a la vista no sólo una significativa segregación, sino también la permanencia de ese esquema de zonas concéntricas que invertía la lógica sugerida por Burgess. Como advertíamos en los sesenta, el nivel social de los habitantes disminuía a medida que realizamos un movimiento «hacia fuera» (véase Cuadro 4.9). Los profesionales y quienes se desempeñaban en empleos no manuales altos alcanzaban su pico en los distritos centrales, disminuían sensiblemente en un primer anillo y alcanzaban su mínimo en los asentamientos que se abrían paso en la periferia neuquina (véase Figura 4.11). En la vereda opuesta encontramos a las ocupaciones manuales de menor calificación: su escasa participación en el centro de la ciudad era compensada por una abundancia en los espacios de más reciente urbanización (véase Figura 4.10). Tal vez la única excepción al modelo de sucesión de áreas haya sido el cinturón de barrios situados entre los nuevos asentamientos del oeste de la ciudad y la antigua colonia agrícola Valentina, donde la edificación de complejos oficiales tuvo como principales beneficiarios a quienes se ocupaban en empleos no manuales bajos. De todos modos, esta experiencia no es suficiente para invalidar una tendencia que tenía a la proximidad al centro como mejor indicador para medir la calidad del empleo y las ventajas de la zona.[115]

La continuidad de este criterio maestro, muy útil para explicar la radicación de la población, no debería confundirse con una ecología urbana inmutable. Lejos de eso, el período 1970-1990 muestra interesantes variantes que nos obligan a enriquecer el modelo de un centro y dos franjas contiguas. Comencemos por las manzanas que conformaban el trazado original. En la década de 1960, esta zona presentaba dos características que la distinguían del resto de la ciudad: al tiempo que concentraba una elevada proporción de profesionales, albergaba una menor cantidad de trabajadores manuales de escasa calificación. Los veinte años que siguieron fueron testigos de un proceso que permitió exportar este perfil a otros espacios. Las dinámicas del mercado de tierras local nos ofrecen algunas pistas al respecto. La lenta ocupación de los solares céntricos derivó en la incorporación de nuevos sectores, muchos de

---

[115]Moya, *Primos y extranjeros. La inmigración española en Buenos Aires 1850-1930*, pág. 176.

los cuales habían sido planificados en los primeros años de vida provincial, pero por diferentes razones habían ingresado en un prolongado paréntesis. Aunque las publicidades de la época ofrecían lujosos departamentos en el corazón de la zona bancaria, la abundancia de tierras en las cercanías del centro facilitó la expansión de la ciudad en un sentido horizontal. Claro que estos loteos, realizados entre quince y treinta cuadras del centro geográfico de la ciudad, no significaron una estampida hacia la periferia, como imaginaban los sociólogos norteamericanos. Los generosos planes de pago, una infraestructura extendida y su cercanía respecto al casco histórico sirvieron de base a una apresurada ocupación de áreas del antiguo primer anillo, especialmente de aquellos que contaban con superficie para hacerlo, así como también de espacios que hasta entonces eran sólo descampados.

El centro, por su parte, sin perder esa apariencia chata, desafiada ocasionalmente por algún edificio de envergadura, fue llenando sus casilleros vacíos y esto obligó a los migrantes de mejor posición a rastrear nuevas opciones. Una de ellas era, sin duda, la radicación en barrios que, pese a la falta de algún servicio puntual, estaban mayormente integrados al tejido urbano neuquino. Este fenómeno nos permite comprender cómo sectores como Villa Farrell, Alta Barda, Cumelén o Santa Genoveva replicaron las características socio-ocupacionales del Centro, tomando distancia de lo sucedido en la periferia de la ciudad (Cuadro 10- Mapa 11). A continuación de esta suerte de «centro extendido» se levantaba un primer anillo de la ecología urbana neuquina (Mapa 11). Esta franja estaba compuesta por una heterogénea lista de barrios que presentaba una menor cantidad de profesionales (nunca superior al 10 %) y una proporción de trabajadores manuales que oscilaba entre 10 y 25 %. En este rango encontramos algunos de los barrios más antiguos de la ciudad, totalmente consolidados desde el punto de vista urbanístico, pero también otros que aparecían en los sesenta como asentamientos precarios. En la intersección entre las demandas más articuladas de los vecinos y un Estado dispuesto a invertir en infraestructura, encontramos un proceso que terminó borrando el límite entre los barrios y vecindarios que antes formaban el primer y el segundo anillo de la ecología urbana neuquina. Mientras los espacios más antiguos prosiguieron su lenta integración al tejido de la ciudad, aquellos más rezagados fueron objeto de un acelerado proceso de mejoramiento que suavizó esa imagen de «campamento provisorio».

Los reclamos elevados por las organizaciones vecinales de dos barrios, antes separados por un abismo, puede que nos ayude a comprender el alcance de este fenómeno. Tal como dijimos en el apartado anterior, el área conocida como Villa María presentaba toda clase de falencias: se trataba de una zona anegable, con huellas mal demarcadas, al margen de los más básicos servicios. El Barrio Nuevo, en cambio, ocupaba un sitial de privilegio entre los espacios suburbanos de la ciudad, pues abrigaba «una población de obreros y empleados de empresas públicas, privadas y de comercio» y presentaba «viviendas de material con agua y luz».[116] Hacia mediados de los ochenta, la brecha que separaba a ambos había disminuido de forma significativa y muchos de los pedidos conformaban una agenda común que entendía poco de demarcaciones administrativas. Los representantes de ambas organizaciones vecinales se encargaban de señalar que los problemas del pasado reciente habían sido, en gran medida, subsanados y que los que restaba solucionar se asociaban al mejoramiento de prestaciones puntuales. Los constantes pedidos de un sistema de alumbrado más potente, los deseos de ampliar la sala de primeros auxilios barrial o modificar la ubicación del teléfono público son claros síntomas de un proceso de consolidación que tendió a conformar, en las antiguas tierras del primer y segundo anillo, un espacio semi-periférico homogéneo.

Con una insignificante participación de quienes se empleaban en el vértice superior de la pirámide profesional, los vecindarios nacidos a mediados de los setenta se comportaban como el segundo anillo de la arquitectura urbana neuquina. A cierta distancia de lo sucedido en el área de más antiguo asentamiento, en esta zona encontramos un significativo peso de los trabajadores menos calificados que oscilaba según el barrio entre 25 % y 40 % de la población (Cuadro 10). Esta «nueva periferia», nacida en los bordes mismos de la ciudad, constituía un verdadero desierto en materia de servicios públicos. En un informe elevado al poder ejecutivo, los técnicos de la Municipalidad destacaban las «pocas viviendas que estaban conectadas con medidores a las redes existentes» y, al mismo tiempo, llamaban la atención sobre la proliferación

---

[116]AHPN, *Neuquén: 75 años de capitalidad*, Neuquén, 1979.

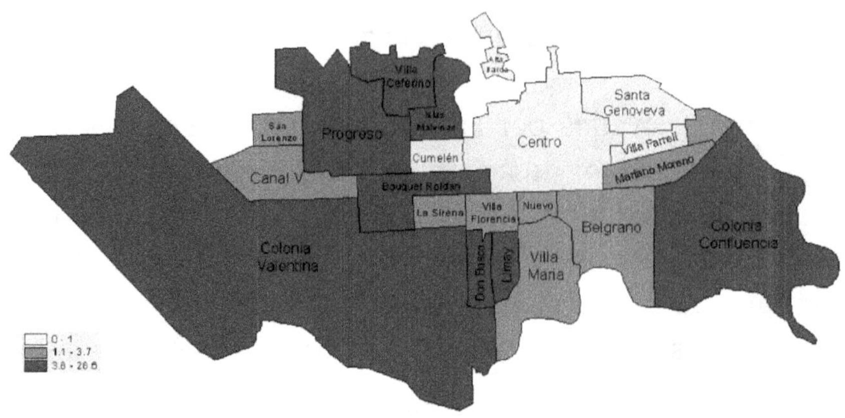

Figura 4.12 – Relación entre estratos inferiores y estratos superiores por barrios (Estr. Inf. /Estr. Sup.). Fuente: Elaboración propia con ArcView GIS 3.3 a partir de planos del DPEC.

de líneas «conectadas clandestinamente».[117] El acceso al agua no era mejor que el de los vecindarios periféricos de los sesenta: sólo un puñado de familias «contaban con una provisión de agua domiciliaria» y para la gran mayoría de la población «el abastecimiento se hacía con canillas públicas».[118] La existencia de letrinas en todas las viviendas y la evacuación de aguas servidas «a patios, zanjas o calles por superficie» creaban un ambiente con escasas condiciones de higiene.[119] La prolija grilla del centro de la ciudad era reemplazada por una sinuosa trama de caminos que debía sortear los desagües pluviales a cielo abierto y las lagunas dejadas por las periódicas lluvias. Este conjunto de experiencias, que compartieron su lejanía social y geográfica de los espacios de antiguo asentamiento, nos advierten sobre una urbanización que fue a la zaga de la planificación oficial. Aun cuando los primeros registros de familias radicadas en estas áreas de la ciudad nos lleven a comienzos de los setenta, para inicios de la década siguiente las autoridades municipales las seguían considerando «tierra de intrusos» y sólo habían realizado en ellas algunas tareas de relevamiento elementales (estudios de aerofotointerpretación y amojonamiento).[120] La instalación definitiva de la

---

[117]AHMN, *Asesoría Técnica...*, op. cit., f 14.

[118]Ibídem, f 14.

[119]Ibídem, f 14.

[120]AHMN, *Resumen de Gestión del gobierno municipal. Período 1981...*, op. cit., pág. 7-8.

«cuestión de los asentamientos precarios» en la agenda pública tuvo que esperar a mediados de los ochenta, cuando un primer plan de mensura dio paso al más ambicioso «plan de consolidación»: mientras el primero realizó un diagnóstico general de los espacios de reciente ocupación; el segundo puso en marcha un programa de mejoramiento habitacional y construcción de nuevas viviendas.

Un recorrido a vuelo de pájaro por la ecología urbana neuquina nos indica una continuidad básica: más allá de las transformaciones que sacudieron a la ciudad entre 1960 y 1990, el centro conservaba su prestigio frente a los restantes espacios suburbanos. Las consecuencias de este comportamiento son fáciles de deducir. Neuquén experimentó un movimiento poblacional hacia fuera, usando la metáfora de Moya, pero difícilmente podríamos derivar de eso una «estampida» hacia la periferia.[121] Los protagonistas de la ocupación de las nuevas tierras suburbanas no fueron quienes ocupaban la parte alta de la clasificación ocupacional. Por el contrario, y como ya insinuamos, las áreas suburbanas albergaban al grueso del trabajo manual y, en menor medida, al eslabón más débil del trabajo no manual. En síntesis, podríamos decir que detrás de esa imagen de decadencia que la prensa deslizaba con insistencia, se ocultaban dos elementos imprescindibles para comprender la lógica de la radicación en la ciudad: la cercanía al centro era un indicador fiable de la consolidación del tejido urbano y, como consecuencia de esto, los pobres seguían siendo más numerosos en los bordes que en el centro.

4.7 Los migrantes en el microscopio. Patrones habitacionales de los diferentes grupos en «la puerta de oro del sur»

Todas aquellas tendencias residenciales que advertíamos en los sesenta tendieron a reforzarse con la expansión de la ciudad. Atrapar esta realidad nos obliga a recurrir nuevamente a los Ic. Recordemos que este indicador vinculaba la presencia de una subpoblación con la distribución que ésta tendría si su instalación fuera aleatoria. Pero la importancia de esta herramienta radicaba, no tanto en medir la presencia relativa

---

[121]Moya, *Primos y extranjeros. La inmigración española en Buenos Aires 1850-1930*, pág. 185.

de un grupo en particular, como en su capacidad de establecer comparaciones entre grupos de diferentes tamaños. Una mirada atenta a los *stocks* absolutos o porcentajes, como la que utilizamos en las páginas anteriores, restaría oportunidades de observar la sobrerrepresentación de un conjunto de migrantes poco significativo en algún sector de la ciudad. Precisamente de esto último surge la segunda ventaja operativa de este instrumento. A diferencia del Id, mucho más preocupado por la mezcla habitacional en términos generales, el Ic nos permite observar lo sucedido en unidad espaciales más acotadas.

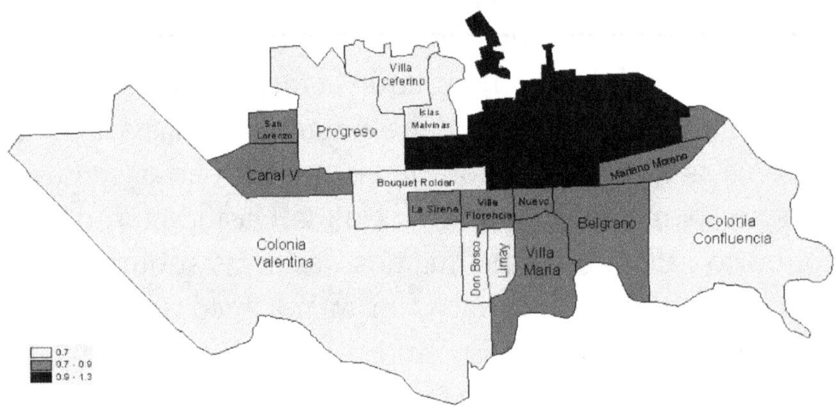

Figura 4.13 – Índice de concentración (Ic) de los migrantes de otras provincias (por área de la ecología urbana). Neuquén, 1970-1990. Fuente: Elaboración propia con ArcView GIS 3.3 a partir de planos del DPEC.

El análisis de la población migrante en la ciudad de Neuquén seguía mostrando, al igual que en los sesenta, que los tres principales grupos presentaban una mayor concentración en ciertas secciones de la ciudad. Los migrantes de otras provincias tendieron a agruparse en los barrios que conformaban el «centro extendido». A esa sobrerrepresentación se correspondía una menor presencia en los barrios que conformaban el primer y el segundo anillo. Es interesante observar cómo la presencia de los migrantes de otras provincias perdía intensidad conforme nos alejamos de las áreas más consolidadas de la ciudad, donde las redes de servicios eran menos densas y predominaban las ocupaciones escasamente calificadas. No estaría mal si dijéramos que en el cruce de su elevado grado de instrucción y un origen mayormente urbano, ambos traducibles en una mejor posición socio-ocupacional, encontramos una llave para explicar el comportamiento centralizado de este grupo. Así, queda establecida una sucesión de grises que perdía en intensidad conforme tomamos distancia del centro: si en el primer anillo el Ic se aproximaba a 0,9, en las barriadas que conformaban el segundo anillo disminuía hasta ubicarse en un deslucido 0,7 (Cuadro 11-Mapa 12).

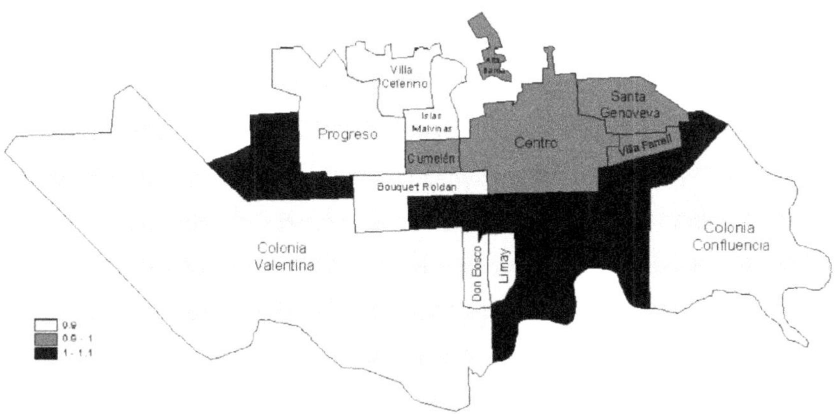

Figura 4.14 – Índice de concentración (Ic) de la población nativa (por área de la ecología urbana). Neuquén, 1970-1990. Fuente: Elaboración propia con ArcView GIS 3.3 a partir de planos del DPEC.

Detrás de la categoría «migrantes de otras provincias» se ocultan interesantes variaciones que no podemos dejar de mencionar. Para observar esta heterogeneidad echemos un vistazo a los migrantes de cuatro distritos cuyo peso al interior de los «argentinos no neuquinos» fue significativo.[122] Los migrantes llegados de la ciudad de Buenos Aires, en ese momento Capital Federal, presentaron un comportamiento sumamente centralizado: dos de cada tres contrayentes se domiciliaba en algunos de los barrios que conformaban el «centro extendido». Quienes llegaron de las provincias de mayor desarrollo relativo se distribuyeron en partes iguales entre el Centro y los espacios periféricos: cerca del 45 % de los bonaerenses habitaba en el primero, mientras que el 42 % de los cordobeses lo hizo en idénticas coordenadas espaciales. Los migrantes arribados desde Mendoza, más cercana desde el punto de vista geográfico y dueña de una importante población rural, mostraron una fuerte presencia en los anillos exteriores de la ecología urbana neuquina: sólo

---

[122]Los migrantes de Capital Federal, provincia de Buenos Aires, Córdoba y Mendoza constituyeron respectivamente el 14, 27, 7 y 12 % del total de contrayentes nacidos en otras provincias argentinas (cerca del 60 % del total los «argentinos no neuquinos» registrados).

el 35 % de esta subpoblación evidenció un comportamiento centralizado.

El patrón de asentamiento de la población nativa no exhibió cambios
significativos en las décadas que siguieron a 1970. Como es lógico imaginar, en una ciudad de repentino crecimiento, los neuquinos tendieron
a ubicarse en los sectores más antiguos y, sobre todo, en los barrios que
conformaban el primer anillo de la ciudad. En tiempos más recientes, la
norma pareciera ser la mayor presencia de los hijos de quienes habían
llegado durante el *boom demográfico* de mediados de siglo y, consecuencia directa de esto, la paulatina desaparición de hijos de los migrantes
transoceánicos. En el segundo anillo su concentración descendía hasta
llegar a 0,9. El centro neuquino muestra, por su parte, una concentración de 1. Esto significa que los nacidos en la capital, tal como sucedía a
mediados de siglo, presentaban una distribución similar a la del total de
la población en ese sector de la ciudad (véase Cuadro 4.10).

Áreas	Nativos	Chilenos	Interior Prov.	Otras Prov.
Centro	1,0	0,3	0,6	1,3
Primer Anillo	1,1	1,0	1,1	0,9
Segundo Anillo	0,9	1,8	1,3	0,7

Cuadro 4.10 – Índice de concentración (Ic) de diferentes grupos migratorios
por áreas de la ciudad. Neuquén, 1970-1990. Fuente: Elaboración propia
a partir de las actas matrimoniales del Archivo de la Dirección Provincial de
Registro Civil de Neuquén.

Con todo, la fuerte presencia de los nacidos en la ciudad en la cuadrícula original, superior al 20 %, los ubicaba a la altura de los migrantes
de otras provincias. Y esto, como había sucedido en los primeros años
de la provincia, puso en marcha mecanismos que estimularon las relaciones entre los recién llegados y la población nativa. Aquellos lazos, que
escapaban al círculo de sociabilidad más cercano, se fueron reforzando a
medida que las diferentes áreas de la ciudad especializaban sus funciones. Si las manzanas céntricas, según el código urbano de 1981, estaban
condenadas a alojar al comercio y la administración pública, parece lógico imaginar una fluida comunicación que tenía a los estratos superiores
como protagonistas, sin importar demasiado su lugar de nacimiento.

Entre los migrantes llegados del otro lado de los Andes distinguimos una realidad completamente diferente. A la misma distancia del comportamiento centralizado de los migrantes de otras provincias y de la equidistribución de los nativos, su concentración en el espacio de antiguo poblamiento era considerablemente baja (0,3). En los barrios más consolidados de la ciudad, que por comodidad incluimos en el primer anillo, la situación había cambiado levemente: un Ic de 1 nos advierte sobre la creciente concentración de los chilenos en los espacios más antiguos de la ciudad. Dos factores ayudan a entender este comportamiento. Si, por un lado, es probable que los migrantes transandinos hayan adquirido algunas de las parcelas que el mercado inmobiliario ofrecía en los barrios de mayor expansión (en especial El Belgrano); por el otro, no deberíamos descartar la posibilidad de que la radicación en el primer anillo haya sido el punto de llegada de un prolongado itinerario por la ciudad. La extinción del asentamiento temporal ligado al calendario agrícola y el reforzamiento de comportamientos urbanos son fundamentales para explicar la aparición de trayectorias de más largo aliento. De todos modos, la mayor presencia trasandina en los barrios del primer anillo no es suficiente para torcer esa tendencia que asociaba a este flujo con los asentamientos más alejados del centro. De ahí que en la «nueva periferia» el Ic de los chilenos se dispare a niveles extraordinarios (1,8), mostrando una *performance* superior a los sesenta y a la altura de los indicadores de los migrantes de otras provincias en el centro de la ciudad (Cuadro 11- Mapa 14).

Como dijimos anteriormente, la fuerza de los indicadores pareciera coincidir con una percepción general que no dudaba en calificarlos como «barrios de chilenos». Puede que el «Sector 5» del barrio Progreso traiga luz sobre la significativa presencia de los migrantes transandinos en los nuevos vecindarios de la periferia neuquina. En un relevamiento realizado a mediados de los ochenta, los técnicos de la Municipalidad de Neuquén descubrían que la mitad de los residentes adultos de este asentamiento habían nacido allende la cordillera.[123] Este espacio, que sumaba más de un millar de habitantes, sólo contaba con cuarenta estudiantes secundarios y una persona cursando sus estudios universita-

---

[123] AHMN, *Asesoría técnica…*, op. cit., f 14.

rios.[124] Al mismo tiempo, el origen rural de la población y el escaso nivel de instrucción se reflejaba en una estructura ocupacional donde sobresalían los trabajadores manuales y, en especial, quienes se empleaban en el mundo de la construcción. A modo de muestra, podríamos decir que de la mano de obra disponible, de cerca de quinientos trabajadores, más de doscientos oficiaban de albañiles, pintores, plomeros o cloaquistas.[125] Aunque conformaba una pequeña franja de tierra de poco peso demográfico, nos brinda algunas pistas sobre la concentración de los migrantes chilenos en algunos sectores de la nueva periferia. De todos modos, y a pesar de estas cifras, nos parece más adecuado pensarlos como asentamientos –abiertos y siempre lugar de residencia de diversos grupos migratorios–, más que como un espacio segregado y cerrado sobre sí mismo.

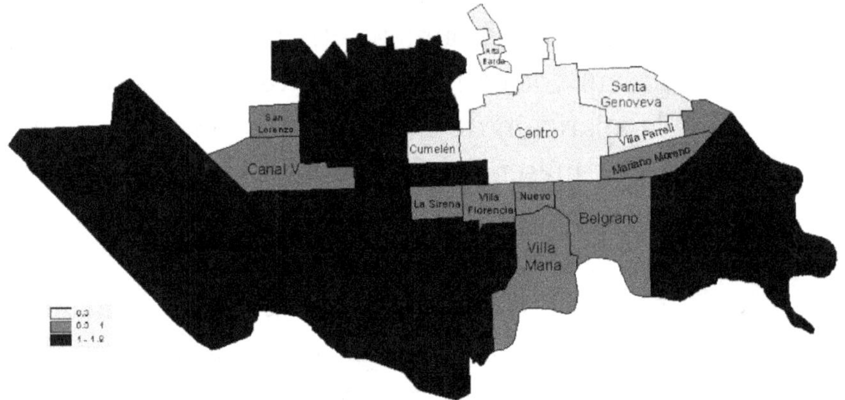

Figura 4.15 – Índice de concentración (Ic) de los migrantes chilenos (por área de la ecología urbana). Neuquén, 1970-1990. Fuente: Elaboración propia con ArcView GIS 3.3 a partir de planos del DPEC.

Si los migrantes de otras provincias y los transandinos conservaron los mismos patrones de asentamiento, ¿qué podríamos decir de los llegados del interior provincial? Tomando distancia del patrón de asentamiento de los sesenta, bastante cercano a la equidistribución, este conjunto de migrantes tendió a concentrarse en los espacios menos consolidados de la ciudad (Cuadro 11- Mapa 15). Es posible que esta situación se relacione con la menor intensidad del flujo nacido en los departa-

---

[124]Ibídem, f 14.

[125]Ibídem, f 14.

mentos de mayor atraso relativo. Cuando la provincia daba sus primeros pasos, el éxodo del interior era considerable y su solución era un
tópico repetido de la retórica planificadora oficial. Conforme el Estado provincial fue extendiendo sus brazos sobre el territorio neuquino,
la cantidad de migrantes de este origen fue disminuyendo. La creación
de empleos públicos en las comarcas cordilleranas hizo de la movilidad
una alternativa sólo para quienes sobrevivían en los márgenes de estas
sociedades rurales. Esta situación favoreció el traslado de una población
de escasa instrucción que se ocupó en los eslabones más débiles de la
estructura ocupacional. El patrón de asentamiento de los migrantes del
interior provincial podría sintetizarse de la siguiente manera: mientras
en el casco original de la ciudad encontramos una proporción menor a
la esperable, en el primer anillo su participación era igual al porcentaje
de la población radicado en el sector (1,1) y en los barrios del segundo
anillo su presencia era bastante más intensa (1,3).

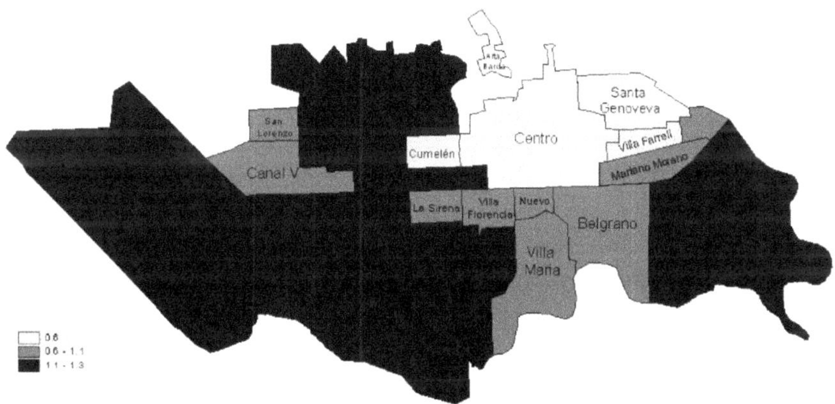

Figura 4.16 – Índice de concentración (Ic) de los migrantes del interior neuquino (por área de la ecología urbana). Neuquén, 1970-1990. Fuente:
Elaboración propia con ArcView GIS 3.3 a partir de planos del DPEC.

Esta particular distribución muestra, más allá de los matices, una
gran similitud con lo señalado para el caso de los chilenos. Es más, no
sería erróneo sostener que siguieron el patrón de los migrantes transandinos, aunque de forma mucho más atenuada. Si en los primeros su
concentración oscilaba en un rango próximo a 1,5, en los segundos esa
brecha se achicaba hasta llegar a 0,7. Como sucedía en los sesenta, los
Ic de los migrantes neuquinos circulaban por un carril opuesto al de los
migrantes de otras provincias. En las diferencias ocupacionales, que de-

tallamos en el capítulo anterior, encontramos una herramienta de suma utilidad para comprender estos contrastes.

De este recorrido por los Ic de los diferentes grupos migratorios surge un dato difícil de cuestionar: los patrones advertidos hacia mediados del siglo XX gozaban, en las décadas de los setenta y ochenta, de una salud envidiable. Los migrantes llegados de Chile y del interior provincial seguían siendo el par más unido desde un punto de vista espacial entre las seis combinaciones posibles (véase Cuadro 4.11). La procedencia rural de ambos flujos se tradujo en una inserción en los empleos menos calificados de la estructura ocupacional y, como consecuencia, en un asentamiento en el segundo anillo de la ciudad. Esta coincidencia habitacional era fácilmente traducible en espacios de sociabilidad compartidos que pudieron favorecer la formación de parejas «mixtas». En esta *homogamia social*, que no debe confundirse con una *exogamia*, encontramos un mecanismo que estimulaba la integración de los migrantes a un escenario donde su universo relacional no era un reflejo automático de las pautas pre-migratorias.

Áreas	Nativos	Chilenos	A	B	Media
Nativos	–	–	–	–	24,1
Chilenos	16,1	–	–	–	26,4
Interior Prov.	20,3	26,4	–	–	23,8
Otras Prov.	35,8	36,6	24,7	–	32,4

Cuadro 4.11 – Índice de diferencia (Id) de distintos grupos migratorios por áreas de la ciudad. Neuquén, 1970-1990. A= Interior provincial; B= Otras provincias. Fuente: Elaboración propia a partir de las actas matrimoniales del Archivo de la Dirección Provincial de Registro Civil de Neuquén.

Los migrantes de otras provincias conservaban, al igual que los chilenos, una relativamente alta segregación, sólo que en un sentido inverso: si los llegados del otro lado de los Andes estaban sobrerrepresentados en la nueva periferia, los primeros presentaron, desde muy temprano, un comportamiento centralizado. Un Id superior a 36 es dato que brinda evidencia adicional sobre la enorme distancia socio-espacial entre ambos flujos migratorios (Cuadro 4.11). El par formado por los migrantes interprovinciales y los nacidos en la ciudad se encuentra, en cambio, en las coordenadas opuestas. Un Id bajo, que apenas alcanzaba 16, habla muy bien de un fuerte contacto con la población nativa, cuya inmensa mayoría habitaba en las manzanas del «centro extendido» y, dentro de ellas, en las que formaban el trazado original de la ciudad (Cuadro 4.11). Cifras como estas, aunque no explican por sí solas la existencia de redes posmigratorias, nos avisan de un terreno fértil donde es probable que estas últimas se hayan conformado.

Las consecuencias de esta disposición en el tablero urbano no dejan de ser interesantes y nos obligan a reflexionar en clave teórica: el hecho de que los sectores superiores de la estructura ocupacional, más allá de su origen, hayan compartido un cuadrante específico de la ciudad permite dar un paso adelante respecto a la vieja idea de *melting pot*. El uso y abuso de esta metáfora había reforzado una idea homogénea de aquellos espacios que recibieron, entre fines del siglo XIX y comienzos del XX, enormes contingentes migratorios. El relato resultante es, a esta altura, un clásico de la historiografía sobre migraciones: en su afán de integrarse a la nueva sociedad, los recién llegados perdían sus identidades premigratorias y se sumaban a un sentido de argentinidad que, para ese momento, estaba en plena formación. La idea de pluralismo cultural, basada en los estudios sobre la realidad norteamericana, vino a discutir los alcances de esta fusión cultural a gran escala. En su lugar, y apoyada en las herramientas suministradas por el *network analysis*, destacaba la permanencia de las relaciones tejidas con anterioridad al traslado, pero fundamentalmente el error que significaba en pensar en identidades únicas.

Luego de una década de esencialismo, los aportes de Otero y Pellegrino dieron una bocanada de aire fresco a un debate que se encontraba en un prolongado punto muerto. En su estudio comparativo de Buenos Aires y Montevideo, descubrieron que la interacción en determinados espacios de la ciudad debió inaugurar nuevas sociabilidades, que escapaban al círculo más cercano de los recién llegados. Para el caso neuquino, las condiciones para este «crisol por debajo» quedaban a la vista de dos maneras. Así como los eslabones más débiles de la clasificación ocupacional estaban concentrados en el cinturón periférico de la ciudad, el bajo Id de los migrantes chilenos y los llegados del interior provincial nos brinda algunos indicios sobre quienes fueron los protagonistas de este intenso intercambio cultural. Pero esta clase de fenómenos no sólo se desarrolló en los asentamientos suburbanos. El área que denominamos «centro extendido», lugar que contenía buena parte del equipamiento urbano y el grueso del empleo no manual, debió estimular las relaciones entre quienes conformaban los estratos superiores de la sociedad neuquina, donde los nativos y los llegados de otras provincias estaban sobrerrepresentados. De ahí que no sea disparatado pensar en la existencia de una especie de «crisol por arriba» que tuvo a este último espacio como escenario privilegiado. Es más, podríamos decir que el carácter dual de la ciudad, donde coexistieron diferentes procesos de intercambio cultural, podría leerse como una forma de «pluralismo social», usando la inteligente metáfora de Devoto.[126]

Una afirmación de este calibre nos obliga a formular preguntas que no dejan de ser estimulantes y que intentaremos responder en el próximo capítulo: ¿cuáles fueron las pautas matrimoniales seguidas por los migrantes? ¿Podemos hablar, en escenarios donde fue importante la migración interna, de endogamia o exogamia? ¿Cuál fue el impacto de la particular ecología urbana neuquina en las dinámicas asumidas por el mercado matrimonial? ¿Cuál fue la fuerza de la homogamia social en un espacio que tuvo al estrato ocupacional como variable condicionante del asentamiento en la ciudad?

---

[126]Devoto, *Historia de la inmigración en la Argentina*, pág. 344.

5. Conseguir pareja.
Migraciones y pautas matrimoniales

En los capítulos anteriores destacábamos la escasez de fuentes específicas para estudiar el fenómeno de las migraciones en Argentina. Este problema es especialmente evidente en el caso de la ciudad de Neuquén, dado que su crecimiento fue resultado de una combinación de flujos originados en diferentes comarcas neuquinas, en otras provincias argentinas y del otro lado de los Andes. Los censos nacionales, por ejemplo, nos ofrecen un corpus de información que, al estar organizado en grandes categorías espaciales, colabora muy poco a la hora de analizar procesos migratorios que operan a una escala inferior que la provincial. Los relevamientos realizados por el Estado neuquino no escapan a esta situación. La abundante información que suministran sobre las principales coordenadas productivas de la provincia, contrasta con los pocos datos que nos brindan en materia demográfica. Salvo un puñado de estudios basados en registros vitales, la tónica seguida por la burocracia estadística neuquina ha sido reproducir fielmente los criterios censales adoptados a escala nacional. Esto nos deja frente a fuentes que tienen a la provincia como escenario por excelencia y al clivaje argentino/extranjero como principal variable diferenciadora. De ahí que los procesos migratorios intraprovinciales hayan permanecido por fuera de la mirada estadística, al igual que los fenómenos migratorios entre diferentes provincias argentinas que, aunque fueron contemplados a través de sus *stocks*, no fueron analizados a nivel departamental ni, mucho menos, al interior de una ciudad en particular.

Estos obstáculos heurísticos nos obligan a formular una pregunta tan obvia como difícil de contestar: ¿cómo estudiar un fenómeno que escapa a los registros estadísticos tradicionales?

Una forma de hacerlo es por medio de una de las pocas huellas cuantificables dejadas por los migrantes: las actas matrimoniales. Esta decisión no deja de traer inconvenientes. La documentación registrada en ocasión del contraer nupcias nos brinda información confiable sólo sobre una porción del espectro de la movilidad territorial. Si bien nos aproxima a los migrantes que deciden establecerse en la ciudad por un considerable lapso de tiempo, nos dice muy poco sobre otras variedades migratorias. Los desplazamientos temporales, especialmente ligados a la fruticultura y a la construcción de grandes obras, son fenómenos que escapan a una observación basada en las actas matrimoniales y, por lo general, a cualquier análisis basado en documentación nominal. El recurso de la movilidad constituye, en estos casos, parte de una estrategia familiar que tiene como escenario a los espacios de expulsión y, por ese motivo, no supone un viraje definitivo en la trayectoria de quien decide trasladarse. Lo mismo sucede con los *conmutters*. Esta categoría, en gran medida histórica, incluye a quienes, pese a desarrollar su vida profesional en una ciudad, tienen su domicilio en otra que les permite acceder a la propiedad o bien enfrentar un menor costo de vida. Las actas de matrimonio elaboradas por el registro civil neuquino no pueden capturar este fenómeno, pues su jurisdicción sólo abarca al ejido municipal de la capital provincial. De todos modos, el acceso generalizado a la propiedad urbana, tanto por la vía de la compra o bien por medio de una ocupación *ad hoc*, restaba chances a poblados cercanos de consolidarse como receptoras de población en tránsito.

Junto a las migraciones temporales y a los *conmutters*, existen al menos otras tres subpoblaciones, estadísticamente relevantes, que escapan a un análisis basado en las actas matrimoniales: aquellos que permanecieron solteros, quienes dieron curso a uniones de hecho y, en menor medida, los que optaron por segundas y terceras uniones una vez separados o divorciados (o enviudaron sin casarse legalmente la segunda vez).[1] Sobre las dos últimas quizás convenga realizar algunos comentarios. No estaría mal si las pensáramos como emergentes de un proceso de largo aliento y vasto alcance geográfico. Neuquén, como no podía ser de otra forma, recibió los coletazos de la llamada «crisis del matrimonio», que afectó a las sociedades occidentales durante la segunda mitad del siglo XX. A nivel nacional, la incidencia de la cohabitación como modalidad de unión se ha incrementado desde comienzos de la década de 1960, registrando una notable aceleración luego de 1980.[2] El segundo andarivel por el cual circuló la fragilización del matrimonio es el creciente peso del divorcio. Sabido es que, luego de 1987, se sancionó la ley de divorcio que dio a la población la posibilidad de reincidir en el matrimonio, siempre y cuando hubieran transcurrido tres años desde la boda o pudiera probarse una separación de hecho de la misma extensión.[3]

Pese a estas limitaciones, las actas matrimoniales nos ofrecen una mirilla desde donde observar numerosos procesos desarrollados en una ciudad de explosivo crecimiento como Neuquén. En los capítulos anteriores, concentramos nuestra atención en la inserción laboral y las pautas residenciales de los migrantes llegados a la ciudad entre 1960 y 1990. En las próximas páginas trataremos de analizar las formas en que estas variables se relacionan a la hora de seleccionar una pareja.

Pero, ¿qué importancia puede tener estudiar un hecho tan personal y, por momentos, insondable como la formación de un matrimonio?

Más allá de los enigmas que entraña este hecho, sólo asequibles mediante estudios biográficos, lo cierto es que una muestra suficientemente amplia nos permitiría detectar ciertas tendencias y disminuir el peso de los factores individuales. A grandes rasgos, podríamos decir que los matrimonios nos brindan pistas alrededor de tres aspectos íntimamente im-

---

[1] Otra subpoblación, bastante menos importante desde una óptica cuantitativa, que estaba a un análisis basado en las actas matrimoniales son quienes mueren jóvenes, antes de tener la posibilidad de casarse.

[2] Las uniones consensuales representaban el 7 % del total de uniones en 1960 y llegaron al 27 % en 2001; es decir, casi se cuadruplicaron en un lapso apenas superior a cuarenta años. Cfr. Susana Torrado. «Transición de la nupcialidad. Dinámica del mercado matrimonial». En: *Población y bienestar en la Argentina del primero al segundo centenario. Una Historia Social del siglo XX*. Comp. por Susana Torrado. Vol. I. Buenos Aires: Edhasa, 2007, pág. 423.

[3] Ibíd., págs. 427-431.

bricados.[4] Las personas se casan, como es lógico imaginar, con alguien a quien conocen personalmente, ya sea con anterioridad al desplazamiento o bien en el marco de algún espacio compartido en la ciudad. Las pautas matrimoniales desnudan, además, ciertas convenciones acerca de lo que constituye un «buen matrimonio». Una elección «conveniente» no sólo podría atribuirse a una determinación social o una libre elección individual, sino a la influencia ejercida por el entorno familiar y el conjunto de relaciones sociales que rodean al individuo.[5] Pero esta percepción, asimilable al concepto de *habitus* de Bourdieu,[6] debe ponerse en juego dentro de un escenario que no siempre brinda las condiciones para que se haga realidad. La abundancia o escasez de los hombres o mujeres puede hacer que este anhelo quede recluido al campo de los deseos. Podríamos decir, entonces, que el matrimonio «implica un ámbito de sociabilidad compartido, la influencia de un mercado (cantidad de hombres y mujeres disponibles) y los valores puestos en juego por aquellos que eligen pareja».[7]

5.1 Los matrimonios en perspectiva

Comencemos con un dato que emerge de un primer vistazo a las fuentes. Si bien el número de uniones matrimoniales es un indicio indirecto del comportamiento de la población, su evolución muestra una sincronía casi perfecta con el explosivo crecimiento de la capital neuquina. Las seiscientas actas relevadas para la década de 1960 se convierten en mil trescientas para la década siguiente y llegan a las mil setecientas en los ochenta. Al igual que la población neuquina, el crecimiento del número de casamientos fue vigoroso en los veinte años que siguie-

---

[4]Fernando Devoto. *Historia de la inmigración en la Argentina*. Buenos Aires: Sudamericana, 2003, pág. 329.

[5]Esto significa que las modalidades de encuentro con la pareja se vinculan con formas de sociabilidad estrechamente emparentadas con el medio social de pertenencia (en el caso de las clases medias pueden ser universidades, locales de entrada selectiva o áreas residenciales compactas), de manera tal que la elección del cónyuge tiene lugar dentro de grupos social y culturalmente homogéneos. Cfr. Susana Torrado. *Historia de la familia en la Argentina moderna (1870-2000)*. Buenos Aires: Editorial de la Flor, 2003, págs. 227-228.

[6]Pierre Bourdieu. *Cosas dichas*. Barcelona: Gedisa, 1987.

[7]Devoto, *Historia de la inmigración en la Argentina*, págs. 329-330.

ron a 1960, reduciendo levemente su velocidad en las cercanías a 1990. El aumento del número de habitantes y el incremento de los índices de nupcialidad sirven para explicar la mayor cantidad de matrimonios celebrados en las oficinas de registro civil de la capital provincial. Para encontrar las causas del menor crecimiento relativo de la década de 1980 es preciso sumergirnos en los patrones de movilidad predominantes. Ese espacio que todavía conservaba su apariencia fronteriza era un escenario ideal para una forma de movilidad individual. Las consecuencias de las migraciones individuales son fácilmente deducibles: los primeros momentos de la oleada migratoria fueron testigos de un notable incremento de la oferta de potenciales contrayentes y, por ende, del número de enlaces. A medida que la «era de las grandes obras» concluía y la economía provincial reforzaba un rumbo ligado al sector terciario, el peso de las migraciones familiares fue *in crescendo*. Esta situación, sumado al creciente número de uniones de hecho, nos ayuda a entender por qué encontramos un número de matrimonios menor al esperable: la ciudad prácticamente duplicó su población entre 1980 y 1991, pero la cantidad de registros relevados «sólo» se incrementó un 40 %.[8]

La composición de las uniones de acuerdo al origen de los contrayentes merece un análisis específico. Cuando examinamos las actas correspondientes al período 1960-1990 descubrimos el enorme peso de aquellos matrimonios en los cuales uno de sus miembros había nacido fuera de la ciudad de Neuquén. Puede que un simple dato nos ilumine sobre una situación cercana al monopolio: el 92 % de los matrimonios celebrados en el municipio neuquino mostraba a un migrante ya sea en el papel de novio o de novia (Cuadro 5.1). En caso de desdoblar el período en tres subperíodos de diez años, veríamos que la fuerza de los no-neuquinos no experimentó cambios bruscos. La brecha que separaba a las parejas integradas por hombres y mujeres nacidas en la ciudad de Neuquén de aquellas formadas por al menos un migrante, lejos de acre-

---

[8]Para 1991, primera fecha para la cual contamos con información fiable, existían, en el departamento Confluencia, 27.807 personas que estaban unidas de hecho. Esto representaba el 15 % de la población mayor a 14 años. Quienes estaban unidos legalmente sumaban 77.558 (45 %). El resto de la población se repartía entre separados, divorciados, viudos, pero especialmente «solteros nunca unidos» (53.717 y 30 %). DPECN, *Información por departamentos*, departamento Confluencia, Demografía, tabla 050719 «Población de 14 años y más por estado conyugal según sexo y edad. Año 1991 Departamento Confluencia - Provincia del Neuquén».

centarse con el paso del tiempo, pareciera estabilizarse en una proporción de 9 a 1. De todos modos, y afinando nuestra mirada al extremo, es posible observar algunas transformaciones mucho más sutiles. El mayor peso de las migraciones familiares, tan propio de los años ochenta, pareciera reflejarse en un leve descenso de los matrimonios celebrados entre migrantes y en la creciente participación de las uniones entre nativos. Aunque estas diferencias fueron menores, del orden del 6 % en el primer caso y del 2 % en el segundo, nos ponen frente al punto de partida de tendencias que tomaron impulso en los años siguientes (Cuadro 5.1).

Origen de los contrayentes	década			
	60s	70s	80s	Total
Nativo-Nativa	7	7	9	8
Nativo-Migrante	15	12	14	14
Migrante-Nativa	16	22	20	20
Migrante-Migrante	62	59	56	58
Totales	100 (623)	100 (1305)	100 (1705)	100 (3633)

Cuadro 5.1 – Pautas matrimoniales de nativos y migrantes. Neuquén, 1960-1990 (porcentajes). Fuente: Elaboración propia a partir de las actas matrimoniales de la Dirección Provincial de Registro Civil de Neuquén.

Los hombres y mujeres que dejaron constancia en las actas matrimoniales de haber nacido en una enorme variedad de lugares, son una prueba fehaciente del impacto que las migraciones han tenido en la joven capital neuquina. Si el peso de los migrantes dentro de la muestra de actas matrimoniales era considerable, ¿qué podríamos decir de la composición por orígenes de este universo de migrantes?

Como hemos comentado en reiteradas ocasiones, confeccionar una clasificación en base al contraste nativos/no nativos suele ocultar más de lo que efectivamente muestra. De ahí la importancia de diferenciar entre flujos internos y otros llegados de Chile, así como entre migraciones inter e intraprovinciales. Algo que salta a la vista de inmediato es el hecho de que la composición de los matrimonios replica en buena medida la distribución seguida por el conjunto de la población. En los años sesenta, cuando la provincia comenzaba a deshacerse de su herencia territoriana, el flujo originado en el interior neuquino destacaba por su importancia. Las comarcas cordilleranas, en franco retroceso desde los treinta, conformaban una reserva de brazos ideal para esa ciudad que se iniciaba en la senda del crecimiento económico. Para sostener este punto sólo hace falta decir que el 38 % de los contrayentes habían registrado su nacimiento en algún punto de la provincia.

Las particularidades productivas de los departamentos cordilleranos también dejaron su huella en la proporción entre hombres y mujeres. Una economía rural, muy cercana al nivel de subsistencia, tuvo en la movilidad femenina un recurso de primer orden. Después de todo, el traslado de aquellos integrantes alejados del mundo de la producción no sólo facilitaba la reproducción de estas unidades domésticas, sino que inyectaba ingresos frescos por medio de remesas. No es casual que este grupo haya mostrado una menor relación de masculinidad que los restantes flujos migratorios. La década de 1960 es un buen lugar desde donde observar este fenómeno: mientras que los llegados de otras provincias o bien de Chile exhibieron cifras situadas por encima de 1, los migrantes neuquinos se encontraban bastante por debajo de este umbral (0,85).

En las décadas siguientes, el protagonismo de los migrantes llegados desde otras provincias argentinas fue en franco ascenso. En parte siguiendo un patrón de asentamiento que reforzaba el papel de las ciudades intermedias y en parte como resultado del acelerado despegue de la economía provincial, Neuquén se convirtió en un destino atractivo para una población proveniente de los escenarios de mayor desarrollo relativo del país. Aunque las consecuencias de esta combinación de factores fueron abordadas *in extenso* en los capítulos anteriores, vale la pena mencionar el impacto de las migraciones interprovinciales en los registros matrimoniales. En los años sesenta, su participación en el total de enlaces, con un 22 %, iba a la zaga de los migrantes neuquinos. Dos décadas después, esa participación había traspasado la barrera del 40 %, consolidando su papel como principal conjunto migratorio (Cuadro 5.2). Su creciente peso en el total de contrayentes, que fue simultáneo al montaje de una economía ligada a la provisión de recursos energéticos, convivió con una tendencia hacia el equilibrio entre los sexos. De todos modos, y a diferencia de los migrantes del interior neuquino, entre quienes las mujeres eran mayoritarias, los llegados de otras provincias han mostrado un duradero predominio masculino. La década de los sesenta, por ejemplo, alojó una asimetría entre hombres y mujeres de alrededor del 40 %, lo cual habla muy bien del impacto de la construcción al interior del mercado laboral neuquino, especialmente de los grandes proyectos hidroeléctricos (Cuadro 5.2).

Origen	60s	70s	80s
Nativos	22	20	24
Otras Provincias	26	38	45
Interior neuquino	35	22	19
Chilenos	10	12	8
Otros	4	9	4
Totales	100 (623)	100 (1305)	100 (1705)
Nativos	23	28	29
Otras Provincias	19	29	37
Interior neuquino	41	24	20
Chilenos	10	11	11
Otros	7	7	4
Totales	100 (623)	100 (1305)	100 (1705)

Cuadro 5.2 – Distribución de los contrayentes por origen. Neuquén, 1960-1990 (porcentajes). Fuente: Elaboración propia a partir de las actas matrimoniales de la Dirección Provincial de Registro Civil de Neuquén.

Los años setenta y ochenta fueron testigos de una creciente feminización de los episodios migratorios en general y de los originados en otras provincias en particular. Esto puede ser explicado a partir del creciente peso de los traslados familiares, pero también por la importancia que fueron adquiriendo los mecanismos individuales de movilidad. La elevada correlación entre nivel educativo y participación en la actividad económica nos brinda algunas pistas al respecto. La inflación de credenciales que experimentaron los escenarios urbanos tradicionales hizo de Neuquén un seductor destino para jóvenes profesionales llegados de otros puntos del país. Los sistemas de salud y educación, áreas claves en la expansión del Estado provincial, fueron dos espacios que tuvieron a las mujeres como autenticas protagonistas, sobre todo a aquellas que ocupaban los escalones superiores de la estructura ocupacional. El creciente peso de las mujeres queda a la vista examinando el paulatino descenso de la relación de masculinidad al interior de las actas relevadas: una tasa de 1,40 para los sesenta se transformó, una década después, en 1,31, para ubicarse en los ochenta cerca de 1,20 (Cuadro 5.3).

A cierta distancia de los llegados de otras provincias y de los migrantes del interior neuquino, los chilenos exhibieron un comportamiento mucho más estable en el tiempo. Con una participación de alrededor del 10 %, el flujo trasandino sólo experimentó un pequeño pico en la década de los setenta, justo en el momento en el cual la construcción alcanzaba su mayor incidencia en el PBG. De todas maneras, la singularidad del caso chileno no debería ser llevada al extremo. Al igual que los restantes grupos migratorios, el peso de las mujeres tuvo un decidido avance entre 1960 y 1990. En la décadas de los sesenta y los setenta cabían pocas dudas acerca del predominio de los hombres: entre quienes decidieron contraer nupcias, la relación de masculinidad se situaba en el orden de 1,05. Dos razones ayudan a entender un fenómeno que seguramente fue más intenso de lo que la documentación nos indica (como ya dijimos, las actas matrimoniales dejan de lado la abundante población temporal que seguía el calendario agrícola regional). Por un lado, un patrón de movilidad rural-rural, que abastecía de mano de obra a la producción frutícola, permitió el establecimiento de hombres que cumplieron con las variadas tareas rurales. Por el otro, la puesta en marcha de megaproyectos como la edificación de represas empujó los indicadores de masculinidad hacia arriba.

Origen	60s	70s	80s
Nativos	0,93	0,70	0,82
Otras Provincias	1,40	1,31	1,23
Interior neuquino	0,85	0,91	0,95
Chilenos	1,05	1,05	0,75
Otros	0,95	1,18	1,11

Cuadro 5.3 – Relación de masculinidad por origen. Neuquén, 1960-1990. Fuente: Elaboración propia a partir de las actas matrimoniales de la Dirección Provincial de Registro Civil de Neuquén.

Los años ochenta, por su parte, fueron testigos de un drástico viraje en materia de patrones de asentamiento. Una economía menos dependiente de las grandes obras públicas prestó las bases para el reforzamiento de la presencia femenina. Así, una movilidad masculina e individual cedió su lugar a una movilidad familiar más afín a un establecimiento urbano y de largo plazo.[9] Al mismo tiempo, el creciente peso del sector terciario facilitó el desembarco de mujeres que se desempeñaron en la zona gris de la economía, sobre todo en la prestación de servicios domésticos.[10] Esta transformación, muy similar a la experimentada por los migrantes paraguayos en la ciudad de Buenos Aires,[11] queda en evidencia observando la relación de hombres y mujeres al interior de las actas relevadas: en la década de 1980, la relación de masculinidad perforó la barrera de 100, ubicándose en las cercanías de 80 (Cuadro 5.3).

5.2 Los migrantes y sus opciones matrimoniales en los inicios de una transición (década de 1960)

Luego de este recorrido por la información contenida en las actas matrimoniales, estamos en condiciones de estudiar los enlaces en sí mismos. Esta inquietud, sin duda valiosa, nos traslada a una problemática que ha recibido una duradera atención académica: la integración de los migrantes en sociedades que experimentaron un acelerado proceso de transformación.

El tratamiento de este nudo gordiano de la historiografía nacional podría resumirse groseramente de la siguiente forma. Germani, en sus pioneros estudios sobre la Argentina de entre siglos, defendía la hipótesis de que los migrantes habían sido objeto de un rápido proceso de asimilación que tuvo como resultado una sociedad relativamente integrada. Una débil base demográfica, la fuerte presencia de hombres entre quienes arribaban al país y un deseo de estos últimos de protagonizar un acelerado fenómeno de movilidad social, fueron los insumos de una estrategia argumentativa que reforzaba la clásica imagen de «crisol de razas».[12] Los estudios que siguieron relativizaron las conclusiones del

---

[9]Beatriz Toutoundjian y Susana Holubica. *Estudio de la inmigración externa e interna en la Provincia de Neuquén*. Buenos Aires: CFI, 1990, págs. 18-19.

[10]Jorge Muñoz Villagran. *Los «chilenos» en Neuquén-Argentina… idas y venidas*. Neuquén: Editorial de la Universidad Nacional del Comahue, 2005, pág. 103.

[11]Roberto Benencia. «La migración limítrofe». En: *Historia de la inmigración en la Argentina*. Ed. por Fernando Devoto. Buenos Aires: Sudamericana, 2003, págs. 454-457.

[12]Fernando Devoto y Hernán Otero. «Veinte años después. Una lectura sobre el crisol de razas, el pluralismo cultural y la historia nacional en la historiografía argentina». En: *Estudios Migratorios Latinoamericanos*, n.º 50: (2003), págs. 183-189.

sociólogo italiano a partir de un minucioso examen de las pautas matrimoniales. Anclados en la idea del pluralismo cultural, estos trabajos vieron en la elección de contrayentes de un mismo origen nacional o regional un argumento a favor de la continuidad de pautas premigratorias.[13]

Ahora bien, ¿qué podríamos decir de un escenario que se encuentra alejado del epicentro de una discusión que por mucho tiempo desveló a los especialistas en estudios migratorios?

Para responder esta pregunta es necesario tomar un recaudo teórico fundamental. Sumergirnos en las pautas matrimoniales de los migrantes en la ciudad de Neuquén nos obliga a renunciar a los aspectos más doctrinarios de la polémica entre los defensores del «crisol de razas» y del «pluralismo cultural». Es cierto que la joven capital provincial albergó, siempre en términos relativos, una enorme cantidad de migrantes, pero muy pocos de ellos estaban separados por un abismo cultural. Difícilmente podríamos referirnos a la experiencia neuquina, por lo menos en el período analizado, como un hervidero de idiomas, costumbres y

---

[13]Una selección de los trabajos más representativos de esta postura debería incluir a: Mario Oporto y Nora Pagano. «La conducta endogámica de los grupos migrantes: pautas matrimoniales de los inmigrantes italianos en el barrio de la Boca». En: *Estudios Migratorios Latinoamericanos*, n.º 4: (1986). Ed. por CEMLA, págs. 483-495; Sergio Maluandres. «Los inmigrantes y sus hijos ante el matrimonio: un estudio comparativo entre alemanes de Rusia, españoles e italianos en Guatrache, La Pampa». En: *Estudios Migratorios Latinoamericanos*, n.º 18: (1991). Ed. por CEMLA; Carina Silverstein. «Más allá del crisol: matrimonios, estrategias familiares y redes sociales en dos generaciones de italianos y españoles (Rosario: 1885-1925)». En: *Estudios Migratorios Latinoamericanos*, n.º 28: (1997). Ed. por CEMLA, págs. 481-520; Norberto Marquiegui. «Revisando el debate sobre la conducta matrimonial de los extranjeros. Un estudio a partir del caso de los españoles y franceses en Luján, 1880-1920». En: *Estudios Migratorios Latinoamericanos*, n.º 20: (1992). Ed. por CEMLA, págs. 3-36; Sam Baily. "Marriage patterns and immigrant assimilation, in Buenos Aires, 1882-1923". En: *Hispanic American History Review*, vol. 6, n.º 1: (1980), págs. 32-48; Marc Schumann. "The limits of melting pot in urban Argentina: marriage and integration in Córdoba, 1869-1909". En: *Hispanic American Historical Review*, vol. 57, n.º 1: (1977), págs. 24-50; Eduardo Jose Miguez y col. «Hasta que la Argentina nos una: reconsiderando las pautas matrimoniales de los inmigrantes, el crisol de razas y el pluralismo cultural». En: *Hispanic American Historical Review*, vol. 71, n.º 4: (1991), págs. 781-808; 203-231 Robert Seefield. «La integración social de los extranjeros según sus pautas de matrimonio, ¿pluralismo o crisol de razas?» En: *Estudios Migratorios Latinoamericanos*, n.º 2: (1986); Liliana Da Orden. *Inmigración española, familia y movilidad social en la Argentina moderna. Una mirada desde Mar del Plata*. Buenos Aires: Biblos, 2005, págs. 126-150.

religiones. Esta situación puede ser fácilmente corroborada por medio de una simple referencia al *stock* de extranjeros. A diferencia de otros escenarios argentinos, los migrantes europeos nunca alcanzaron un gran relieve y su participación ha experimentado un declive desde la segunda posguerra.[14]

Un dato adicional puede ayudarnos a delimitar las particularidades del escenario que estamos examinando. Salvo el caso de los chilenos, cuya participación durante el período estudiado estuvo cercana al 10 % de la población, el grueso de quienes decidieron establecerse en Neuquén era argentino. La instalación de este universo de migrantes, como observamos en el Capítulo 4, no supuso la creación de espacios segregados o, usando términos de la sociología norteamericana, no dio origen a nada parecido a un *ghetto*.[15] Advertimos, en todo caso, áreas donde algunos grupos migratorios estaban sobrerrepresentados y donde se estableció un núcleo de sociabilidades que bien pudo condicionar la elección de una pareja. Si algo demostramos en los capítulos anteriores fue precisamente la elevada correlación entre la ocupación y la localización en el tejido urbano. Así, los migrantes de mejor posición social tenían una mayor probabilidad de instalarse en las manzanas centrales, mientras que entre quienes se ubicaban en los peldaños inferiores de la pirámide ocupacional era más frecuente residir en los márgenes de la ciudad. Las implicancias de este enunciado para cada uno de los grupos migratorios son fáciles de imaginar: el grupo más centralizado mostraba mejores indicadores ocupacionales (los llegados de otras provincias) y los ligados

---

[14]DPECN, *La población de la provincia del Neuquén...*, op. cit., pág. 6.

[15]Existen dos acepciones para referirse a los grados de pluralismo: por un lado, la existencia de relaciones premigratorias (en este caso tiene sentido, como hicimos en los capítulos anteriores, diferenciar a un cordobés de un bonaerense, por ejemplo); por el otro, la existencia de culturas diferentes (en este caso, desde luego no tiene sentido separarlos). Para el caso de las migraciones internacionales, desde Europa o desde países limítrofes, las dos acepciones se conjugan para explicar la integración de los recién llegados. Podemos explorar las cadenas migratorias que los condujeron al escenario de recepción, pero también las nuevas identidades que allí se van creando (es decir, que retoma pautas originales y dialoga con la sociedad donde está inserta). En relación a los migrantes internos, tanto intra como inter provinciales, la referencia cultural es mucho menos fuerte (sólo encontramos un par de clubes de residente que terminaron por convertirse en espacios de ocio para el conjunto de la población, sin distinguir entre sus socios un origen migratorio definido).

a los empleos manuales tenían una fuerte presencia en la periferia (los chilenos y, en menor medida, los migrantes del interior provincial).

Tomando en consideración las particularidades del escenario neuquino, cabe interrogarnos acerca de la importancia de estas grandes pertenencias regionales a la hora de evaluar el comportamiento matrimonial de los migrantes. De una mirada superficial a las cifras correspondientes a la década de 1960 emerge un dato cristalino: la primera opción matrimonial, por más general que sea la clasificación utilizada, estuvo dada por sujetos del mismo origen macrorregional. Como apreciamos con nitidez en el Cuadro5.4, tanto en el caso de los hombres como en el de las mujeres, se conforma una diagonal que aloja en su interior a los valores más elevados. Esta situación puede explicarse echando mano a una multiplicidad de factores, no siempre excluyentes entre sí: el matrimonio pudo ser resultado del entramado de relaciones premigratorias, de la legalización de una pareja formada con anterioridad al traslado o ser la consecuencia de redes de vecinazgo u ocupacionales forjadas en la sociedad receptora (donde existían algunos grupos migratorios sobrerrepresentados).

Esto último es especialmente evidente en el caso de los migrantes llegados de diferentes provincias. Si bien a escala macrorregional observamos una fuerte coincidencia, seguramente explicable por la fuerte centralización de este grupo, a escala provincial advertimos un panorama completamente distinto. Algo que advertimos de inmediato es el pobre papel desempeñado por los lazos tejidos de forma previa al traslado, aspecto que podemos deducir a partir de la coincidencia de los distritos de nacimiento de los contrayentes: sólo uno de cada doce novios mostró algún tipo de endogamia a escala provincial, mientras que entre las mujeres lo hizo una de cada siete contrayentes (Cuadro 5.4). Este comportamiento exogámico nos habla muy bien de los mecanismos individuales de movilidad que, como dijimos, elevaron la razón de masculinidad, pero también del clivaje en materia de sociabilidad que el traslado supuso para quienes llegaron de diferentes provincias argentinas.

El desequilibrio sexual que muestran algunos flujos migratorios pareciera haber dejado su huella en lo que a elecciones nupciales se refiere. Más allá de que Neuquén no mostró las asimetrías que albergaron otros espacios de frontera, advertimos la existencia de un «mercado matri-

Tipo	60s	80s
Varones		
Enlaces endogámicos	8,2	11,2
Enlaces exogámicos	91,8	88,8
Total	100 (219)	100 (630)
Mujeres		
Enlaces endogámicos	15,2	14,3
Enlaces exogámicos	84,8	85,7
Total	100 (118)	100 (488)

Cuadro 5.4 – Comportamiento matrimonial de los migrantes interprovinciales. Endogamia/exogamia a nivel provincial. Neuquén, décadas de 1960 y 1980. Fuente: Elaboración propia a partir de las actas matrimoniales de la Dirección Provincial de Registro Civil de Neuquén.

monial descompensado», alejado de la idílica imagen de libre concurrencia.[16] Los flujos con predominio femenino, como es el caso de los migrantes neuquinos, tuvieron a los hombres en mejores condiciones de contraer nupcias con una persona del mismo origen. Su relativa escasez, como es de imaginar, obligó a las mujeres a buscar alternativas entre otros grupos migratorios o bien entre los nacidos en la ciudad. Las corrientes que se ajustaron al modelo de una migración individual y masculina, en cambio, presentaron un comportamiento exactamente inverso. Los migrantes de otras provincias son quizás el ejemplo más claro de esta situación. Sólo el 37 % de los varones de este origen tuvo una pareja de esa procedencia, mientras que entre las mujeres esa proporción trepó hasta el 48 %. En este caso, el desequilibrio en favor de los hombres se tradujo en un comportamiento menos abierto por parte de las mujeres. Los migrantes transandinos, en tanto, nos ponen frente a una «tercera vía». Este flujo, que fue dueño de un leve predominio masculino, nos muestra una situación de virtual empate: tanto los hombres como las mujeres llegados del otro lado de los Andes mostraron el mismo porcentaje de endogamia nacional (44 %).

---

[16]El funcionamiento del mercado matrimonial se entiende primeramente dependiente del equilibrio de la relación de masculinidad, en el supuesto de que ese equilibrio (o desequilibrio) condiciona la posibilidad de entrar en unión (en este caso formales) en aquel sexo que se encuentra subrepresentado (o sobrerrepresentado).

La fuerte endogamia macrorregional, siempre con las salvedades que introdujimos para el caso de los migrantes interprovinciales, nos obliga a detenernos en la segunda opción privilegiada por los diferentes grupos migratorios. Sólo de esta manera podríamos analizar las posibles relaciones entre las elecciones matrimoniales de los recién llegados y el lugar ocupado en el tablero urbano. Después de todo, si el traslado a la ciudad supuso un *turning point* en la trayectoria vital de los migrantes, no sería aventurado suponer la existencia de un diálogo entre diferentes segmentos de la población que tuvo a la proximidad como condicionante esencial. Y esta fluida comunicación pudo haberse reflejado a la hora de elegir pareja, máxime si tenemos en cuenta el desequilibrio entre sexos que evidenciaron algunos grupos migratorios.

Veamos qué sucede con aquellos segmentos de la población que mostraron una fuerte presencia en el centro de la ciudad. Recordemos que este cuadrante, dueño de una prolija grilla y de un sistema de diagonales, albergó al empleo no manual en general y a los peldaños superiores de la clasificación ocupacional en particular. Cuando analizamos los patrones residenciales de los principales grupos migratorios descubrimos allí una fuerte coincidencia habitacional entre quienes procedían de otras provincias argentinas y los nacidos en la ciudad. El origen mayoritariamente urbano de los primeros y el capital social de los segundos ayudan a entender su lugar en el mercado laboral y su comportamiento centralizado. Ambos elementos generaban las condiciones para lo que denominamos un «crisol por arriba», que tuvo al distrito central como escenario y a quienes se desempeñaban en los empleos más prestigiosos como protagonistas. La evidencia suministrada por las actas matrimoniales pareciera corroborar esta idea. Si bien el peso de los migrantes del interior provincial oscurece la observación de este fenómeno, los enlaces entre nativos y migrantes de otras provincias se destacaron por su importancia.

El comportamiento matrimonial de los migrantes de otras provincias, aunque no rompe con las líneas maestras señaladas, introduce algunos matices interesantes. Entre los hombres nacidos en la ciudad, la segunda opción matrimonial estaba constituida por migrantes de otras provincias (28 %), describiendo un comportamiento que era aún más evidente para las mujeres (32 %). En este último caso, los nativos fueron inclusive desplazados del primer lugar por los migrantes de otras provincias. El bajo índice de masculinidad de la población nativa pareciera encajar perfectamente con el predominio masculino de los flujos interprovinciales. Que cerca de un tercio de las nativas eligiera un hombre de este último origen es una clara muestra de ello (Cuadro 5.5). La intensidad de los flujos originados en el interior neuquino, predominantemente femeninos, hicieron a las mujeres de este origen la segunda alternativa para los hombres llegados de diferentes distritos de Argentina. De todos modos, los enlaces que unieron a migrantes interprovinciales y a mujeres nacidas en la ciudad, lejos de ser insignificantes, llegaban a un quinto del total. Entre las mujeres, en cambio, los nativos constituyeron una opción de peso al punto de involucrar a un cuarto de las uniones que incluyeron a una migrante de otra provincia (Cuadro 5.5). Al mismo tiempo, y sumando algunos elementos al debate crisol y pluralismo cultural, vemos cómo ambos grupos, cuya presencia en el damero original era fuerte, mantuvieron baja exogamia con el grupo migratorio menos centralizado: los chilenos.

| Novio | Hombres | | | | | |
| | | Novia | | | | |
	Nativo	Otras Prov.	Int. neuquino	Chilenos	Otros	Total
Nativos	34	28	26	7	5	100 (137)
Otras Prov.	22	37	31	4	6	100 (216)
Int. neuquino	20	14	52	10	4	100 (166)
Chilenos	17	17	14	43	9	100 (65)
Otros	25	33	42	0	8	100 (36)
Novia	Mujeres					
		Novio				
	Nativo	Otras Prov.	Int. neuquino	Chilenos	Otros	Total
Nativos	31	32	23	7	6	100 (148)
Otras Prov.	23	48	14	7	7	100 (163)
Int. neuquino	17	31	40	4	7	100 (213)
Chilenos	16	14	25	44	0	100 (63)
Otros	19	36	19	17	8	100 (36)

Cuadro 5.5 – Patrones matrimoniales por origen. Neuquén, 1960-1969 (porcentajes). Fuente: Elaboración propia a partir de las actas matrimoniales de la Dirección Provincial de Registro Civil de Neuquén.

Los datos analizados nos obligan a llamar la atención sobre la fuerte vinculación que existió entre el lugar ocupado en la estructura ocupacional, la inserción en el tejido urbano y las pautas matrimoniales. Como demostramos en los capítulos anteriores, la trama de relaciones tejida en los lugares de llegada tuvo en la cercanía espacial uno de sus condicionantes básicos.[17] La experiencia migratoria suponía, desde esta perspectiva, un viraje en la trayectoria vital del migrante. Aunque las redes premigratorias no se diluyeron en el nuevo contexto, éstas no fueron el único recurso con el que contaban los migrantes. La semejanza de los patrones matrimoniales de ambos segmentos de la población nos avisa sobre mecanismos relacionales cuyo impacto fue más allá de la incorporación inicial de los migrantes al mercado laboral y al tejido de la ciudad. Las implicancias de este hecho son fáciles de deducir y brindan evidencia sobre un proceso que tuvo al damero original como escenario: los nativos y quienes arribaron de otras provincias no sólo lograron insertarse en los empleos más prestigiosos, sino que además compartieron espacios de interacción que dejaron su huella a la hora de seleccionar una pareja.

Si la ubicación en el tablero urbano es importante para comprender las relaciones tejidas por los migrantes, vale la pena sumergirnos en las pautas matrimoniales de los grupos menos centralizados. Los años sesenta, como anunciamos en el Capítulo 4, fueron testigos de un proceso que tuvo a la periferia como telón de fondo: la formación de barrios. Estos espacios, que no siempre estuvieron asociados con criterios jurisdiccionales, fueron el resultado de relaciones «cara a cara» orientadas a resolver problemas cotidianos como la provisión de servicios básicos o la obtención de los títulos de propiedad. A diferencia de la prolija grilla del centro de la ciudad, encontramos allí un trazado irregular resultado de una ocupación espontánea del territorio. Esta particularidad terminó generando un funcionamiento a espaldas del resto de la ciudad. Con clubes, comisiones de fomento y bailes, los barrios fueron el sitio donde se hilvanó una sociabilidad que involucró a los sectores populares neuquinos. En cuanto a los orígenes de la población que habitaba en los suburbios, debemos señalar el significativo lugar ocupado por los llegados del otro lado de la cordillera, así como también del interior provincial.

---

[17]Hernán Otero y Adela Pellegrino. «Compartir la ciudad. Patrones de residencia e integración de inmigrantes en Buenos Aires y Montevideo durante la inmigración masiva». En: *El mosaico argentino. Modelos y representaciones del espacio y de la población, siglos XIX y XX*. Ed. por Hernán Otero. Buenos Aires: Siglo XXI, 2004, pág. 46.

El origen rural de ambas y la escasa instrucción de sus integrantes se tradujeron en una inserción en los peldaños inferiores de la estructura socio-ocupacional.

Este *backround* permite comprender la mayor presencia relativa de estos grupos en los bordes de la ciudad. Pero, ¿cómo se refleja esta urdimbre de relaciones al momento de celebrar un matrimonio?

Comencemos por los migrantes del interior provincial. Su gran peso para los años sesenta y su relativa equidistribución posibilitó un comportamiento matrimonial variado, donde no se observa – más allá de una marcada endogamia regional – la predilección por algún grupo migratorio en particular. En el caso de los hombres, vemos que un quinto de los enlaces fueron concretados con alguien nacido en la ciudad de Neuquén. Este porcentaje, sin embargo, no se aleja demasiado de la proporción de matrimonios concretados con migrantes de otras provincias (14 %) y con quienes llegaban del otro lado de los Andes (10 %). Pero detrás de este comportamiento matrimonial, que a primera vista puede parecer exogámico, se ocultaba una «homogamia residencial». Puede que algunos datos nos brinden indicios sobre la importancia de los espacios sociales forjados en la periferia. Seleccionemos, en primer lugar, al 60 % de los hombres que declararon su domicilio en los barrios y vecindarios de la periferia. Prescindiendo del origen migratorio de las contrayentes, que albergaba un variado menú de opciones, nueve de cada diez residían en el primer y segundo anillo de la ecología urbana neuquina. Este dato brinda evidencia adicional sobre una hipótesis que planteamos en el capítulo anterior: los márgenes de la ciudad fueron el escenario de una fluida comunicación entre quienes ocupaban la base de la estructura ocupacional, sin importar demasiado el origen migratorio de sus habitantes.

Entre las mujeres llegadas del interior, predominantes dentro de esta corriente, es evidente una caída vertical de la endogamia regional. Como ya dijimos, la menor cantidad de mujeres de este origen, resultado de una estrategia que mejoraba el margen de acción de las economías domésticas, se reflejó en un comportamiento bastante más abierto que los hombres de la misma procedencia. Y a diferencia de estos últimos, las mujeres nacidas en el interior provincial tuvieron como segunda opción matrimonial, con cerca de un tercio del total, a los migrantes interprovinciales. A una distancia considerable se ubicaban los matrimonios con nativos (17 %) y, aun más lejos, los enlaces con chilenos que apenas llegaban al 4 % (Cuadro 5.5). El elevado índice de masculinidad de los primeros y la relativa abundancia de mujeres solteras provenientes del interior neuquino nos permiten comprender el fuerte vínculo que unía a este par. Pero el importante número de enlaces no debería leerse a partir de la presencia de las migrantes neuquinas en el distrito central de la ciudad. Por el contrario, el 85 % de ellas registraron su domicilio, al momento de contraer nupcias, en la periferia de la ciudad. Dentro de este universo, el 90 % de los contrayentes masculinos estaban instalados en los dos anillos que rodeaban al trazado original. Parece evidente, entonces, que esta suerte de «crisol por debajo» no se redujo a la convivencia en determinados espacios de la ciudad, sino que además extendió su influencia al ámbito de la selección matrimonial.

Este recorrido no estaría completo de no revisar lo sucedido con el grupo migratorio menos centralizado: los chilenos. El relativo equilibrio entre sexos, siempre con una leve preponderancia masculina, colaboró para que hombres y mujeres hayan presentado un similar porcentaje de endogamia nacional. Entre los primeros no pareciera haber un grupo migratorio que se distinga por sobre los demás. Detrás del 43 % de chilenos que tuvieron a compatriotas como primera opción matrimonial, se ubicaron quienes contrajeron nupcias con nativas (17 %), con mujeres llegadas de otras provincias (17 %) y con migrantes neuquinas (14 %). De todos modos, y al igual que los migrantes del interior provincial, vemos cómo un comportamiento matrimonial relativamente abierto puede convivir sin problemas con una fuerte homogamia residencial. Algunos números pueden traer luz al respecto: nueve de cada diez chilenos registraban su domicilio fuera del centro de la ciudad y, dentro de este universo, el 85 % se casaba con una mujer que habitaba en las mismas coordenadas urbanas.

La experiencia de las trasandinas que contrajeron matrimonio debería leerse con el mismo cristal. A simple vista, observamos una fuerte asociación con el otro grupo menos centralizado: un cuarto de las mujeres llegadas de Chile elegían una pareja del interior provincial. En caso de profundizar la mirada, incluyendo el domicilio de los contrayentes, detectaríamos – una vez más – la importancia de los vínculos creados en la sociedad receptora. Analicemos, por último, la homogamia residencial de las migrantes trasandinas. Al igual que los hombres, su asentamiento en el distrito central fue muy tenue: dos tercios de ellas registraron su domicilio en los barrios y vecindarios de la periferia de la ciudad. Al interior de este conjunto, mucho menos numeroso que los restantes casos, encontramos que cerca del 80 % de los enlaces unieron a residentes de los anillos exteriores de la estructura urbana neuquina.

El análisis de los matrimonios en la década de los sesenta nos pone frente a una ciudad que presenciaba un doble y simultáneo proceso de integración. Este fenómeno comenzaba con la inserción en el mercado laboral y seguía con la instalación en alguno de los sectores de la ciudad. Pero el ajuste de los migrantes a una sociedad que experimentaba una acelerada transición, no generó nada parecido a una fusión cultural a gran escala. Tomando distancia de cualquiera de las acepciones del *melting pot* (adaptación de los migrantes a una cultura pre-existente o bien consecuencia de una «fusión» entre las corrientes migratorias), Neuquén –como muchas ciudades intermedias– pareciera escapar a cualquier descripción que tenga a la uniformidad como norte.[18] Tampoco la ciudad se ajustó, salvando las obvias distancias con los tradicionales escenarios del novecientos, al modelo propuesto por los defensores del pluralismo cultural. Es difícil ver en Neuquén una continuidad absoluta del universo de relaciones previo al traslado. Antes bien, tanto el centro neuquino como sus barrios y vecindarios albergaron sociabilidades que tuvieron a la proximidad espacial como condicionante fundamental. Si bien el universo de relaciones premigratorio debió cumplir un papel de importancia en los momentos que siguieron al traslado, su influencia fue perdiendo intensidad conforme nos alejamos de ese punto. Compartir alguna área de la ciudad, por el contrario, sirvió de base a un mundo

---

[18]Un buen grupo de investigaciones se propusieron indagar los procesos migratorios limítrofes en diferentes ciudades del interior argentino. Dentro de esta producción, que en términos generales discute la idea de una sociedad integrada, deberíamos mencionar: Roberto Benencia. «Colectividades de extranjeros en Neuquén: génesis y trayectoria de sus organizaciones». En: *Estudios Migratorios Latinoamericanos*, n.º 45: (2000). Ed. por CEMLA, págs. 299-336; María Almandoz. «Inmigración limítrofe en Tandil». En: *Estudios Migratorios Latinoamericanos*, n.º 12: (1997). Ed. por CEMLA, págs. 491-521; Roberto Benencia y Gabriela Karasik. «Apuntes sobre la migración limítrofe. Los trabajadores bolivianos en Jujuy». En: *Estudios Migratorios Latinoamericanos*, n.º 43: (1998). Ed. por CEMLA, págs. 569-594; Alicia Bernasconi. «Peruanos en Mendoza: apuntes para un ¿nuevo? modelo migratorio». En: *Estudios Migratorios Latinoamericanos*, n.º 43: (1998). Ed. por CEMLA, págs. 639-659.

de relaciones de más largo aliento que inclusive podía condicionar la elección de una pareja.

5.3 «Veinte años no es nada…». Origen migratorio y pautas matrimoniales en los ochenta

El recorrido que realizamos por los años sesenta nos deja en mejores condiciones para enfrentar el desafío de descubrir lo sucedido en las siguientes décadas. Podríamos iniciar este apartado con una afirmación que, aunque general, no deja de ser cierta: aquellas líneas que comenzaban a dibujarse hacia mediados del siglo XX cobraron mayor nitidez conforme nos aproximamos a 1990. Con una economía especializada en la producción de energía y un Estado provincial que extendía sus brazos, Neuquén se convirtió en un destino migratorio masivo.

Frente a un escenario que ganaba en complejidad, la pregunta que deberíamos contestar es: ¿cómo estos cambios impactaron en los patrones matrimoniales seguidos por los migrantes de diferentes procedencias?

La década de 1980 es un buen punto desde donde chequear las tendencias de conjunto. Estos diez años podrían ser definidos, por lo menos en materia matrimonial, como una combinación entre cambios y continuidades. Las transformaciones más evidentes se relacionaron con algunos aspectos que mencionamos con anterioridad. El incremento en el número de enlaces, una tendencia hacia el equilibrio de sexos y el mayor peso de los flujos interprovinciales, fueron quizás los rasgos más distintivos de esta etapa. La fuerza de estas rupturas, sin embargo, no debería extremarse. Junto a estas tendencias, que se hacen fuertes en las cercanías de 1990, observamos algunas continuidades que parecieran atravesar a la segunda mitad del siglo XX. La más obvia de todas fue que los matrimonios celebrados entre personas del mismo origen regional siguieron siendo los más frecuentes, al punto de concentrar –en algunos casos– a más de la mitad de los enlaces estudiados.

El fuerte vínculo que unía a los grupos más centralizados desde el punto de vista espacial es una segunda constante. Al igual que en los sesenta, los nativos y los llegados de otras provincias formaron una sociedad que sorteó muy bien el paso del tiempo. De todos modos, debajo de este sustrato de continuidad, advertimos el creciente peso de los matrimonios celebrados entre contrayentes llegados de otras provincias. La transformación de los patrones de movilidad nos ayuda a comprender este fenómeno. En la década de 1960, las migraciones individuales habían incrementado, especialmente entre los hombres, los matrimonios con otros grupos migratorios o bien con la población nativa. Para los ochenta, el efecto «llamada» o bien el traslado de jóvenes parejas ganaron en importancia. Que la proporción de enlaces entre personas del mismo origen provincial se haya incrementado en un 30 %, siempre en comparación con la década de 1960, es una clara muestra de ello (Cuadro 5.4). Más allá de esta variación, la segunda opción matrimonial para quienes llegaban de otras provincias siguieron siendo los nativos. Las cifras que nos brindan las actas matrimoniales son muy claras al respecto: el 28 % de los hombres y un 22 % de las mujeres formalizaron sus uniones con una persona nacida en la ciudad. A una enorme distancia se encontraban los menos abundantes migrantes neuquinos y, desde luego, la todavía más escasa población transandina (Cuadro 5.6).

Si aisláramos a los nacidos en la ciudad, a quienes por comodidad llamamos nativos, notaríamos un comportamiento matrimonial que amplifica lo distinguido en el flujo originado en otras provincias. En el caso de los hombres, los enlaces con quienes llegaban de distintos puntos del país sumaban más de un tercio del total, ubicándose a una escasa distancia de los matrimonios con nativas que agrupaban el mayor número de uniones (39 %). Estas líneas son todavía más nítidas entre las mujeres nacidas en la ciudad. Como las piezas de un *puzzle*, la relativa escasez de mujeres nativas y la elevada razón de masculinidad de los migrantes interprovinciales, se conjugan a la hora de explicar este persistente fenómeno. Esto es así al punto de que estos últimos fueron, por un amplio margen, la primera opción para las nacidas en la ciudad: mientras que un tercio de ellas contrajo nupcias con un nativo, el 44 % de las mismas lo hizo con un llegado de otra provincia argentina (Cuadro 5.6).

Estas cifras nos permiten sostener que muchas de las tendencias observadas en los años sesenta se mantuvieron —y hasta cobraron impulso— en las décadas siguientes. Por más que la ciudad multiplicó varias veces su población y reforzó su papel como centro administrativo y económico de la provincia, los segmentos de la población más centralizados continuaron siendo los más relacionados en términos matrimoniales. Y

| Novio | Hombres | | | | | |
| | | | Novia | | | |
	Nativo	Otras Prov.	Int. neuquino	Chilenos	Otros	Total
Nativos	39	34	19	6	1	100 (408)
Otras Prov.	28	45	15	8	3	100 (773)
Int. neuquino	25	29	31	12	3	100 (319)
Chilenos	17	17	19	46	1	100 (139)
Otros	20	36	18	5	21	100 (66)

| Novia | Mujeres | | | | | |
| | | | Novio | | | |
	Nativo	Otras Prov.	Int. neuquino	Chilenos	Otros	Total
Nativos	32	44	16	5	11	100 (498)
Otras Prov.	22	55	15	4	44	100 (626)
Int. neuquino	23	36	29	8	18	100 (333)
Chilenos	13	32	19	34	4	100 (191)
Otros	11	44	18	4	25	100 (57)

Cuadro 5.6 – Patrones matrimoniales por origen. Neuquén, 1980-1989 (porcentajes). Fuente: Elaboración propia a partir de las actas matrimoniales de la Dirección Provincial de Registro Civil de Neuquén.

las causas de esta situación seguían siendo las mismas: su inserción en los escalones superiores del empleo no manual los llevó a compartir un espacio de la ciudad y esto, como ya expresamos, permitió tejer una trama de relaciones que tuvo al matrimonio como posibilidad.

Si el crisol «por arriba» no perdió intensidad en los setenta y ochenta, ¿qué podríamos decir de los grupos migratorios que mayoritariamente residían en la nueva periferia? Antes de iniciar este recorrido, deberíamos mencionar algunos cambios que sacudieron a los suburbios. Aquellos barrios y vecindarios que, en los primeros años de la provincia, estaban desconectados del tejido urbano, fueron objeto de una serie de mejoras, lo cual permitió el surgimiento de un área suburbana relativamente homogénea. De todos modos, una oferta de viviendas que iba a la zaga de la demanda, obligó a los recién llegados –especialmente los que lograban insertarse dentro del empleo manual– a instalarse en nuevas áreas de la ciudad que se encontraban desprovistas de los más básicos servicios. La década de 1980 presenció la aparición de una multitud de vecindarios que, por su precariedad en materia de infraestructura, fueron denominados «villas de emergencia». En esta franja de tierra, que se encontraba por fuera de la antigua estructura de la ciudad, estuvieron sobrerrepresentados los migrantes, en especial los llegados de Chile y –en menor medida– quienes procedían del interior provincial. Estas novedades, sin embargo, no fueron un obstáculo para la continuidad de la tendencia que unía a los grupos espacialmente menos centralizados.

Más allá de que los flujos originados en el interior neuquino perdieron el ímpetu de las décadas anteriores, vemos cómo las elecciones matrimoniales de sus integrantes no cambiaron de dirección. Al igual que en los sesenta, su mejor distribución al interior del espacio urbano hizo posible una amplia gama de opciones matrimoniales. Entre los varones de este origen observamos que la segunda opción matrimonial siguieron siendo las mujeres llegadas de otras provincias (29 %), seguidas de cerca por las nativas que estuvieron presentes en un cuarto de las uniones (Cuadro 5.6). La fuerza de las migraciones interprovinciales se hace patente en el caso de las mujeres. Allí observamos cómo los migrantes de otros distritos se convirtieron, con un sorprendente 36 %, en la primera opción para quienes llegaban del interior provincial, tomando distancia de los migrantes masculinos de similar procedencia (29 %) y de la población nativa (23 %). Este amplio menú de opciones, que debía quizás su variedad al hecho de que el origen no era relevante para los actores (como sí podría ocurrir entre un español y un italiano), ocultaba, sin embargo, un rasgo que advertimos cuando analizamos la década de los sesenta: los espacios compartidos en la ciudad resultan de gran utilidad para analizar el universo relacional de los migrantes.

Así como el origen regional de los migrantes –como elemento *a priori*– nos proporcionó algunas pistas sobre su inserción ocupacional, la localización en el tejido urbano se nos presenta como un elemento imprescindible cuando de elegir una pareja se trata. En este sentido, los barrios y vecindarios que se abrían paso en la periferia funcionaron como un submercado matrimonial que tuvo a los estratos inferiores como protagonistas. Esta afirmación podría ser puesta a prueba si ubicáramos a los migrantes neuquinos debajo del microscopio. Comencemos por los hombres de ese origen. Sobre 284 contrayentes, cerca del 80 % registró su domicilio fuera del centro o, lo que es igual, en alguno de los anillos exteriores de la ecología urbana. Y, al interior de este grupo, ocho de cada diez contrajeron nupcias con mujeres que residían en las mismas coordenadas. No muy diferente sería el panorama si posáramos nuestra mirada en alguna de las franjas periféricas en particular: algo más del 60 % de los contrayentes masculinos del primer anillo formalizaron sus uniones con mujeres que habitaban en ese cuadrante de la ciudad; proporción que asciende al 80 % en el caso de los barrios y vecindarios del segundo anillo (véase Cuadro 5.7).

Residencia de	Hombres			
	Interior neuquino		Chilenos	
los cónyuges	Hombres	Mujeres	Hombres	Mujeres
Residentes de la ciudad casados con:				
Residentes periféricos	79,2	79,7	86,8	83,3
Otros	20,8	20,3	13,2	16,7
Total	100 (284)	100 (277)	100 (129)	100 (180)
Residentes periféricos casados con:				
Residentes periféricos	83,1	84,6	89,2	86,0
Otros	16,9	15,4	10,8	14,0
Total	100 (225)	100 (221)	100 (112)	100 (150)
Residentes del primer anillo casados con:				
Residentes primer anillo	62,7	85,2	64,2	60,4
Otros	37,3	14,8	35,8	39,6
Total	100 (110)	100 (81)	100 (42)	100 (48)
Residentes del segundo anillo casados con:				
Residentes segundo anillo	78,2	85,2	84,9	82,3
Otros	21,8	14,8	15,1	17,7
Total	100 (115)	100 (106)	100 (106)	100 (102)

Cuadro 5.7 – Homogamia residencial por origen (migrantes del interior provincial y chilenos). Neuquén, 1980-1989 (porcentajes). Fuente: Elaboración propia a partir de las actas matrimoniales de la Dirección Provincial de Registro Civil de Neuquén.

¿Qué sucedía con las mujeres llegadas del interior provincial? Todavía dominantes dentro de este flujo migratorio, mostraron un comportamiento similar al de los varones. El grueso de ellas (cerca del 80 %) se domiciliaba en los márgenes de la ciudad. Dentro de este universo, y reforzando lo que veíamos entre los hombres, el 85 % había formalizado su unión con alguien que habitaba en los anillos exteriores de la estructura urbana neuquina. Algo parecido ocurriría si concentráramos nuestra atención en cada uno de ellos. En ambos casos queda a la vista la importancia de los espacios compartidos al momento de elegir pareja: el 85 % de las mujeres que habitaban en el primer y el segundo anillo contrajeron nupcias con personas que vivían en la misma franja de barrios (véase Cuadro 5.7). Lo cierto es que, más allá del variado comportamiento matrimonial de los migrantes neuquinos, la homogamia residencial fue una constante para todo el período estudiado.

El recorrido por la década de los ochenta no estaría completo si no hiciéramos una breve escala en las pautas matrimoniales de quienes llegaron de Chile. Siguiendo un patrón de larga tradición, que ya era visible en la década de 1960, los migrantes transandinos presentaron una fuerte endogamia nacional. Este fenómeno es especialmente visible en el caso de los hombres: uno de cada dos migrantes se casaba con una mujer de la misma nacionalidad. En este caso, el traslado inicial de los hombres, relacionado con el desempeño de tareas frutícolas primero y con su inserción en el mundo de la construcción después, hizo las veces de vanguardia a una migración familiar de largo aliento. El creciente peso de esta forma de movilidad permitió opacar las antiguas migraciones individuales y temporales. El segundo lugar del *ranking* fue ocupado, con un quinto de los enlaces, por los migrantes del interior provincial. Aquí se observa a la perfección cómo los grupos menos centralizados tradujeron la cercanía espacial en afinidad matrimonial. Con un 17 %, las migrantes de otras provincias y las nacidas en la ciudad completaban un cuadro en el cual el tamaño de la población no se reflejó automáticamente en las opciones nupciales (Cuadro 5.6).

Las mujeres llegadas de Chile presentaron algunas particularidades que las alejaron del comportamiento seguido por los hombres de ese origen. Su mayor peso dentro de la estructura demográfica neuquina y el creciente traslado de mujeres solas es importante para explicar su menor índice de endogamia nacional: si cerca de la mitad de los chilenos contrajeron nupcias con una compatriota; en el caso de las mujeres esa proporción sólo involucraba a un tercio (Cuadro 5.6). El evidente desequilibrio a favor de las mismas, fenómeno que se hizo fuerte en los ochenta, amplió el menú de opciones para las migrantes trasandinas. Los migrantes llegados de otras provincias, con un porcentaje superior al 30 %, encabezaron este listado. No muy lejos se encontraban los nacidos en el interior de la provincia. Pese a su menor importancia dentro de la ciudad, no deja de llamar la atención el fluido diálogo que estos últimos tuvieron con el otro grupo migratorio menos centralizado. Para confirmar este punto, basta con decir que uno de cada cinco enlaces protagonizado por chilenas tuvo a un migrante neuquino como contrayente.

Para concluir este apartado restaría responder: ¿cómo se comportó la homogamia residencial entre quienes llegaban del otro lado de los Andes?

La experiencia chilena, sobre este particular, no se diferencia demasiado de lo ocurrido con los migrantes neuquinos. La fuerza de las relaciones tejidas en la periferia de la ciudad se refleja a la perfección cuando analizamos las actas matrimoniales. Comencemos por los varones. El 86 % de los mismos registró su domicilio, al momento de contraer nupcias, en el área suburbana de la capital. Y dentro de esa masa de migrantes, cuyo número se acerca al centenar, el 90 % formalizó su pareja con una mujer que habitaba en cualquiera de las franjas exteriores de la ecología urbana neuquina. Si pudiéramos aislar cada uno de estos anillos veríamos una realidad rica en matices. Los barrios más cercanos al centro tuvieron una mayor comunicación con los restantes espacios de la ciudad: el 65 % de los chilenos del primer anillo contrajo matrimonio con mujeres domiciliadas en las mismas coordenadas urbanas. En la nueva periferia, en cambio, la situación pareciera ser otra. Que cerca del 85 % de los chilenos que la habitaban haya encontrado una pareja que compartía este atributo es una buena señal de la fuerte segregación de los espacios sumados tardíamente a la marea urbanizadora neuquina (véase Cuadro 5.7).

Lo sucedido entre las mujeres debería ser leído de la misma manera. Su escasa centralización puede ser demostrada echando mano a los registros matrimoniales: ocho de cada diez chilenas vivía en los márgenes de la ciudad. Y, dentro de este universo de migrantes, el 86 % contrajo nupcias con alguien que residía en los barrios y vecindarios de la periferia (véase Cuadro 5.7). Pero, como vimos con los hombres de similar origen, las diferentes franjas que dieron color a la estructura urbana de la ciudad fueron dueñas de algunas particularidades: si las migrantes transandinas del primer anillo alcanzaron una homogamia residencial apenas superior al 60 %, para las que habitaban en la nueva periferia ese indicador trepaba hasta el 82 %. Parece claro, entonces, que los barrios del primer anillo, más consolidados desde el punto de vista urbanístico, actuaron como espacios híbridos con un fuerte vínculo con el resto de la ciudad; mientras que el segundo anillo, cuya población mayoritariamente se empleaba en los peldaños inferiores de la estructura ocupacional, tuvo una vida autónoma, en gran medida replegada sobre sí misma.

5.4 ¿Homogamia ocupacional? Migrantes, mundo del trabajo y matrimonios

Algunos estudios recientes sobre migraciones han intentado vincular los patrones matrimoniales y el lugar ocupado en la pirámide ocupacional.[19] Gracias a ellos, nos aproximamos a los mecanismos sociales que regulan los comportamientos relacionados con la elección de un cónyuge.[20] Así, la homogamia, esa comprobada tendencia de hombres y mujeres a unirse con un compañero perteneciente a un mismo entorno social, aparecía como un resorte fundamental en la reproducción de las relaciones de clase y de género. Para el escenario que nos interesa, introducir al análisis la ocupación significa sumar una nueva capa de complejidad al estudio de los matrimonios. Cuando incorporamos el origen macro-regional de los migrantes, descubrimos ciertos patrones matrimoniales que se hicieron aún más nítidos cuando sumamos la variable residencial. De esta forma, quedó a la vista un proceso que comenzaba con la instalación en alguno de los espacios que daba vida a la ciudad, seguía

---

[19]Para el caso argentino, los aportes más relevantes fueron hechos en el marco de obras que tuvieron objetivos muchos más ambiciosos (por ejemplo: historias de la familia o bien historias de la población). Buenas muestras de ello son: Torrado, Susana, *Historia de la familia argentina...*, op. cit; y de la misma autora, «Transición de la nupcialidad...», op. cit. Para el caso patagónico debe ser destacada la producción de Susana Torres que, pese a trabajar específicamente sobre los chilenos en los territorios del sur argentino, ha incorporado sistemáticamente la idea de homogamia: Torres, Susana, «La inmigración chilena en la Patagonia Austral en la primera mitad del siglo XX y su inserción en los centros urbanos de Comodoro Rivadavia, Río Gallegos y Ushuaia», en Bandieri, Susana (Coord.), *Cruzando la cordillera... La frontera argentino-chilena como espacio social*, Neuquén, EDUCO, 2001, págs. 421- 458; de la misma autora, «Grupos migratorios y relaciones identitarias en algunos centros urbanos patagónicos», en Bandieri, Susana y otras (Dir.), *Hecho en Patagonia...*, op. cit., págs. 251-278.

[20]Un trabajo señero en este campo es: Michel Bozon. « Le choix du conjoints ». En: *La famille : l'etat des savoirs*. Ed. por François De Singly. París: Editions La decouverte, 1991.

con el establecimiento de una trama de relaciones que tenía a la cercanía como condicionante y se coronaba con la formación (y formalización) de una pareja. El propósito de las siguientes páginas es analizar la influencia que tuvo la ocupación al momento de conformar ese núcleo de sociabilidades que bien pudo llevar al matrimonio.

Pero antes de sumergirnos en este problema, deberíamos tomar algunas precauciones metodológicas. La materia prima utilizada en la presente indagación tiene algunas zonas grises que no podemos dejar de mencionar. Si bien las actas matrimoniales reservan un casillero a la profesión de los contrayentes, la sensibilidad de este indicador dista de ser la ideal. En principio, la escueta declaración laboral complica enormemente la tarea de introducir matices al interior de grandes categorías ocupacionales, tanto en lo que se refiere a la actividad desempeñada por el declarante como en cuanto a su nivel de calificación. En el caso de las mujeres, esta clase de dificultades se potencia sin remedio. A los inconvenientes generales, que comparten con las declaraciones masculinas, se suma un problema que es de su exclusivo patrimonio. Durante el período analizado, las «labores domésticas» o «quehaceres domésticos», más allá de experimentar un paulatino retroceso, agruparon a una enorme cantidad de mujeres. Este tipo de rótulos presenta una inocultable dificultad: su amplitud no permite diferenciar entre quienes trabajaban en el seno de la economía familiar, quienes lo hacían para otros como empleadas domésticas o bien quienes cumplían con ambas funciones. Por esta razón es que privilegiamos para el presente estudio las declaraciones de las cuales tenemos la plena certeza que formaban parte de la población económicamente activa, descartando a aquellas que presentaran cualquier atisbo de ambigüedad.

Con todo, como suele ocurrir en las ciencias sociales, no existen soluciones mágicas que dejen al investigador el campo libre de obstáculos. De ahí que una decisión, por más adecuada que parezca, puede presentar algunos puntos ciegos. Para el caso que nos ocupa, es posible que las cifras obtenidas tiendan a reducir la importancia de las declaraciones contenidas en los últimos escalones de la estructura ocupacional y, por ende, de las uniones concertadas entre personas ocupadas en empleos manuales de escasa o nula calificación.

Asumiendo estos riesgos como inevitables, comencemos por analizar lo sucedido en la década de 1960. De una mirada superficial a las actas surge un dato cristalino. Podríamos decir que, a grandes rasgos, los escalones superiores de la clasificación ocupacional mostraron un comportamiento matrimonial más abierto que los inferiores. Poco más de la mitad de los hombres de aquella condición contrajo nupcias con mujeres cuya declaración se encontraba en los estratos superiores de la clasificación ocupacional. Entre las mujeres, ese comportamiento se invierte: el 45 % de las contrayentes de mejor posición formalizó su unión con una persona de similar situación social. Esa ciudad que comenzaba a transitar por la senda de la complejización no albergaba, por arriba, grandes clivajes. En esta etapa, y a diferencia de los años ochenta, era habitual encontrar profesionales altos celebrando matrimonio con empleadas no manuales bajas (19 %) o bien con alguien que se empleaba en el estrato profesional bajo (52 %).

Las diferencias entre los hombres y las mujeres de mejor posición permiten sumar a Neuquén a la literatura disponible sobre este tema. En especial a la que sostiene que la homogamia ocupacional oculta muchas veces el efecto de la desigualdad en las relaciones sociales entre sexos o, usando las palabras de de Singly, el rol específico que asume el mercado matrimonial en la reproducción de las relaciones de género.[21] Con esto queremos decir que, más allá que el intercambio matrimonial se efectúe según el principio de la equivalencia, el capital que detentan hombres y mujeres puede ser valorado de diferentes maneras. Por ejemplo, un título universitario, elemento muy valorado en una sociedad que tenía faltantes de profesionales, pudo mejorar la posibilidad de casarse de un hombre, pero quizás empeorar la situación de las mujeres. Esto sucede cuando el grado de formación femenino, la «dote escolar» en palabras de Segalen,[22] es interpretado como una desviación respecto del «comportamiento esperable» (es decir: una subordinación a su rol de esposa y de madre).[23] El hecho que las mujeres que se hallaban en los estratos

---

[21] Francois De Singly. «Le celibat contemporain». En: *La nupcialite: evolution recente en France Dans les pays developpes*. París: INED-PUF, n/d, pág. 83; para el caso argentino, una excelente abordaje del tema en: Torrado, *Historia de la familia en la Argentina moderna (1870-2000)*, págs. 228-229.

[22] Martine Segalen. *Sociologie de la famille*. París: Armand Colin, 1996, págs. 128-129.

[23] Torrado, «Transición de la nupcialidad. Dinámica del mercado matrimonial», pág. 402.

Hombres					
Novia	Novio		Novia	Novio	
	Estratos superiores I	Estratos Inferiores I		Estratos superiores II	Estratos inferiores II
Estratos superiores I (1,2,3,4)	54	33	Estratos superiores II (1,2,3,4,5)	93	20
Estratos inferiores I (5,6,7,8)	46	77	Estratos inferiores II (6,7,8)	7	80
	100 (76)	100 (151)		100 (172)	100 (55)

Mujeres					
Novio	Novia		Novio	Novia	
	Estratos superiores II	Estratos Inferiores II		Estratos superiores I	Estratos inferiores I
Estratos superiores I (1,2,3,4)	45	26	Estratos superiores II (1,2,3,4,5)	78	52
Estratos inferiores I (5,6,7,8)	55	74	Estratos inferiores II (6,7,8)	22	48
	100 (91)	100 (136)		100 (204)	100 (23)

Cuadro 5.8 – Homogamia ocupacional por grandes grupos de estratos. Neuquén, 1960-1989 (porcentajes). Fuente: Elaboración propia a partir de las actas matrimoniales de la Dirección Provincial de Registro Civil de Neuquén. Nota: «Estratos superiores I» incluye Profesional Alto, No Manual Alto, Profesional Bajo, No Manual Intermedio. «Estratos inferiores I» incluye No Manual Bajo, Manual Calificado, Manual Semicalificado y Manual No Calificado. «Estratos superiores II» incluye Profesional Alto, No Manual Alto, Profesional Bajo, No Manual Intermedio y No Manual Bajo. «Estratos inferiores II» incluye Manual Calificado, Manual Semicalificado y Manual No Calificado.

superiores hayan mostrado una menor homogamia ocupacional que sus pares masculinos es una buena muestra de ello.[24]

---

[24]Estas consideraciones nos ayudan a entender lo que de Singly denomina producción social del celibato. La comprensión del mercado matrimonial, además de tener en la clase social una variable clave, requiere examinar la compatibilidad entre capitales y la definición de la identidad sexual. Cfr. Francois De Sigly. *Sociologia da Família Contemporânea*. San Pablo: Editora FGV, 2007.

La apertura de las pautas matrimoniales de los estratos superiores no significa que estemos en presencia de un escenario donde las diferencias sociales fueron un condimento menor a la hora de formar una pareja. Esta afirmación podría tener cierto asidero si sólo enfocáramos nuestra atención en las diferentes variantes del empleo no manual. Que más del 90 % de los hombres y cerca del 80 % de las mujeres empleadas en esas ocupaciones se haya casado con alguien de similar situación pareciera demostrarlo (Cuadro 5.8). Pero si pusiéramos la lupa en los matrimonios concertados entre integrantes de los estratos superiores (empleo no manual alto y profesionales altos y bajos) e inferiores (trabajadores manuales) nuestra percepción de la sociedad neuquina cambiaría de forma radical. Sobre un total de 231 actas matrimoniales relevadas, no encontramos ninguna que haya unido a los extremos de la clasificación ocupacional. Esta constatación nos obliga a matizar, al menos parcialmente, esa imagen que tenía a Neuquén como una sociedad abierta donde no existieron los clivajes propios de sociedades tradicionales: la «isla del bienestar» presentó, desde temprano, un paisaje social fragmentado en el cual la comunicación entre sus parcelas no fue del todo irrestricta.

La parte baja de la pirámide presentó, en cambio, un comportamiento matrimonial que bien podríamos definir de homogámico desde el punto de vista ocupacional. Tomando distancia del comportamiento abierto «por arriba», el 75 % de los hombres y más de dos terceras partes de las mujeres registraron como cónyuge a una persona ocupada en alguno de los casilleros del empleo manual o bien en lo más bajo del empleo no manual (Cuadro 5.8). Mas allá de que, en primera instancia, la formación de una pareja pueda responder a situaciones fortuitas, lo cierto es que existe detrás del azar un proceso social que hace encontrar a individuos que pertenecen al mismo mundo, en este caso a personas situadas en los peldaños inferiores de la estructura ocupacional, que habitaron mayoritariamente en los suburbios. En este sentido, las palabras de Alain Girard nos siguen pareciendo válidas:

> A pesar del liberalismo de principio que habita en la conciencia colectiva, un sentimiento muy profundo vive en ella que sanciona un estado de hecho. *Las estructuras y las formas de la vida social contactan a individuos de un mismo mundo social.* Cuando finalmente no hay más

chance de formar una pareja entre personas del mismo medio, es que buscan en su entorno una persona «aparejable».[25]

Este descubrimiento permite sumar un nuevo punto a la trama explicativa tejida a lo largo del capítulo. Hasta aquí habíamos sostenido que la cercanía espacial era un aspecto a considerar cuando de sociabilidad se trataba. Esto era así hasta tal punto que los grupos migratorios espacialmente cercanos eran los más unidos desde un punto de vista matrimonial e inclusive, si descartábamos el origen migratorio, veíamos una situación asimilable al concepto de homogamia residencial. Este nuevo ejercicio nos permitiría analizar el papel cumplido por el mundo del trabajo en la creación de relaciones que bien pudieron llevar a la formación de una pareja. Más allá de que sea difícil saber cuántas de estas relaciones se generaron a partir de residir en una porción de la ciudad (hecho, sin duda, derivable de su ubicación en la clasificación ocupacional) o bien en un espacio laboral compartido, lo cierto es que refuerza la idea de un «crisol por debajo», que tuvo como protagonistas a quienes se ocupaban en los empleos de menor prestigio, sin importar demasiado su origen migratorio.

Para comprobar la existencia de fenómenos de coincidencia profesional debemos escapar de los sesgos de una observación basada solamente en la información de los contrayentes. Esto se debe a la dificultad de leer al conjunto de las ocupaciones a partir del prisma de la uniformidad: en algunos sectores, especialmente los relacionados con la prestación de servicios, observamos una convivencia en el lugar de trabajo entre hombres y mujeres; mientras que en otros predomina alguno de los sexos. En el primer caso, la homogamia ocupacional puede reflejar un espacio laboral compartido que, junto a la interacción en alguna porción de la ciudad, pudo haber condicionado la selección matrimonial. Entre los segundos, esta situación no es tan evidente, puesto que emplearse en un determinado estrato socio-ocupacional no implicaba necesariamente interactuar en un espacio en común. La construcción entre los hombres y las labores de costura entre las mujeres son dos buenos ejemplos de estos auténticos nichos ocupacionales. Parece lógico imaginar que un pintor de obra y una costurera, aunque podamos ubicarlos dentro del

---

[25]Alain Girard. *Le choix du coinjoint*. París: PUF-INED, 1974, pág. 198 (traducción mía JP).

empleo manual calificado, tenían pocas chances de establecer relaciones estrictamente laborales. Si a eso sumamos el hecho de que las actas matrimoniales no son elocuentes a la hora de determinar la ocupación de las mujeres, parece adecuado buscar nuevas maneras de poner a prueba la hipótesis del «crisol por debajo».

Una forma de sortear este problema es comparando las ocupaciones de los novios y los padres de las novias. A pesar que nos suministran datos sobre dos momentos distintos en la trayectoria profesional (uno cercano a los inicios y otro en su punto más alto), un análisis de las mismas puede brindarnos algunas pistas sobre núcleos de sociabilidad que precedieron y sirvieron de insumo al matrimonio. Del análisis de las actas confeccionadas en la década de 1960 es posible extraer una conclusión que confirma lo que sugeríamos anteriormente. Los estratos ocupacionales superiores, seguramente por ser menos abundantes, estuvieron obligados a establecer vínculos por fuera de su círculo ocupacional más cercano. Con todo, los novios de aquella condición presentaron, en cerca de la mitad de los casos, un suegro situado en las mismas coordenadas laborales. La única excepción a este esquema quizás sea el estrato no manual intermedio, donde es evidente una fuerte homogamia ocupacional entre contrayentes y padres de las novias. Encontramos allí mayoritariamente a chacareros y comerciantes, dos ocupaciones que presentaban esferas de sociabilidad propias y que albergaron en su interior densos entramados de relaciones.

Nada de ello ocurrió entre los trabajadores no manuales bajos. Si bien fue el estrato numéricamente más relevante, no albergó, por lo menos entre el novio y su futuro suegro, una fuerte coincidencia ocupacional. Aquello que advertíamos entre los contrayentes, no resulta evidente si establecemos una comparación intergeneracional. La explicación para esta situación no es muy difícil de imaginar: el crecimiento del Estado en los sesenta, espacio que agrupaba a la mayor parte de los trabajadores no manuales de menor calificación, lo convirtió a éste en una atractiva posibilidad para quienes ingresaban al mercado laboral. La menor presencia oficial durante la etapa territoriana volcó a buena parte de la población hacia la actividad privada, lo cual queda reflejado en las declaraciones de quienes transitaban por una fase más avanzada de su trayectoria profesional.

Novio	Padre de la novia								
	1	2	3	4	5	6	7	8	Totales
Profesional Alto	0	17	0	33	33	0	8	8	100 (12)
No Manual Alto	0	0	0	40	20	20	0	20	100 (5)
Profesional Bajo	0	11	11	22	44	11	0	0	100 (9)
No Manual Intermedio	0	3	0	57	6	17	9	9	100 (35)
No Manual Bajo	0	3	1	26	28	12	8	22	100 (45)
Manual Calificado	0	9	2	20	2	20	2	25	100 (44)
Manual Semicalificado	0	0	0	13	20	18	18	33	100 (40)
Manual Sin Calificación	0	3	0	3	8	19	19	64	100 (36)

Novio	Padre de la novia		
	Estratos Sup. (1,2,3,4)	Estratos Inf. (5,6,7,8)	Totales
Profesional Alto	50	50	100 (12)
No Manual Alto	40	60	100 (5)
Profesional Bajo	44	55	100 (9)
No Manual Intermedio	60	41	100 (35)
No Manual Bajo	30	70	100 (45)
Manual Calificado	31	67	100 (44)
Manual Semicalificado	13	89	100 (36)
Manual Sin Calificación	6	94	100

Cuadro 5.9 – Homogamia ocupacional entre novio y padre de la novia por estratos. Neuquén, 1960-1969 (porcentajes). Fuente: Elaboración propia a partir de las actas matrimoniales de la Dirección Provincial de Registro Civil de Neuquén. Nota: «Estratos superiores» incluye Profesional Alto, No Manual Alto, Profesional Bajo, No Manual Intermedio. «Estratos inferiores» incluye No Manual Bajo, Manual Calificado, Manual Semicalificado y Manual No Calificado.

A medida que descendemos en la clasificación ocupacional, se observa un comportamiento cada vez más cerrado. Si en el estrato más bajo del empleo no manual la homogamia ocupacional era del orden del 70 %, entre los trabajadores manuales de menor calificación este indicador alcanzaba un sorprendente 95 % (Cuadro 5.9). En los tempranos sesenta, cuando la provincia comenzaba a complejizar su estructura productiva, estas labores estuvieron relacionadas –sobre todo– con el mundo de la construcción. Y esta actividad, tal vez como pocas, prestaba las bases a una espesa trama de relaciones que bien podía desembocar en el matrimonio de quienes –de manera directa o por medio de una esfera de sociabilidad más amplia– estaban vinculados a ella. Que el 65 % de los contrayentes del estrato manual calificado, el 71 % de los trabajadores manuales semicalificados y el 85 % de quienes no presentaban calificación alguna, haya tenido a su suegro en los tres peldaños del trabajo manual, es una clara muestra de esto (Cuadro 5.9). Parece claro, entonces, que quienes se desempeñaban en las labores menos calificadas no podían escapar a una sociabilidad circunscripta a su entorno ocupacional más cercano. Y, en contraposición, a medida que nos alejamos del fondo de la clasificación ocupacional, aumentaba la probabilidad de establecer una sociabilidad que excediera las fronteras del empleo manual. Puede que una cifra nos alerte sobre la fuerte homogamia en la base de la estructura ocupacional: cerca de dos tercios de los contrayentes del estrato manual no calificado tuvo al padre de su novia desempeñando tareas similares.

Lo descubierto para el conjunto de la población podría aplicarse en algunos grupos migratorios. De posar nuestra mirada en los migrantes transandinos exogámicos —es decir, entre quienes sabemos que los aspectos étnicos no fueron fundamentales en la elección matrimonial— veríamos una fuerte coincidencia ocupacional. Ante todo, los trece individuos que reunían estas características se concentraban en los escalones inferiores de la pirámide ocupacional, especialmente en los vinculados al empleo manual (sólo tres se desempeñaban en empleos no manuales bajos). Las dos terceras partes de ese grupo presentaban al padre de su futura cónyuge desempeñándose en labores similares. En el caso de los migrantes del interior neuquino vemos una situación muy parecida. Tomando la precaución de eliminar los enlaces que unieron a personas del mismo origen regional, donde pudieron haber existido relaciones premigratorias, advertimos una población sobrerrepresentada en los escalones más bajos de la estructura ocupacional. Para corroborar este punto, sólo hace falta decir que siete de cada ocho migrantes «exogámicos» se empleaba en labores manuales y en tareas no manuales de escasa calificación. Tal como sucedía entre los chilenos, las actas matrimoniales nos muestran una fuerte coincidencia ocupacional entre el novio y el padre de la novia. A excepción de los trabajadores manuales calificados, entre quienes encontramos una trama de relaciones que incluía a los estratos superiores, advertimos una fluida comunicación «por debajo» de la sociedad. Que la totalidad de los trabajadores manuales semicalificados, el 87 % de quienes carecían de cualquier calificación y cerca del 80 % de los trabajadores no manuales bajos hayan compartido con su futuro suegro la misma clase de ocupación es prueba de ello (Cuadro 5.10).

Antes de terminar este recorrido por la década de 1960, deberíamos echar un vistazo a la masiva corriente interprovincial. La heterogeneidad de este flujo, sin embargo, complica enormemente la tarea de distinguir comportamientos endo y exogámicos. Más allá de que los migrantes compartían algunas características, que alcanzaban para diferenciarlos de los migrantes neuquinos y de los transandinos, sería improcedente pensar a esta masa de migrantes a partir de una supuesta uniformidad. No parece probable que una persona nacida en Chaco haya establecido vínculos premigratorios con otra nacida en Santa Cruz. Con todo, podríamos hacernos de una imagen bastante próxima a la realidad si escogiéramos algunos distritos que, por su tamaño, pudieron haber albergado relaciones previas al traslado. Esta tarea, sin embargo, no es sencilla. Si escogiéramos cualquiera de las provincias argentinas, cometeríamos el mismo error de tomar a los migrantes de otras provincias como un todo homogéneo. Después de todo, distritos como Buenos Aires, Córdoba o Santa Fe albergaban desde amplios espacios rurales hasta ciudades de cierta relevancia. De ahí la importancia de concentrar nuestra atención en espacios de menor escala que nos permitan aproximarnos de mejor manera a las experiencias de los migrantes en la ciudad de Neuquén. Capital Federal y el Alto Valle del río Negro, en su carácter de ciudad-distrito y de micro región respectivamente, pueden ayudarnos a realizar una mirada más concentrada de la realidad.

Un primer dato sobre los migrantes porteños nos advierte sobre las particularidades de este flujo. Sobre un total de dieciséis actas, no encontramos ninguna que tenga a un nacido en Buenos Aires celebrando matrimonio con una mujer de igual procedencia. El carácter individual y masculino de las migraciones tempranas hizo de la endogamia micro regional una verdadera quimera. Antes bien, los registros muestran a los migrantes de ese origen contrayendo nupcias con nativas y, por su enorme cantidad, con mujeres llegadas del interior neuquino. La segunda singularidad de este flujo estriba en su inserción ocupacional. Tal como dijimos en el Capítulo 3, los llegados de la capital del país reforzaban las líneas que descubrimos para los migrantes de otras provincias: las ocupaciones registradas se relacionan con el empleo no manual y, sobre todo, con aquellas tareas que requerían credenciales.

Teniendo ambos elementos como marco general, parece adecuado interrogarnos acerca de la existencia o no de fenómenos de homogamia ocupacional. Y en este punto, las declaraciones contenidas en las actas matrimoniales juegan a nuestro favor: a diferencia de los restantes flujos, y más allá de la diversidad de procedencias, encontramos entre las contrayentes de los migrantes porteños una fuerte participación en el mercado laboral. En lugar de declaraciones como «ama de casa» o «quehaceres domésticos» nos topamos con ocupaciones ligadas al empleo no manual. Esta constatación pareciera indicarnos la existencia de un evidente fenómeno de homogamia ocupacional, proceso que no veíamos en los restantes casos debido a la escasa ductilidad de las fuentes. Para reforzar esta hipótesis podríamos incorporar la ocupación del padre de la novia. Exceptuando a los fallecidos, de los cuales no tenemos información sobre su última ocupación en vida, todos ellos desarrollaron su carrera profesional dentro del empleo no manual. Esta «cercanía ocupacional», y en muchos casos coincidencia absoluta, debió generar las condiciones adecuadas para el nacimiento y desarrollo de una sociabilidad que pudo funcionar como puerta de entrada a la formación de parejas.

A diferencia de los migrantes porteños, que se destacaban por su reducida cantidad, los llegados del vecino Alto Valle de Río Negro fueron mucho más numerosos. La proximidad espacial y una larga tradición de intercambios nos ayudan a entender esta situación. Esto es así al punto que algunos autores hablan de una ciudad dispersa que se extendía desde Villa Regina (en el extremo oriental del valle) hasta las colonias agrícolas que rodeaban a la capital neuquina.[26] De una mirada superficial sobre estos migrantes emergen algunas singularidades en materia ocupacional. Podríamos decir que los migrantes del Alto Valle representaron una «tercera vía», a igual distancia de los migrantes porteños (mayoritariamente empleados en los escalones más altos) que de los chilenos y los llegados del interior neuquino (en gran medida, trabajadores manuales). Ante todo, encontramos que la mitad de ellos se desempeñaba en los empleos que conformaban el estrato «no manual bajo» y, en menor medida, en los distintos oficios que constituían al empleo manual. Si atendiéramos a la ocupación de las contrayentes, notaríamos también un camino intermedio. Entre las contrayentes de los chilenos

---

[26]César Vapñarsky y Edith Pantelides. *La formación de un área metropolitana en la Patagonia. Población y asentamiento en el Alto Valle.* Buenos Aires: CEUR, 1987, pág. 40.

Interior neuquino	Padre de la novia		
Novio	Estratos Sup. (1,2,3,4)	Estratos Inf. (6,7,8)	Totales
Profesional Alto	0	100	100 (1)
No Manual Alto	0	0	0
Profesional Bajo	67	33	100 (3)
No Manual Intermedio	0	100	100 (2)
No Manual Bajo	21	79	100 (24)
Manual Calificado	43	57	100 (7)
Manual Semicalificado	0	100	100 (6)
Manual Sin Calificación	17	83	100 (6)

Chilenos	Padre de la novia		
Novio	Estratos Sup. (1,2,3,4)	Estratos Inf. (6,7,8)	Totales
Profesional Alto	0	0	0
No Manual Alto	0	0	0
Profesional Bajo	0	0	0
No Manual Intermedio	0	0	0
No Manual Bajo	67	33	100 (3)
Manual Calificado	33	67	100 (3)
Manual Semicalificado	25	75	100 (5)
Manual Sin Calificación	0	100	100 (2)

Capital Federal	Padre de la novia		
Novio	Estratos Sup. (1,2,3,4)	Estratos Inf. (5,6,7,8)	Totales
Profesional Alto	0	100	100 (2)
No Manual Alto	0	0	0
Profesional Bajo	0	100	100 (1)
No Manual Intermedio	0	100	100 (1)
No Manual Bajo	0	91	100 (3)
Manual Calificado	0	0	0
Manual Semicalificado	0	0	0
Manual Sin Calificación	0	0	0

Alto Valle	Padre de la novia		
Novio	Estratos Sup. (1,2,3,4)	Estratos Inf. (6,7,8)	Totales
Profesional Alto	0	0	0
No Manual Alto	0	0	0
Profesional Bajo	0	100	100 (1)
No Manual Intermedio	100	0	100 (2)
No Manual Bajo	48	62	100 (12)
Manual Calificado	80	20	100 (5)
Manual Semicalificado	0	100	100 (1)
Manual Sin Calificación	0	100	100 (3)

Cuadro 5.10 – Homogamia ocupacional entre novio y padre de la novia por estratos y por origen. Neuquén, 1960-1969 (porcentajes). Fuente: Elaboración propia a partir de las actas matrimoniales de la Dirección Provincial de Registro Civil de Neuquén. Nota: «Estratos superiores» incluye Profesional Alto, No Manual Alto, Profesional Bajo, No Manual Intermedio. «Estratos inferiores» incluye No Manual Bajo, Manual Calificado, Manual Semicalificado y Manual No calificado.

y de los migrantes neuquinos, el casillero profesional contenía declaraciones como «ama de casa» o «quehaceres domésticos», mientras que entre los migrantes de la Capital Federal veíamos una fuerte inserción en el mercado laboral. En el caso de los migrantes del Alto Valle, las actas matrimoniales transitan por un carril alternativo: la mitad de las contrayentes participaban del mercado laboral y la otra declaraba labores relacionadas con la economía familiar (para sí o para otros). Dentro de la primera mitad, es fuerte la homogamia ocupacional entre los contrayentes, especialmente entre quienes se desempeñaban dentro del empleo no manual. El carácter mixto de la economía valletana —en parte frutícola y en parte volcada a los servicios— nos brinda algunos indicios para comprender las simultáneas similitudes con un distrito urbano por excelencia (Capital Federal) y con espacios mayormente rurales (el sur chileno y el interior provincial).

Si los migrantes «exogámicos» llegados del Alto Valle coincidían con sus futuras esposas en materia ocupacional, ¿qué podría decirse de la relación entre el novio y su futuro suegro?

La respuesta a este interrogante debería dividirse en tres partes. En la parte baja de la estructura ocupacional, al igual que en los restantes grupos seleccionados, observamos una fuerte homogamia, lo cual refuerza la idea de un «crisol por debajo». El estrato no manual bajo, mayoritario entre quienes llegaban del Alto Valle rionegrino, se comportó como una bisagra entre el empleo manual y las ocupaciones más prestigiosas. Que cerca del 50 % de los novios de aquella condición haya presentado un suegro en los estratos superiores de la clasificación ocupacional pareciera abonar esta la hipótesis (Cuadro 5.10). En la parte alta de la sociedad, por último, volvemos a encontrar un comportamiento cerrado sobre sí mismo, más allá de que los pocos casos relevados no nos permitan ser concluyentes al respecto.

Llegados a este punto, resta formularnos una pregunta que permitiría poner a la segunda mitad del siglo XX en perspectiva: ¿cómo se comportó el binomio matrimonio-ocupación cuando Neuquén se convirtió en un destino migratorio masivo?

Podríamos responder este interrogante tomando a la década de 1980 como punto de referencia. Lamentablemente no contamos con la ocupación de los padres de las novias. Esto se debe a que, luego de 1970, cambió el formato del acta matrimonial. Hasta allí los registros habían sido relativamente generosos: las declaraciones no sólo se destacaban por cierta minuciosidad, siempre atendiendo a las limitaciones que antes mencionamos, sino también por contener información sobre los padres de los contrayentes. El nuevo formato, propio de las décadas de los setenta y ochenta, tuvo como principal víctima a la profesión de estos últimos. De todos modos, podemos aproximarnos al fenómeno de la homogamia tomando en consideración las ocupaciones de los contrayentes, siempre y cuando tengamos en cuenta lo escueto de las declaraciones femeninas y las dificultades para diferenciar amas de casa de empleadas domésticas. Con todo, el creciente peso del empleo no manual volvió menos habituales a los nichos laborales exclusivos de uno u otro sexo, al tiempo de multiplicar los espacios laborales donde unos y otros convivían a diario.

Basta con sobrevolar las actas para percibir algunas de las tendencias que advertimos dos décadas atrás. Ante todo, los estratos más altos siguieron mostrando un comportamiento más abierto en materia matrimonial. En el caso de los hombres, la proporción prácticamente no experimentó cambios: en los sesenta, el 54 % estaba casado con una mujer de la misma condición ocupacional; mientras que en los ochenta lo hizo un 52 % (Cuadro 5.11). La mayor participación de las mujeres en el mercado laboral, especialmente en los empleos no manuales bajos, revirtió la tendencia registrada en la anterior observación. En los sesenta, las mujeres de mejor condición se habían casado, en una proporción del 55 %, con hombres cuya ocupación estaba en la parte baja de la clasificación. Los ochenta marcaron el inicio de una creciente homogamia ocupacional. Sin abandonar un comportamiento relativamente abierto, aquellas concertaron uniones mayoritariamente con hombres que cumplían labores como profesionales o bien se desempeñaban en los peldaños superiores del empleo no manual.

Este patrón relativamente abierto no debería llevarse al extremo. Los empleos no manuales bajos, de creciente peso por el despliegue del Estado, funcionaron como un puente entre las ocupaciones más prestigiosas y aquellas que distaban de serlo.[27] Su gran peso, evidente a simple vista,

---

[27] Los estudios de Bozon y Heran descubren una situación análoga para el caso francés. En los grupos socio profesionales superiores observan un comportamiento homogámico; mientras que los empleados (ubicados en nuestra investigación en el estrato no manual bajo) aparecen más móviles en sus decisiones matrimoniales. Cfr. Michel

Hombres					
Novia	Novio		Novia	Novio	
	Estratos superiores I	Estratos Inferiores I		Estratos superiores II	Estratos inferiores II
Estratos superiores I (1,2,3,4)	52	16	Estratos superiores II (1,2,3,4,5)	98	93
Estratos inferiores I (5,6,7,8)	56	19	Estratos inferiores II (6,7,8)	2	7
	100 (228)	100 (569)		100 (681)	100 (116)

Mujeres					
Novio	Novia		Novio	Novia	
	Estratos superiores II	Estratos Inferiores II		Estratos superiores I	Estratos inferiores I
Estratos superiores I (1,2,3,4)	56	19	Estratos superiores II (1,2,3,4,5)	86	58
Estratos inferiores I (5,6,7,8)	44	81	Estratos inferiores II (6,7,8)	14	42
	100 (210)	100 (587)		100 (778)	100 (19)

Cuadro 5.11 – Homogamia ocupacional por grandes grupos de estratos. Neuquén, 1980-1989 (porcentajes). Fuente: Elaboración propia a partir de las actas matrimoniales de la Dirección Provincial de Registro Civil de Neuquén. Nota: «Estratos superiores I» incluye Profesional Alto, No Manual Alto, Profesional Bajo, No Manual Intermedio. «Estratos inferiores I» incluye No Manual Bajo, Manual Calificado, Manual Semicalificado y Manual No Calificado. «Estratos superiores II» incluye Profesional Alto, No Manual Alto, Profesional Bajo, No Manual Intermedio y No Manual Bajo. «Estratos inferiores II» incluye Manual Calificado, Manual Semicalificado y Manual No Calificado.

nos puede llevar a pensar que existió un fuerte diálogo entre los distintos estratos que conformaron la estructura ocupacional neuquina. Pero si, en lugar de comparar «empleos manuales» y «no manuales», prestáramos atención a algunos estratos en particular, veríamos bolsones de

Bozon y Francoise Heran. «La decouverte du conjoint I». En: *Population*, n.º 1: (n/d), págs. 121-150; y Michel Bozon y Heran. «La decouverte du conjoint II». En: *Population*, n.º 6: (n/d), págs. 943-986.

homogamia ocupacional. Esto es especialmente evidente en el caso de los profesionales altos: uno de cada dos hombres de esa condición contrajo, durante la década de 1980, matrimonio con una mujer de idéntica posición socio-económica. No muy distinta fue la situación de los profesionales bajos: el 43 % de los hombres que se empleaban en estas tareas formalizó su unión con una mujer situada en las mismas coordenadas ocupacionales. Ambos fenómenos hablan muy bien de la importancia de ciertas instituciones, como la escuela, la universidad o el hospital, en la creación de núcleos de sociabilidad que pudieron servir de génesis a la formación de parejas.

Novio	1	2	3	4	Novia 5	6	7	8	Totales
Profesional Alto	45	0	25	3,3	23,3	1,7	0	0	100
No Manual Alto	0	0	14,3	0	71,4	14,3	0	0	100
Profesional Bajo	5,6	0	43,7	1,4	49,3	0	0	0	100
No Manual Intermedio	6,7	0	12,2	21,1	57,8	2,2	0	0	100
No Manual Bajo	2,0	0	12,6	2,2	81,7	1,3	0,2	0	100
Manual Calificado	0	0	10,0	8,6	75,7	2,9	0	2,9	100
Manual Semicalificado	0	0	4,3	2,2	84,8	2,2	4,3	2,2	100
Manual Sin Calificación	0	0	0	0	0	0	0	0	100

Cuadro 5.12 – Homogamia ocupacional entre contrayentes por estratos. Neuquén, 1980-1989 (porcentajes). Fuente: Elaboración propia a partir de las actas matrimoniales de la Dirección Provincial de Registro Civil de Neuquén.

Si los estratos superiores mantuvieron cierta apertura en su comportamiento matrimonial: ¿qué sucedió en los peldaños inferiores de la clasificación ocupacional?

Esa ciudad que se abría paso en la árida meseta neuquina, sumando espacios fuertemente segregados, reforzó la homogamia ocupacional que ya señaláramos para los tempranos sesenta. Puede que algunas cifras corroboren la imagen de un «crisol por debajo», que tuvo a los empleos menos prestigiosos como protagonistas: el 85 % de los hombres y el 81 % de las mujeres de esa condición contrajeron nupcias con alguien empleado en las mismas coordenadas laborales. Si midiéramos la homogamia ocupacional por estratos, además de desnudar una realidad muy rica en matices, confirmaríamos la sospecha de un panorama cada vez más fragmentado. Ante todo, el creciente peso de las labores no manuales repercutió en las opciones matrimoniales. En los sesenta veíamos una fuerte vinculación entre los oficios ligados al empleo manual. Hacia el final de la observación, las uniones que contaban con, al menos, un contrayente ocupado en el estrato «no manual bajo» eran mayoritarias. Es cierto que la documentación trabajada no es lo suficientemente sensible para medir el empleo manual femenino (sobre todo, el empleo doméstico). Sin embargo, no estaría mal si dijéramos que el estrato «no manual bajo» funcionó como el «centro de gravedad» en las decisiones matrimoniales de los eslabones más débiles de la grilla ocupacional. Que – como mínimo – tres cuartas partes de los trabajadores «no manuales bajos», «manuales calificados» y «manuales semicalificados» hayan contraído nupcias con una mujer que declaraba ser empleada, es una señal en ese sentido (Cuadro 5.12). Al mismo tiempo, a medida que nos alejamos del centro gravitatorio conformado por el empleo «no manual bajo», disminuye el porcentaje de uniones que presentaban una contrayente en esa clase de empleos. Si en el casillero correspondiente al estrato «no manual intermedio» y «profesional bajo» esa proporción se aproximaba a la mitad de los enlaces, entre los profesionales cae hasta ubicarse en torno al 23 %. Estos datos confirman la imagen de un «crisol por arriba» que giraba en torno de los estratos superiores de la estructura ocupacional.

Lo descubierto para el conjunto de la población podría aplicarse en algunos grupos migratorios. Si concentráramos nuestra atención en los migrantes transandinos exogámicos, veríamos una fuerte homogamia. Ante todo, las veintiséis personas que reunían estas características se concentraban en los escalones inferiores de la pirámide ocupacional: aunque los empleos manuales conservaron la importancia de los años sesenta, las labores ligadas al estrato «no manual bajo» fueron ganando terreno (algo que, como dijimos con anterioridad, facilita la observación de fenómenos de homogamia ocupacional). Dentro de ese universo, la totalidad de quienes se desempeñaban en empleos manuales y el 93 % de quienes lo hacían en labores no manuales de escasa calificación contrajeron nupcias con mujeres que pertenecían al mismo casillero ocupacional. Entre las mujeres, la situación no era demasiado diferente: dos terceras partes de las novias que declararon profesiones propias del estrato «manual calificado» se casaron con sujetos situados en similares coordenadas sociales; mientras que las registradas en el estrato «no manual bajo» lo hicieron en una proporción el 90 % (Cuadro 5.13).

No muy distinto es el panorama entre los migrantes llegados desde el interior de la provincia. Tomando la precaución de eliminar los enlaces que unieron a personas del mismo origen macro regional, donde pudieron haber existido relaciones premigratorias, advertimos una población sobrerrepresentada en los escalones más bajos de la estructura ocupacional. Para corroborar este punto, sólo hace falta decir que siete de cada diez migrantes «exogámicos» se empleaban en labores manuales o bien en el estrato «no manual bajo». Tal como sucedía entre los chilenos, las actas matrimoniales nos muestran una fuerte coincidencia ocupacional entre el novio y la novia. A diferencia de los estratos superiores, más abiertos en su comportamiento matrimonial, advertimos un fluido diálogo «por debajo» de la sociedad. Que el 86 % de los trabajadores manuales y cerca del 85 % de los trabajadores «no manuales bajos» hayan compartido la misma clase de ocupación con su futura esposa nos brinda algunas pistas al respecto. Lo mismo podríamos decir de las mujeres llegadas de diferentes puntos de la geografía neuquina: nueve de cada diez empleadas del estrato «no manual bajo» formalizó su unión con alguien cuya ocupación se encontraba en los peldaños inferiores de la grilla socioprofesional (Cuadro 5.13).

Para concluir este recorrido por la década de 1980 es preciso sumergirnos en el flujo interprovincial. Veamos, en primera instancia, cuál fue el origen de quienes contrajeron nupcias con los migrantes porteños y cuál el perfil ocupacional de estos últimos. Ante todo, deberíamos decir que la exogamia, aunque no tan extendida como en los años sesenta, siguió abarcando un elevado porcentaje de los contrayentes nacidos en la ciudad de Buenos Aires (86 % y 82 % para hombres y mujeres de ese origen respectivamente). El creciente peso de las migraciones familiares, tan propio de la década de 1980, fue lentamente agrietando el carácter individual y masculino de las migraciones más tempranas. En cuanto a las profesiones de este universo de contrayentes, no podemos dejar de mencionar, como lo hicimos para la década de 1960, la escasa importancia de los empleos manuales: ninguna mujer registró una ocupación de ese tipo, mientras que sólo el 8 % de los varones lo hizo. Al mismo tiempo, magnificando la tendencia que atravesaba a los llegados de otras provincias, los migrantes de la Capital Federal mostraron una fuerte in-

Chilenos	Novia		
Novio	Estratos Sup. (1,2,3,4)	Estratos Inf. (5,6,7,8)	Totales
Profesional Alto	100	0	100 (1)
No Manual Alto	0	0	0
Profesional Bajo	50	50	100 (2)
No Manual Intermedio	50	50	100 (4)
No Manual Bajo	7	93	100 (14)
Manual Calificado	0	100	100 (2)
Manual Semicalificado	0	100	100 (3)
Manual Sin Calificación	0	0	0

Chilenos	Novio		
Novia	Estratos Sup. (1,2,3,4)	Estratos Inf. (5,6,7,8)	Totales
Profesional Alto	0	100	100 (2)
No Manual Alto	0	0	0
Profesional Bajo	50	50	100 (2)
No Manual Intermedio	20	80	100 (5)
No Manual Bajo	10	90	100 (30)
Manual Calificado	33	67	100 (3)
Manual Semicalificado	0	0	0
Manual Sin Calificación	0	0	0

Interior neuquino	Novia		
Novio	Estratos Sup. (1,2,3,4)	Estratos Inf. (5,6,7,8)	Totales
Profesional Alto	67	33	100 (3)
No Manual Alto	0	0	0
Profesional Bajo	54	46	100 (13)
No Manual Intermedio	45	55	100 (11)
No Manual Bajo	16	84	100 (51)
Manual Calificado	14	86	100 (7)
Manual Semicalificado	14	86	100 (7)
Manual Sin Calificación	0	0	0

Interior neuquino	Novio		
Novia	Estratos Sup. (1,2,3,4)	Estratos Inf. (5,6,7,8)	Totales
Profesional Alto	50	50	100 (4)
No Manual Alto	0	0	0
Profesional Bajo	57	43	100 (14)
No Manual Intermedio	100	0	100 (4)
No Manual Bajo	14	86	100 (83)
Manual Calificado	0	0	0
Manual Semicalificado	0	0	0
Manual Sin Calificación	0	0	0

Cuadro 5.13 – Homogamia ocupacional entre matrimonios exogámicos por estratos y por origen migratorio. Neuquén, 1980-1989 (porcentajes). Fuente: Elaboración propia a partir de las actas matrimoniales de la Dirección Provincial de Registro Civil de Neuquén. Nota: «Estratos superiores» incluye Profesional Alto, No Manual Alto, Profesional Bajo, No Manual Intermedio. «Estratos inferiores» incluye No Manual Bajo, Manual Calificado, Manual Semicalificado y Manual No Calificado.

Alto Valle Novio	Novia Estratos Sup. (1,2,3,4)	Estratos Inf. (5,6,7,8)	Totales
Profesional Alto	100	0	100 (2)
No Manual Alto	0	0	0
Profesional Bajo	50	50	100 (4)
No Manual Intermedio	17	83	100 (6)
No Manual Bajo	17	83	100 (35)
Manual Calificado	20	80	100 (5)
Manual Semicalificado	0	100	100 (6)
Manual Sin Calificación	0	0	0

Alto Valle Novia	Novio Estratos Sup. (1,2,3,4)	Estratos Inf. (5,6,7,8)	Totales
Profesional Alto	100	0	100 (3)
No Manual Alto	0	0	0
Profesional Bajo	36	64	100 (11)
No Manual Intermedio	50	50	100 (2)
No Manual Bajo	16	84	100 (43)
Manual Calificado	0	100	100 (1)
Manual Semicalificado	0	0	0
Manual Sin Calificación	0	0	0

Capital Federal Novio	Novia Estratos Sup. (1,2,3,4)	Estratos Inf. (5,6,7,8)	Totales
Profesional Alto	83	17	100 (6)
No Manual Alto	0	0	0
Profesional Bajo	80	20	100 (5)
No Manual Intermedio	43	57	100 (7)
No Manual Bajo	9	91	100 (23)
Manual Calificado	0	100	100 (1)
Manual Semicalificado	0	0	0
Manual Sin Calificación	0	0	0

Capital Federal Novia	Novio Estratos Sup. (1,2,3,4)	Estratos Inf. (5,6,7,8)	Totales
Profesional Alto	75	25	100 (4)
No Manual Alto	0	0	0
Profesional Bajo	60	40	100 (5)
No Manual Intermedio	0	100	100 (3)
No Manual Bajo	33	67	100 (15)
Manual Calificado	0	0	0
Manual Semicalificado	0	0	0
Manual Sin Calificación	0	0	0

Cuadro 5.14 – Homogamia ocupacional por estratos y por origen migratorio. Neuquén, 1980-1989 (porcentajes). Fuente: Elaboración propia a partir de las actas matrimoniales de la Dirección Provincial de Registro Civil de Neuquén. Nota: «Estratos superiores» incluye Profesional Alto, No Manual Alto, Profesional Bajo, No Manual Intermedio. «Estratos inferiores» incluye No Manual Bajo, Manual Calificado, Manual Semicalificado y Manual No Calificado.

serción en los estratos profesionales alto y bajo (más de un tercio en el caso de las mujeres y cerca de un cuarto entre los hombres).

Tomando ambos elementos como marco general, parece adecuado interrogarnos acerca de la existencia o no de fenómenos de homogamia ocupacional. A diferencia del comportamiento relativamente abierto de los años sesenta, quienes se alojaron en los casilleros superiores de la grilla profesional disminuyeron su heterogamia: por lo menos un tercio de los hombres y mujeres de esa condición desposaron a alguien que compartía el mismo cuadrante de la estructura ocupacional (Cuadro 5.14). Entre los escalones inferiores, la coincidencia fue mucho mayor, confirmando una tendencia que pareciera surcar a la segunda mitad del siglo XX: nueve de cada diez migrantes porteños pertenecientes al estrato «no manual» contrajeron nupcias con alguien de idéntica posición social; mientras que entre las mujeres de esa condición la proporción se acercó a los dos tercios de los casos. Esta «cercanía ocupacional», tanto por «debajo» como por «arriba», refleja la existencia de sociabilidades diferenciadas que debieron ser fundamentales en la formación de parejas.

Echemos un vistazo, por último, al nutrido grupo de migrantes que arribaron del Alto Valle de Río Negro. En términos profesionales, este flujo seguía presentando una fuerte inserción en los empleos que conformaban el estrato «no manual bajo» (dos tercios y tres cuartos de los registros masculinos y femeninos respectivamente) y, en menor medida, en los distintos oficios que constituían al empleo manual (un quinto de los registros masculinos). La participación de los estratos superiores, por su parte, fue ganando en importancia hasta alcanzar cerca de un quinto de los contrayentes (Cuadro 5.14). En cuanto a la profesión de quienes oficializaron su unión con migrantes llegados del Alto Valle del río Negro, este grupo no pareciera escapar a las generales de la ley. En la parte baja de la estructura ocupacional, al igual que en los restantes grupos seleccionados, observamos una fuerte homogamia, lo cual refuerza la idea de un «crisol por debajo»: no menos del 80 % de los migrantes situados en los estratos «no manual bajo», «manual calificado» y «manual semicalificado» contrajeron nupcias con personas que registraron una profesión situada en esos casilleros ocupacionales (Cuadro 5.14). En la parte alta de la grilla profesional, por su parte, volvemos a encontrar un comportamiento cerrado sobre sí mismo, más allá que que los pocos casos relevados no nos permitan ser concluyentes al respecto.

Llegados a este punto, luego de recorrer los capítulos que conforman la segunda parte del libro, algo pareciera estar fuera de duda: la adopción de una mirada panorámica, atenta a los comportamientos medios, nos permitió aproximarnos a problemas que no habían sido explorados. La inserción socio-ocupacional de los migrantes, sus patrones residenciales y sus decisiones matrimoniales son sólo alguno de ellos. De todas formas, y aunque interesantes, los estudios de *stocks*, como los propuestos en los capítulos anteriores, vuelven imposible la tarea de seguir en el tiempo unidades de análisis de menor dimensión. El próximo capítulo está consagrado al estudio de un tópico mayormente ausente en la literatura tradicional sobre migraciones: la influencia del funcionamiento familiar en el proceso de integración.

III

El movimiento

6. Conformar una familia.
Límites y recursos de los itinerarios familiares

Entre 1960 y 1990, la población neuquina se multiplicó casi siete veces: sus humildes 25 mil habitantes se transformaron en 170 mil. Al igual que a nivel provincial, dos fenómenos ayudan a entender un crecimiento de semejante dimensión. Por un lado, debemos mencionar un incremento vegetativo que se mantuvo entre los más altos de la Argentina: una mortalidad en caída libre fue acompañada, durante los treinta años de la pesquisa, por una natalidad que, aunque en baja, siempre estuvo por encima de la media nacional. Por otro lado, el crecimiento migratorio llevó a la ciudad de Neuquén a posicionarse como una de las áreas receptoras de mayor progreso durante la segunda mitad del siglo XX. A excepción de Ushuaia, la pequeña capital de Tierra del Fuego, no hubo centro urbano que haya recibido, siempre en términos relativos, una mayor afluencia migratoria.[1]

Los resultados de este masivo desplazamiento poblacional están a la vista. Los 90 mil inmigrantes que hacia 1985 residían en la ciudad explican el ingreso de Neuquén dentro de las quince urbes más pobladas

---

[1] Alfredo Lattes. «Esplendor y ocaso de las migraciones internas». En: *Población y bienestar en la Argentina del primero al segundo centenario. Una historia social del siglo XX.* Comp. por Susana Torrado. Vol. II. Buenos Aires: Edhasa, 2007, págs. 40-43.

del país.[2] Al mismo tiempo, esa masa de habitantes hizo que la ciudad abandonara su calma territoriana y comenzara a desandar un camino de complejización social. Esa sociedad poco estratificada, que describimos en el Capítulo 3, sumó nuevos sectores, aunque ellos no se dispusieron aleatoriamente en el tablero urbano. Lejos de eso, el distrito central, mucho más consolidado, concentró al grueso de quienes habitaban en los estratos superiores de la estructura ocupacional; mientras que los anillos exteriores albergaron a los eslabones más débiles del empleo manual y no manual. Al mismo tiempo, los grupos migratorios de origen urbano y con un mayor grado de instrucción, en especial los llegados de centros tradicionales del Litoral, fueron los que mostraron un comportamiento más centralizado; mientras que los llegados de áreas rurales (del interior provincial o de Chile) estuvieron sobrerrepresentados en los bordes de la ciudad.

Los criterios que nos permitieron aproximarnos a la inserción ocupacional y a las pautas residenciales de los migrantes son útiles también para comprender el mundo de las elecciones matrimoniales. La fragmentación socio-geográfica de la ciudad, que groseramente establecimos entre centro y periferia, generó mercados matrimoniales segmentados que tuvieron a la cercanía como principal condicionante. Los diferentes cuadrantes de la capital, especialmente los que se abrían paso en la meseta occidental, albergaron una sociabilidad que, entre otras cosas, sirvió de insumo a la decisión matrimonial. Así, detrás de categorías difícilmente aplicables en un escenario caracterizado por procesos migratorios internos —como endogamia o exogamia— encontramos una realidad surcada por la «homogamia residencial» y —sobre todo— por la «homogamia ocupacional».

Hasta aquí, el recorrido del libro, para abordar cada uno de los puntos comentados, nos llevó a considerar únicamente los comportamientos medios, expresados en la consabida figura del promedio. Esta mirada, panorámica por excelencia, mejoró nuestro conocimiento sobre cuestiones que, por mucho tiempo, habían permanecido detrás de un velo de sombras. Pese a ello, mucho del encanto del telescopio se esfuma cuando se trata de responder preguntas como: ¿cuáles eran las aspiraciones

---

[2]Beatriz Toutoundjian y Susana Holubica. *Estudio de la inmigración externa e interna en la Provincia de Neuquén*. Buenos Aires: CFI, 1990, pág. 30.

de los miles de individuos que convergieron en una ciudad que creció gracias a ellos?, ¿cómo percibieron su condición de recién llegados y cómo evaluaron sus posibilidades en un escenario de creciente complejidad?, o ¿cuántos de ellos colmaron las expectativas generadas de forma previa al traslado?

Estas preguntas nos trasladan a un tema que ha desvelado a sociólogos, antropólogos e historiadores: el problema de la integración. En nuestro caso, estudiar la adaptación de los recién llegados nos obliga a echar un vistazo a una movilidad que fue tanto ocupacional como geográfica. Ambos procesos, como ya dijimos, tuvieron como escenario a una ciudad que modificaba su apariencia y a un mercado laboral de enorme dinamismo. No estaría mal si dijéramos que la sociedad neuquina fue, por lo menos en el período estudiado, magmática y, por esa razón, no distinguimos en su interior grupos sociales rígidos como sí ocurre en otras latitudes. Es justamente esta fuerte movilidad lo que nos obliga a actuar con suma cautela, evitando caer en razonamientos lineales y carentes de toda profundidad. Los estudios de *stock*, por lo general ligados a las prácticas censales, nos brindan fotografías, pero no un seguimiento en el tiempo de una unidad de análisis específica (en nuestro caso, familias). Esa escasa sutileza impide que vean la luz fenómenos de suma importancia para comprender el ajuste de los migrantes a una sociedad que experimentaba un acelerado proceso de transformación.

Puede que un ejemplo nos brinde algunas pistas sobre la necesidad de echar mano del microscopio o, lo que es igual, de concentrar nuestra atención en un número limitado de familias. Cuando relevamos la documentación del Registro Civil, advertimos una fuerte implantación de la población migrante en los márgenes de la ciudad. Una lectura al ras del suelo podría llevarnos a pensar que esos nuevos vecindarios se comportaron como espacios segregados, sin ningún intercambio con el resto de la ciudad. En caso de centrar nuestra atención en unidades de observación más pequeñas, veríamos –aún sin invalidar la idea de que ciertos espacios poseían una lógica interna de funcionamiento– una realidad muy rica en matices. Ante todo, residir en un espacio periférico no necesariamente implicaba un establecimiento definitivo en esa área de la ciudad. Podríamos pensar a esa estancia como parte de una estrategia familiar de ascenso social, que contemplaba a la residencia en las zonas menos consolidadas como una etapa dentro de una trayectoria de más largo aliento. Las implicancias de esta última posibilidad son, a la vez, simples y cruciales: lejos de comportarse como compartimentos estancos, los diferentes barrios establecieron un intenso tráfico entre sí, lo que complica la utilización de la idea de *ghetto* para interpretar la realidad neuquina.

Pero si la figura de la «isla» no es la más adecuada para comprender la dinámica de la ciudad, ¿qué otra figura podría ayudarnos a retratar a Neuquén en su período de mayor crecimiento?

La metáfora del «edificio», utilizada por Gribaudi en el caso turinés, quizás nos brinde algunas ideas al respecto. En un texto clásico, el microhistoriador italiano nos advertía que la condición obrera – pero especialmente la vida en los márgenes de la ciudad – podía ser pensada como una casa reconstruible a partir de las percepciones de sus locatarios (tanto permanentes como temporales).[3] Las aproximaciones de sus moradores podían ser diferentes – y hasta opuestas –, pero todas coincidían en señalar algunos «datos duros», tales como sus muros, sus espacios comunes y sus pasillos. Esta doble realidad, a la vez objetiva y subjetiva, empujó a Gribaudi a realizar una aproximación que atendiera simultáneamente a ambas dimensiones. Por un lado, era necesario un enfoque estadístico, centrado en la familia como unidad de análisis, que brindara su apoyo en la descripción de esa realidad más bien estructural, a partir de la cual podemos dar cuenta del escenario y de las posibilidades que la ciudad brindaba a los recién llegados. Por el otro, era importante rescatar, por medio de testimonios orales, aquellos elementos culturales que dieron forma a espacios que difícilmente podamos pensar como homogéneos. Gracias a esta sinergia entre distintas clases de evidencia, podemos aproximarnos a la racionalidad que se encontraba detrás de las acciones de nuestros migrantes.

Con esta guía metodológica, comenzamos a entrevistar a una decena de migrantes llegados de distintos puntos del país e inclusive algunos que arribaron del extranjero. La mayoría de ellos había ingresado a la ciudad en la década de los sesenta, justo en el momento en que la provincia comenzaba a delinear su perfil exportador de energía, y su capital a albergar un vigoroso sector terciario. Con la base suministrada por

---

[3]Maurizio Gribaudi. *Itineraires ouvriers. Espaces et grupes sociaux à Turin au debut du XX siecle*. París: EHESS, 1987, pág. 17.

los testimonios, nos lanzamos a la tarea de reconstruir —a través de los documentos conservados en los archivos de la Dirección Provincial de Registro Civil y de la Justicia Electoral— los comportamientos profesionales, geográficos y demográficos que acompañaron a un centenar de familias en su itinerario en la ciudad.

La particularidad del estudio que presentamos no radica precisamente en la utilización de evidencia cuantitativa, en este caso demográfica, sino en el deseo de dar un paso delante de la óptica serial que utilizamos en los capítulos precedentes. Por lo general, esta forma de aproximación pone el acento en las tendencias, aun a riesgo de achatar la realidad histórica. Si estudiáramos los fenómenos recolectados —matrimonios, nacimientos, domicilios y ocupaciones— desde este ángulo, nuestros resultados sólo podrían echar luz sobre cuestiones como la evolución de la estructura familiar, de la fecundidad o de la edad de matrimonio. En nuestro caso, y siguiendo el rastro dejado por los pioneros trabajos de Gribaudi, lo cuantitativo se presenta como la puerta de ingreso a un conjunto de comportamientos sociales que no fueron precisamente uniformes. Alejados de las medias y de las tendencias generales, nuestro propósito es reconstruir la gama completa de usos que los migrantes hicieron de un escenario que inició un camino de complejización.

Claro que para examinar los usos que los migrantes hicieron de los recursos que ofrecía la ciudad, tema fundamental para comprender su integración, debemos prestar atención a los factores que influyeron y orientaron sus decisiones. De ahí que, en las siguientes páginas, examinemos los distintos elementos que diferenciaron las oportunidades de las familias escogidas. Por un lado, es necesario analizar la función que el núcleo familiar, la parentela y los vínculos cumplieron en los distintos momentos de la expansión de la ciudad. Por el otro, es preciso que evaluemos la importancia que la implantación en el tejido urbano tuvo en el logro de una racionalidad capaz de sacar provecho de un espacio que distribuía oportunidades, aunque ellas no eran ilimitadas.

6.1 Movilidad ocupacional y estructura familiar

Por mucho tiempo, la familia fue imaginada como una estructura racional que optimizaba los recursos que tenía a su disposición. La reacción frente a la neoclásica idea del *homo economicus* terminó delineando la imagen exactamente contraria: el *homo strategicus*.[4] De un ser atomizado cuyo objetivo era maximizar beneficios, pasamos a un individuo que empleaba la trama de relaciones en la que estaba inserto para perseguir sus fines.[5] La familia fue quizás el «buque insignia» de esta nueva forma de imaginar el funcionamiento social. La metáfora del «Robinson Crusoe», cuyos detractores iban desde el marxismo hasta Bourdieu, era reemplazada por la no menos literaria del familismo de telefilme, parafraseando a Ramella.[6] La concepción de familia resultante es, a esta altura, un clásico: el espacio doméstico funcionaría como un todo armónico que amplifica las posibilidades individuales gracias a una gestión perfecta de recursos económicos, sociales y afectivos.

Nuestra reconstrucción de más de un centenar de familias, sin embargo, nos ha permitido introducir algunos matices a esta hipótesis. Es cierto que la presencia de una estructura familiar activa mejoraba las posibilidades de protagonizar itinerarios individuales ascendentes. Numerosos estudios han demostrado la importancia de la parentela en la elección de un destino migratorio, en la inserción laboral de los migrantes y en sus posibilidades de éxito. No menos abundantes han sido las investigaciones que probaron la importancia del entorno relacional – englobado dentro de la categoría «capital social» – en el funcionamiento del mercado del trabajo y en las formas de organización de la economía.[7] Pese a su incuestionable relevancia, los resultados de la pesquisa muestran que el equilibrio interno de la familia, basado en la distribución de obligaciones y recursos, fue particularmente delicado en un escenario cambiante como el neuquino. La familia no siempre era una inagotable cantera de recursos, sino que, en ocasiones, podía obstaculizar procesos de movilidad ocupacional. Existen diferentes elementos que pueden

---

[4]María Bjerg y Roxana Boixados. *La Familia. Campo de investigación interdisciplinario. Teorías, métodos y fuentes*. Bernal: Universidad Nacional de Quilmes, 2004, págs. 18-19.

[5]Pierre Bourdieu. «Le capital social: notes provisoires». En: *Actes de la resercheen Sciencies sociales*, n.º 35: (1980), págs. 2-3.

[6]Franco Ramella. «Por un uso fuerte del concepto de red en los estudios migratorios». En: *Inmigración y redes sociales en la Argentina Moderna*. Ed. por Hernán Otero y María Bjerg. Tandil: CEMLA-IEHS, 1995, pág. 10.

[7]Un excelente estado del arte sobre estos temas en: Carlo Triglia. «Retorno a las redes». En: *El capital social. Instrucciones de uso*. Ed. por Arnaldo Bagnasco, Fortunata Piselli y Alejandro Pizzorno. Buenos Aires: Siglo XXI, 2003, pág. 7.

atrasar o acelerar el proceso de integración o, lo que es igual, el aprendizaje de una racionalidad urbana. La dimensión del grupo familiar es uno de ellos: una familia grande (es decir, con tres o más hijos) tendió a complicar una distribución armónica de los recursos, mientras que una pequeña se comportaba en el sentido contrario.[8]

| Cantidad | Descendente | | | Ascendente | |
de hijos	Fuerte	Leve	Nula	Leve	Fuerte
1	0	22,0	39,0	29,3	9,8
2	4,7	14,0	48,8	27,9	4,7
3 o más	11,8	5,9	61,8	7,0	0

Cuadro 6.1 – Relación entre movilidad ocupacional intragized... intrageneracional y tamaño de la familia. Neuquén, 1960-1987. Fuente: Elaboración propia a partir de actas matrimoniales y de nacimiento del Archivo de la Dirección Provincial de Neuquén. Padrón electoral 1987.

La incidencia negativa que la dinámica interna de una familia numerosa tuvo sobre la movilidad profesional puede ser fácilmente medida. El Cuadro 6.1 nos muestra la relación entre el índice de movilidad intrageneracional y la talla del núcleo familiar. Una mirada superficial del mismo nos ofrece un dato esclarecedor: los fenómenos de fuerte movilidad ascendente se concentraron en las familias poco numerosas.[9] En

---

[8] La fuerte correlación entre matrimonio temprano y estratos inferiores de la estructura ocupacional puede también observarse en: Susana Torrado. «Vivir apurado para morirse joven (Reflexiones sobre la transferencia intergeneracional de la pobreza)». En: *Poblaciones argentinas. Estudios de demografía diferencial.* Comp. por Hernán Otero y Guillermo Velázquez. Tandil: IEHS-GIS, 1999, págs. 253-255.

[9] La movilidad social la medimos usando la clasificación ocupacional que utilizamos en los capítulos anteriores. Es decir, ocho casilleros que coinciden con un numero similar de estratos. Una movilidad ascendente o descendente fuerte se da en los casos que advertimos un avance o un retroceso, entre la década de los sesenta y 1987, de dos casilleros ocupacionales (ejemplo: de No Manual Bajo a Profesional Bajo o bien de Manual Calificado a Manual Sin Calificación). La movilidad leve, en sentido ascendente o descendente, implica un avance o un retroceso de solo un peldaño (No Manual Bajo a Profesional Bajo o bien Manual Calificado a Manual Semicalificado). La medición excluye algunas variables centrales, como nivel de estudios o bien si la mujer trabaja o no, que escapan a una observación basada en la documentación que trabajamos (actas matrimoniales, actas de nacimiento y padrón electoral de 1987). La movilidad de los grupos familiares es analizada a partir del comportamiento ocupacional del novio-padre-elector. Las declaraciones femeninas, lamentablemente, son escuetas y no nos

contraposición, no registramos ascensos considerables entre quienes tuvieron tres o más hijos. La opción de estos últimos por la estabilidad, en lugar de una posible – pero siempre riesgosa – mejoría, ayuda a entender los fuertes contrastes entre ambos grupos de familias.

La influencia del número de integrantes es aún más evidente si atendemos a las diferencias entre las familias más pequeñas. Un simple cálculo puede echar luz al respecto: era dos veces más probable que un matrimonio con un solo hijo experimentara un ascenso considerable antes que lo hiciera una familia con dos. Lo sucedido con los ascensos leves se ubica en las mismas coordenadas. Sólo el 7 % de las familias numerosas logró mejorar su situación profesional; cifra insignificante en comparación con el 30 % exhibido por los matrimonios con uno o dos hijos. Queda claro, entonces, que una familia de reducida dimensión constituía una estructura versátil, que parecía adaptarse a la perfección a un mercado laboral dinámico como el neuquino.

Si las familias pequeñas pudieron redoblar la apuesta, ¿qué sucedió con las más numerosas? Los registros se encuentran en el rango de lo esperable: la carga familiar, reflejada en el aumento de los gastos, obligó a los miembros adultos a comportarse en forma defensiva, privilegiando la estabilidad de un empleo seguro a una estrategia de diversificación profesional. El *degradee* que se dibuja cuando observamos las trayectorias nulas es una buena muestra de esto: si las familias pequeñas que reúnen ese requisito oscilan entre un 38 y 48 % (para los matrimonios con uno y dos hijos respectivamente), entre las numerosas esa proporción supera la barrera del 60 %. Lo que advertimos en los itinerarios profesionales de

---

permiten diferenciar entre «amas de casa» y trabajadoras domésticas, sobre todo en la documentación emitida por la Dirección Provincial de Registro Civil de Neuquén. El registro de salida, el padrón de 1987, es una cantera que, por largos años, se mantuvo fuera de producción. La principal ventaja es que nos permite conocer la ocupación de nuestros migrantes hacia el final del período estudiado (1990), algo imposible con las actas matrimoniales y las de nacimiento (salvo que se registre algún nacimiento cerca de aquella fecha, es decir, dos décadas después de contraer nupcias). Entre los problemas que encontramos debemos destacar la posibilidad, siempre existente, de que los datos contenidos no hayan sido actualizados y no reflejen la realidad ocupacional de los individuos estudiados (los datos se renuevan luego de los dieciséis años, cuando se producen cambios de domicilio o bien cuando se confecciona una nueva copia del Documento Nacional de Identidad). De todas formas, la variabilidad de los datos ocupacionales no hacen pensar en la confiabilidad del registro.

las familias de cierta talla, es una falta de armonía entre los ciclos de vida individuales – en nuestro caso del padre – y los recursos recíprocos. Es decir, un desequilibrio que, como ha demostrado Gribaudi, anula a menudo las aspiraciones personales en favor de las apremiantes necesidades familiares, obligándolas a andamiar estrategias globales de corto plazo.[10] De esta forma, la necesidad constante de recursos llevó a estas familias a lo que Wilensky denominaba «un aprieto del ciclo vital» o, lo que es igual, momentos en los que los ingresos estuvieron por debajo de las expectativas sociales para ese momento de la vida familiar.[11]

Puede que la historia de vida de José nos brinde algunas pistas sobre la relación entre tamaño familiar y movilidad ocupacional. Nuestro protagonista nació en la ciudad de Goya (Corrientes) en 1949.[12] En parte por las dificultades económicas que atravesaba su provincia natal y en parte por una enfermedad respiratoria, se lanzó muy joven a la ruta. Luego de trabajar de forma temporal en diferentes ciudades del Litoral, nuestro migrante correntino recaló en Neuquén, donde el clima seco ayudaba a combatir su persistente asma. Ayudado por un paisano, José se incorporó en 1966 a un mundo que conocía a la perfección: la construcción. Con una carrera profesional no demasiado consolidada, José contrajo nupcias con una joven que conoció en el barrio Mariano Moreno, un área que no se ajustaba al modelo de la grilla y donde los faltantes de servicios eran evidentes. Su matrimonio se comportó como un clivaje en su trayectoria vital: la necesidad de sostener a su familia hizo que José evaluara nuevas opciones, sobre todo aquellas que le permitieran escapar del volátil mundo de la construcción. En 1973, un conocido del club, que oficiaba de mayordomo en la Universidad de Neuquén, «le da una mano».[13] Gracias a este contacto, nacido de un espacio de sociabilidad barrial, José accedió a un cargo como oficial de mantenimiento en la joven casa de estudios. Aunque este empleo no suponía un incremento de sus ingresos, pero tal vez sí en otros aspectos simbólicos, sus chances de enfrentar «tiempos muertos» se desvanecieron. Y

---

[10]Gribaudi, *Itineraires ouvriers. Espaces et grupes sociaux à Turin au debut du XX siecle*, pág. 96.

[11]Harold Wilensky. "The moonlighter: a product of relative deprivation". En: *Industrial relations*, vol. 3: (1963), págs. 105-124.

[12]Entrevista a José M., Cinta 2, lado A (10/10/06).

[13]Entrevista a José M., Cinta 2, lado A (10/10/06).

ese comportamiento defensivo se reforzó conforme su familia sumaba nuevos integrantes hasta llegar a siete hijos. Cuando nos aproximamos a la experiencia de José, su reflexión sobre su trayectoria es, por sí sola, suficiente para desnudar una lógica minimizadora de riesgos, que no dudaba en renunciar a la movilidad en función de una mayor estabilidad:

> Siempre tuve *tranquilidad y estabilidad social*, pero en lo económico no pude progresar. Me mantengo. Siempre fui un laburante. Gano lo necesario como para comer y mantener a mi familia. *De ahí para adelante no podés progresar porque no alcanza.*[14]

Si las familias numerosas veían a la estabilidad como un valor, ¿qué podríamos decir de las familias que retrocedieron casilleros en la estructura ocupacional?

Ante todo, debemos señalar que los descensos fueron un fenómeno marginal. Que sólo hayan salpicado al 20 % de las familias reconstruidas, sin importar su número de integrantes, es una prueba fehaciente de las oportunidades que ofrecía la economía neuquina durante el período estudiado. Su menor incidencia no implica que no hayan albergado algunas particularidades. Centremos, primero, nuestra mirada en los descensos fuertes. Allí observamos una tendencia que invierte el patrón advertido en las trayectorias ascendentes: el 12 % de las familias numerosas tuvo una brusca caída en términos profesionales, mientras que sólo el 5 % de las familias de dos hijos fue objeto de un fenómeno de esa naturaleza (Cuadro 6.1). Entre los matrimonios que decidieron tener un solo hijo, por su parte, no encontramos ningún caso de descenso fuerte. Estos datos parecieran indicarnos que una familia pequeña permitía rectificar la trayectoria profesional de sus integrantes con relativa facilidad. El caso de las familias numerosas pareciera situarse en el reverso: una mala decisión en materia laboral podía volverse un camino sin salida, obstaculizando severamente el proceso de integración.

Los descensos leves vuelven a tener a las familias pequeñas como protagonistas. Este fenómeno, *a priori* contradictorio, puede ser fácilmente explicado. El menor tamaño de las familias permitió a sus miembros abrazar una lógica maximizadora de beneficios, que podía traducirse —como demostramos— en ascensos sociales meteóricos, pero también

---

[14]Entrevista a José M., Cinta 2, lado A (10/10/06). [Las cursivas son mías J. P.]

en retrocesos ocupacionales de cierta envergadura. El 22 % de familias pequeñas que describió una parábola descendente pareciera confirmar este punto (Cuadro 6.1). Entre las familias numerosas este comportamiento no es tan evidente. La necesidad de responder prioritariamente a las exigencias más inmediatas tuvo como resultado una racionalidad orientada hacia la minimización de riesgos. No es extraño, entonces, que la comparación entre las familias de tres integrantes y las de más de cinco nos devuelve la imagen de un espejo invertido. Entre las primeras, seis de cada diez mostraron trayectorias variables en el tiempo, tanto ascendentes como descendentes. Las familias numerosas, en cambio, invierten este guarismo: sólo cuatro de cada diez mostraron un comportamiento semejante.

Todos estos hechos confirman que la dimensión familiar es un elemento que diversifica los itinerarios familiares en su primera fase de integración. De hecho, las familias numerosas parecieran no emplear los recursos de acuerdo a las posibilidades que ofrecía el mundo urbano neuquino. Y esto, como es de esperar, complicó enormemente la posibilidad de andamiar trayectorias profesionales favorables. La extinción de la costumbre, muy extendida durante la etapa territoriana, de incorporar adolescentes como aprendices en diversos oficios, operó en el mismo sentido. El despliegue del sistema educativo en los barrios periféricos de la ciudad y el endurecimiento de las normativas sobre trabajo infantil privaron a la economía familiar de los recursos que llegaban por el trabajo de los menores, sobre todo en los sectores populares. Si bien las autoridades municipales insistían en señalar la creciente importancia de los «chicos de la calle», quienes –desde su mirada– deslucían reductos tradicionales de la ciudad, este fenómeno era todavía un ingrediente secundario del paisaje neuquino. De todas formas, y más allá de los ingresos que podían provenir de los adolescentes insertos en el mercado laboral, su impacto era insignificante en relación a la carga que los hijos suponían en el largo plazo.

Llegados a este punto, una pregunta se impone: ¿en qué medida los migrantes colaboraron en este nuevo modelo familiar?

Es difícil saber si estos mecanismos eran conscientes entre quienes llegaban desde otras provincias argentinas. Sin embargo, podríamos decir que estas «decisiones demográficas», usando los términos empleados por Gribaudi,[15] estuvieron menos relacionadas con propensiones afectivas que con estrategias dictadas por una racionalidad que llevaba largo tiempo en los escenarios urbanos de mayor tradición.[16] De esta forma, la opción de limitar el número de nacimientos pareciera proyectar, en esta lejana comarca patagónica, una racionalidad nacida en las experiencias que precedieron y acompañaron a la emigración.[17] Si bien no estaba entre nuestros objetivos reconstruir los itinerarios familiares previos a su llegada, podríamos decir que el grueso de los migrantes provino de escenarios avanzados en la transición demográfica; es decir, donde la fecundidad había iniciado, hacia comienzos del siglo XX, una larga marcha descendente. En un trabajo reciente, Otero demostró que la geografía de la limitación de los nacimientos presentaba un panorama previsible y caracterizado por la contigüidad espacial.[18] Para 1947, la región del Litoral (Capital, Buenos Aires, Santa Fe y Córdoba) llevaba la delantera en lo que a baja de la fecundidad se refiere y era seguida de cerca por las provincias vecinas (Entre Ríos, Mendoza y La Pampa). Mucho más atrás se encontraban las provincias más septentrionales – tanto del noreste como del noroeste – y las norpatagónicas. No es extraño, entonces, que los migrantes del primer lote de provincias, mayoritarios en la ciudad, hayan trasladado comportamientos que, más allá de que su génesis responda a causas económicas o culturales, eran moneda corriente en otras latitudes.[19]

---

[15] Gribaudi, *Itineraires ouvriers. Espaces et grupes sociaux à Turin au debut du XX siecle*, pág. 98.

[16] Ibíd., pág. 99.

[17] Lamentablemente no contamos con trabajos que realicen un análisis diferencial entre nativos e inmigrantes. Tan solo contamos con los datos censales. En 1980, por ejemplo, el 47 % de los núcleos familiares reunían entre cuatro y cinco personas en el hogar. En ese marco, los hogares con un/a «jefe/a» nacido en otra provincia argentina constituían más de un tercio de los hogares que contaban con hasta cinco miembros. Los nativos, por su parte, estaban sobrerrepresentados en los hogares con más de cinco miembros, algo similar a lo ocurrido en los hogares encabezados por chilenos. Cfr. INDEC, *Censo Nacional de Población y Vivienda 1980*, Serie B, Características generales, Provincia del Neuquén, págs. 61 y 76.

[18] Otero, Hernán, «La transición demográfica argentina a debate: una perspectiva espacial de las explicaciones ideacionales, económicas y político-institucionales», en Otero, Hernán (Dir.), *El mosaico argentino...*, op. cit, pág. 84.

[19] Susana Torrado sostiene la hipótesis del efecto cascada. En un primer momento, coincidente con el modelo agro-exportador, la baja de la fecundidad fue exclusiva res-

Algo no muy diferente podríamos decir de los migrantes del interior provincial. La tendencia general de control de nacimientos puede observarse en la primera generación de migrantes que llegaban de los espacios sacudidos por la crisis de la economía cordillerana. La caída en desgracia de la pequeña ganadería, resultado de la desestructuración de los intercambios comerciales con Chile, condujo a un replanteo del modelo de familia. Si en el pasado un gran número de integrantes garantizaba brazos para las diversas tareas pecuarias, en lo sucesivo ese modelo comenzó a sobrecargar la economía doméstica. De no producirse cambios era probable que estos pequeños productores sólo dependieran de los recursos suministrados por una actividad que ya mostraba rendimientos decrecientes. En el marco de una familia numerosa, la opción más viable suponía poner en marcha una estrategia global de reconversión basada en la diversificación del universo laboral de los hijos. En ese contexto, una posible salida era la emigración de los miembros que no cumplían con tareas productivas. La fuerza de esta opción salta a la vista observando el predominio femenino dentro del flujo nacido en el interior provincial. La otra era, sin reducir el tamaño de la familia, diversificar los ingresos a partir del empleo temporal de sus integrantes masculinos en la actividad frutícola del Alto Valle del Río Negro o bien en las diversas obras públicas que fueron transformando la geografía de la provincia. Todos estos elementos nutrían a las unidades domésticas de recursos inmediatos, pero no resolvían el problema de fondo relacionado con unidades familiares que perdían su fuente de ingresos tradicional. De ahí que un modelo de familia reducida se fuera convirtiendo en un ideal no sólo en los espacios rurales, sino también para quienes desde allí iniciaron itinerarios migratorios.

Podemos señalar que las opciones demográficas de las primeras generaciones de migrantes estuvieron orientadas por una combinación de evaluaciones que fueron delineadas en el curso de la experiencia pasada.

---

ponsabilidad de los inmigrantes europeos, cuyos países se encontraban avanzados en la transición demográfica. Después de 1930, cuando la industrialización sustitutiva hacía su aparición triunfante, este modelo fue exportado a otro sectores de la sociedad, en especial a los migrantes internos que se asentaron en las áreas metropolitanas (bonaerense, rosarina y cordobesa). Cfr. Susana Torrado. «Transición de la fecundidad. Los hijos: ¿cuántos? y ¿cuándo?» En: *Una historia social del siglo XX. Población y bienestar en la Argentina del primero al segundo centenario*. Comp. por Susana Torrado. Vol. I. Buenos Aires: Edhasa, 2007, págs. 470-471.

Combinación que no impide, una vez proyectada en la situación presente, comprender la particularidad y lo novedoso de sus formas. En ciertos casos, la racionalidad emergente pareciera adaptarse a la perfección a un escenario de crecimiento explosivo como Neuquén. En otros, especialmente cuando registramos una continuidad de una estrategia de diversificación y del modelo de familia numerosa, estos comportamientos se volvieron particularmente inadecuados y su repercusión fue negativa sobre los itinerarios familiares. Los descensos fuertes concentrados en las familias de envergadura parecieran abonar esta idea.

La incidencia de las opciones demográficas en las estrategias de integración se encontraba presente entre quienes se instalaron en Neuquén desde muy jóvenes. Por ejemplo, Miguel, un migrante santafesino cuya biografía recorreremos más adelante, comparaba las posibilidades económicas de su familia respecto a la de Román, un amigo de su primera época en la ciudad. Si bien ambos tenían empleos similares, Miguel recordaba que, hacia comienzos de los ochenta, «la familia de Román siempre llegaba con lo justo porque tenía cuatro hijos que mantener».[20] Esta asimetría ganó terreno con el paso del tiempo: Miguel adquiría un lote y construía su casa en un sector de lo que denominamos «Centro extendido»; mientras que Román permanecía en su condición de inquilino sin lograr edificar una carrera ocupacional ascendente. Parece claro, entonces, que en la propia mirada de los actores una familia limitada era menos rígida de cara al mercado laboral y en momentos de crisis domésticas. Es más, no estaríamos equivocados si dijéramos que el tamaño de la familia era resaltado por los mismos migrantes como una variable de estratificación y de diferenciación social. En otro testimonio, Juan Carlos, un migrante llegado de Mendoza, no dejaba dudas al respecto, cuando asociaba a las familias numerosas con los sectores populares:

> Las *familias numerosas* están asociadas con la *pobreza*. Una familia de muchos hijos *complica las chances de progreso*: más obligaciones, menos formación, más necesidades económicas y más pobreza.[21]

La toma de conciencia de estos mecanismos es, sin duda, uno de los elementos que caracterizaron las etapas del itinerario de las familias. Los

---

[20]Entrevista a Miguel, Cinta 1, Lado A.
[21]Entrevista a Juan Carlos, Cinta 1, Lado B.

dichos de los testigos y las estadísticas oficiales nos indican una orientación hacia un mayor control de la natalidad y, junto a ello, hacia una familia ideal de sólo dos hijos. Como ya analizamos en el Capítulo 2, las familias numerosas tendieron a disminuir a medida que nos aproximamos a la década de 1990. Este dato nos proporciona pistas sobre un proceso de integración en curso, sobre la creciente importancia de estos mecanismos en la mirada de los habitantes y sobre las posibilidades que la ciudad ofrecía a las familias de escasa dimensión.

6.2 Movilidad ocupacional y edad de matrimonio

En una situación en que los recursos y las posibilidades individuales se modifican en función del tamaño familiar, las decisiones matrimoniales se convierten en un elemento de suma importancia en la diversificación de los itinerarios dentro de la ciudad. Avanzar o retrasar la edad de matrimonio puede acelerar o retardar la movilidad profesional individual. O, en términos de Gribaudi, puede «aumentar o disminuir las posibilidades de acceder a estrategias más complejas de calificación o de reconversión profesional».[22]

El análisis de las familias reconstruidas nos muestra que un matrimonio tardío tendió a favorecer un mayor número de estrategias ocupacionales y esto se tradujo fácilmente en procesos de movilidad ascendente. Podemos constatar que aquellas personas que contrajeron nupcias por encima de la edad media tuvieron una mayor gama de recursos a su disposición. Una escolaridad superior, que diera pie a una carrera profesional fluida, era uno de ellos. La puesta en marcha de una estrategia de capacitación, recurso que comienza a ser juzgado vital en la movilidad social, tuvo como consecuencia el retraso del ingreso a la vida matrimonial. Aunque el sistema educativo neuquino transitaba por una etapa inicial, un pasaje por el mismo mejoraba las chances de tomar distancia de los empleos manuales, sobre todo de los que se situaban en la base de la estructura ocupacional. En otros casos, la posibilidad de tejer relaciones en diferentes ámbitos laborales era estimulada por la ausencia de una carga familiar. Y ese capital social suministraba la información necesaria

---

[22]Gribaudi, *Itineraires ouvriers. Espaces et grupes sociaux à Turin au debut du XX siecle*, pág. 103.

para diseñar estrategias que maximizaran los beneficios, dando lugar a algo que —a falta de un mejor término— podríamos llamar «espíritu de empresa».[23]

Esto puede ser fácilmente corroborado en los itinerarios de los migrantes en la ciudad. Un buen ejemplo lo ofrece la trayectoria profesional de Miguel. Proveniente de una familia numerosa, asentada desde fines del siglo XIX en la provincia de Santa Fe, nuestro personaje sufrió los efectos de una actividad agrícola en retirada. Alejado de su época de mayor brillo, su pueblo de origen (San Jerónimo del Sauce) no ofrecía demasiadas oportunidades laborales. En su infancia había alternado sus estudios primarios con numerosas tareas que nutrían recursos a una raquítica economía familiar. La limpieza de vidrios en la estación de servicios local, el reparto de botellas de leche ordeñada por su padre y el acompañamiento de camioneros eran tareas que nos avisan de una familia que no dudaba en diversificar sus ingresos. Cumplido el servicio militar, y alentado por un amigo de su infancia, Miguel se lanzó a una aventura migratoria de incierto desenlace.

Con sus escasos ahorros y un plan que se resumía a «buscar nuevos horizontes», el dúo de amigos inició un *raid* por algunas provincias del centro del país[24]. El saldo de la primera etapa de su recorrido no fue demasiado alentador: alternaron empleos temporarios en escenarios de larga tradición como Córdoba o Mendoza. Las pésimas condiciones de trabajo desanimaron a su compañero y lo decidieron a volver «al pago». Ya solo en su travesía, Miguel recaló en la ciudad de Neuquén. Esta localidad patagónica no era por él desconocida: la joven capital provincial hacía tiempo se había convertido en una postal repetida del desarrollismo criollo. La construcción del «Assuan argentino», como era conocido el proyecto de una represa sobre el río Limay, debió ejercer un atractivo irresistible para Miguel. Esa lejana comarca patagónica —cuya publicidad resonaba en su memoria— se presentaba como la última chance de un itinerario que, hasta allí, había sido todo menos exitoso.

Corría el año 1969 cuando Miguel, con 25 años a cuesta, se instalaba en Neuquén. Los primeros días en la capital lo encontraron durmiendo en una explanada frente a la ruta que atravesaba a la ciudad. Su sueño de

---

[23] Gribaudi, *Itineraires ouvriers. Espaces et grupes sociaux à Turin au debut du XX siecle*, pág. 104.

[24] Entrevista a Miguel, Cinta 1, lado A (15/03/04)

convertirse en obrero en la construcción de la represa se diluyó rápidamente. El reclutamiento de personal para la *megaobra* ya había concluido. El impacto de esta última, sin embargo, estuvo lejos de agotarse en ese punto: el efecto de arrastre que imprimió a la economía multiplicó sus chances de obtener empleo. Su experiencia en el mundo del volante, como acompañante y ocasionalmente conduciendo camiones, lo animó a presentarse en la estación de ómnibus. Instalada en una calle del bajo neuquino, justo en el corazón del distrito comercial, la precaria parada se parecía mucho a un remolino de vehículos y personas. Numerosas empresas, la mayoría de ellas recientemente instaladas en la provincia, unían a la prometedora plaza neuquina con destinos tan variados como Buenos Aires, Bahía Blanca, Chile y, desde luego, con las localidades del interior neuquino. Las gestiones diarias de Miguel dieron pronto resultado: «El Petróleo», una empresa provincial de transporte, lo contrató como chofer.

Una vez empleado, Miguel puso en marcha una estrategia que, al cabo de algunos años, le permitiría ganar autonomía respecto a su patrón. Su objetivo era transformarse en comerciante y tomar distancia de un empleo que juzgaba agotador. En 1972, a los 28 años, nuestro protagonista dio el primer paso en esa dirección: abandonó su cargo de conductor y fue nombrado jefe del Departamento de Tráfico. En ese puesto –estratégico en el funcionamiento de la empresa– aprendió la dinámica de una actividad que avanzaba a una increíble velocidad y comenzó a tejer una densa trama de relaciones. Poco tiempo después, este capital rindió sus primeros frutos. Su cercanía a la gerencia, su fluida relación con los empleados y la ausencia de una familia, permitieron a Miguel hacer una jugada peligrosa: dejar su cargo administrativo y aceptar un ofrecimiento para convertirse en comisionista.

Las ventajas y desventajas de la nueva ocupación estaban a la vista. Pese a las escasas chances de mejorar su posición económica, el cargo en la jefatura de tráfico brindaba a Miguel un salario seguro, a salvo de las oscilaciones que caracterizaban al transporte colectivo de pasajeros. Ser comisionista, en cambio, multiplicaba los beneficios pero también incrementaba los riesgos: la estabilidad asociada al empleo asalariado era reemplazada por un ingreso basado en un porcentaje sobre cada pasaje vendido. El tiempo demostró que su apuesta no había sido equivocada. Entre 1974 y 1977, la posición profesional de Miguel se volvió más sólida. Al punto de venta de la empresa «El Petróleo» se sumó la representación regional de una prestigiosa empresa nacional. No fue hasta alcanzar ese punto en su carrera que Miguel decidió desposar – a la edad de 33 años – a Marta, una joven odontóloga que en su época de estudiante se había empleado de cajera en la Confitería de la Terminal. Su integración estaba concluida y simbolizada en su matrimonio tardío.

Es difícil saber el impacto que tuvieron rasgos de su personalidad en la edificación de una trayectoria ascendente. Las entrevistas que le hicimos a Miguel nos mostraron una persona abierta, por momentos verborrágica, lo que debió haber influido en su carrera como comerciante. De todos modos, es necesario destacar que su movilidad ocupacional también estuvo asociada con su matrimonio tardío. A diferencia de otros migrantes que debieron mantener una familia desde su propia llegada a la ciudad, Miguel estaba solo, y eso le permitió concentrar esfuerzos en su propio desarrollo profesional. Claro que no todos los migrantes en sus condiciones se lanzaron al mundo de la empresa, pero sí es cierto que pudieron desarrollar más libremente sus intereses y establecer relaciones sociales que podían transformarse en un valioso recurso en el contexto urbano. Podríamos decir, entonces, que un matrimonio retrasado facilitaba los giros profesionales, los cuales fueron bastante menos habituales entre quienes decidieron casarse a temprana edad: los primeros, gracias a la ausencia de una carga familiar, pudieron llevar adelante una estrategia maximizadora de beneficios; mientras los segundos privilegiaron, como es el caso de José, una lógica minimizadora de riesgos.

Esta constatación no sólo es aplicable a unos pocos casos. Lejos de eso, la amplia conciencia de las oportunidades ofrecidas por un matrimonio tardío habla muy bien de un proceso de integración urbana que ya estaba en marcha. El paulatino retraso de la edad promedio de quienes decidían casarse es un buen síntoma de ello: los 26,6 años de los sesenta se convierten en 27,3 hacia los ochenta. Un vistazo a la distribución por edades de los contrayentes nos brinda evidencia en la misma dirección: en los sesenta, el 39 % de los contrayentes se casó a una edad en la cual pudieron haber alcanzado (aunque no garantizado) una calificación avanzada, mientras que en los ochenta poco más del 41 % podía ser ubicado en ese casillero.[25] Estas tendencias parecieran reflejar, a escala local y con bastante menor intensidad, un fenómeno que sobrevoló escenarios urbanos mucho más tradicionales que Neuquén.[26]

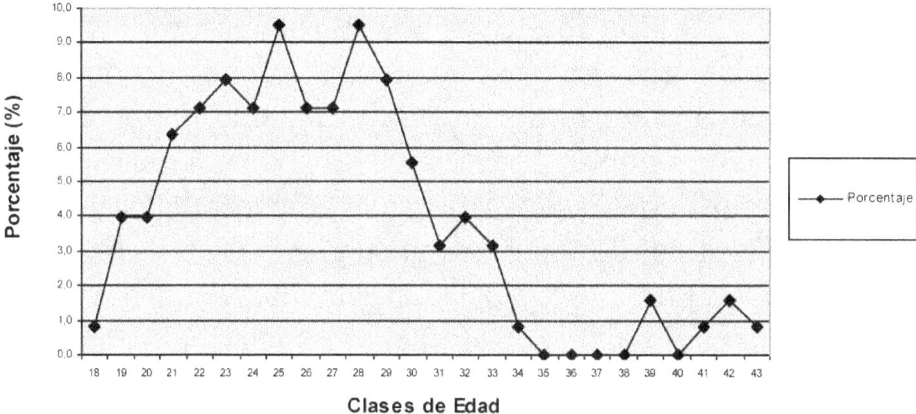

Figura 6.1 – Distribución de la edad de matrimonio masculina. Neuquén, década de 1960.

Lo observado para el conjunto de las actas matrimoniales relevadas puede también aplicarse a nuestro grupo de familias reconstruidas (véase Figura 6.1). Si examinamos la distribución de las edades matrimoniales, vemos que muchas de ellas se alejan del valor promedio (26,3 años) o bien del «curso normal» marcado por las modas (25 y 27 años). Por un lado, tenemos un pequeño porcentaje de individuos, cercano al 20 %, que se casó muy joven. Luego, apreciamos un importante porcentaje de

---

[25] El caso extremo (o si se quiere, el riesgo o el efecto perverso) de la estrategia del casamiento tardío es el celibato (que, por lo general, es diferencial según los sexos, siendo más duro para las mujeres). Dado que nuestra base reconstruye sólo matrimonios, los solteros tienen un tratamiento específico. Lamentablemente, no contamos en la provincia del Neuquén con ninguna evaluación estadística alrededor del fenómeno del celibato. Por otro lado, nuestra base no capta las uniones de hecho. Por más que podamos contar con algún dato ocupacional, carecemos un registro de entrada y eso nos impide realizar un seguimiento por dos décadas.

[26] La ciudad de Buenos Aires es un caso testigo en ese sentido. Como lo ha demostrado Torrado, en un reciente trabajo, la edad media de matrimonio sufrió una postergación de ocho años y tres años, entre las mujeres y hombres respectivamente, en el transcurso del siglo XX. Susana Torrado. «Transición de la nupcialidad. Dinámica del mercado matrimonial». En: *Población y bienestar en la Argentina del primero al segundo centenario. Una Historia Social del siglo XX*. Comp. por Susana Torrado. Vol. I. Buenos Aires: Edhasa, 2007, págs. 411-413.

contrayentes, superior al 50 %, concentrado en un momento restringido del ciclo de vida (siete años como máximo). Finalmente, presenciamos una larga serie de retrasos, de los 29 años en adelante, que cubren al 20 % restante.[27] Esta leve asimetría hacia la derecha no impide que utilicemos a la edad promedio como un instrumento para analizar las implicancias de las decisiones matrimoniales. Basta con comprobar, en este sentido, que la cantidad de individuos que está por encima y por debajo de ese valor es similar. Por ese motivo, podemos pensar a la edad promedio como una especie de «parte aguas» a partir del cual podemos analizar diferentes tipos de comportamientos.

Ahora bien, si el retraso de la edad matrimonial comienza a ser evaluado como una posibilidad, ¿cuáles fueron las relaciones entre este fenómeno y la movilidad ocupacional?

Para responder esta pregunta hemos dividido nuestra muestra en tres grupos, que se diferencian a partir de su relación con respecto a la edad promedio (matrimonio anticipado, medio y retrasado). Los datos reunidos en el Cuadro 6.2 muestran que los porcentajes más altos de movilidad ascendente se sitúan entre quienes contrajeron nupcias con 26 años o más. Como ya dijimos, ese comportamiento permitía acumular un capital relacional en diferentes universos ocupacionales o bien concluir un ciclo de formación que mejoraba las chances de acceder a empleos prestigiosos, disminuyendo la probabilidad de descender abruptamente en la estructura ocupacional.

Edad	Descendente			Ascendente	
matrimonio	Fuerte	Leve	Nula	Leve	Fuerte
Anticipado (-26)	5,4	21,4	44,6	25,0	3,6
Promedio (26)	0	11,1	44,6	33,3	11,1
Retrasado (+26)	5,7	7,5	54,7	26,4	5,7

Cuadro 6.2 – Relación entre movilidad ocupacional intrageneracional y edad de matrimonio. Neuquén, 1960-1987. Fuente: Elaboración propia a partir de actas matrimoniales y de nacimiento del Archivo de la Dirección Provincial de Neuquén. Padrón electoral 1987.

---

[27]Este grupo pareciera ganar peso conforme nos aproximamos a 1990: en la década de 1960, el 32 % de contrayentes estaba por encima de los 25 años; mientras que en la de 1980 ese porcentaje se incrementa hasta llegar al 40 %.

Comencemos con el grupo cuya edad matrimonial concordaba con el promedio (Cuadro 6.2). Entre ellos no encontramos descensos fuertes y sólo una pequeña cantidad de caídas leves (cercana al 10 %). En contraposición, las carreras profesionales ascendentes involucraron a cerca de la mitad de los casos: un tercio de ascensos leves y poco más del 10 % de ascensos fuertes. El cuadro no se modifica demasiado cuando analizamos a quienes contrajeron nupcias por encima de la edad promedio. Poco menos del 40 % de los mismos experimentó, entre la década de los sesenta y los ochenta, algún tipo de movilidad ascendente (26,4 % leves y 5,7 % considerables). Pero, a diferencia del grupo que se casó a los 26 años, las carreras profesionales estables eran bastante más habituales. Esto se debe a que el matrimonio resultaba una decisión tomada cuando ya había sido conseguida una sólida posición económica o bien cuando el ciclo de formación estaba concluido. De ahí que encontremos en ese grupo una buena cantidad de profesionales, chacareros y comerciantes, pero también de empleados que consiguieron insertarse en una administración pública que no cesaba de expandirse.

Un matrimonio tardío no sólo estimulaba un comportamiento multiprofesional –que incrementaba los vínculos y las chances de rectificar el itinerario ocupacional– sino que además permitía concluir el ciclo de formación, lo cual aumentaba las oportunidades de experimentar una carrera ascendente. La intrincada interacción entre edad al momento de contraer nupcias y movilidad ocupacional también podría pensarse en sentido inverso. En una clave materialista y pensando menos en términos estratégicos, podríamos afirmar que el mercado laboral, conforme nos acercamos a 1990, comenzó a requerir mayores credenciales y eso, como es de esperar, implicó un retraso en la entrada al matrimonio.

La trayectoria de Ángel es un buen lugar desde donde observar la relación entre credenciales y ascenso social. Empleado desde muy joven en una importante empresa multinacional, fue trasladado a Neuquén en 1980, en el marco de las obras de montaje de una red interurbana de comunicaciones. La importancia de Neuquén en el concierto de la Norpatagonia ayuda a entender su llegada a la capital provincial, pues «era uno de los trabajos más grandes que teníamos (...) y todas las comunicaciones pasaban por este nudo».[28] Su deseo de concluir con una etapa

---

[28] Entrevista a Ángel I., Cinta 2, Lado 1.

signada por los constantes traslados, impulsó a Ángel a renunciar a Siemens y emplearse en una empresa de Cerámicos, más precisamente en el sector de mantenimiento. La ausencia de una carga familiar permitió a nuestro personaje realizar una apuesta riesgosa: postularse a una beca para ingresar a Hidronor (Hidroeléctrica Norpatagónica) y, una vez seleccionado, trabajar algunos meses *ad honorem*. Esa estrategia –imposible de llevar adelante en el marco de un matrimonio temprano y de una familia numerosa– fue el soporte de una carrera profesional ascendente. Luego de 1984, ya casado y con su ciclo de formación concluido, Ángel experimentó los últimos bríos de las empresas estatales argentinas. En poco tiempo, protagonizó una integración que fue, a la vez, ocupacional y geográfica: el joven matrimonio accedió a una serie de bienes que siguió una secuencia clásica (muebles-automóvil-vivienda) y se trasladó de un antiguo barrio periférico al centro neuquino.[29]

En cuanto a quienes anticiparon su ingreso a la vida matrimonial, no estaría mal si dijéramos que se encontraban en la situación inversa. Tomando distancia de los casos analizados más arriba, los descensos abarcaron a un cuarto de los casos, la mayoría de los cuales fueron leves (21,4 %). Puede que una comparación traiga luz al respecto: era tres veces más probable encontrar trayectorias profesionales descendentes entre quienes se casaron jóvenes antes que entre quienes retrasaron su ingreso al matrimonio. Un acceso temprano a la vida matrimonial podía, entre otras cosas, truncar un ciclo de formación y volver más inestable la trayectoria profesional. En el caso de los migrantes llegados a la ciudad en edad laboral, un matrimonio temprano significaba, sobre todo, privilegiar un comportamiento monoprofesional. Y esto, como era de esperar, restaba oportunidades de tejer relaciones en diferentes mundos ocupacionales. Sin ese valioso recurso, crecían las oportunidades de caer en el abismo durante los valles de la trayectoria laboral.

En el otro extremo, el grupo que contrajo nupcias antes de los 26 años muestra la menor proporción de ascensos profesionales fuertes. Su pobre 3,6 % contrastaba con el 5,7 % y el 11,1 % exhibido por quienes se casaban de forma tardía y por quienes lo hicieron de acuerdo a la media respectivamente. De todas formas, el impulso de la economía neuquina, constante a lo largo de las décadas estudiadas, permitió que los ascensos

---

[29]Entrevista a Ángel I. Cinta 2, Lado 1.

leves fueran corrientes. Ese mercado laboral que mostraba un enorme dinamismo pareciera oscurecer las relaciones entre edad de matrimonio y ascensos leves. Que cerca de un cuarto de las familias reconstruidas se encuentren en ese casillero es una buena muestra ello.

En síntesis, podemos decir que la elección de la edad de matrimonio, entre otras muchas variables, nos muestra la complejidad de los comportamientos sociales. En efecto, el contenido de las decisiones y sus resultados variaron sensiblemente en relación a las diferentes limitaciones que pesaban sobre los individuos. Esperamos haber analizado las intensas relaciones que unían al retardo en el matrimonio con la movilidad profesional en un sentido ascendente. De todos modos, las mismas historias de vida nos avisan que las decisiones matrimoniales, aunque importantes, no son suficientes para explicar los matices que albergan los cientos de trayectorias ocupacionales relevadas. La edad de matrimonio sólo se convierte en decisiva cuando es acompañada de otros elementos como la dimensión familiar. Ambos aspectos enlazados nos permiten observar una gama de posibilidades que oscilaron entre dos comportamientos extremos. De un lado, tenemos la elección de retardar el matrimonio que, en compañía a una familia reducida, puede favorecer un comportamiento tendiente a la calificación laboral y a la movilidad profesional. Por el otro, un matrimonio temprano y una familia numerosa vuelven a los comportamientos defensivos, enfocados en la estabilidad.

6.3 Movilidad ocupacional y relaciones de parentela

La importancia de la familia en la determinación de las decisiones y los comportamientos no se reduce a los vínculos entre individuo y hogar. El universo de relaciones parentales también constituye un mundo activo que modela actitudes, identidades y hasta los propios itinerarios de los actores sociales.

Para analizar la trayectoria de diferentes individuos dentro de la ciudad no es suficiente con reconstruir la posición económica original y el desenlace de su carrera profesional. Existen aspectos que, muchas veces, escapan a una lectura superficial de la documentación oficial. El mundo de las percepciones es uno de ellos. La evaluación que nuestros protagonistas hicieron de su situación social es subjetiva y se encuentra influenciada por las trayectorias que, en simultáneo, llevaban adelante otros miembros de su familia. En los itinerarios de integración de las familias, nos topamos con mecanismos similares que sólo pueden ser rescatados por medio de la oralidad. El más repetido de ellos, y al que dedicaremos las siguientes páginas, nos muestra a entrevistados utilizando a determinados personajes de su familia para definir su propia posición social.

Un ejemplo seguramente aclarará nuestro panorama. Un familiar que haya protagonizado un meteórico ascenso —más allá de no formar parte de la cotidianidad— puede servir de medida a la situación actual de una familia y de estímulo para su integración. Este precisamente es el caso de Vital, un migrante español que llegó, desde Buenos Aires, a principios de los sesenta. En su relato, la figura de su hermano mayor fue utilizada para describir la fisonomía de su familia y sus propias aspiraciones profesionales:

> *Yo seguía a mi hermano*. Él vino muy temprano a la región y logró convertirse en un referente de la comunidad. *Desde temprano, le fue bien*: primero comerciaba fruta, después se dedicó al transporte de pasajeros y al turismo. Es más, él me hizo empezar en este negocio en el cual ya llevo muchos años. *Por mucho tiempo me sentí pobre frente a él*.[30]

La posición profesional de un pariente, en este caso cercano, fue un insumo de primer orden en la construcción de una percepción de pobreza y de inadaptación al escenario neuquino. En la otra vereda, encontramos en otros testimonios a quienes caracterizaron a su entorno familiar de un modo completamente diferente. En estos casos, las redes parentales no ofrecen ejemplos de posiciones sociales superiores a la propia. La entrevista realizada a Juan Carlos, otra persona ligada al negocio del transporte de pasajeros, muestra un análisis que no cuenta con parámetros como para medir el éxito a nivel profesional:

> *Yo tuve suerte en venirme a Neuquén*. Allá en Mendoza mi familia era muy pobre. Es más, de los que conozco, a mí fue al mejor que le fue. Casi todos allá se dedicaron a la construcción y siempre tuvieron dificultades. *La verdad que no me puedo quejar*.[31]

---

[30]Entrevista a Vital, Cinta 3, Lado B.
[31]Entrevista a Juan Carlos, Cinta 2, Lado B.

Los ejemplos muestran que, dentro del contexto urbano, la parentela constituye una referencia obligada a la hora de medir el éxito o el fracaso. Si bien Vital y Juan Carlos compartían el mismo casillero ocupacional, ambos tenían una percepción diferente de su posición y de sus posibilidades. No es casual, entonces, que el primero se haya distinguido por una búsqueda constante de un mejoramiento social, mientras que el segundo se haya limitado a conservar la posición que había logrado en el primer tramo de su trayectoria en la ciudad.

Estos contrastes, que son el resultado de mecanismos psicológicos, suelen ser difíciles de apreciar a gran escala. Para salvar este escollo hemos seguido un camino entre los muchos posibles. La documentación nominal relevada (actas matrimoniales y un padrón electoral de 1987) nos brinda información sobre la ocupación de decenas de contrayentes en la década de 1960 y sobre la movilidad profesional experimentada luego de veinte años. Las actas matrimoniales también nos permiten ver la profesión de los padres de los contrayentes, justo en el momento en que la trayectoria laboral de sus hijos estaba desplegando sus alas. Comparar ambos datos hace posible que examinemos la relación que existe entre las diferencias ocupacionales intergeneracionales y las elecciones individuales .

La figura 6.2 nos brinda algunos indicios al respecto. Allí observamos los porcentajes de movilidad de quienes hemos podido rastrear la ocupación de su padre y su suegro. Esto excluye a las actas que, por haber fallecido o por no haber sido registrado, no cuentan con el dato ocupacional de ambos. Los hechos reunidos tienden a confirmar las percepciones recogidas en los testimonios orales: existe una neta oposición entre el grupo de individuos que presentaba una mejor situación que su entorno familiar y el conformado por quienes se encontraban en inferioridad de condiciones. Los primeros exhibieron una tendencia mayoritaria a ocupar la misma posición a lo largo de su trayectoria ocupacional. Los segundos, en cambio, se nos muestran mucho más móviles: menos del 30 % registró la misma ocupación entre las décadas de 1960 y 1980. El 70 % restante se divide entre un puñado de casos de retroceso (4 %) y un impresionante porcentaje de ascensos sociales. Los comportamientos de los demás grupos se colocaron entre ambos extremos. La movilidad ascendente fue, en efecto, débil en el Grupo 1 –que reúne los itinerarios de quienes presentaban familiares de posiciones sociales análogas– y aumentaba sensiblemente en el caso de las familias en situación de paridad respecto a su entorno (Grupo 3). Podríamos resumir estas relaciones de la siguiente manera: aquellos que presentaban una posición profesional más elevada o bien de paridad respecto a sus parientes tienden a culminar su trayectoria en el mismo casillero ocupacional; mientras que aquellos que se encontraban en una situación de inferioridad dibujaron, en gran medida, un itinerario social ascendente.

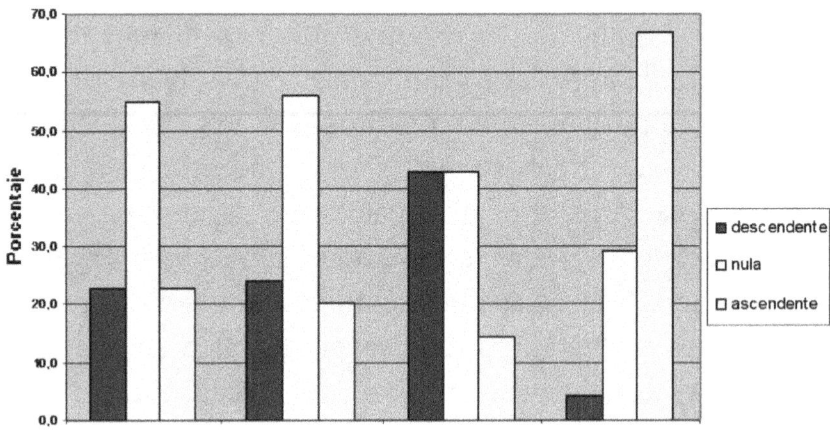

Figura 6.2 – Movilidad profesional en relación a la posición relativa de la familia del «ego».

El peso de estas relaciones confirma el papel que los vínculos parentales tuvieron en la definición de las identidades individuales y familiares; identidades que condicionaron los comportamientos, las decisiones y los itinerarios de integración dentro de la ciudad.[32] La familia nuclear, siempre entendiéndola de modo insular, constituye un formalismo que difícilmente encuentre eco en la realidad. Es verdad que la parentela no compartía el mismo espacio doméstico y, salvo contadas excepciones, tampoco el ámbito de la producción. Pero no menos cierto es que algunos personajes se comportaron como punto de referencia y, de este modo, influyeron en la vida cotidiana de cada familia.

Para comprender las dinámicas ligadas a la percepción mediada por el entorno es necesario rescatar –al menos parcialmente– la historia de las familias involucradas. Se trata, en su gran mayoría, de historias que comenzaron con el traslado y continuaron con un itinerario profesional

---

[32] Gribaudi, *Itineraires ouvriers. Espaces et grupes sociaux à Turin au debut du XX siecle*, págs. 118-119.

y geográfico en la ciudad. En ese marco, la experiencia de los familiares fue una referencia obligada que habitaba la cotidianidad de los actores y permite medir los resultados de las trayectorias individuales. En familias como la de Miguel, nuestro migrante santafesino, las carreras de sus familiares, la mayoría de las cuales estaba asociada al comercio, sirvieron de vara para medir su propio éxito. Ese *standard*, destacado constantemente en su relato, generó en Miguel una sensación de insatisfacción relativa. Insatisfacción que no vemos en el caso de Juan Carlos, aquel migrante mendocino que presentaba una situación de paridad o bien de superioridad respecto a sus parientes. De esa forma, sus posibilidades en el contexto urbano son analizadas a través de las experiencias de su familia.

Tampoco es casual que Osvaldo, un migrante porteño llegado a fines de los sesenta, cuando evaluaba su trayectoria, se haya mostrado conforme con lo realizado.[33] Sus palabras evidenciaban un punto de partida muy humilde («Yo vine prácticamente con nada») y un progreso material representado en la adquisición de la vivienda propia («puedo decir que experimenté movilidad social»). Esta conformidad, diferente a otras experiencias que examinamos (la de Vital es un buen ejemplo), estaba permeada por las representaciones que el entorno familiar elaboró de su propio itinerario de integración. El relato de Osvaldo no muestra figuras familiares que hayan atizado una sensación de insatisfacción. «En mi familia nadie tenía título profesional», nos decía cuando lo interrogamos alrededor de círculo de sociabilidad primario. Otro ingrediente pareciera corroborar esta idea. El mundo familiar de nuestro protagonista no sólo carecía de referentes que le hicieran sentir cierto grado de inadaptación, sino que, por momentos, era el propio Osvaldo quien condensaba todas las expectativas familiares. Su padre lo impulsó, desde muy temprano, a cursar sus estudios universitarios «como la única forma de progresar y arreglar(se) solo». Una esperanza similar albergaban sus parientes, quienes lo pusieron en un sitial de privilegio pues «tenía algunas cualidades de chico y, desde su mirada, parecía más inteligente que el resto».

De esta forma, personas situadas en el mismo casillero ocupacional, pero insertas en redes parentales distintas, podían mostrar diferentes grados de satisfacción relativa. Este mecanismo, que tiene mucho de

---

[33]Entrevista a Osvaldo, Cinta 3, lado A.

sociológico, nos ayuda a entender las diferentes actitudes en relación a la movilidad. Podríamos decir que la percepción de la posición estuvo fijada por la distancia con respecto a la posición de la familia o, lo que es igual, que los miembros de la red de pertenencia (familiar, pero también amical, de vecinazgo o laboral) determinaron el abanico de probabilidades a partir del cual medir la posición personal. De esta forma, las familias que percibieron su posición como satisfactoria tendieron a estabilizarse en el mundo social donde acabaron; mientras que las familias que percibieron su posición como relativamente insatisfactoria se inclinaron por evadirse de su mundo de origen.

Los mecanismos hasta aquí presentados dejan ver muchas analogías con algunos conceptos clásicos de la sociología. Los contactos con la idea de *relative deprivation* resultan inevitables.[34] Esta categoría, acuñada por Merton a mediados del siglo XX, puso en primer plano la importancia de los grupos de referencia en la definición de las identidades individuales. A partir de un vasto trabajo de campo, el sociólogo comprobó la influencia de los grupos –sean estos profesionales, de status o étnicos– en la percepción de la movilidad social. Este tipo de dinámicas, como ya vimos, no estuvo ausente en los comportamientos de las familias neuquinas reconstruidas. De hecho, hasta aquí hemos usado la idea de «grupo de referencia» cuando analizamos el universo parental que rodeaba a un «ego». El estudio de estas relaciones no sólo nos permitió evaluar la importancia de las mismas en la orientación de las decisiones tomadas por algunos de sus integrantes, sino también su importancia a la hora de «favorecer su identificación o su falta de identificación con respecto a un grupo, un mundo social o una clase».[35] En este sentido, la sensación de «insatisfacción relativa» funcionó, sin dudas, como una forma de identificación que dejó su impronta en las biografías de nuestros protagonistas. El sentimiento de conformidad que mostraba José en relación a su trayectoria profesional («más no pude hacer; siempre fui un laburante») podría leerse como un emergente de una identificación más general asociada con su lugar en la estructura ocupacional y, sobre todo, con su ubicación en el tablero urbano. Su relato nos muestra un

---

[34]Robert Merton. *Teoría y estructura social*. México DF: Siglo XXI, 1965.

[35]Gribaudi, *Itineraires ouvriers. Espaces et grupes sociaux à Turin au debut du XX siecle*, pág. 121.

elemento que impregnó a su historia familiar: la profunda identificación con un mundo periférico, tanto en términos sociales como espaciales.

6.4 El papel de los mundos de referencia en los itinerarios de integración

En las páginas precedentes demostramos que la forma y los ritmos del ciclo de integración urbana dependían de una percepción individual que se encontraba permeada por el universo familiar y de parentesco. En este apartado dejaremos a un costado este tipo de condicionantes para analizar las siempre dinámicas relaciones entre familia y universo urbano. Así como el ciclo de integración implicaba un «aprendizaje demográfico» (que burdamente podríamos resumir en retardo matrimonial y baja fecundidad), también suponía un itinerario dentro de la ciudad que, como dijimos, era profesional y geográfico. Los espacios que conformaban la ciudad, lejos de comportarse como compartimentos estancos, fueron protagonistas de diferentes clases de intercambios. Los rígidos límites que los sociólogos norteamericanos destacaban en los *ghettos* mutaron, para el caso neuquino, en una frontera porosa que fue objeto de un intenso tráfico. Esto no significa que sea posible analizar a los barrios desde la uniformidad. Cada uno de ellos fue dueño de una historia en particular, de diferentes equipamientos urbanos, de una singular configuración socio-ocupacional y, sobre todo, de distinta clase de relaciones sociales. Partiendo de esta heterogeneidad, podríamos decir que el hecho de habitar en un barrio periférico o en el distrito central, de forma estable o transitoria, en una etapa inicial o avanzada del ciclo de integración, contribuyó a cambiar la perspectiva, las actitudes y los comportamientos tanto individuales como familiares.[36]

Deberíamos comenzar esta sección con un breve resumen del escenario urbano neuquino. A grandes rasgos, la ciudad se dividía en un distrito central, nacido bajo el modelo de la grilla y totalmente integrado al tejido urbano, y una serie de barrios cuyo denominador común eran los faltantes en materia de servicios públicos. Pero los contrastes entre ellos no sólo se relacionaban con su nivel de consolidación. Lejos de eso, ambos presentaron perfiles ocupacionales totalmente diferentes.

---

[36] Ibíd., pág. 124.

En los barrios que se abrieron paso en la meseta neuquina, los estratos inferiores de la estructura ocupacional se encontraban sobrerrepresentados y, dentro de ellos, los empleos vinculados al mundo de la construcción. En el radio céntrico, quienes se desempeñaban en estas labores representaban sólo el 10 % de la población económicamente activa. Si a esto sumamos el hecho de que la mayoría de los profesionales, empresarios y comerciantes residían en las manzanas céntricas, podríamos decir que estamos en presencia de dos mundos completamente distintos: uno mostraba un panorama social relativamente homogéneo (los barrios de la periferia), mientras que el otro era heterogéneo y estratificado a su interior (el centro).

Debido a que el itinerario de integración de las familias reconstruidas se desarrolló dentro de un contexto dual, corresponde evaluar si ambas realidades sociales influyeron en los comportamientos de sus habitantes. Analizar la relación que los migrantes establecieron con el espacio urbano nos ayudaría a entender los tipos específicos de vínculos forjados y, por su intermedio, los recursos y límites que cada uno de estos mundos ofrecía.

La evidencia relevada pareciera indicar que existe un itinerario de integración «tipo», que comenzaba en las piezas de alquiler o pensiones del centro, seguía en alguno de los barrios que se abrían paso por el oeste neuquino y culminaba con el establecimiento permanente en el radio céntrico de la ciudad. De todos modos, las modalidades a partir de las cuales este modelo general se concretó en la experiencia individual fueron numerosas. Puede ser que algunos ejemplos de los muchos posibles colaboren a despejar este punto. Una persona podía habitar en el centro a su ingreso a la vida laboral y, después de algunos años, trasladarse a un barrio periférico. Ese itinerario también podía darse a la inversa: la residencia en los márgenes de la ciudad pudo catapultar una mudanza a las manzanas céntricas. Asimismo, el trayecto en la ciudad podía ser mucho más inestable: un recorrido por diferentes barrios, sin fijar una residencia en alguno de ellos, pudo reemplazar a un establecimiento de largo aliento. Otra variante podría ser haber vivido en un determinado vecindario en dos momentos diferentes del ciclo vital.

Esta enumeración, desde luego, podría ser infinita e incluir la multitud de experiencias que surcaron a la ciudad. Quizás por ello sea inútil establecer una tipología exhaustiva de los vínculos con el espacio urbano que observamos para cada individuo. Preferimos, en cambio, concentrar nuestra atención en dos grupos de comportamientos que podríamos calificar de opuestos y que seguramente dejaron su sello en las decisiones individuales que siguieron a un período fundamental del ciclo de vida (desde el matrimonio hasta un momento avanzado de la trayectoria ocupacional). Una mirada superficial nos permitiría apreciar fuertes contrastes entre quienes vivieron esa etapa al interior de un barrio periférico y quienes lo hicieron en un espacio híbrido o bien alternaron entre ambos mundos.

Nuevamente la historia de vida de Miguel nos brinda algunas pistas al respecto. Luego de su llegada, en 1966, nuestro personaje alternó una larga serie de domicilios. Los primeros años en la ciudad lo encontraron deambulando por hoteles, pensiones y hasta el propio taller de la empresa que lo empleaba. Esta colorida experiencia presentó sin embargo, un denominador común: las relaciones que Miguel fue tejiendo en todo ese tiempo tuvieron al centro neuquino como epicentro. Luego de contraer nupcias, Miguel se trasladó al área conocida como «Progreso», un barrio habitado —en su gran mayoría— por trabajadores de escasa calificación. La lógica detrás de este desplazamiento era fácil de imaginar: mudarse a la periferia de la ciudad no sólo permitía a la nueva familia optimizar sus todavía escasos ingresos, sino además incrementar sus ahorros con el objetivo de acceder a la vivienda propia. Este último objetivo fue cumplido en 1982. En parte por la necesidad de alojar a los dos hijos de la pareja y en parte gracias a la posibilidad de obtener lotes a un bajo precio, esta familia prosiguió su trayectoria en un barrio de lo que denominamos «centro extendido». El traslado a «Villa Farrell», un espacio ocupacionalmente heterogéneo, fue simultáneo a un proceso de movilidad profesional remarcable: Miguel abandonaba la periferia justo cuando sumaba la representación de una nueva empresa y consolidaba su posición en «El Petróleo». Su trayectoria nos pone frente a una racionalidad que pudo considerar todos los recursos disponibles (tanto materiales como relacionales) y, desde allí, orientar un comportamiento muy alejado al de la generación que lo precedió. Proviniendo de una familia que estaba, hacia mediados de siglo, en una posición sumamente desfavorable (padre peón y una familia numerosa), Miguel llevó adelante un itinerario —profesional y geográfico, pero también de aprendizaje de la mentalidad urbana— que le permitió hilvanar una trayectoria exitosa.

La experiencia de Osvaldo, con sus variantes, podemos ubicarla en el mismo casillero. A diferencia de Miguel, este migrante provenía de un escenario urbano y había transitado por los niveles superiores del sistema educativo. Su relato nos señala una larga, aunque inconclusa, estancia en la Universidad de Buenos Aires, donde cursó tres carreras (Farmacia, Derecho y Sociología). En el marco de esta última carrera, y gracias a un contacto de un trabajo previo, consiguió insertarse en un equipo del Consejo Federal de Inversiones, a cargo de poner en marcha el novel consejo planificador neuquino. La ausencia de una familia, entre otras cuestiones, permitió a Osvaldo asistir a un curso que le brindó las herramientas para llevar adelante tareas de técnico. Lo que, en principio, era un «experimento; estar un tiempo breve y después volver y recibirme»,[37] terminó siendo una experiencia duradera. Conocer a quien luego sería su esposa lo inclinó a radicarse definitivamente en la ciudad, aunque para ello era indispensable conseguir un empleo de mayor ingreso. Nuevamente, una persona a quien conocía de Buenos Aires – pero que había reforzado su vínculo en Neuquén – le permitió acceder a una ocupación que era interesante y arriesgada a la vez: periodista y representante del diario Río Negro en la vecina ciudad de Cipolletti. En sus palabras, ese empleo «tenía varios ingresos (y) era económicamente muy interesante», dado que contaba con un porcentaje sobre las publicidades y sobre los diarios que se vendían en la localidad rionegrina. Conseguida cierta solidez ocupacional, nuestro protagonista contrajo nupcias («Y así fue como me pude casar» y «eso me dio los medios para casarme» fueron las expresiones escogidas por el entrevistado para retratar sus primeros años en la ciudad). Nuevamente, vemos cómo un matrimonio tardío, andamiado en cierta consistencia ocupacional, posibilitó a la nueva familia llevar adelante un rápido proceso de integración. Es decir, llevar adelante un proceso que tuvo su lado ocupacional (Osvaldo pasó de empleado a empresario), pero también uno geográfico: su estancia como inquilino en un departamento del distrito comercial dio paso, primero, a la propiedad de un departamento en el centro neuquino y, luego, de una cómoda casa en lo que denominamos «centro extendido». Pero lo más interesante es ver cómo el entrevistado, cuando se le interrogó sobre los límites de la ciudad por aquellos años, no dudaba en marcar los co-

---

[37]Entrevista a Osvaldo C., Cinta 3, lado A.

rrespondientes al área céntrica, sin hacer ninguna mención a los muchos barrios que daban color a la periferia.[38] La sociabilidad de Osvaldo, en este caso, se tradujo en una percepción que concebía a su espacio como el único posible.

Lo que advertimos en los casos de Miguel y Osvaldo presenta muchos puntos de contacto con las trayectorias de quienes se desplazaron a menudo por el tablero urbano (sin la posibilidad de construir una trama de relaciones estables) y, en especial, aquellos que se establecieron en espacios socialmente heterogéneos o, en términos de Gribaudi, «espacios híbridos».[39] Las familias que se reprodujeron en este último ámbito presentaron opciones profesionales más diversificadas; mientras que quienes desarrollaron su trayectoria sólo en barrios de la periferia mostraron un abanico de opciones más limitado y contemplaron al empleo en la parte baja de la estructura ocupacional como el único modelo posible (Figura 6.3). Podríamos decir, entonces, que una relación diferente con el espacio urbano implicaba el desarrollo de una percepción distinta de las opciones posibles. La hipótesis que nace de este razonamiento es fácil de imaginar: las personas y familias que establecieron lazos con un espacio poco estratificado (es el caso de los barrios de la periferia) fueron más estables en términos ocupacionales; por el contrario, aquellos que lo hicieron en un espacio multiprofesional –o bien alternaron entre distritos de distinta naturaleza– presentaron un comportamiento mucho más móvil.

Una variable a partir de la cual podemos medir las diferencias entre estos dos grupos es la movilidad profesional intrageneracional. En caso de concentrar nuestra atención en quienes residieron en el centro de la ciudad, observaríamos un importante porcentaje de casos de movilidad ascendente. En la otra vereda encontramos un modelo completamente diferente. La movilidad ocupacional es bastante menor entre quienes hilvanaron su sociabilidad en un espacio de la periferia neuquina, pero

---

[38] Es interesante cómo la sociabilidad de Osvaldo se traduce en una percepción que sólo concibe al centro como el único espacio posible, dejando de lado a los numerosos barrios rodeaban al centro: «En aquel entonces cuando yo vine a la ciudad, la ciudad terminaba en la calle Alcorta (límite sur del centro). Para aquel lado la Jujuy (límite oeste) y para aquel lado la cárcel (límite este) y para este el comando (norte)». Entrevista a Osvaldo, Cinta 3, Lado 1

[39] Gribaudi, *Itineraires ouvriers. Espaces et grupes sociaux à Turin au debut du XX siecle*, pág. 128.

– al mismo tiempo – registramos una mayor estabilidad. Podríamos decir, entonces, que la ausencia de una implantación en los barrios de la periferia se tradujo en un comportamiento menos normativo y, en consecuencia, podía dar paso a trayectorias ocupacionales oscilantes (los casos de Miguel u Osvaldo son buenos ejemplos en este sentido). De todos modos, esta forma de relacionarse con el medio urbano no ofrecía garantía alguna de estabilidad; protección que, en el caso de los barrios de la periferia, era mucho más intensa debido a la existencia de redes sociales. Como ya advertimos en el Capítulo 4, las necesidades de esos vecindarios nacidos en los bordes de la ciudad se convirtieron, primero, en redes informales de resolución de problemas (sobre todo, los relacionados con la ausencia de los servicios básicos) y luego en instituciones mucho más orgánicas, como las comisiones vecinales o de fomento, que funcionaban como vasos comunicantes entre los habitantes y las autoridades municipales o provinciales.

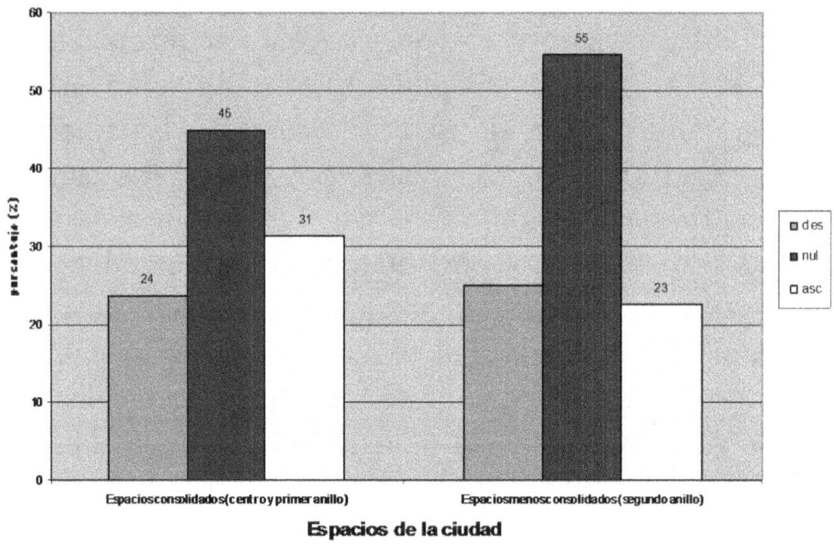

Figura 6.3 – Relación entre movilidad ocupacional intrageneracional e instalación.

No es nuestra intención sumergirnos en la densa trama social que dio vida a los barrios de la periferia, tema que en sí mismo ameritaría una investigación exhaustiva. A los fines de evaluar la forma en que los habitantes se adaptaron a un escenario de creciente complejidad, nos detendremos en los recursos que los habitantes tuvieron en cada uno de estos espacios urbanos. La Figura 6.3 señala, para más de cien familias, la distribución porcentual de la movilidad ocupacional en relación a su lugar de residencia. Las posibles lecturas de los datos podrían sintetizarse en dos grupos de comportamientos. Comencemos por el primero de ellos: un gráfico que muestre a la mayor parte de los casos en los extremos, representaría una movilidad profesional más fluida entre el casamiento y el nacimiento del último hijo de la familia. En cambio, si el grueso de los casos se concentra en la parte media de la gráfica, eso nos pondría frente a una situación de estabilidad ocupacional.

Una mirada de los hechos muestra con claridad ambas posibilidades y su fuerte vínculo con el lugar de residencia entre el matrimonio y la salida de la vida activa. En este sentido, no es casual que registremos los porcentajes más elevados de movilidad ascendente entre quienes habitaron en los espacios más consolidados de la ciudad, tanto en el centro como en los barrios que, desde temprano, se integraron al tejido urbano. Cerca de un tercio de las familias que habitaron en los espacios ocupacionalmente heterogéneos exhibieron alguna forma de movilidad ascendente; mientras que sólo un quinto de las que residieron sólo en espacios poco estratificados podrían ubicarse en ese mismo casillero. Del otro lado, encontramos a quienes hilvanaron su sociabilidad en los espacios más rezagados, a los cuales por comodidad ubicamos en el segundo anillo de la ecología urbana. Notamos allí una menor movilidad ocupacional ascendente que fue acompañada por un mayor peso de los casos de estabilidad: más de la mitad de las familias reconstruidas se mantuvo en el mismo estrato ocupacional entre las décadas de los sesenta y los ochenta.

Es evidente, entonces, que las trayectorias de las personas que desarrollaron su sociabilidad en la nueva periferia, justo en el momento en que ésta se estaba construyendo, presentaban una seguridad y una cobertura que no era tan visible en aquellos espacios que albergaban universos de relaciones menos densos. Pero esta trama de relaciones, que podía servir de garantía frente al desempleo, ponía al mismo tiempo límites a las elecciones individuales. Los espacios de la periferia profunda, aquella nacida en los márgenes de una actividad agrícola en decadencia y en la extensa meseta occidental, funcionaron como «cápsulas ocupacionales», que permitieron el rápido acceso al mundo del trabajo, pero dificultaron el andamiaje de una carrera profesional ascendente. El centro de la ciudad, así como la periferia que hacia la década de 1970 ya estaba integrada al tejido urbano, albergaron una trama menos densa de relaciones y eso volvió menos habitual la estabilidad laboral: a diferencia de la periferia, ocupar un lugar en la parte baja de la clasificación social no era contemplada como la única alternativa. No estaría mal si dijéramos que el centro y los márgenes, entendiendo a ambos como espacios socio económicos particulares, albergaron dos maneras completamente diferentes de interpretar la realidad: la ausencia de un entorno normativo parecía favorecer a la movilidad ocupacional en el primero; mientras que en aquélla, la elección de una carrera como trabajador resultaba el único modelo posible.

6.5 Centro y periferia: dos lecturas diferentes de la realidad

Existen dos elementos que permiten entender las dinámicas que venimos apreciando en los diferentes sectores de la ciudad. El primero de ellos, como anticipamos, tiene que ver con el nivel de estructuración de los lazos sociales en cada uno de ellos. En los barrios y vecindarios de la periferia, las relaciones informales, muchas de las cuales nacieron para resolver problemas cotidianos, favorecieron el aislamiento físico de este escenario y tendieron a desarrollar allí un modelo de pequeñas comunidades.[40] Quienes se establecieron en estos espacios formaron parte de un universo de relaciones donde se superpusieron el vecinazgo, la amistad, los pequeños intercambios económicos y, desde luego, la parentela. Estas relaciones que, siguiendo a Grieco, podríamos denominar fuertes, se presentaban como recursos de primer orden para las familias que habitaban la periferia.[41] Recursos que podían traducirse fácilmente en seguridad, tanto afectiva como económica, y que fueron mucho menos abundantes en los espacios «híbridos» de la ciudad, donde la mayor estratificación y la menor densidad de relaciones complicaron la implantación de ese modelo. Pero, al mismo tiempo, aquel particular universo interaccional tendió, por la superposición de lazos de diferente natura-

---

[40]Gribaudi, *Itineraires ouvriers. Espaces et grupes sociaux à Turin au debut du XX siecle*, pág. 133.

[41]Margaret Grieco. *Keeping in the family*. Londres-Nueva York: Tavistock Publications, 1987.

leza, a acentuar el contenido normativo de las relaciones existentes y a pensar a cualquier innovación como un elemento desestabilizante. En las siguientes páginas analizaremos, a través de un examen crítico de la evidencia cuantitativa, las imágenes alrededor de las posibilidades sociales que los espacios ocupacionalmente homogéneos y heterogéneos transmitieron a sus habitantes.

Como ya hemos dicho, el centro y la periferia fueron dueños de una fisonomía distinta: de un lado, un mundo estratificado que estaba habitado por una multiplicidad de actores sociales (desde jornaleros hasta profesionales); del otro, un paisaje dominado por los empleos de baja calificación (manuales en esencia, pero con creciente peso de los no manuales). Como es lógico imaginar, ambos espacios funcionaron como plataforma desde donde los sujetos elaboraron sus percepciones sobre la sociedad y sobre sus propias posibilidades. Pero existe otro aspecto que se desprende de lo que acabamos de decir: estas formas de identificación se vincularon, siguiendo a Gribaudi, con las figuras sociales que el centro y la periferia tendieron a retener.[42] En otras palabras, los barrios híbridos retuvieron a los individuos y familias cuya posición social mejoró; mientras que los barrios menos estratificados vieron desaparecer de su espacio físico las trayectorias de movilidad que podían representar concretamente la posibilidad de ascenso social.

Comencemos viendo las profesiones declaradas por quienes habitaron de una forma estable, desde su matrimonio hasta un momento avanzado de su carrera, en alguno de los espacios que dieron color a la periferia. La documentación relevada muestra, para un total de medio centenar de familias, una distribución de carreras donde predominaban los eslabones más débiles de la estructura ocupacional (Cuadro 6.3). Que cerca del 80 % de los casos se hayan concentrado en esos estratos es una buena muestra de ello: la mitad correspondía a quienes declararon, en los sesenta, desempeñarse en empleos no manuales bajos (sobre todo, la figura del empleado); mientras que el 30 % restante se repartía entre las diferentes variantes del empleo manual (oficios relacionados al mundo de la construcción).

---

[42]Gribaudi, *Itineraires ouvriers. Espaces et grupes sociaux à Turin au debut du XX siecle*, pág. 134.

Estrato socio-ocupacional	Matrimonio (60)	Salida (1987)	Saldo
Profesional Alto	0	0	0
No Manual Alto	0	2,9	2,9
Profesional Bajo	1,4	1,4	0
No Manual Intermedio	15,9	11,6	-4,3
No Manual Bajo	49,3	49,3	0
Manual Calificado	14,5	20,3	5,8
Manual Semicalificado	10,1	8,7	-1,4
Manual sin Calificación	8,7	5,8	-2,9
Total	100 (69)	100 (69)	

Cuadro 6.3 – Ocupaciones desarrolladas por los habitantes de espacios periféricos en diferentes fases de su ciclo de vida (matrimonio-salida). Fuente: Elaboración propia a partir de actas matrimoniales y de nacimiento del Archivo de la Dirección Provincial de Neuquén. Padrón electoral 1987.

Dos décadas después, ese panorama, ahora en la fase postmatrimonial del ciclo de vida, no mostraba grandes cambios. Al mismo tiempo que la fruticultura perdía impulso, los empleos temporarios tendieron a desaparecer. Por otro lado, el menor peso relativo del estrato «manual semicalificado» nos habla de un proceso de calificación que permitió el avance del eslabón más fuerte del empleo manual y, en menor medida, de los empresarios de la construcción (esto es evidente en el pasaje de albañil a contratista). Pese a estas sutiles transformaciones, la distribución mostraba al «empleado» como la figura más repetida y a los empleos más prestigiosos como un faltante muy difícil de ocultar. A partir de esta observación, no es difícil de imaginar que la fisonomía social de los adultos, en este caso migrantes instalados en los barrios periféricos, nos indica una no muy variada gama de posibilidades.

Ahora bien, descubrir un fenómeno suele ser mucho más simple que rastrear sus posibles explicaciones. Por ese motivo, es importante preguntarnos: ¿qué consecuencias tuvo una implantación prolongada en los márgenes de la ciudad?

En términos generales, podíamos afirmar que quienes se establecieron en un barrio periférico después de su matrimonio se inscribieron en un medio compuesto mayoritariamente por trabajadores, donde no existía una movilidad social tan fluida como la distinguida para la población en su conjunto y para quienes tuvieron un paso temporario por la periferia neuquina. A pesar de la gran rotación de mano de obra de la cual estos espacios fueron objeto (recordemos el caso de Miguel o Ángel), debemos decir que los barrios periféricos constituyeron un mundo donde predominaron las figuras sociales menos dinámicas, y eso tendió a excluir la coexistencia de una amplia gama de situaciones familiares.

Si, en cambio, posamos nuestra mirada en el distrito central, o en algunos de los barrios más consolidados de la ciudad, nos topamos con una realidad completamente distinta. Encontramos allí, tal como descubre Gribaudi en el Turín de comienzos del siglo XX, un microcosmos social que cubre el arco de momentos experimentados por las familias en su ciclo de integración. Tres casos, de los miles de posibles, pueden traernos luz al respecto. Miguel, en los ochenta, había concluido su ciclo de integración edificando su vivienda y reforzando su negocio de venta de pasajes. Osvaldo, por su parte, recuperaba su empleo después de los tiempos de dictadura y encaraba la compra de una casa en el centro de la ciudad. Finalmente, Ángel, luego de concluir su formación, comenzaba a transitar por un camino de movilidad social, que comenzó con la adquisición de mobiliario y continuó con la compra de un auto. La enumeración puede continuar sin cambiar demasiado nuestra conclusión: la coexistencia de individuos que transitaban por diferentes momentos de su trayectoria profesional, en un universo relacional menos denso, permitió edificar una percepción en la que convivían distintos destinos posibles. Estos ejemplos fueron elegidos al azar y seguramente estas personas no se conocían entre sí. De todos modos, lo que cuenta es que cada uno de ellos distinguía otras figuras sociales, que como muy bien dice Gribaudi, representaban parte de su historia pasada pero también muchas de sus posibilidades a futuro.

Confirmando lo dictado por el sentido común, podemos decir que en un radio de unos pocos centenares de metros, encontramos una amplia variedad de situaciones ocupacionales. Como se desprende del Cuadro 6.4, la presencia de una elevada proporción de profesionales era acompañada por los distintos niveles del empleo no manual y por una para nada despreciable presencia de quienes se desempeñaban en labores manuales, aunque siempre menor que en los barrios menos consolidados. Cuando examinamos las transformaciones experimentadas por la estratificación, notamos una fuerte movilidad por debajo que tendió a fortalecer el estrato «no manual bajo». Pero en esencia la realidad no cambió de forma significativa: en el radio céntrico, sumando allí a los barrios del primer anillo, encontramos un espacio social que albergaba diferentes figuras y que, por ello, permitió a sus habitantes a vislumbrar un camino de integración. No es casual que todos los entrevistados que habitaron siempre en este cuadrante, o bien que lo hicieron en la etapa inicial de su itinerario en la ciudad, hayan señalado referentes, muchos de ellos pertenecientes a esta especie de sociabilidad céntrica, como importantes a la hora de evaluar su propia situación, pero también los caminos a seguir a futuro. En el testimonio de Miguel, por ejemplo, notábamos algunos referentes que modelaron su propia trayectoria: uno de ellos era Román, aquel amigo que aún no había podido andamiar una carrera ascendente; otro era su suegro, un comerciante, también migrante, quien había concluido su ciclo de integración desde muy temprano («mi suegro tenía una muy buena situación económica: tenía su negocio y muchas propiedades», decía para retratar al padre de su esposa).[43]

Estrato socio-ocupacional	Matrimonio (60)	Salida (1987)	Saldo
Profesional Alto	11,3	11,3	0
No Manual Alto	1,9	1,9	0
Profesional Bajo	3,8	3,8	0
No Manual Intermedio	11,3	11,3	0
No Manual Bajo	50,9	60,4	9,4
Manual Calificado	7,5	3,8	-3,8
Manual Semicalificado	13,2	7,5	-5,7
Manual Sin Calificación	0	1,9	1,9
Total	100 (53)	100 (53)	

Cuadro 6.4 – Ocupaciones desarrolladas por los habitantes de espacios híbridos o de un paso temporal por la periferia en diferentes fases de su ciclo de vida (matrimonio-salida). Fuente: Elaboración propia a partir de actas matrimoniales y de nacimiento del Archivo de la Dirección Provincial de Neuquén. Padrón electoral 1987.

El rasgo distintivo de los espacios heterogéneos es, entonces, esa convivencia de una multiplicidad de itinerarios, muy distintos unos de otros, que favoreció una interpretación diferente de la historia y las po-

---

[43]Entrevista a Miguel, Cinta 3, Lado A.

sibilidades sociales de sus habitantes. Claro que no podríamos reducir la interpretación de las posibilidades de movilidad a una cuestión de percepciones diferentes, cayendo así en el vicio culturalista achacado al concepto de «cultura de la pobreza» de Lewis. En ese sentido, Gribaudi nos ofrece un camino intermedio, pues nos alerta que en aquellos espacios las identificaciones fueron diacrónicas y dinámicas: los virajes ocupacionales fueron allí más habituales y las relaciones sociales no eran tan densas. Entre los vecinos más estables de los barrios de la periferia, esas identificaciones tendieron a ser sincrónicas y, por lo general, ligadas a una realidad social de aislamiento. Algunas de estas claves interpretativas pueden visualizarse en la experiencia migratoria neuquina: la mayor estabilidad ocupacional de quienes habitaron los barrios más alejados podríamos leerla de esta manera. No es casual que buena parte de las trayectorias, sobre todo las relacionadas con la construcción, haya comenzado con un aprendizaje del oficio y el ingreso a una jerarquía, en un itinerario que permitía ascensos pero recortaba el horizonte de lo posible. Salvando las distancias, la parte baja del empleo no manual albergó una capacidad normativa similar: si bien se presentaba como un remedio frente a los riesgos de las actividades fluctuantes, esta clase de empleos, al descartar todo cambio desestabilizante, tendió a reducir las chances de movilidad.

Ahora bien, pensar que estas formas de identificación, donde se mezclaban rasgos ocupacionales y de residencia, se encuentra en el origen de determinados comportamientos, no significa que ellos sean resultado de una opción por una determinada figura social, en base a una evaluación objetiva de las posibilidades que un individuo tiene en un contexto histórico específico. Lejos de eso, es más adecuado imaginar este fenómeno como resultado de una decisión «al interior de un panorama de opciones que los sujetos pueden percibir más fácilmente».[44] En otras palabras, se trata de una elección que se encontraba dotada de lógica, pero que era guiada por lo que Bourdon llamaba una «racionalidad limitada»: las decisiones son resultado de evaluaciones individuales, pero en ella inciden factores como la posición del ego en relación a su parentela y, en este caso, las visiones que predominaron en el espacio que habitan. En

---

[44]Gribaudi, *Itineraires ouvriers. Espaces et grupes sociaux à Turin au debut du XX siecle*, pág. 138.

este último sentido, los espacios periféricos mostraban un paisaje surcado por la ausencia de trayectorias ascendentes, ya que quienes lo hacían abandonaban ese cuadrante de la ciudad. Fue a partir de esa información que los migrantes implantados en la periferia imaginaron y construyeron su propio itinerario profesional.

6.6 Conclusiones

Los migrantes han tenido una influencia muy importante en la historia patagónica en general y en la neuquina en particular. La investigación que hemos desarrollado pretendió, por medio de la utilización de un amplio abanico de fuentes, reconstruir los comportamientos ocupacionales, residenciales, matrimoniales, demográficos y relacionales de esta subpoblación. Claro que para dar cuenta de estos elementos debimos explorar primero las causas que convirtieron a la joven provincia norpatagónica en un escenario sediento de brazos y, junto a ello, el impacto que esta transformación tuvo en la población neuquina. La metáfora del análisis geológico es tal vez la que mejor refleja la lógica que quisimos imprimir a la pesquisa: luego de prestar atención a unidades de análisis amplias, asimilables a los estratos superficiales, accedimos a los niveles de mayor profundidad gracias a la observación de mecanismos microsociales. Podríamos sintetizar los principales resultados a partir de una revisión de las conclusiones alcanzadas para cada uno de los niveles de análisis seleccionados.

I

El primer objetivo que fijamos fue conocer los factores que hicieron de Neuquén un destino migratorio de peso dentro del concierto nacional. En un intento de escapar a razonamientos simplistas —como la trillada fórmula «empleo + buen salario = migración»— intentamos retratar aquel modelo económico que estuvo en la base de los desplazamientos estudiados. Esa decisión, profundamente metodológica, hizo que nos sumergiéramos en los laberintos propios del proceso de provincialización: sus puntos de partida, los propósitos perseguidos por diversas administraciones (tanto constitucionales como de facto) y, finalmente, los resultados alcanzados en el período comprendido entre 1960 y 1990.

Gracias a una compulsa documental, que incluyó discursos y proyectos sectoriales, logramos rescatar el diagnóstico que, hacia comienzos de la década de 1960, hicieron las autoridades de esa provincia que recién estaba dando sus primeros pasos. El contenido del mismo no estaba exento de cierto dramatismo: la tenue presencia oficial en los años del Territorio Nacional no había permitido el aprovechamiento de los abundantes recursos naturales que albergaba la geografía neuquina y había sumergido a la población en una situación de crónica pobreza. Esta evaluación hacía pensar que cualquier posibilidad de trastocar un panorama para nada halagüeño residía en la capacidad planificadora del naciente Estado provincial. Así, planteando una amplia gama de objetivos, desde mejorar los indicadores sociales hasta posibilitar la diversificación de la economía provincial, la presencia oficial fue ganando terreno en el período analizado, dando vida a una economía que no pocos rotularon de estado-céntrica.

La investigación también nos permitió saber que, debido a su precariedad material, el naciente Estado provincial tuvo que apelar a recursos «externos». Sólo con la llegada de fondos nacionales podría producirse ese salto adelante que convertiría a Neuquén en una economía sólida y sustentable. Esta sequía de recursos hizo que la solidez programática de las autoridades −que sintetizamos en lo que llamamos un crecimiento por etapas− haya sido acompañada de una estrategia pragmática que terminaría acompañando los vaivenes de la política nacional. Después de todo, si se interrumpía el flujo financiero llegado de la órbita federal, sería complicado llevar adelante políticas sociales, construir la infraestructura y, por último, generar la transformación productiva imaginada por los planificadores locales. Con todo, lo que suponía iba a ser una etapa transitoria terminó siendo un defecto estructural que estuvo presente durante el período analizado; situación que, desde luego, no impidió el reforzamiento de una imagen que tenía a Neuquén como un destino migratorio promisorio.

Algo no muy diferente sucedió con el apoyo que las autoridades darían a aquellas actividades que podrían dinamizar al conjunto de la economía. Como demostramos en el Capítulo 1, esta meta no fue totalmente alcanzada, pues el peso de la expansión del PBG recayó en actividades cuyo excedente no permaneció en la provincia. Podríamos afirmar, entonces, que la edificación de una economía de enclave, aunque alentó el crecimiento de la actividad económica en las áreas donde se desplegó, disminuyó el margen de acción de las instancias decisorias locales y, por esa razón, no consiguió dinamizar al conjunto del territorio. En lugar de la ampliación del abanico de opciones productivas, que contemplaba la posibilidad de transformar las materias primas dentro de la provincia, fue dominante una matriz económica que terminó recostándose en la explotación de recursos energéticos por parte de grandes empresas estatales. Gracias a esta orientación, los distintos sectores de la economía circularon a diferentes velocidades. El sector primario dibujó una parábola negativa que alentó un «éxodo» desde el interior provincial, mientras que el secundario, salvo el caso de la construcción, creció a un ritmo bastante menor del esperado. El comercio y los servicios sociales, rubros principales de un dinámico sector terciario, fueron los motores de la expansión económica neuquina y una de las principales causas de su explosión demográfica.

II

Saber cómo las transformaciones económicas detalladas impactaron en la estructura demográfica provincial fue el segundo objetivo que nos planteamos. Luego de analizar una amplia gama de documentos, desde censos nacionales hasta anuarios estadísticos locales, concluimos que el período 1960-1991 albergó cambios fundamentales en términos poblacionales. El primero de ellos nos condujo a los indicadores básicos de la transición demográfica. Mas allá de las disparidades regionales, en el lapso estudiado se produjo una caída vertical de la mortalidad y un descenso no tan significativo de la natalidad. Tomando distancia de la realidad pre-transicional, propia de la etapa territoriana, Neuquén fue paulatinamente alineándose con el régimen demográfico argentino, sobre todo después de 1970 cuando el impacto de las enfermedades infectocontagiosas se redujo por la expansión del sistema de salud público. La segunda ruptura estuvo íntimamente relacionada con la primera. En la segunda mitad del siglo XX, la población urbana imprimió una velocidad sorprendente. En parte por el crecimiento de núcleos urbanos en el interior provincial, pero especialmente por la concentración poblacional en el departamento Confluencia, Neuquén abandonó esa naturaleza rural que la había caracterizado en el pasado. En su lugar, emergió una estructura urbana que reprodujo a menor escala el modelo macrocefálico argentino. Por último, el fortalecimiento de los sectores medios urbanos, resultado de la expansión económica y de un fenomenal proceso de movilidad territorial y ocupacional, facilitó el montaje de una sociedad abierta y plural. Al mismo tiempo, funcionaron espacios que facilitaron la aparición de nuevos sentidos de pertenencia: el tejido asociativo, desde sindicatos hasta comisiones barriales, es la muestra más clara de la existencia de fuerzas centrípetas dentro de una sociedad a todas luces aluvional.

III

Analizar la inserción socio-ocupacional de los migrantes de diversas procedencias fue otro de los objetivos que nos planteamos. En ese campo, el estudio comparativo de los comportamientos profesionales de los migrantes de otras provincias argentinas, del interior neuquino y de Chile, nos devolvió una imagen compleja del mercado laboral neuquino. Como dijimos en reiteradas oportunidades, la expansión de la economía neuquina brindó abundantes oportunidades de empleo, pero ellas no se distribuyeron armónicamente dentro de la población. La utilización de las actas matrimoniales nos permitió distinguir patrones que desafiaron algunas lecturas habituales sobre la materia, en especial aquellas que ligaban a ciertos grupos migratorios con determinadas ocupaciones (por caso, los migrantes de otras provincias con los profesionales y los chilenos con la construcción).

No estaría mal si dijéramos que cada uno de los afluentes que alimentaron el crecimiento de la ciudad presentó singularidades. Si los migrantes transandinos mostraron desde muy temprano una fuerte presencia en el trabajo manual que, aunque fue perdiendo fuerza con el tiempo, nunca dejó de ser importante, los llegados del interior provincial exhibieron una combinación entre empleo «no manual bajo» y el trabajo manual en sus diferentes variantes. Por otra parte, los migrantes que llegaban de otros distritos, mucho más habituados a la lógica del empleo urbano, nutrieron las filas de los estratos no manuales, más allá de participar en buen número de los empleos de menor calificación.

Tan importante como analizar diferentes grupos migratorios fue la opción de examinar un período de treinta años. A cierta distancia de los estudios puntuales, por lo general adheridos a las fechas censales, intentamos capturar la dinámica de un escenario que no fue precisamente estático. Dicho en otros términos, ante la disyuntiva de estudiar instantáneas o bien hacer un seguimiento de algunas variables por un prolongado arco temporal, no dudamos en tomar el segundo camino. De no haberlo hecho, las chances de distinguir tendencias de largo plazo hubieran sido considerablemente menores. Con su concurso, logramos distinguir un movimiento hacia el empleo no manual que fue involucrando, a diferentes velocidades, al conjunto de la población. En la década de los sesenta, esas ocupaciones eran reductos que albergaban a los nacidos en Neuquén y, en menor medida, a los migrantes neuquinos. Algunos años después, cuando la ciudad reforzó −junto a otras metrópolis intermedias− su función como centro de servicios, esa oleada inicial fue cubriendo a los restantes grupos migratorios.

IV

Con una idea clara de lo ocurrido en materia profesional, nos planteamos la necesidad de estudiar los patrones residenciales de los migrantes en la ciudad de Neuquén. La primera constatación que surgió de los centenares de actas matrimoniales exploradas fue la inadecuación de plantilla de Burgess para la interpretación de la realidad neuquina. A diferencia del modelo norteamericano, cuyo ejemplo paradigmático es Chicago, Neuquén planteaba una serie de franjas que perdían brillo a medida que nos alejábamos del centro de la ciudad. Este último, lejos de alojar la «mala vida» o de ser un espacio relegado, albergó los sectores más encumbrados de la sociedad. Otro de los conceptos que pusimos en tensión fue el de *ghetto* o, lo que es igual, áreas culturalmente homogéneas y habitadas mayoritariamente por migrantes. En su lugar, encontramos asentamientos, básicamente heterogéneos, en los cuales algunos grupos migratorios tuvieron un mayor peso: los llegados de otras provincias presentaron una fuerte presencia en el centro de la ciudad; mientras que los migrantes intraprovinciales y, sobre todo, los chilenos, ganaban terreno a que medida nos internamos en la periferia.

Una vez analizados los patrones residenciales de diferentes grupos migratorios, intentamos pensar a Neuquén como laboratorio donde evaluar la capacidad explicativa de fórmulas de probada eficacia en otros escenarios. La particular distribución de la población dentro de la ciudad, nos permitió matizar un supuesto defendido por los defensores del «pluralismo cultural»: la importancia que la interacción tenía en la elección de un destino en lugar de muchos otros. Esa valiosa preocupación presentaba, desde nuestra óptica, un defecto: el estudio de la manera en las que las relaciones forjadas en los escenarios de partida eran trasplantadas a los espacios de recepción, restaba posibilidades de explorar las relaciones que los migrantes establecían con otros actores sociales. Así, un universo de relaciones pre-migratorias «fuertes» pasaba a las ciudades receptoras bajo la forma de redes compactas y escasamente conectadas con el exterior.

Aunque muy adecuada para describir el primer tramo de la experiencia migratoria, esta mirada muestra dificultades cuando nos sumergimos en procesos de más largo aliento. El estudio del caso neuquino, aunque alejado en tiempo y espacio del centro de la discusión, nos obligó a desechar ese supuesto. Como intentamos demostrar a lo largo del Capítulo 4, la trama de relaciones tejida en los lugares de llegada tuvo en la cercanía espacial uno de sus condicionantes básicos. De ahí que hayamos imaginado a la experiencia migratoria como un quiebre en la trayectoria vital del migrante: aunque las redes de paisanaje no se diluyeron en el nuevo contexto, no fueron el único recurso a disposición de los migrantes. La concentración espacial, lejos de ser el punto de llegada de sociabilidades basadas en la afinidad cultural, se comportaba como el punto de partida de procesos de interacción que no necesariamente estaban relacionados con el origen migratorio.

Ahora bien, descartada la variante pluralista, ¿era posible pensar a Neuquén a partir de la idea de *melting pot*? Si esto significa el desarrollo de un proceso que dio lugar a una identidad neuquina única y excluyente, la respuesta es negativa. Pero si pensamos que algunas áreas de la ciudad funcionaron como espacios de intercambio cultural, la contestación puede adquirir un nuevo sentido. Esos espacios, que albergaban a los estratos inferiores de la clasificación ocupacional, fueron objeto de un «crisol por debajo» que se encuentra en la base de la formación de los sectores populares neuquinos. Algo no muy diferente podríamos decir del área central de la ciudad. En esas manzanas, donde existía una fuerte concentración de los migrantes de otras provincias y una importante porción de la población nativa, es probable que haya funcionado un «crisol por arriba» que acentuó el carácter dual de la ciudad.

V

Otro de los propósitos que nos planteamos fue analizar las decisiones matrimoniales de quienes optaron por instalarse en Neuquén. En este punto, el estudio de las fuentes nominales disponibles nos permitió distinguir la fuerte correlación existente entre origen migratorio, cercanía espacial y afinidad matrimonial: al mismo tiempo que los grupos más centralizados mostraron un fuerte vínculo entre sí, los menos centralizados exhibieron un comportamiento que, aunque no tan evidente, estuvo sintonizado en la misma frecuencia. Pero si queda alguna duda sobre este último punto, sólo bastaría agregar al domicilio como variable de análisis. Al hacerlo, advertimos una fuerte homogamia residencial que cubrió con su manto a los grupos que se hallaban sobrerrepresentados en la periferia (es decir, los migrantes llegados del interior neuquino y de Chile).

Incorporar la variable ocupacional nos permitió sumar complejidad al estudio de las uniones matrimoniales. Así, pudimos explorar las rugosidades de una sociedad que, por mucho tiempo, fue pensaba a partir de la uniformidad. Alejado de aquel relato tradicional que reparaba en la existencia de una especie de «igualdad de frontera», siempre más válida para el ámbito rural, el ejercicio que ensayamos nos mostró un panorama bien diferente: la sociedad de la ciudad de Neuquén fue objeto de un temprano proceso de polarización que se reflejó en las pautas residenciales seguidas por los migrantes, pero también en la formación de matrimonios. Podríamos decir, siguiendo este razonamiento, que era probable que dos personas situadas en idénticas coordenadas ocupacionales contrajeran nupcias antes que lo hicieran personas de diferente condición social.

Para confirmar este razonamiento, y evitar los posibles sesgos de las declaraciones femeninas, usamos un segundo recurso: la ocupación del padre de la novia. Con el análisis de las mismas, no hicimos más que confirmar lo sostenido inicialmente, aunque fue interesante toparnos con una homogamia cada vez más intensa conforme descendíamos en la clasificación ocupacional. De esta manera, y ésta es quizás la conclusión más significativa, lo que inicialmente se nos presentaba como un mercado nupcial ciego en términos sociales, comenzó a mostrar una apariencia heterogénea y surcada por la existencia de submercados.

VI

El sexto propósito que motorizó la presente investigación fue reconstruir, por medio de evidencia cuantitativa, la gama completa de usos que los migrantes hicieron de un escenario que estaba transitando por un camino de complejización. Para alcanzar esta meta debimos escapar de aquella mirada que asumía a la ciudad como un telón de fondo inerte, sin incidencia alguna en las decisiones individuales y familiares. En su lugar, abrazamos otra que la imaginaba como un terreno de recursos posibles a partir de los cuales fueron diseñadas estrategias. Recursos que se encontraban en los intersticios de la sociabilidad cotidiana y que eran, en gran medida, inmateriales: comenzaban con la dinámica al interior del núcleo familiar, continuaban con el entorno parental más amplio y concluían con las relaciones tejidas por cada individuo en el seno de la ciudad.

Las consecuencias de incrementar el aumento de nuestro lente no se agotaron en el plano empírico, es decir, en la posibilidad de observar fenómenos que antes permanecían ocultos detrás de las tendencias generales. Por el contrario, los ecos de esta opción alcanzaron al convulsionado mundo de la teoría. La multiplicidad y dinamismo de los comportamientos de los migrantes, sólo visibles de esta manera, pusieron en cuestión esa imagen que tiene a los individuos como prisioneros de las estructuras sociales. Antes bien, nuestros protagonistas parecieran comportarse como sujetos sociales activos que comprendieron un entorno cambiante y tomaron sus propias decisiones.[45] Con todo, no podríamos decir que ese margen de acción fue completo, pensando que lo único que se interponía entre los individuos y sus objetivos era su voluntad. Entre la determinación social y el puro voluntarismo existía

---

[45] Consuelo Martín Fernández. «Nuevas direcciones para estudios sobre familia y migraciones internacionales». En: *Aldea Mundo. Revista sobre Fronteras e Integración*, n.º 22: (2006), págs. 55-63.

un aspecto de fundamental importancia, sobre todo si nuestra intención es acceder a las expectativas de los migrantes: el cuadro de relaciones que los recién llegados fueron tejiendo desde su arribo. Como la última muñeca de una *mamushka*, los individuos –en nuestro caso, migrantes– se encontraban en el centro de un universo relacional que funcionaba, a la vez, como recurso y límite de sus posibilidades.

✳✳✳

Luego de este recorrido por los principales resultados obtenidos, una reflexión parece inevitable: la agenda de los estudios migratorios regionales es todavía frondosa. Éste, lejos de ser un dato desalentador, constituye un auténtico desafío a futuro. Resumamos, en pocas palabras, algunas áreas de vacancia cuyo abordaje permitiría la maduración de un campo que recién está dando sus primeros pasos:

- *Incorporar canteras documentales que permitan profundizar muchas de las hipótesis sugeridas a lo largo de nuestra investigación.* Como dijimos en reiteradas ocasiones, las conclusiones a las que arribamos en cada uno de los capítulos, aunque creemos próximas a la realidad, podrían ser puestas a prueba –o bien afinadas– si sumáramos distintos repositorios nominales que aún permanecen vírgenes (por caso: padrones electorales, registros de la propiedad inmobiliaria, fichas de inscripción a clubes o cédulas censales). Muchos de ellos se encuentran en ese estado porque recae sobre los mismos todo tipo de cláusulas legales, la mayoría de las cuales son antiguas y obstaculizan el avance del conocimiento sistemático de la sociedad. Quizás por esta razón, para convertirlas en insumos para la producción historiográfica, deban multiplicarse los vasos comunicantes entre organismos que atesoran valiosos documentos, e instituciones académicas que, frente a la falta de fuentes, muchas veces han transitado por un terreno conjetural.

- *Multiplicar los estudios comparativos centrados en ciudades intermedias cuyo crecimiento se dio en la segunda mitad del siglo XX.* Una empresa de estas características permitiría saber si algunos de los rasgos que descubrimos para el caso neuquino pueden también observarse en otras ciudades. El análisis de la inserción socio-ocupacional y de las decisiones matrimoniales de los diferentes grupos migratorios son dos posibles líneas de trabajo. Con la primera podríamos establecer paralelos y contrastes entre distintos mercados laborales del país; mientras que con la segunda podríamos profundizar nuestro conocimiento sobre los procesos de integración en la Argentina contemporánea. Pero es quizás en el estudio de los patrones residenciales de los migrantes donde apreciamos la vía de indagación de mayor potencial. Decimos esto porque creemos que constituye una puerta de entrada a problemas generales que no han recibido hasta aquí una atención específica. Entre ellos, debemos destacar la segregación dentro del espacio urbano y, como resultado de ello, la estructura de las ciudades intermedias. El primero de los temas permitiría aislar, para otras urbes del país, aquellos factores que explican la localización de los habitantes dentro del tablero urbano. El segundo, por su parte, nos brindaría la posibilidad de discutir modelos generales a partir de la experiencia de ciudades que, por mucho tiempo, permanecieron en penumbras. Los resultados que obtuvimos para Neuquén, sobre todo la escasa adecuación del esquema propuesto por Burgess, podrían ser el puntapié inicial de un modelo de estructura para ciudades intermedias de crecimiento explosivo, que colaboraría con el expediente abierto por Griffin y Ford ya hace algunas décadas.

- *Proyectar hacia atrás y hacia adelante aquellos problemas que motorizaron la presente investigación.* Cuando delimitamos nuestro objeto de estudio, notamos que el período escogido para la pesquisa contenía importantes continuidades, en especial debido a la masividad de los episodios migratorios y a la orientación económica de la provincia. Esta selección dejó fuera de nuestras preocupaciones el estudio de lo sucedido durante la extensa etapa territoriana, como también el período que siguió al proceso de privatizaciones de principios de los años noventa. Sumergirnos en los fenómenos de movilidad que surcaron la primera mitad del siglo XX permitiría sumar a Neuquén a la polémica entre defensores del crisol de razas y el pluralismo cultural. El estudio de las mismas fuentes que trabajamos – pero aplicadas a la población europea – podría allanar el camino al estudio de diferentes comportamientos (laborales, residenciales, matrimoniales y asociativos) que se registraron en una localidad poco afectada por la dinámica agroexportadora. Así, podría sumarse un nuevo trazo a una pintura que delineó correctamente lo sucedido en grandes ciudades (Buenos Aires, Rosario o Córdoba) y algunas ciudades intermedias de cierta relevancia para comienzos del siglo pasado (Mar del Plata, Tandil, Mendoza o Tucumán). Poner el foco en las décadas previas a la provincialización también posibilitaría el estudio de una subpoblación que no ha recibido una adecuada atención: los migrantes del interior neuquino. Su carácter mayoritariamente rural y su larga permanencia en la ciudad de Neuquén, permitirían un análisis diacrónico, basado en el seguimiento de familias, capaz de profundizar un proceso de aprendizaje que bien pudo abarcar a diferentes generaciones. En cuanto a las dinámicas migratorias abiertas en la década de 1990, deberíamos decir que su estudio permitiría completar una perspectiva genética que recree, en clave histórica, los orígenes de problemas relevantes para el debate público actual, entre los cuales no podríamos excluir el creciente peso de las migraciones internacionales (chilenas y europeas en el pasado; boliviana en el presente).

Tenemos frente a nosotros un enorme *puzzle* del cual sólo colocamos unas pocas piezas. Las tareas por delante no son pocas y requerirán la colaboración de historiadores, sociólogos, geógrafos y antropólogos en una empresa que mejorará, desde un lugar periférico, el conocimiento de las dinámicas migratorias desarrolladas en el siglo XX.

Bibliografía

Albers, Christoph. «¿Oasis en peligro? Avance urbano y medio ambiente en la ciudad de Neuquén». En: *Estado, espacio y sociedad en el Neuquén*. Ed. por Nicole Maurice. París: CREDAL-ARCI, 1995.

Almandoz, María. «Inmigración limítrofe en Tandil». En: *Estudios Migratorios Latinoamericanos*, n.º 12: (1997). Ed. por CEMLA.

Altamirano, Carlos. *Colección del Pensamiento Argentino*. Vol. IV: *Bajo el signo de las masas (1943-1973)*. Buenos Aires: Ariel, 2001.

Arias Bucciarelli, Mario. «El Estado neuquino: fortalezas y debilidades de una modalidad de intervención». En: *Neuquén: la construcción de un orden estatal*. Ed. por Orietta Favaro. Neuquén: CEPHYC, 1997.

Arias Bucciarelli, Mario y Orienta Favaro. «Una experiencia neopopulista provincial. Neuquén 1960-1990». En: *Nueva sociedad*, n.º 172: (2001).

Aroskind, Ricardo. «El país del desarrollo posible». En: *Violencia, proscripción y autoritarismo (1955-1976)*. Ed. por Daniel James. Vol. IX. Buenos Aires: Sudamericana, 2003.

Auyero, Javier. *La política de los pobres. Las prácticas clientelares del peronismo*. Buenos Aires: Manantial, 1997.

Baily, Sam. "Marriage patterns and immigrant assimilation, in Buenos Aires, 1882-1923". En: *Hispanic American History Review*, vol. 6, n.º 1: (1980).

— «Patrones de residencia de los italianos en Buenos Aires y Nueva York, 1880-1914». En: *Estudios Migratorios Latinoamericanos*, n.º 1: (1985). Ed. por CEMLA.

Bandieri, Susana. «Asuntos de familia… La construcción del poder en la Patagonia: el caso de Neuquén». En: *Boletín del Instituto de Historia Argentina y Americana Dr. Emilio Ravignani*, n.º 28: (julio de 2005).

— *Historia de la Patagonia*. Buenos Aires: Sudamericana, 2005.

Bandieri, Susana. «La persistencia de los antiguos circuitos mercantiles en los Andes meridionales». En: *La frontera hispano-criolla del mundo indígena latinoamericano en los S. XVII y XIX*. Comp. por Raúl Mandrini y Carlos Paz. Tandil: IEHS-CEHIR, 2002.

Bandieri, Susana y María Angelini. «Bases estadísticas para el estudio histórico de la evolución y distribución de la población neuquina». En: *V Jornadas de Historia Económica*. Asociación Argentina de Historia Económica. San Juan, 1983.

Benencia, Roberto. «Colectividades de extranjeros en Neuquén: génesis y trayectoria de sus organizaciones». En: *Estudios Migratorios Latinoamericanos*, n.º 45: (2000). Ed. por CEMLA.

— «La migración limítrofe». En: *Historia de la inmigración en la Argentina*. Ed. por Fernando Devoto. Buenos Aires: Sudamericana, 2003.

Benencia, Roberto y Gabriela Karasik. «Apuntes sobre la migración limítrofe. Los trabajadores bolivianos en Jujuy». En: *Estudios Migratorios Latinoamericanos*, n.º 43: (1998). Ed. por CEMLA.

Bernasconi, Alicia. «Peruanos en Mendoza: apuntes para un ¿nuevo? modelo migratorio». En: *Estudios Migratorios Latinoamericanos*, n.º 43: (1998). Ed. por CEMLA.

Bertoncello, Rodolfo. «La movilidad espacial de la población: notas para su reflexión». En: *2das Jornadas Argentinas de la Población*. Buenos Aires: AEPA, 1995.

Bilder, Ernesto y Humberto Zambon. «La matriz productiva del Neuquén: evolución y perspectiva». En: *Opinión y conocimiento. Apuntes sobre la realidad neuquina*, vol. 1, n.º 1: (n/d).

Bjerg, María y Roxana Boixados. *La Familia. Campo de investigación interdisciplinario. Teorías, métodos y fuentes*. Bernal: Universidad Nacional de Quilmes, 2004.

Blanco, Graciela. *35 años del COPADE y la planificación en Neuquén*. Neuquén: COPADE-CEHIR, 1999.

Blanco, Graciela, Juan Quintar y María Beatriz Gentile. *Neuquén: 40 años de vida institucional*. Neuquén: COPADE, 1998.

Bonifacio, José Luis. «La organización de los trabajadores desocupados en Neuquén Capital durante los años noventa. La experiencia de la Coordinadora de Desocupados». En: *II Jornadas de Historia Social de la Patagonia*. Universidad Nacional del Comahue. Neuquén, 2007.

Bonifacio, José Luis, Enrique Mases y Demetrio Taranda. «Procesos de constitución de los movimientos piqueteros en la provincia de Neuquén». En: *Estudios Sociales*, n.º 25: (2003).

Borges, Marcelo. «Características residenciales de los inmigrantes portugueses en Buenos Aires en la segunda mitad del siglo XIX». En: *Estudios Migratorios Latinoamericanos*, n.º 18: (1991). Ed. por CEMLA.

Boron, Atilio. «Prólogo». En: *Neuquén: la construcción de un orden estatal*. Ed. por Orietta Favaro. Neuquén: CEPHYC, 1997.

Bourdieu, Pierre. *Cosas dichas*. Barcelona: Gedisa, 1987.

— «Le capital social: notes provisoires». En: *Actes de la resercheen Sciencies sociales*, n.º 35: (1980).

Bozon, Michel. « Le choix du conjoints ». En: *La famille : l'etat des savoirs*. Ed. por François De Singly. París: Editions La decouverte, 1991.

Bozon, Michel y Heran. «La decouverte du conjoint II». En: *Population*, n.º 6: (n/d).

Bozon, Michel y Francoise Heran. «La decouverte du conjoint I». En: *Population*, n.º 1: (n/d).

Buzai, Gustavo. *Mapas sociales urbanos*. Buenos Aires: Del Lugar Editorial, 2003.

Carta de Felipe Sapag a Arturo Illia. Neuquén: Centro de Documentación Científica y Técnica, 1964.

Da Orden, Liliana. *Inmigración española, familia y movilidad social en la Argentina moderna. Una mirada desde Mar del Plata*. Buenos Aires: Biblos, 2005.

De Gouvello, Bernard. «Agua potable y saneamiento en el Neuquén. Modalidades de articulación entre acción provincial y cooperativas». En: *Estado, espacio y sociedad en el Neuquén*. Ed. por Nicole Maurice y Collin Delavaud. París: CREDAL-ARCI, 1995.

De Sigly, Francois. *Sociologia da Família Contemporânea*. San Pablo: Editora FGV, 2007.

De Singly, Francois. «Le celibat contemporain». En: *La nupcialite: evolution recente en France Dans les pays developpes*. París: INED-PUF, n/d.

Devoto, Fernando. *Historia de la inmigración en la Argentina*. Buenos Aires: Sudamericana, 2003.

Devoto, Fernando y Hernán Otero. «Veinte años después. Una lectura sobre el crisol de razas, el pluralismo cultural y la historia nacional en la historiografía argentina». En: *Estudios Migratorios Latinoamericanos*, n.º 50: (2003).

Duncan, Otis Dudley y Beverly Duncan. "Methodological analysis of segregation index". En: *American Sociological Review*, n.º 20: (1955).

Favaro, Orietta. «El modelo productivo de la provincia y la política neuquina». En: *Sujetos sociales y política. Historia reciente de la Norpatagonia argentina*. Buenos Aires: CEPHYC-La Colmena, 2005.

— «La formación de una provincia productora de energía. Neuquén, 1950-1980». En: *Neuquén: la construcción de un orden estatal*. Neuquén: CEPHYC, 1997.

Favaro, Orietta, Mario Arias Bucciarelli y María Carolin Scuri. «Límites estructurales de una estrategia de distribución (1958-1980)». En: *Realidad Económica*, n.º 107: (1993). Ed. por IADE.

Favaro, Orietta y María Vaccarisi. «Poder político y políticas sociales en Neuquén, 1983-2003». En: *Revista de Historia*, n.º 19: (2005). Ed. por Universidad Nacional del Comahue.

Frid, Carina. «Inmigración y selección matrimonial: el caso de los italianos en Rosario». En: *Estudios Migratorios Latinoamericanos*, n.º 18: (1991). Ed. por CEMLA.

Ganfolfo, Rómulo. «Un barrio de italianos meridionales en el Buenos Aires de fines del siglo XIX». En: *Historia de la vida privada en la Argentina*. Ed. por Fernando Devoto y Marta Madero. Buenos Aires: Taurus-Santillana, 2000.

García, Norma y Silvio Winderbaum. «Los antecedentes de la Universidad del Comahue: entre proyectos y concreciones». En: *Universidad Nacional del Comahue. Una historia de veinticinco años (1972-1997)*. Ed. por Susana Bandieri. Neuquén: Universidad Nacional del Comahue, 1997.

Germani, Gino. «Asimilación de inmigrantes en el medio urbano: notas metodológicas». En: *Revista Latinoamericana de Sociología*, vol. 1: (1965).

— *Política y sociedad en una época de transición*. Buenos Aires: Paidós, 1963.

Girard, Alain. *Le choix du coinjoint*. París: PUF-INED, 1974.

Girbal Blancha, Noemí. *Estado, sociedad y economía en la Argentina (1930-1997)*. Bernal: Universidad Nacional de Quilmes, 2004.

Gorelik, Adrián. *La grilla y el parque. Espacio público y cultura urbana en Buenos Aires, 1887-1936*. Bernal: Universidad Nacional de Quilmes, 2004.

Grafmeyer, Yves e Isaac Joseph. *L'école de Chicago : Naissance de l'écologie urbaine*. París: Aubier, 1984.

Gribaudi, Maurizio. « Echelle, pertinence, configuration ». En: *Jeux d'echelle. La micro-analyse a l'experience*. Comp. por Jacques Revel. París: Gallimard-Le Seuil, 1996.

— *Itineraires ouvriers. Espaces et grupes sociaux à Turin au debut du XX siecle*. París: EHESS, 1987.

Grieco, Margaret. *Keeping in the family*. Londres-Nueva York: Tavistock Publications, 1987.

Groisman, Fernando. «Devaluación educativa y segmentación en el mercado de trabajo del área metropolitana de Buenos Aires entre 1974 y 2000». En: *Estudios del Trabajo*, n.º 25: (2003).

Halperin Donghi, Tulio. *La larga agonía de la Argentina peronista*. Buenos Aires: Ariel, 1994.

Healey, Mark. «El interior en disputa: proyectos de desarrollo y movimientos de protesta en las regiones extrapampeanas». En: *Violencia, proscripción y autoritarismo (1955-1976)*. Ed. por Daniel James. Vol. IX. Buenos Aires: Sudamericana, 2003.

Jorrat, Jorge. «Tras los pasos de los padres: movilidad ocupacional en el Buenos Aires de 1980». En: *Desarrollo Económico*, vol. 37, n.º 145: (1997).

Katz, Jorge. «Características estructurales del crecimiento industrial argentino (1946-1960)». En: *Desarrollo Económico*, vol. 7, n.º 26: (julio de 1967).

Kloster, Elba. «El gran Neuquén: un aluvión de población». En: *Neuquén. Una geografía abierta*. Neuquén: Universidad Nacional del Comahue, 1995.

— «Migración y trabajo femenino en una ciudad de crecimiento acelerado». En: *Boletín Geográfico*, n.º 8: (1991).

Kosacoff, Bernardo y Adrián Ramos. *Cambios contemporáneos en la estructura industrial argentina (1975-2000)*. Bernal: Universidad Nacional de Quilmes, 2001.

Lattes, Alfredo. «Acerca de los patrones recientes de movilidad de la población en el mundo». En: *Cuadernos del CENEP*: (1983). Ed. por CENEP.

— «Esplendor y ocaso de las migraciones internas». En: *Población y bienestar en la Argentina del primero al segundo centenario. Una historia social del siglo XX*. Comp. por Susana Torrado. Vol. II. Buenos Aires: Edhasa, 2007.

Maluandres, Sergio. «Los inmigrantes y sus hijos ante el matrimonio: un estudio comparativo entre alemanes de Rusia, españoles e italianos en Guatrache, La Pampa». En: *Estudios Migratorios Latinoamericanos*, n.º 18: (1991). Ed. por CEMLA.

Margulis, Mario. *Migración y marginalidad en la sociedad argentina*. Buenos Aires: Paidós, 1973.

Marquiegui, Norberto. «Migraciones en cadena, redes sociales y movilidad. Reflexiones a partir de los casos de los sorianos y albaneses de Luján (1889-1920)». En: *Inmigración y redes sociales en la Argentina moderna*. Ed. por María Bjerg y Hernán Otero. Tandil: CEMLA-IEHS, 1995.

— «Revisando el debate sobre la conducta matrimonial de los extranjeros. Un estudio a partir del caso de los españoles y franceses en Luján, 1880-1920». En: *Estudios Migratorios Latinoamericanos*, n.º 20: (1992). Ed. por CEMLA.

Martín Fernández, Consuelo. «Nuevas direcciones para estudios sobre familia y migraciones internacionales». En: *Aldea Mundo. Revista sobre Fronteras e Integración*, n.º 22: (2006).

Mases, Enrique, Beatriz Gentile y Gabriel Rafart. *Neuquén: 100 años de Historia*. General Roca: Editorial Río Negro, 2004.

Meichtry, Norma. «Emergencia y mutaciones del sistema urbano». En: *Población y bienestar en la Argentina del primero al segundo centenario. Una historia social del siglo XX*. Comp. por Susana Torrado. Buenos Aires: Edhasa, 2007.

Merton, Robert. *Teoría y estructura social*. México DF: Siglo XXI, 1965.

Miguez, Eduardo Jose y col. «Hasta que la Argentina nos una: reconsiderando las pautas matrimoniales de los inmigrantes, el crisol de razas y el pluralismo cultural». En: *Hispanic American Historical Review*, vol. 71, n.º 4: (1991).

Moya, José. «La Historia Social, el método nominativo, y el estudio de las migraciones». En: *Estudios Migratorios Latinoamericanos*, n.º 33: (1996).

— *Primos y extranjeros. La inmigración española en Buenos Aires 1850-1930*. Buenos Aires: Emecé, 2003.

Muñoz Villagran, Jorge. *Los «chilenos» en Neuquén-Argentina… idas y venidas*. Neuquén: Editorial de la Universidad Nacional del Comahue, 2005.

Oporto, Mario y Nora Pagano. «La conducta endogámica de los grupos migrantes: pautas matrimoniales de los inmigrantes italianos en el barrio de la Boca». En: *Estudios Migratorios Latinoamericanos*, n.º 4: (1986). Ed. por CEMLA.

Orsatti, A. «Las migraciones internacionales en Argentina». En: *Seminario Técnico sobre las Migraciones Laborales*. OEA. 1982.

Otero, Hernán y Adela Pellegrino. «Compartir la ciudad. Patrones de residencia e integración de inmigrantes en Buenos Aires y Montevideo durante la inmigración masiva». En: *El mosaico argentino. Modelos y representaciones del espacio y de la población, siglos XIX y XX*. Ed. por Hernán Otero. Buenos Aires: Siglo XXI, 2004.

Palermo, Vicente. *Neuquén: la creación de una sociedad*. Buenos Aires: CEAL, 1988.

Pastor, Nancy. *Migraciones internas hacia ciudades intermedias. El caso de Tandil entre 1945 y 1980*. Tandil: IEHS, 1995.

Ramella, Franco. «Por un uso fuerte del concepto de red en los estudios migratorios». En: *Inmigración y redes sociales en la Argentina Moderna*. Ed. por Hernán Otero y María Bjerg. Tandil: CEMLA-IEHS, 1995.

Rapoport, Mario. *Historia económica, política y social de la argentina*. Buenos Aires: Macchi, 2000.

Revel, Jacques. « Micro-analyse et construction du social ». En: *Jeux d'échelles. La micro-analyse à l'expérience*. París: Gallimard-Le Seuil, 1996.

Romero, Luis Alberto. *Sociedad democrática y política democrática en la Argentina del siglo XX*. Bernal: Universidad Nacional de Quilmes, 2004.

Schkolnik, Susana. «El envejecimiento de la población de América Latina 1950-2025». En: *El proceso de envejecimiento de la población*. Ed. por Jean Chenais. Santiago de Chile: CELADE, 1990.

Schumann, Marc. "The limits of melting pot in urban Argentina: marriage and integration in Córdoba, 1869-1909". En: *Hispanic American Historical Review*, vol. 57, n.º 1: (1977).

Seefield, Robert. «La integración social de los extranjeros según sus pautas de matrimonio, ¿pluralismo o crisol de razas?» En: *Estudios Migratorios Latinoamericanos*, n.º 2: (1986).

Segalen, Martine. *Sociologie de la famille*. París: Armand Colin, 1996.

Shaw, Clifford. *Jack Roller. A delinquent boy story*. Chicago: University of Chicago Press, 1930.

— *The natural history of a delinquent career*. Chicago: University of Chicago Press, 1931.

Silverstein, Carina. «Más allá del crisol: matrimonios, estrategias familiares y redes sociales en dos generaciones de italianos y españoles (Rosario: 1885-1925)». En: *Estudios Migratorios Latinoamericanos*, n.º 28: (1997). Ed. por CEMLA.

Situación general de la provincia de Neuquén. Neuquén: Centro de Documentación Científica y Técnica, 1967.

Therstrom, Stefan. *The other Bostonian: Poverty and progress in american Metropolis, 1880-1970*. Cambridge: Harvard University Press, 1973.

Thomas, William y Florian Znaniecki. *The polish peasant in Europe and America*. Nueva York: Knopf Press, 1927.

Thrasher, Frederick. *The Gang: a study of 1313 gangs in Chicago*. Chicago: University of Chicago Press, 1928.

Torrado, Susana. «Estrategias de desarrollo, estructura social y movilidad». En: *Población y bienestar en la Argentina del primero al segundo Centenario*. Ed. por Susana Torrado. Buenos Aires: Edhasa, 2007.

— *Historia de la familia en la Argentina moderna (1870-2000)*. Buenos Aires: Editorial de la Flor, 2003.

— *La estructura social de la Argentina*. Buenos Aires: Editorial de la Flor, 1994.

— *Procreación en la Argentina. Hechos e ideas*. Buenos Aires: Ediciones de la Flor, 1993.

— «Transición de la fecundidad. Los hijos: ¿cuántos? y ¿cuándo?» En: *Una historia social del siglo XX. Población y bienestar en la Argentina del primero al segundo centenario*. Comp. por Susana Torrado. Vol. I. Buenos Aires: Edhasa, 2007.

— «Transición de la nupcialidad. Dinámica del mercado matrimonial». En: *Población y bienestar en la Argentina del primero al segundo centenario. Una Historia Social del siglo XX*. Comp. por Susana Torrado. Vol. I. Buenos Aires: Edhasa, 2007.

— «Vivir apurado para morirse joven (Reflexiones sobre la transferencia intergeneracional de la pobreza)». En: *Poblaciones argentinas. Estudios de demografía diferencial*. Comp. por Hernán Otero y Guillermo Velázquez. Tandil: IEHS-GIS, 1999.

Toutoundjian, Beatriz y Susana Holubica. *Estudio de la inmigración externa e interna en la Provincia de Neuquén*. Buenos Aires: CFI, 1990.

Triglia, Carlo. «Retorno a las redes». En: *El capital social. Instrucciones de uso*. Ed. por Arnaldo Bagnasco, Fortunata Piselli y Alejandro Pizzorno. Buenos Aires: Siglo XXI, 2003.

Vapñarsky, César. «La transformación del patrón de asentamiento humano en la Argentina». En: *Desarrollo Económico*, vol. 35, n.º 138: (1995). Ed. por IDES.

— «Primacía y macrocefalia en la Argentina: la transformación del sistema de asentamiento humano desde 1950». En: *Desarrollo Económico*, vol. 35, n.º 138: (1995).

Vapñarsky, César y Edith Pantelides. *La formación de un área metropolitana en la Patagonia. Población y asentamiento en el Alto Valle*. Buenos Aires: CEUR, 1987.

Velázquez, Guillermo y Guillermo Morina. «Las migraciones interprovinciales y el proceso de diferenciación regional. El caso argentino (1960-1991)». En: *Estudios Migratorios Latinoamericanos*, n.º 34: (1996).

Vitoria, Susana. «Perfil ocupacional de la migración en Neuquén». En: *CFI. Dirección de Desarrollo Económico y Estudios Básicos*: (1989).

Wilensky, Harold. "The moonlighter: a product of relative deprivation". En: *Industrial relations*, vol. 3: (1963).

Fuentes

Centro de Documentación Científica y Técnica (COPADE)

Documentación producida en el transcurso de las primeras jornadas de promoción industrial, Neuquén, Consejo de Planificación, 1963.

Síntesis de la situación económica social de la provincia del Neuquén, Carta de Felipe Sapag a Arturo Illia, Neuquén, 4 de junio de 1964.

Plan para el fomento de la Patagonia, Buenos Aires, Academia Nacional de las Ciencias, 1966.

Situación general de la provincia del Neuquén, Neuquén, COPADE, 1967.

Neuquén: Perspectiva de crecimiento de su población en función de la posible crecían de nuevos puestos de trabajo, Neuquén, COPADE, 1972.

Área de frontera Chos Malal. Diagnóstico, COPADE, 1976.

Estrategia para el desarrollo provincial, Neuquén, COPADE, 1977, tomo II.

La provincia del Neuquén y la política demográfica, Neuquén, COPADE, 1977.

Objetivos y políticas para el plan de mediano plazo (1981-1984), Neuquén, COPADE, 1980.

La población de la provincia del Neuquén. 1895-1980. Distribución territorial, origen y estructura etaria, Neuquén, 1980.

Bases para el Desarrollo de la provincia del Neuquén. Lineamientos generales para el plan de desarrollo provincial, Neuquén, COPADE, 1984.

Proyectos y medidas para la Patagonia, Reunión de Gobernadores, Rawson, CO-PADE, 1984.

El sector industrial de la provincia del Neuquén, Neuquén, COPADE, 1984.

Los hidrocarburos y la economía neuquina, Neuquén, COPADE, 1988.

Archivo de la Dirección Provincial de Registro Civil de Neuquén

Libros de actas matrimoniales, varios.

Libros de actas de nacimientos, varios.

Honorable Legislatura de la Provincia del Neuquén

Discurso del gobernador Felipe Sapag, Diario de sesiones, V período legislativo, Tomo I, 1963.

Discurso del Gobernador Felipe Sapag, Diario de sesiones, VII período legislativo, 1965.

Mensaje del gobernador Felipe Sapag, Diario de sesiones, X período, 1974, pág. 10.

Mensaje del gobernador Felipe Sapag a la Honorable Legislatura, XIII período ordinario de sesiones, Neuquén, 1984.

Mensaje de Pedro Salvatori a la legislatura neuquina, XVII período de sesiones, 1988.

Discurso del gobernador Pedro Salvatori, Diario de sesiones, XVIII período legislativo, Tomo I, 1989.

Ley 378/64, *Compilación promoción industrial*, tomo I.

Dirección Provincial de Estadística y Censo de Neuquén

Primer Censo General de la Provincia, 31 de octubre de 1965.

La población de la provincia del Neuquén 1885-1980. Distribución territorial, origen y estructura etaria, Cuadro n° 4 «Crecimiento vegetativo y migratorio de la población por departamentos, período 1960-1980, Provincia del Neuquén», Neuquén, 1980.

Información por departamentos, departamento Confluencia, Demografía, tabla 050719 «Población de 14 años y mas por estado conyugal según sexo y edad. Año 1991 Departamento Confluencia - Provincia del Neuquén».

Anuario Estadístico 1989, Neuquén, 1989.

Anuario Estadístico 1991, Neuquén, 1991.

Características geo-políticas de Neuquén, Cuadro Tasa de analfabetismo por sexo área urbana y rural. Porcentaje. Provincia del Neuquén. Años 1980 y 1991.

Biblioteca del Consejo Federal de Inversión

Producto Bruto Geográfico 1970-1985. Neuquén, Serie Estructura Socioeconómica Argentina, Colección Producto Bruto Geográfico, Buenos Aires, 1989.

Neuquén. Parque Industrial, Buenos Aires, Fiel, 1972.

Instituto Nacional de Estadística y Censo (INDEC)

Censo Nacional de Población 1960, Tomo IX-Zona Patagónica, Primera Parte Chubut-Neuquén, Buenos Aires, 1960.

Censo Nacional de población y vivienda 1980, Serie B, Características generales.

Censo Nacional de población y vivienda 1991, resultados definitivos, Serie C.

Situación demográfica de la provincia del Neuquén, Análisis demográfico, serie 12, Buenos Aires, 1998.

La migración interna en la Argentina 1960/70, Serie Investigaciones Demográficas, n° 5.

Proyecciones de población por sexo y por grupos de edad: urbana-rural y económicamente activa (1990-2025) y por provincia (1990-2010), Serie análisis demográfico, n[F0B0?] 7, Buenos Aires, 1996.

Subsecretaria de Salud de la Provincia del Neuquén

Personal total, por agrupamientos, según lugar de dependencia, Ministerio de Desarrollo Social, 1992, tabla 1.

Archivo Histórico de la Municipalidad de Neuquén

Memoria al tercer año del gobierno (1958-1961), Municipalidad de la Capital.

Gestión Municipal, cajas varias.

Gestión de Gobierno, Caja 1, 1960.

Gestión de Gobierno, caja 2, 1961.

Gestión de Gobierno, caja 2, 1962.

Gestión de Gobierno, Caja 3, 1964.

Gestión de Gobierno, caja 5, 1966.

Gestión de Gobierno, Caja 6, 1966.

Registro Comercial de la ciudad de Neuquén.

Resumen anual de gestión. Período 1981, Municipalidad de Neuquén.

Libro copiador 41, 1960.

Libro Copiador 42, 1961.

Libro Copiador 43, 1963,

Caja Barrio «El Progreso».

Resumen anual de gestión de gobierno municipal. Período 1980, Publicación de la Municipalidad de Neuquén.

Asesoría técnica de normalización de asentamientos ilegales, Secretaría de Obras Públicas, Municipalidad de Neuquén, 1983.

Archivo Histórico de la Provincia del Neuquén

Caja Barrios.

Libro Copiador, nº 38, 1905.

Neuquén. 75 años de capitalidad, Neuquén, 1979.

Belgrano. La memoria de su gente, Neuquén, 1989.

La memoria de la gente. Villa María, Neuquén, 1989.

Honorable Concejo Deliberante de Neuquén

Ordenanza nº 2/58.

Ordenanza 33/58.

Ordenanza 40/59.

Ordenanza 130/61.

Ordenanza 144/61.

Ordenanza 781/72.

Ordenanza 883/73.

Ordenanza 963/74.

Ordenanza 684/73.

Ordenanza, 885.

Ordenanza 905.

Ordenanza 2170.

Ordenanza 2232.

Ordenanza 2298.

Ordenanza 2686.

Ordenanza 2847.

Ordenanza 3065.

Ordenanza 3224.

Ordenanza 3766.

Revistas regionales y nacionales

La Revista Calf, Neuquén, febrero de 1983.

La Revista Calf, «Barrio Belgrano: Sólo pedimos que nos escuchen», Neuquén, 1983
La Revista de Calf, año 5, nº 62, julio de 1983.
La Revista de Calf, «Nuestros barrios: El Progreso», Neuquén, 1983.
Revista del Colegio de Arquitectos de Neuquén, nº 8, Neuquén.
Summa, nº 237, Buenos Aires, mayo de 1987.

Diarios

Río Negro.
Diario Sur Argentino.
Diario Tribuna del Sud.
Diario La Capital.
Diario Ecos Neuquinos.

Entrevistas

Entrevista a José.
Entrevista a Miguel.
Entrevista a Juan Carlos.
Entrevista a Ángel.
Entrevista a Vital.
Entrevista a Osvaldo.
Entrevista a Pilagatti.
Entrevista a Rubén.

Índice de autores

Albers, Christoph, 118, 321
Almandoz, María, 236, 321
Altamirano, Carlos, 20, 321
Angelini, María, 87, 322
Arias Bucciarelli, Mario, 14, 37,
        62, 63, 66, 67, 98,
        108, 114, 321, 324
Aroskind, Ricardo, 33, 35, 321
Auyero, Javier, 188, 321

Bagnasco, Arnaldo, 328
Baily, Sam, 146, 227, 321
Bandieri, Susana, 10, 57, 58,
        87, 124, 321, 322,
        324
Benencia, Roberto, 133, 135,
        226, 236, 322
Bernasconi, Alicia, 236, 322
Bertoncello, Rodolfo, 17, 322
Bilder, Ernesto, 56, 322
Bjerg, María, 274, 322, 325,
        326
Blanco, Graciela, 30, 31, 37,
        45, 63–67, 76, 113,
        322
Boixados, Roxana, 274, 322
Bonifacio, José Luis, 92, 120,
        322
Borges, Marcelo, 146, 323

Boron, Atilio, 55, 323
Bourdieu, Pierre, 220, 274, 323
Bozon, Michel, 244, 257, 258,
        323
Buzai, Gustavo, 150, 323

CEMLA, 321–327
CENEP, 325
Chenais, Jean, 326

Da Orden, Liliana, 100, 146,
        227, 323
De Gouvello, Bernard, 184, 323
De Sigly, Francois, 247, 323
De Singly, François, 323
De Singly, Francois, 246, 323
Del Comahue, Universidad
        Nacional, 324
Delavaud, Collin, 323
Devoto, Fernando, 5, 6, 19, 20,
        146, 148, 153, 216,
        220, 226, 322–324
Duncan, Beverly, 169, 323
Duncan, Otis Dudley, 169, 323

Favaro, Orienta, 98, 321
Favaro, Orietta, 13–15, 41, 67,
        130, 321, 323, 324
Frid, Carina, 146, 324

Ganfolfo, Rómulo, 198, 324
García, Norma, 127, 324
Gentile, Beatriz, 97, 109, 111,
    124, 325
Gentile, María Beatriz, 31, 37,
    45, 63–67, 76, 113,
    322
Germani, Gino, 7, 324
Girard, Alain, 249, 324
Girbal Blancha, Noemí, 34, 324
Gorelik, Adrián, 155, 159, 162,
    165, 324
Grafmeyer, Yves, 151, 324
Gribaudi, Maurizio, 24, 145,
    272, 277, 280, 283,
    284, 294, 296, 297,
    301, 304, 305, 309,
    324
Grieco, Margaret, 304, 324
Groisman, Fernando, 133, 324

Halperin Donghi, Tulio, 119,
    324
Healey, Mark, 36, 324
Heran, 258, 323
Heran, Francoise, 257, 323
HLPN, 39
Holubica, Susana, 11, 82, 136,
    137, 193, 226, 270,
    328

IADE, 324
IDES, 328

James, Daniel, 321, 324
Jorrat, Jorge, 100, 325
Joseph, Isaac, 151, 324

Karasik, Gabriela, 236, 322
Katz, Jorge, 35, 325
Kloster, Elba, 10, 122, 325
Kosacoff, Bernardo, 32, 325

Lattes, Alfredo, 8, 17, 73, 80,
    269, 325

Madero, Marta, 324
Maluandres, Sergio, 227, 325
Mandrini, Raúl, 322
Margulis, Mario, 8, 325
Marquiegui, Norberto, 100,
    227, 325
Martín Fernández, Consuelo,
    317, 325
Mases, Enrique, 92, 97, 109,
    111, 124, 322, 325
Maurice, Nicole, 321, 323
Meichtry, Norma, 81, 325
Merton, Robert, 296, 325
Miguez, Eduardo Jose, 227,
    326
Morina, Guillermo, 54, 328
Moya, José, 5, 16, 99, 105,
    107, 139, 146, 149,
    152, 174, 176, 187,
    194, 203, 207, 326
Muñoz Villagran, Jorge, 135,
    141, 166, 226, 326

Oporto, Mario, 227, 326
Orsatti, A., 135, 326
Otero, Hernán, 6, 145, 147,
    148, 176, 226, 233,
    323, 325–327

Pagano, Nora, 227, 326

Palermo, Vicente, 109, 326
Pantelides, Edith, 90, 110, 115, 182, 254, 328
Pastor, Nancy, 8, 326
Paz, Carlos, 322
Pellegrino, Adela, 145, 147, 176, 233, 326
Piselli, Fortunata, 328
Pizzorno, Alejandro, 328

Quintar, Juan, 31, 37, 45, 63–67, 76, 113, 322

Rafart, Gabriel, 97, 109, 111, 124, 325
Ramella, Franco, 24, 274, 326
Ramos, Adrián, 32, 325
Rapoport, Mario, 32, 326
Revel, Jacques, 24, 324, 326
Romero, Luis Alberto, 29, 44, 326

Schkolnik, Susana, 77, 326
Schumann, Marc, 227, 326
Scuri, María Carolin, 67, 324
Seefield, Robert, 227, 327
Segalen, Martine, 246, 327
Shaw, Clifford, 149, 327
Silverstein, Carina, 227, 327

Taranda, Demetrio, 92, 322
Therstrom, Stefan, 100, 327
Thomas, William, 150, 327
Thrasher, Frederick, 150, 327
Torrado, Susana, 78, 80, 101, 219, 220, 246, 275, 281, 287, 325, 327

Toutoundjian, Beatriz, 11, 82, 136, 137, 193, 226, 270, 328
Triglia, Carlo, 274, 328

Vaccarisi, María, 13–15, 324
Vapñarsky, César, 8, 12, 13, 90, 98, 110, 114, 115, 143, 182, 254, 328
Velázquez, Guillermo, 54, 327, 328
Vitoria, Susana, 128, 131, 328

Wilensky, Harold, 277, 328
Winderbaum, Silvio, 127, 324

Zambon, Humberto, 56, 322
Znaniecki, Florian, 150, 327